互联网金融系列丛书

# 互联网金融
## (第 2 版)

何平平　范思媛　黄健钧　编著

清华大学出版社
北京

## 内 容 简 介

本书根据高等院校互联网金融人才培养的需要，从理论联系实际的原则出发，对互联网金融从理论到应用作了全面、系统的介绍，具有一定的实用性和前瞻性。本书共分为 11 章，第 1 章为互联网金融概述；第 2 章和第 3 章分别介绍了电子支付和第三方支付；第 4～7 章分别介绍了网络小额贷款、电子商务贷款、互联网消费金融和互联网银行；第 8～10 章分别介绍了传统商业银行互联网化、互联网保险、互联网基金与互联网证券；第 11 章阐述了互联网金融监管的问题。

本书既可作为高等学校互联网金融院系的课程教材，也可供研究生以及互联网金融的研究者、从业者、管理人员参考所用。

本书封面贴有清华大学出版社防伪标签，无标签者不得销售。
版权所有，侵权必究。举报：010-62782989，beiqinquan@tup.tsinghua.edu.cn。

图书在版编目(CIP)数据

互联网金融/何平平，范思媛，黄健钧编著．—2 版．—北京：清华大学出版社，2023.1（2025.7重印）
（互联网金融系列丛书）
ISBN 978-7-302-62325-0

Ⅰ. ①互⋯　Ⅱ. ①何⋯ ②范⋯ ③黄⋯　Ⅲ. ①互联网络—应用—金融　Ⅳ. ①F830.49

中国国家版本馆 CIP 数据核字(2023)第 009608 号

责任编辑：张　瑜
封面设计：李　坤
责任校对：周剑云
责任印制：杨　艳

出版发行：清华大学出版社
　　　　　网　　址：https://www.tup.com.cn，https://www.wqxuetang.com
　　　　　地　　址：北京清华大学学研大厦 A 座　　邮　　编：100084
　　　　　社 总 机：010-83470000　　邮　　购：010-62786544
　　　　　投稿与读者服务：010-62776969，c-service@tup.tsinghua.edu.cn
　　　　　质量反馈：010-62772015，zhiliang@tup.tsinghua.edu.cn
印 装 者：北京同文印刷有限责任公司
经　　销：全国新华书店
开　　本：185mm×260mm　　印　张：24.25　　字　数：587 千字
版　　次：2017 年 10 月第 1 版　2023 年 2 月第 2 版　印　次：2025 年 7 月第 4 次印刷
定　　价：89.00 元

产品编号：094877-01

# 《互联网金融系列丛书》编审委员会

主　　任：

　　湖南大学数字金融研究中心　　　　　主　任　　何平平

副 主 任：

　　湖南大学数字金融研究中心　　　　　副主任　　胡荣才
　　湖南师范大学商学院金融系　　　　　助理教授　马倚虹

主任委员：

　　湖南大学数字金融研究中心　　　　　副教授　　陈　勇
　　湖南大学数字金融研究中心　　　　　副教授　　唐国豪
　　湖南第一师范学院　　　　　　　　　副教授　　孟　娟
　　邵阳学院经济与管理学院　　　　　　助理教授　范思媛
　　邵阳学院外国语学院　　　　　　　　助理教授　黄健钧

# 前　　言

根据互联网金融发展情况的变化以及高等院校人才培养的要求，湖南大学数字金融研究中心组织力量对本书第 1 版进行修订。

本次修订保留了原来的第 1 章互联网金融概述，第 8 章互联网保险，第 9 章互联网基金与互联网证券和第 10 章互联网金融监管。删除了原来的第 2 章互联网金融发展的基本格局、第 5 章众筹融资、第 6 章互联网金融门户。新增加了第 5 章电子商务贷款、第 6 章互联网消费金融、第 8 章传统商业银行互联网化；将原来的第 2 章第三方支付扩充为两章：第 2 章电子支付和第三章第三方支付；新的第 3 章第三方支付部分增加了第三方支付的网联模式与第三方跨境电子支付；原来的第 4 章网络贷款中 P2P 网络借贷部分只做简单的介绍，重点介绍了网络小额贷款。原来的第 7 章互联网银行部分进行了大幅度的修订。

本书再版由何平平组织编写。具体分工如下：第 1 章至第 4 章、第 9 章、第 10 章及第 11 章由何平平负责编写，第 5 章、第 6 章由范思媛和何平平负责编写，第 7 章、第 8 章由黄健钧和何平平负责编写。

另参与本书再版写作的还有以下老师及硕士研究生：胡荣才老师、陈勇老师、邓雅芳、李皓、李馨蕊、粟颜、罗若阑。

本书在再版修订过程中参阅了大量文献资料，在此对相关作者表示感谢。

编　者

# 目 录

## 第1章 互联网金融概述 ... 1

- 1.1 互联网金融概念 ... 2
  - 1.1.1 互联网金融的定义 ... 2
  - 1.1.2 互联网金融的主要特征 ... 3
  - 1.1.3 互联网金融的核心要素 ... 4
- 1.2 互联网金融与传统金融的比较 ... 5
  - 1.2.1 互联网金融的本质与传统金融相同 ... 5
  - 1.2.2 互联网金融与传统金融的区别 ... 5
- 1.3 互联网金融相关理论 ... 7
  - 1.3.1 信息不对称理论 ... 7
  - 1.3.2 蓝海战略理论 ... 8
  - 1.3.3 大数据理论 ... 8
  - 1.3.4 长尾理论 ... 14
  - 1.3.5 金融功能理论 ... 15
  - 1.3.6 普惠金融理论 ... 16
- 1.4 互联网金融发展的驱动因素 ... 17
  - 1.4.1 政策因素："互联网+金融"时代 ... 17
  - 1.4.2 技术因素：移动互联网时代 ... 23
  - 1.4.3 需求：中小微企业及个人投融资 ... 26
  - 1.4.4 供给：居民财富收入增长 ... 28
- 1.5 发展互联网金融的意义 ... 29
  - 1.5.1 有助于发展普惠金融，弥补传统金融服务的不足 ... 29
  - 1.5.2 有利于发挥民间资本作用，引导民间金融走向规范化 ... 29
  - 1.5.3 满足电子商务需求，扩大社会消费 ... 29
  - 1.5.4 有助于降低成本，提升资金配置效率和金融服务质量 ... 29
  - 1.5.5 有助于促进金融产品创新，满足客户的多样化需求 ... 30
- 本章作业 ... 30

## 第2章 电子支付 ... 31

- 2.1 电子支付概述 ... 32
  - 2.1.1 电子支付的定义 ... 32
  - 2.1.2 电子支付的分类 ... 32
- 2.2 电子支付的一般模型 ... 34
  - 2.2.1 电子支付的主要参与主体 ... 35
  - 2.2.2 电子支付工具 ... 35
  - 2.2.3 电子支付的受理方式 ... 37
  - 2.2.4 电子支付的服务功能 ... 37
- 2.3 电子支付的客户身份建立与识别 ... 38
  - 2.3.1 建立客户身份 ... 38
  - 2.3.2 建立身份识别方式 ... 39
  - 2.3.3 电子支付的信息流和资金流 ... 40
- 2.4 移动支付 ... 40
  - 2.4.1 移动支付的特点 ... 40
  - 2.4.2 我国移动支付的发展历程 ... 41
  - 2.4.3 移动支付的分类 ... 41
  - 2.4.4 移动支付的产业链 ... 45
  - 2.4.5 移动支付的系统架构 ... 46
  - 2.4.6 移动支付的主要运营模式 ... 49
  - 2.4.7 二维码支付 ... 51
  - 2.4.8 刷脸支付 ... 54
- 本章作业 ... 57

## 第3章 第三方支付 ... 59

- 3.1 第三方支付概述 ... 60
  - 3.1.1 第三方支付的定义与分类 ... 60
  - 3.1.2 第三方支付的发展历程 ... 63
  - 3.1.3 第三方支付运作原理 ... 66
  - 3.1.4 第三方支付发展的政策环境 ... 68
- 3.2 第三方支付典型企业 ... 70
  - 3.2.1 互联网支付典型企业 ... 70
  - 3.2.2 移动支付典型企业 ... 75

3.3 银行卡收单和预付卡的发行与受理 .... 77
 3.3.1 银行卡收单 .......................... 77
 3.3.2 预付卡的发行与受理 ............ 80
3.4 第三方支付的网联模式 ................. 81
 3.4.1 第三方支付的风险 ................ 81
 3.4.2 第三方支付的网联模式 ......... 83
3.5 第三方跨境电子支付 ..................... 86
 3.5.1 跨境电子支付的定义 ............ 86
 3.5.2 第三方跨境电子支付发展现状 ..................................... 86
 3.5.3 第三方跨境电子支付对跨境电子商务发展的影响 ............... 87
 3.5.4 我国第三方支付机构跨境电子支付业务模式 ....................... 89
本章作业 ................................................ 90

## 第4章 网络小额贷款 .............................. 91

4.1 网络小额贷款公司 ......................... 92
 4.1.1 小额贷款公司和网络小额贷款公司 ................................. 92
 4.1.2 网络小额贷款公司与传统小额贷款公司比较 ....................... 93
4.2 网络小额贷款的定义与特点 ............ 93
 4.2.1 网络小额贷款的定义 ............ 93
 4.2.2 网络小额贷款的特点 ............ 94
 4.2.3 网络小额贷款经营原则：小额、分散 ............................. 95
4.3 我国网络小额贷款发展状况 ............ 95
 4.3.1 网络小额贷款发展的政策梳理 ..................................... 95
 4.3.2 我国网络小额贷款发展现状 ... 96
 4.3.3 网络小额贷款产品特色 ......... 99
 4.3.4 网络小额贷款的业务利率、业务平均成本和融资渠道 ......... 99
 4.3.5 我国网络小额贷款业务发展趋势 ................................... 100
4.4 我国网络小额贷款的运营模式 ....... 101
 4.4.1 我国网络小额贷款的商业模式 ..................................... 101

 4.4.2 我国网络小额贷款的征信模式 ..................................... 102
4.5 网络小额贷款风控系统 ................. 103
 4.5.1 业务整体流程 ..................... 103
 4.5.2 前端设计 ............................ 103
 4.5.3 贷前风控 ............................ 104
 4.5.4 贷中风控 ............................ 107
 4.5.5 贷后风控 ............................ 107
 4.5.6 业务后台管理系统 .............. 107
 4.5.7 案例：阿里小额贷款 ........... 107
4.6 P2P网络小额贷款 ........................ 116
 4.6.1 P2P网络小额贷款概念的界定 ................................... 116
 4.6.2 P2P网络借贷的发展 ........... 117
本章作业 .............................................. 125

## 第5章 电子商务贷款 ............................ 127

5.1 电子商务发展催生电子商务贷款业务的发展 ................................. 128
 5.1.1 我国电子商务的发展情况 .... 128
 5.1.2 电子商务发展促进电子商务贷款的发展 ........................... 134
5.2 电子商务贷款概述 ....................... 135
 5.2.1 电子商务贷款的定义与特点 ................................... 135
 5.2.2 电子商务小额贷款、网络小额贷款与商业银行互联网贷款的比较 ..................................... 137
 5.2.3 电子商务小额贷款的作用 .... 138
5.3 电子商务贷款的商业模式 ............. 139
 5.3.1 电子商务平台直接放贷模式 ..................................... 139
 5.3.2 商业银行自建电子商务平台模式 ..................................... 141
 5.3.3 电子商务平台和传统银行合作模式 ................................. 146
 5.3.4 电子商务平台和互联网银行合作模式 ............................. 148

5.4 电子商务贷款的风险控制 .............. 150
    5.4.1 电子商务小额贷款存在的主要
          风险 ........................................ 150
    5.4.2 电子商务贷款的先驱：美国的
          Kabbage ................................. 152
    5.4.3 电子商务贷款的风险控制
          措施 ........................................ 153
    5.4.4 电子商务贷款与传统贷款的
          风险控制措施比较 ................ 155
本章作业 ................................................ 156

## 第6章 互联网消费金融 ............... 157

6.1 互联网消费金融概述 ..................... 158
    6.1.1 互联网消费金融定义 ............ 158
    6.1.2 互联网消费金融与传统消费
          金融的比较 ............................ 159
    6.1.3 互联网消费金融发展历程
          与发展现状 ............................ 159
6.2 互联网消费金融产业链 ................. 162
    6.2.1 资金需求方 ............................ 162
    6.2.2 资金供给方 ............................ 163
    6.2.3 消费金融服务商 .................... 163
    6.2.4 消费供给方 ............................ 164
    6.2.5 消费金融基础设施 ................ 164
6.3 互联网消费金融商业模式 ............. 165
    6.3.1 传统商业银行消费贷款互联网
          化模式 .................................... 165
    6.3.2 互联网银行消费贷款模式 .... 165
    6.3.3 持牌消费金融公司互联网消费
          金融模式 ................................ 167
    6.3.4 互联网消费金融公司消费贷款
          模式 ........................................ 172
6.4 互联网消费金融发展的核心能力 ... 174
    6.4.1 获客能力 ................................ 174
    6.4.2 用户体验 ................................ 174
    6.4.3 风控能力 ................................ 174
6.5 互联网消费金融资产证券化 ......... 176
    6.5.1 资产证券化概述 .................... 176

    6.5.2 资产证券化分类与特征 ........ 178
    6.5.3 消费金融资产证券化交易
          结构 ........................................ 180
    6.5.4 消费金融资产证券化面临的
          法律问题 ................................ 183
    6.5.5 消费金融资产证券化风险
          控制 ........................................ 184
    6.5.6 互联网消费金融典型企业：
          Zest Finance——面向弱势群体
          提供互联网消费金融服务 ..... 185
本章作业 ................................................ 186

## 第7章 互联网银行 ........................ 187

7.1 互联网银行概述 ............................. 188
    7.1.1 互联网银行定义 .................... 188
    7.1.2 互联网银行没有实体网点的
          原因 ........................................ 188
    7.1.3 互联网银行的主要特点 ........ 190
    7.1.4 互联网银行、电子银行与直销
          银行的比较 ............................ 190
    7.1.5 互联网银行的存贷款利率 .... 192
    7.1.6 互联网银行的发展原因 ........ 192
    7.1.7 互联网银行的影响与作用 .... 193
    7.1.8 互联网银行客群比较 ............ 193
7.2 互联网银行经营模式 ..................... 193
    7.2.1 网商银行经营模式 ................ 194
    7.2.2 微众银行经营模式 ................ 196
    7.2.3 微众银行与网商银行经营
          模式比较 ................................ 198
7.3 纯线上放贷的主要技术原理 ......... 200
    7.3.1 还款意愿分析 ........................ 200
    7.3.2 还款能力分析 ........................ 200
    7.3.3 成本优化控制 ........................ 201
7.4 互联网银行发展的困境与风险 ..... 202
    7.4.1 互联网银行发展的困境 ........ 202
    7.4.2 互联网银行发展面临的主要
          风险 ........................................ 202
7.5 互联网银行2.0：数字银行 ............ 205

- 7.5.1 数字银行的内涵和特点..........205
- 7.5.2 国外数字银行的典型案例......207
- 7.5.3 美国、欧盟数字银行的发展经验..........211
- 本章作业..........213

## 第8章 传统商业银行互联网化..........215

- 8.1 互联网金融的发展对传统商业银行的冲击..........216
  - 8.1.1 对商业银行存款理财的冲击..........216
  - 8.1.2 对商业银行间接融资功能的冲击..........217
  - 8.1.3 弱化了商业银行的支付功能..........217
  - 8.1.4 弱化了商业银行金融中介角色..........218
  - 8.1.5 冲击商业银行传统盈利模式..........218
  - 8.1.6 对商业银行经营模式的挑战..........219
- 8.2 电子银行..........219
  - 8.2.1 电子银行的定义及特点..........219
  - 8.2.2 电子银行发展历程..........220
  - 8.2.3 电子银行业务的主要类型..........222
- 8.3 商业银行互联网贷款..........227
  - 8.3.1 商业银行互联网贷款概述......227
  - 8.3.2 商业银行互联网贷款产业链..........230
  - 8.3.3 商业银行互联网贷款模式......233
  - 8.3.4 商业银行互联网贷款的风险控制..........237
- 本章作业..........240

## 第9章 互联网保险..........241

- 9.1 互联网保险对传统保险行业的影响..........242
  - 9.1.1 对保险经营观念的颠覆..........242
  - 9.1.2 对行业销售入口的冲击..........242
  - 9.1.3 对保险市场边界的扩展..........242
  - 9.1.4 对行业服务要求的改变..........243
  - 9.1.5 对运营流程革新的挑战..........243
  - 9.1.6 对风险定价能力的加强..........243
- 9.2 互联网保险概述..........244
  - 9.2.1 互联网保险的定义与内容......244
  - 9.2.2 互联网保险的特点与优势......245
  - 9.2.3 互联网保险产品的分类与特点..........248
  - 9.2.4 互联网保险形态..........250
  - 9.2.5 互联网保险的定位..........251
- 9.3 互联网保险产业链..........254
  - 9.3.1 消费者..........255
  - 9.3.2 渠道入口..........255
  - 9.3.3 产品创新..........256
  - 9.3.4 产品定价..........257
  - 9.3.5 保险公司..........258
  - 9.3.6 基础设施..........258
- 9.4 互联网保险发展概况..........259
  - 9.4.1 国外互联网保险发展概况......259
  - 9.4.2 我国互联网保险发展概况......263
- 9.5 我国互联网保险商业模式..........272
  - 9.5.1 官方网站模式..........272
  - 9.5.2 第三方电子商务平台模式......275
  - 9.5.3 网络兼业代理模式..........276
  - 9.5.4 专业中介代理模式..........277
  - 9.5.5 专业互联网保险公司模式......280
- 9.6 互联网保险发展面临的挑战和趋势..........282
  - 9.6.1 互联网保险发展面临的挑战..........282
  - 9.6.2 互联网保险发展趋势..........284
- 本章作业..........285

## 第10章 互联网基金与互联网证券..........287

- 10.1 互联网基金..........288
  - 10.1.1 互联网基金的内涵..............288

- 10.1.2 互联网基金的特点 ...............289
- 10.1.3 互联网基金的创新 ...............291
- 10.1.4 我国互联网基金的发展 ........292
- 10.1.5 互联网基金产业链 ...............298
- 10.1.6 互联网基金的主要销售模式 ......................................305
- 10.1.7 互联网基金的风险管理 ........312
- 10.2 互联网证券 ....................................314
  - 10.2.1 互联网金融对传统证券行业的影响 ..................................314
  - 10.2.2 互联网证券概述 ...................316
  - 10.2.3 互联网证券的发展 ...............316
  - 10.2.4 我国互联网证券模式 ...........328
  - 10.2.5 互联网证券风险管理 ...........334
  - 10.2.6 我国互联网证券发展趋势 ....336
- 本章作业 ..................................................337

## 第 11 章 互联网金融监管 ...................339

- 11.1 互联网金融监管的必要性 ................340
  - 11.1.1 金融市场的有效性与金融监管准则 ..............................340
  - 11.1.2 互联网金融市场的非有效性表现 ..................................340
- 11.2 互联网金融面临的主要风险 ............341
  - 11.2.1 互联网金融系统性风险 ........341
  - 11.2.2 互联网金融流动性风险 ........342
  - 11.2.3 互联网金融网络技术和网络安全风险 ..............................343
- 11.3 互联网金融的刑法规制 ....................344
  - 11.3.1 经营互联网金融业务可能涉嫌的犯罪 ..........................344
- 11.3.2 利用互联网金融实施违法行为可能涉嫌的犯罪 ...........347
- 11.4 互联网金融监管的主要模式 ...........349
  - 11.4.1 审慎监管 ...............................349
  - 11.4.2 行为监管 ...............................350
  - 11.4.3 消费者权益保护 ...................350
  - 11.4.4 机构监管和功能监管 ...........351
- 11.5 我国互联网金融监管体制 ...............351
  - 11.5.1 我国互联网金融的混业经营模式 ..................................351
  - 11.5.2 我国现行的金融分业监管模式 ......................................352
  - 11.5.3 我国互联网金融风险防范和监管体系的构成 ...............352
  - 11.5.4 我国互联网金融平台的监管机制 ..................................353
  - 11.5.5 我国互联网金融监管中的问题 ......................................354
- 11.6 欧美国家互联网金融监管体制 ....... 359
  - 11.6.1 美国互联网金融监管经验 ... 359
  - 11.6.2 英国互联网金融监管经验 ... 364
- 11.7 我国互联网金融监管体制的构建 ... 367
  - 11.7.1 国外互联网金融监管经验对我国的启示 ...................367
  - 11.7.2 我国互联网金融监管体系构建 ......................................368
- 本章作业 ................................................. 371

**主要参考文献** ............................................... 372

# 第 1 章

# 互联网金融概述

## 本章目标

- 掌握互联网金融的定义和特点。
- 了解互联网金融与传统金融的区别。
- 掌握互联网金融相关理论及其应用。
- 了解互联网金融发展的驱动因素。

## 本章简介

互联网金融是近年来随着互联网技术的发展和普及以及金融创新的不断发展而衍生的一种全新的金融模式。互联网金融因其鲜明的时代背景和创新能力，明显有别于传统金融。虽然互联网金融与传统金融在运营模式和技术基础等方面有很大不同，但是互联网金融从本质上来讲依然是金融，具有金融的风险特征和外部性特征等，也适用一些基本理论。

通过本章的学习，我们将了解到互联网金融这一全新概念的基本内涵和特征，了解到互联网金融与传统金融的异同之处。学习本章，我们要重点掌握互联网金融相关理论及这些理论在互联网金融领域的应用，以及互联网金融发展的驱动因素。

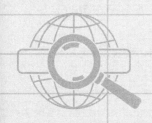

## 1.1 互联网金融概念

### 1.1.1 互联网金融的定义

在国外，没有明确的互联网金融概念，同类概念叫作数字金融(Digital Finance)，它包括互联网支付、移动支付、网上银行、金融服务外包及网上贷款、网上保险、网上基金等金融服务。

国内学界与业界对互联网金融的理解也有分歧，主要体现在以下两个方面。一种观点认为，只有互联网企业借助互联网技术开展的金融服务才能称为互联网金融，而传统金融机构运用互联网技术开展金融业务的，则应称为金融互联网。比如，2012 年，马云将互联网金融和金融互联网进行了区分，前者是互联网机构用互联网的思想和技术来做金融，让金融回归服务本质，后者是金融行业的互联网化。另一种观点认为，凡是利用互联网技术，运用互联网金融平台开展的金融业务都可称为互联网金融。如 2014 年 6 月，中国人民银行原副行长、清华大学五道口金融学院院长吴晓灵出席第一届新金融联盟峰会所做的"从互联网金融看新金融的发展空间"主旨演讲中指出，"互联网金融是利用互联网技术和移动通信技术为客户提供服务的新型金融业务模式，既包括传统金融机构通过利用互联网开展的金融业务，也包括互联网企业利用互联网技术开展的跨界金融业务"。《中国金融稳定报告 2014》指出，"互联网金融是互联网和金融的结合，是借助于互联网技术和移动通信技术实现资金融通、支付和信息中介功能的新兴金融模式"。这是首次在官方报告中对互联网金融概念及内涵进行的描述。同时，该报告还提出了广义的互联网金融和狭义的互联网金融两个概念，其中，前者既包括金融机构通过互联网开展的金融业务，也包括作为非金融机构的互联网企业从事的金融业务；后者仅指互联网企业开展的、基于互联网技术的金融业务。

本书偏向于前者，将互联网金融(Internet Finance)定义为：互联网企业和传统金融机构秉承"开放、平等、协作、共享"的互联网精神，运用互联网技术手段，特别是云计算、大数据、搜索引擎、社交网络和移动支付等现代信息技术手段，在资金融通和其他金融服务等金融活动中进行系列创新实践的一种新兴金融模式。

互联网金融从字面来看由互联网和金融两个词语组成，但互联网之于金融，不是颠覆而是融合，互联网与金融两者是有机结合的。其定义不是互联网和金融两个概念的简单加总，而是应该结合互联网行业和金融行业的特性。具体来说，首先，互联网金融本质上是金融，是一种新兴的金融模式。互联网金融并没有改变金融本身的功能和使命，金融的核心功能仍是资源配置、支付清算、管理风险和价格发现等，金融的根本使命仍是服务实体经济和为客户创造价值；其次，互联网金融的技术基础是以互联网(特别是云计算、大数据、搜索引擎、社交网络和移动支付等)为代表的现代信息科技；再次，互联网金融的创新基因是以"开放、平等、协作、共享"为核心内容的互联网精神；最后，互联网金融的运作主体可以是互联网企业，也可以是传统金融机构。

如图 1.1 所示，在定义中，互联网精神是前提，互联网技术是基础，金融功能是核心。判断互联网企业和传统金融机构的金融服务是不是互联网金融，关键看是不是具备互联网精神。从这个意义上来说，互联网金融不区分金融创新工作的主体是谁。互联网金融既包括传统金融机构运用互联网技术和互联网精神的各种新型金融业态，也包括作为非金融机构的互联网企业从事的金融、准金融业务。

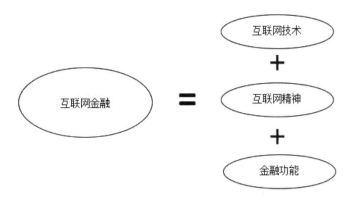

图 1.1　互联网金融的本质

## 1.1.2　互联网金融的主要特征

互联网金融是传统金融与互联网技术相结合的产物，因此它具有金融行业所固有的一些特点；同时，与传统金融相比，形态的虚拟化、运行方式的网络化等互联网特性决定了它具有以下特点。

### 1. 低成本

互联网金融是基于互联网虚拟空间开展的金融业务，没有固定的实体网点，轻资产，因此具有一定的成本优势。货币的支付以及金融产品的发行、交易可以直接在网上进行，交易双方在风险分担、资金期限匹配上的成本非常低，因此，市场成本得以大幅降低。同时，互联网平台省去了传统的庞大实体营业网点费用和雇用众多员工的人力资源费用，投资成本、营业费用和管理成本得以大大降低。据估计，传统行业与互联网在成本上的差距，至少在 100 倍。

### 2. 高效率

互联网技术已经开始越来越多地应用云计算和大数据处理技术，操作和运行程序日益标准和完善，交易的速度大幅度提升。例如，阿里小额贷款依托电子商务积累的信用数据库，经过数据挖掘和分析，引入风险分析和资信调查模型，商户从申请贷款到发放只需要几秒钟，日均可以完成贷款 1 万笔，成为真正的"信贷工厂"。在这样的背景下，客户的选择倾向就会自然而然地实现转移，在奠定客户基础的同时，其也通过不断的实验进行改进，创造更好的发展空间。

### 3. 注重用户体验

用户体验这个词最早被广泛认知是在 20 世纪 90 年代中期，由用户体验设计师唐纳德·诺曼(Donald Norman)提出和推广。用户体验是用户在使用产品过程中建立起来的一种纯主观感受。计算机技术和互联网的发展，使技术创新形态正在发生转变，以用户为中心、以人为本越来越得到重视。

互联网金融秉承互联网的开放、平等、协作、共享的精神，体现在服务模式上，就是由传统的面对面柜台交易向互动式沟通与群体参与转变；体现在商业模式上，则是通过实时交互、大规模协作实现组织扁平化、去中心化，客户群信息平台化、网络化，并可以通过数据挖掘和分析，提前发现潜在客户和潜在需求，为客户提供优质高效的产品和服务体验。

**4. 风险特殊性**

互联网金融的互联网特性决定了它的风险因素更加复杂、多变。互联网金融除具有传统金融的风险特点，如流动性风险、市场风险和利率风险外，还存在基于信息技术导致的技术安全风险与基于虚拟金融服务的业务风险，并且风险传导速度更快、诱导因素更敏感复杂。一旦遭到黑客攻击，互联网金融的正常运作就会受到影响，危及消费者的资金安全和个人信息安全。

### 1.1.3 互联网金融的核心要素

互联网金融必须有三个核心要素：大数据、信用体系和风控。

**1. 必须拥有丰富的数据**

在信息技术飞速发展的今天，互联网金融迎来了良好的机遇和发展契机。在互联网金融业务中有效应用的大数据，能够促进创新服务优化资源的配置和高度共享客户的信息。大数据有助于互联网金融的健康快速发展，所以应该得到高度重视。

互联网金融主要依托互联网支付、云计算、社交网络和搜索引擎等工具，完成资金融通、支付及信息中介等各种业务的金融服务的延伸，不能将其理解为互联网和金融行业的简单结合，可以认为互联网金融是一种服务。这种服务是建立在用户需求的基础上，充分借助互联网自身特性，彰显开放、平等、协作、共享的优势。在大数据时代，数据就是一切，数据就是企业的利润和用户服务需求，数据就是金钱和安全。互联网的时代开启了数据时代，传统金融如要生存发展，就必须跟上时代步伐，重视大数据技术。

数据的丰富度既要有社交数据，又要有电子商务数据。

**2. 必须拥有基于大数据的信用体系**

信用是社会经济发展的必然产物，是现代经济社会运行中必不可少的一环。维持和发展信用关系是保护社会经济秩序的重要前提。如果没有信用体系建设，就做不到短时间内发放信用贷款。

**3. 必须拥有基于丰富大数据的风控技术，而不是基于 IT 技术的风控**

数据其实不可以改变风险，但是可以把风险量化，就如同互联网金融其实改变不了金融的本质和风险，而只是作为一项工具更加高效透明地去做金融。无论是在个人理财业务上，还是在借贷服务上，互联网金融都是随着数据流动而推进。与传统金融相比，互联网金融面对的客户风险较高，其风控面临的挑战更大，对大数据风控的要求也就更高。

目前行业内大数据技术贯穿了金融业务的渠道、数据、信审、反欺诈、额度、后期服务等六大块，形成了线上化、机器化、模块化的风控构架体系。充分利用大数据分析技术建立独特的风控体系，可以高效支持贷款的在线实时审批、因客定价与贷后风险的动态监控。

## 1.2 互联网金融与传统金融的比较

互联网金融的产生和发展引起了人们对于互联网金融对传统金融影响的争论，产生了"颠覆论""改良论""互补论"和"融合论"等多种观点。因此，有必要对互联网金融与传统金融进行简要的比较分析。

### 1.2.1 互联网金融的本质与传统金融相同

传统金融主要是指只具备存款、贷款和结算三大传统业务的金融活动。现代金融泛指一切与信用货币的发行、保管、兑换、结算、融通等有关的经济活动，甚至包括金银的买卖。

作为一种金融创新，互联网金融改变的只是金融业务技术和经营模式，而并没有改变金融的本质和功能。根据现代金融功能理论，"金融功能比金融机构更加稳定" (Merton&Bodie，1993)，各种形式的金融创新可能促使金融服务的表现形式变得与以往不同，但其所发挥的基本功能却是趋于稳定的。互联网金融与传统金融在本质上是一样的，核心功能不变，契约内涵不变，金融风险、外部性等概念的内涵也不变。

互联网金融的产生和发展对传统金融的影响更多是补充而不是颠覆或者替代。互联网金融只是在传统金融体系发展较慢或空白的不足领域中找到了创新空间，填补了传统金融难以覆盖的业务领域。相对于传统金融而言，互联网金融在降低交易成本、缓解信息不对称、提升资源配置效率和金融服务质量等方面具有显著的优势。在互联网金融中，交易可能性边界大大拓展，交易成本和信息不对称程度大幅下降，与此同时，互联网金融的民主化、普惠化特征又有助于满足中小微企业、中低收入阶层和农民的金融需求，这些都有效地补充了传统金融模式的不足。

### 1.2.2 互联网金融与传统金融的区别

如表 1.1 所示，互联网金融与传统金融的差异主要体现在定位、驱动因素、经营模式、治理机制、竞争优势五个方面。

**1. 定位不同**

互联网金融主要聚焦于传统金融业服务不到位或者是重视不够的长尾客户，利用信息技术革命带来的规模效应和较低的边际成本，使长尾客户在小额交易、细分市场等领域能够获得有效的金融服务。目前，互联网金融与传统金融业的客户交叉还比较少，但是未来相向而行、交叉渗透一定会逐渐增加。

表 1.1　传统金融与互联网金融的比较

| 比较项 | 传统金融 | 互联网金融 |
| --- | --- | --- |
| 定位 | 中高端客户 | 长尾客户 |
| 驱动因素 | 过程驱动 | 数据驱动 |
| 经营模式 | 实体网点，线下为主 | 无实体网点，线上为主 |
| 治理机制 | 严格监管，抵押担保 | 规则透明 |
| 竞争优势 | 资金、资本、风险管理、客户与网点方面显著 | 客户体验好、业务推广快、边际成本低、规模效益显著 |

**2. 驱动因素不同**

传统金融业是过程驱动的，注重与客户面对面地直接沟通，在此过程中搜集信息、建立管控风险、交付服务；互联网金融则是数据驱动需求，客户的各种结构化的信息都可以成为营销的来源和风控的依据。

**3. 经营模式不同**

传统金融机构与互联网金融机构都在积极地运用互联网技术，但是在经营模式设计上是有差别的。前者具有深厚的实体服务的基础，从线下向线上拓展，努力把原有的基础更充分地利用起来，提升服务的便捷度。而互联网金融多数是以线上服务为主，同时也注重从线上向线下拓展，利用便捷的服务手段，努力把业务做深和做实。

**4. 治理机制不同**

传统金融机构受到较为严格的监管，需要担保抵押登记、贷后管理等，与之相比，互联网金融企业的市场化程度更高，通过制定透明的规则，建立公众监督的机制来赢得信任，不需要担保和抵押。这种机制的治理成本较低，但缺乏统一的监管体系和规范的业务标准。

**5. 竞争优势不同**

传统金融机构具有资金、资本、风险管理、客户与网点方面的显著优势，资金来源与运用可直接对接，体量大、成本低，同时资本实力雄厚，风险管理体系成熟，网点服务也是互联网金融在很多情况下无法替代的。互联网金融企业则具有获客渠道不同、客户体验好、业务推广快、边际成本低、规模效益显著等优势。

随着互联网技术的发展和金融市场客户多样诉求的推动，互联网金融开始挑战传统的银行业务。互联网金融优势的日益明显，对传统银行的支付领域、小额贷款领域和中间业务领域均产生了冲击。然而在伴随着互联网金融创新变化的同时，传统银行同样也有着相应的机遇，其不仅有丰富的产品和从业经验，还有一套完善的风险管理体系，通过十几年互联网应用的发展也积累了一批人才，他们既熟悉金融，同时也对互联网应用发展有深入的了解，这些也是互联网金融机构在短时间内难以达到的优势。

## 1.3 互联网金融相关理论

### 1.3.1 信息不对称理论

**1. 信息不对称理论概述**

信息不对称理论是由 2001 年获诺贝尔经济学奖的三位美国经济学家——乔治·阿克尔洛夫、迈克尔·斯彭斯、约瑟夫·斯蒂格利茨提出的。该理论认为，在市场经济活动中，由于社会分工和专业化，各类交易主体对有关信息的掌握是有差异的，即信息不对称。信息不对称会使各交易主体处于不平等地位，掌握信息更充分的交易主体在交易中处于比较有利的地位，掌握信息更少的交易主体则处于弱势地位；信息不对称也会导致逆向选择和道德风险。不对称信息是金融风险产生的主要原因。

通常情况下，信息不对称理论被看作小额信贷业务开展的基础。对该理论进行解说，即在市场经济背景下，各市场主体对市场信息的掌控有所差异，区分出信息掌控好的主体与信息掌控弱势群体，信息优势就可呈现出来。一般情况下，人们会认为在一个市场中卖方会比买方具有信息优势，对商品的了解更充分，而结果将是信息占优势的群体可以通过向信息不足的群体传递信息而获利。

这种理论体现在我国金融市场上，即为：借款人对自己的资金来源和自己信用情况非常了解，而放款人很难了解到借款人的真实信息，这就产生了逆向选择和道德风险。贷款人往往把资金借给那些本身劣质但更努力争取资金的人，从而把优质但不努力争取资金的客户挤出市场。借款人可借此进一步隐瞒对自己不利的信息，从而导致放款人发生损失，市场也难以为继。

信息不对称是金融中介存在的最重要的原因，解决信息不对称所产生的成本可看作一种交易成本，而交易成本又可分为三个方面：一是交易前搜集相关交易信息而发生的成本；二是交易中支付和结算的成本；三是交易后监督和保证合同实施的成本。现代金融理论认为，金融中介就是单个借贷者在交易中为降低交易成本，寻求规模经济的联合。

商业银行通常在放贷前会花费大量精力搜集并验证借款人的信息，以此确定其还款能力，贷款后也会花费大量成本进行监督和催收——银行贷款存在规模效益，这就是银行不选择从事小额贷款业务的原因。

**2. 信息不对称理论在互联网金融中的应用**

在互联网金融模式下，互联网金融平台通过互联网的渠道把大量的资金需求者和供给者聚集起来，从而实现了交易之前的信息搜集成本的降低，同时交易后的监督成本也通过与平台合作的第三方担保公司或保险公司而转移，从而实现了投资者参与到投资活动中的总体交易成本的降低，进而导致该金融模式下的最低参与额降低。因而，互联网金融扩展与延伸了金融服务的范围，让很多在传统金融模式下因交易成本太高不能得到满足的中小企业和个人也能获得融资，从而优化了整个社会的资源配置。例如，阿里金融完全形成了自己的一个生态圈，通过十几年的积累，已经形成了自己的数据库与信用评级的模式。而当贷款对象违约时，互联网金融企业可以在自身的系统中调低违约方的信用等级甚至将其归入黑名单或者将其信息发布到网上，对违约企业进行警告或惩罚。

### 1.3.2 蓝海战略理论

#### 1. 蓝海战略概述

蓝海战略(Blue Ocean Strategy)是由欧洲工商管理学院的 W. 钱·金和勒妮·莫博涅提出的。如果我们把整个市场想象成海洋，这个海洋由红色海洋和蓝色海洋组成，红海代表现今存在的所有产业，这是我们已知的市场空间；蓝海则代表当今还不存在的产业，这就是未知的市场空间。蓝海战略其实就是企业超越传统产业竞争、开创全新市场的企业战略。

所谓蓝海战略，就是企业突破红海的残酷竞争，主要精力不是放在打败竞争对手上，而是主要放在全力为买方与企业自身创造价值飞跃上，并由此开创新的"无人竞争"的市场空间，彻底摆脱竞争，开创属于自己的一片蓝海。

针对不同类型的企业应采取不同的战略：红海战略，即在现有市场内与已经存在的企业开展竞争，遵循价值与成本互替定律，根据差异化或低成本的战略选择，把企业行为整合成一个体系。蓝海战略，即拓展非竞争性市场空间，规避与现有企业的竞争，打破价值与成本互替定律，同时追求差异化和低成本，把企业行为整合为一个体系。

红海战略和蓝海战略的比较，如表 1.2 所示。

表 1.2 红海战略与蓝海战略的比较

| 战略比较 | 红海战略 | 蓝海战略 |
| --- | --- | --- |
| 市场 | 在已经存在的市场内竞争 | 拓展非竞争性市场空间 |
| 形式 | 参与竞争 | 规避竞争 |
| 需求 | 争夺现有需求 | 创造并攫取新需求 |
| 规律 | 遵循价值与成本互替规律 | 打破价值与成本互替规律 |
| 目的 | 根据差异化和低成本战略选择，把企业行为整合成一个体系 | 同时追求差异化和低成本，把企业行为整合成一个体系 |

#### 2. 蓝海战略理论在互联网金融中的应用

互联网金融是对互联网产业以及金融产业边界的扩展而创造出来的一种新型金融业务模式，具有高需求以及高速增长的机会。蓝海战略对于信息化时代的互联网金融具有极好的启发价值。互联网金融能规避与现有企业的竞争，即规避与银行等传统金融机构的竞争，追求差异化和低成本。互联网金融不同于传统金融机构主要针对大中型企业等大客户，而是主要面向中小企业以及一些散户，推出金融产品。同时，互联网金融推出的产品具有低成本的特性，购买方便快捷。

### 1.3.3 大数据理论

#### 1. 大数据的概念与内涵

"大数据"的概念早已有之，1980 年美国著名未来学家阿尔文·托夫勒便在《第三次浪潮》一书中，将大数据赞颂为"第三次浪潮的华彩乐章"。但是直到近几年，"大数据"才与"云计算""物联网"一道，成为互联网信息技术行业的流行词汇。2008年，在谷歌成立10周年之际，著名的《自然》杂志出版了一期专刊，专门讨论未来与大数据处理相关的一系列技术问题和挑战，其中就提出了"Big Data"的概念。2011年5月，在以"云计算相遇大数据"为主题的EMC World 2011会议中，EMC也抛出了"Big Data"概念。所以，很多人认为，2011年是大数据元年。

此后，诸多专家、机构从不同角度提出了对大数据的理解。当然，由于大数据本身具有较强的抽象性，国际上尚没有一个统一公认的定义。维基百科认为大数据是超过当前现有的数据库系统或数据库管理工具处理能力，处理时间超过客户能容忍的时间的大规模复杂数据集。全球领先的企业数据集成软件商Informatica认为大数据包括海量数据和复杂数据类型，其规模超过传统数据库系统进行管理和处理的能力。亚马逊网络服务(AWS)大数据科学家John Rauser提出一个简单的定义：大数据就是任何超过了一台计算机处理能力的庞大数据量。百度搜索的定义为："大数据"是一个体量特别大，数据类别特别大的数据集，并且这样的数据集无法用传统数据库工具对其内容进行抓取、管理和处理。互联网周刊的定义为："大数据"的概念远不止大量的数据(TB级)和处理大量数据的技术，或者所谓的"4个V"之类的简单概念，而是涵盖了人们在大规模数据的基础上可以做的事情，而这些事情在小规模数据的基础上是无法实现的。换句话说，大数据让我们以一种前所未有的方式，通过对海量数据的分析，获得具有巨大价值的产品和服务或深刻的洞见，最终形成变革之力。

综合上述不同的定义，我们认为，大数据是指由数据巨大、结构复杂、类型众多的数据构成的数据集合，无法在一定时间内用常规软件工具对其内容进行抓取、管理和处理。因此，大数据最重要的不是如何定义，而是如何使用。它强调的不仅是数据的规模，更强调从海量数据中快速获得有价值的信息和知识的能力。大数据定义至少应包括以下两个方面：一是数量巨大，二是无法使用传统工具处理。

大数据不是随机样本，而是全体数据；不是精确性，而是混杂性；不是因果关系，而是相关关系。大数据概念里的"大"是指数据所具有的量级大以及数据的多样化。

**2. 大数据特征**

大数据的定义体现了大数据的4V特征：数据体量巨大(volume)，数据类型繁多(variety)，数据、时效性高(velocity)以及数据价值密度低(value)。大数据特征如图1.2所示。

1) 体量巨大

大数据的来源广泛，既有来自人类活动的，也有来自计算机和物理世界的。①来自人类活动：人们通过社会网络、互联网、健康、金融、经济、交通等活动过程所产生的各类数据，包括微博、病人医疗记录、文字、图形、视频等信息。②来自计算机：各类计算机信息系统产生的数据，以文件、数据库、多媒体等形式存在，也包括审计、日志等自动生成的信息。③来自物理世界：各类数字设备、科学实验与观察所采集的数据。如摄像头所不断产生的数字信号，医疗物联网不断产生的人的各项特征值，气象业务系统采集设备所收集的海量数据，等等。

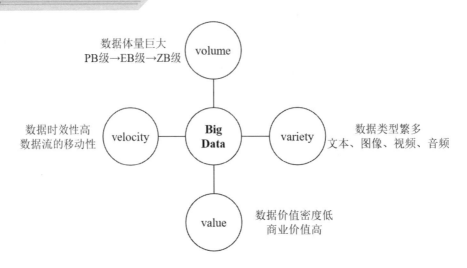

图 1.2 大数据特征

数据集合的规模不断扩大,已经从 GB 级增加到 TB 级再增加到 PB 级。近年来,数据量甚至开始以 EB 和 ZB 来计数。例如,一个中型城市的视频监控信息一天就能达到几十 TB 的数据量。百度首页导航每天需要提供的数据超过 1~5PB,如果将这些数据打印出来,会超过 5000 亿张 A4 纸。

2) 类型繁多

"variety"意味着要在海量、种类繁多的数据间发现其内在关联。在互联网时代,各种设备连成一个整体,个人在这个整体中既是信息的收集者也是信息的传播者,加速了数据量的爆炸式增长和信息多样性。这就必然促使我们要在各种各样的数据中发现数据信息之间的相互关联,把看似无用的信息转变为有效的信息,从而作出正确的判断。

3) 时效性高、速度快

Velocity 可以理解为更快地满足实时性需求。时效性高主要表现为数据流和大数据的移动性,要求对大数据进行实时分析而非批量式分析,数据的输入、处理与丢弃必须立竿见影而非事后见效,一般要在 1 秒时间给出分析结果,否则处理结果就是过时和无效的。实时处理的要求是区别大数据应用和传统数据仓库技术、BI 技术的关键差别之一。

4) 商业价值高、价值密度低

大数据特征里最关键的一点就是"value","value"的意思是指大数据的价值密度低。大数据时代,数据的价值就像在一堆沙子里面淘金,数据量越大,里面真正有价值的东西就越少。现在的任务就是在这些 ZB、PB 级的数据里,利用云计算、智能化开源实现平台等技术,提取出有价值的信息,将信息转化为知识,发现规律,最终用知识促成正确的决策和行动。

大数据的类型有三种,即非结构化数据、半结构化数据和结构化数据。非结构化数据是指没有固定格式的数据,如 PDF、E-mail 和一般文档。半结构化数据是指类似 XML 和 HTML、有一定加工处理的数据。结构化数据则是指具备一定格式,便于存储、使用,并可从中提取信息的数据,例如,传统的各种事务型数据库中的数据。

### 3. 大数据发展趋势

虽然大数据目前仍处在发展的起步阶段，尚存在着诸多困难与挑战，但我们相信，随着时间的推移，大数据未来的发展前景非常可观。

1) 数据将呈现指数级增长

近年来，随着社交网络、移动互联、电子商务、互联网和云计算的兴起，音频、视频、图像、日志等各类数据正在以指数级增长。2011 年，全球数据规模为 1.8ZB，可以填满 575 亿个 32GB 的 iPad 平板电脑，这些 iPad 可以在中国修建两座长城。而在 2020 年，全球数据量达到了 60ZB，如果把它们全部存入蓝光光盘，这些光盘的重量和 636 艘尼米兹号航母的重量相当。

2) 数据将成为最有价值的资源

在大数据时代，数据成为继土地、劳动、资本之后的新要素，构成企业未来发展的核心竞争力。《华尔街日报》在一份题为《大数据，大影响》的报告中宣传，数据已经成为一种新的资产类别，就像货币或黄金一样。IBM 执行总裁罗睿兰认为，"数据将成为一切行业当中决定胜负的根本因素，最终数据将成为人类至关重要的自然资源"。随着大数据技术的不断发展，大数据将成为机构和企业的重要资产和争夺的焦点。谷歌、苹果、亚马逊、阿里巴巴、腾讯等互联网巨头运用大数据获得了商业上更大的成功，并且将会继续通过大数据来提升自己的竞争力。

3) 大数据和传统行业智能融合

通过对大数据的收集、整理、分析和挖掘，我们不仅可以发现城市治理难题，掌握经济运行趋势，还能够驱动精确设计和精确生产模式，引领服务业的精确化和增值化，创造互动的创意产业新形态。麦当劳、肯德基以及苹果公司等旗舰专卖店的位置都是建立在数据分析基础之上的精准选址。百度、阿里、腾讯等通过对海量数据的掌握和分析，为用户提供更加专业化和个性化的服务。在智慧城市建设不断深入的情况下，大数据必将在智慧城市中发挥越来越重要的作用。由城市数字化到智慧城市，关键是要实现对数字信息的智慧处理，其核心是引入大数据处理技术，大数据将成为智慧城市的核心智慧引擎。智慧金融、智慧安防、智慧医疗、智慧教育、智慧交通、智慧城管等，无不是大数据和传统产业融合的重要领域。

4) 数据将越来越开放

大数据是人类的共同资源、共同财富，数据开放共享是不可逆转的历史潮流。随着各国政府和企业对开放数据带来的社会效益和商业价值认识的不断提升，全球必将很快掀起一股数据开放的热潮。事实上，大数据的发展需要全世界、全人类的共同协作，变私有大数据为公共大数据，最终实现私有、企业自有、行业自有的全球性大数据整合，才不至于形成一个个毫无价值的"数据孤岛"。大数据越关联越有价值，越开放越有价值。尤其是公共事业和互联网企业的数据开放，将使数据越来越多。目前，欧美等发达国家和地区的政府都在政府和公共事业的数据上作出了表率。中国政府一方面带头力促数据公开共享；另一方面，还通过推动建设各类大数据服务交易平台，为数据使用者提供丰富的数据来源和数据的应用。

5) 大数据安全将越来越受重视

大数据在经济社会中应用日益广泛的同时，其安全也必将受到更多的重视。大数据时代，在我们用数据挖掘和数据分析等大数据技术获取有价值信息的同时，"黑客"也可以利用这些大数据技术最大限度地收集更多的有用信息，对其感兴趣的目标发起更加"精准"的攻击。近年来，个人隐私、企业商业信息甚至国家机密泄露事件时有发生。对此，欧美等发达国家纷纷制定并完善了保护信息安全、防止隐私泄露等相关法律法规。可以预见，在不久的将来，其他国家也会迅速跟进，以更好地保障本国政府、企业乃至居民的数据安全。

6) 大数据人才将备受欢迎

随着大数据的不断发展及其应用的日益广泛，包括大数据分析师、数据管理专家、大数据算法工程师、数据产品经理等在内的具有丰富经验的数据分析人员将成为全社会稀缺的资源和各机构争夺的人才。国际咨询公司 Gartner 资料显示，在 2015 年，研究表明，美国的数据科学人才非常充足，人才技能供求出现"顺差"，即就业者能够大大满足企业的需求。而截止到 2018 年的 8 月，领英的研究数据显示，数据科学领域出现了非常严重的人才短缺，美国数据科学家的人才缺口大约为 151717 人。美国通过国家科学基金会，鼓励研究型大学设立跨学科的学位项目，为培养下一代数据科学家和工程师做准备，并设立培训基金支持对大学生进行相关技术培训，召集各个学科的研究人员共同探讨大数据如何改变教育和学习等。英国、澳大利亚、法国等国家也对大数据人才的培养作出专项部署。IBM 等企业也开始全面推进与高校在大数据领域的合作，力图培养企业发展需要的既懂业务知识又具备分析技能的复合型数据人才。

### 4. 大数据在互联网金融中的应用

早在 2006 年，Thomas 就比较研究了大数据在美国和欧洲各行业的发展状况。他认为，企业必须广泛推行以事实为基础的决策方法，大量使用数据分析来优化企业的各个运营环节，通过数据的优化和对接，把业务流程和决策过程当中的每一份潜在价值都挤出来，从而节约成本、战胜对手，在市场上幸存。他从咨询行业的角度，论证了大数据在为企业的发展提供事实依据上有无可比拟的优势。其实，大数据的意义不仅局限于数据的获取与储存，也包含数据挖掘和数据分析。大大小小的公司，其实都收集了大量数据，只不过在过去，这些数据储存在不同的系统当中，如财务系统、人力资源系统和客户管理系统，是信息孤岛。而现在，这些系统彼此相连，通过数据挖掘技术，可以获得一幅关于企业运营的完整图景，从而可以帮助企业提高运营效率和预测未来的能力。

互联网金融对于数据的数量、质量有着很高的要求，因此随着大数据的快速发展，大数据也逐渐应用于互联网金融当中，集中表现为风险管理、金融创新、促进资源优化、打破客户信息垄断 4 个方面。

1) 风险管理

传统金融的风险管理注重的是企业资产规模、财务状况、资金流量和个人的身份地位、收入水平、资产规模等这些硬信息，资产抵押或质押通常也是缓释风险的主要机制。但互联网金融更加注重企业的实际交易行为轨迹。互联网平台所产生的云数据，客观地描述了相关交易主体的履约状况和信用水平,真实展现了他们的商业行为轨迹。大数据技术通过采集更全面、更及时、更真实的数据,快速地找出不同变量之间的相关关系,挖掘数据背后的风险信息,帮助互联网金融机构迅速、准确地识别和监控风险,改善风险决策模式,提高风险管理效率。例如,美国的一家网贷公司采用大数据技术,实时搜集网店店主的销售、顾客流量、商品评价、物流、店主在脸书(Facebook)及推特(Twitter)等社交平台上与客户互动的信息,通过各类信息的交叉验证分析,在数分钟内即可评估店主的信用风险水平,并计算出合适的贷款额度和利率,快速实现放贷。通过将互联网各个角度的信息转化为个体的信用信息,这家网贷公司实现了传统金融机构一般不愿涉足的小微网店贷款业务,这得益于大数据技术迅速采集和处理多渠道、多结构数据的能力。

2) 金融创新

大数据的基本特征是数据的收集和信息的处理,而这也是互联网金融模式的核心,数据的收集能力和信息处理能力对金融业务的成本控制、风险控制有很大的影响,大数据的应用能有效地促进互联网金融的创新。大数据能对交易数据进行有效的分析,从而识别出市场交易模式,并帮助决策者制定高效的套利策略。大数据能对微博、Twitter 等社交网络市场的信息进行分析,并对搜索引擎中的搜索热点进行重点关注,从而快速、高效地制定投资策略。同时大数据不仅能对中小型企业的日常交易行为数据进行分析,还能判断出财务管理制度不健全企业的经营状况及信用情况。

3) 促进资源优化

在互联网金融中应用大数据,能有效地促进资源优化配置。互联网能促进投资和融资双方的信息发布、交流和匹配,不需要银行、证券和基金等部门的参与,例如,美国的 Lending Club 在为会员提供贷款业务时,是利用 P2P 网贷平台进行的,并没有利用银行机构;而 Google 的 IPO 是采用在线荷兰式的方法进行拍卖,并没有利用传统的投行路演、询价报价进行拍卖。近年来,我国涌现出大量的 P2P 平台,这些平台既有银行参与的融资项目,也有金融信息服务企业组建的网络贷款平台,这些平台为中小型企业的筹资指明了方向,也为投资人提供了低成本、高收入的投资渠道。可见,大数据能有效地整合互联网金融资源,为金融市场提供快速、高效的运营平台,对互联网金融的发展有十分重要的作用。

4) 打破客户信息垄断

随着大数据时代的到来,金融市场变得更加透明。金融客户的信用状况会因其资产以及各类交易状况的差异而不同。为解决信息不对称的问题,传统的商业银行需要投入大量的人力、物力、财力进行信息搜集、分析、整理;而互联网金融平台则能利用自身的优势将交易双方信息收集起来,并建立新的信息来源途径;其他网络平台也会搜集大量的信息,如物流运输公司、网络支付企业等会搜集到大量的运输信息、价格信息、支付信息等,这些信息可以成为衡量客户个人信用的重要依据,这打破了传统的金融机构垄断客户信息的现象。社交网络具有很强大的信息传播功能,云计算具有很强的信息处理能力,搜索引擎具有很强大的信息检索能力,这些技术为创建成本低、更新快、精准度高的信息平台提供了有力的依据。

### 1.3.4 长尾理论

**1. 长尾理论的内涵**

长尾理论是网络时代出现的一种新理论。长尾(The Long Tail)这一概念是由美国《连线》杂志主编克里斯·安德森(Chris Anderson)于 2004 年首次提出的。根据克里斯·安德森在其著作《长尾理论》(2012)中对"长尾理论"进行的定义,其可以简单概括为"我们的文化和经济中心正在加速转移,从需求曲线头部的少数大热门(主流产品和市场)转向需求曲线尾部的大量利基产品和市场"。一方面,"长尾理论"基本原理是积少成多,把小市场积累起来的利润累积,最后创造出大的市场规模。安德森同时指出了"长尾理论"与互联网经济的依赖关系,并相信"长尾理论"将指引互联网经济的发展方向并能创造巨大的盈利空间。另一方面,随着互联网技术的进一步成熟,线上财富潜力的进一步挖掘,众多互联网企业开始进军金融业,同时传统金融业也紧随时代脚步开始了互联网金融的征程。

长尾理论被认为是对传统的"二八定律"的颠覆。"二八定律"即指 20%的重要部分会造成 80%的重大影响,可以理解为 20%的热门产品会创造 80%的收入。"二八定律"中被忽略不计的 80%就是所谓的"长尾"。而在"长尾"经济理论中,利润将被一分为三:2%的大热门产品、8%的次热门产品以及剩下 90%的长尾产品会创造出相等的,也就是 33%的利润。克里斯·安德森通过运用大量的数据统计,证明了大热门产品实际上与冷门产品拥有相同的利润创造能力。这也就意味着关注"长尾产品"与继续争夺热门产品可以达到相同的现实意义。长尾理论的一个经典案例是亚马逊网络书店。在亚马逊网络书店的图书销售额中,有 1/4 来自排 10 万名以后的书籍。边际成本递增与边际成本递减条件下的供给需求曲线,如图 1.3 所示。

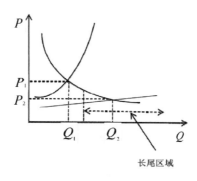

图 1.3 边际成本递增与边际成本递减条件下的供给需求曲线

**2. 长尾理论在互联网金融中的应用**

我国商业银行的经营模式符合"二八定律"理论,不论是在业务品种、利润来源、营业时间等方面,都符合该定律,"二八定律"已经成为商业银行经营决策的指导。互联网金融的出现正是颠覆了所谓的"二八定律",将目标客户群体定位在被商业银行"放弃"的众多小微企业及广大中小客户,通过个性化的设计激发客户的需求,积少成多,使无数小需求汇聚成显著的长尾效应。

截至 2021 年年末，全国企业的数量达到 4842 万户，其中 99%以上都是中小企业，从业人数占全部企业从业人数的比例高达 80%。量大面广的小微企业构成了信贷市场的潜在"长尾"，这一部分群体虽然单体的贷款需求相对较小，但累积总量其实并不小。但受制于抵、质押物不足和信用信息缺乏等问题，绝大多数的小微企业被排斥于传统的信贷市场之外。据全国工商联调查显示，约 90%规模以下小企业无法从金融机构获得贷款。

信贷市场能否变为"长尾"市场，根本在于能否有效降低小微企业的贷款成本，其中最主要的成本是信息成本。借助大数据、云计算等技术，互联网金融能够在一定程度上低成本地解决信贷市场的信息不对称问题，能够为传统信贷市场无暇顾及的"尾部"市场提供碎片化、低门槛的金融服务。一个典型的例子是蚂蚁微贷。蚂蚁微贷采用集中的信贷流水线操作模式，借助大数据的信用评分模型，大大降低了单笔信贷业务的操作时间和操作成本。小微企业及个人可以通过互联网完成贷款的在线申请、在线审批、在线签约、在线放款。据测算，传统信贷模式下单笔信贷操作成本约为 2000 元，而借助互联网技术的蚂蚁微贷模式操作成本仅可低至 2.3 元左右。贷款成本的下降，使贷款"尾部"市场得以大大拓展。据了解，蚂蚁微贷的最小单笔贷款低至 100 元，这在传统的信贷市场是不可想象的。蚂蚁金服 2020 年招股说明书显示，截止到 2020 年 6 月末，蚂蚁集团放贷规模合计达到 21537 亿元(其中消费信贷 17320 亿元，小微经营信贷 4217 亿元)，服务约 5 亿用户和超 2000 万小微企业。截至 2017 年、2018 年及 2019 年底的小微经营者贷款的 30 天+逾期率分别为 1.29%、2.17%及 2.03%，90 天+逾期率分别为 1.1%、1.67%及 1.57%。传统银行与蚂蚁微贷的比较如表 1.3 所示。

表 1.3 传统银行与蚂蚁微贷的比较

| 比较项目 | 传统银行 | 蚂蚁微贷 |
| --- | --- | --- |
| 风险管理 | 依赖人工现场调查获取借款人数据，频率低 | 可依托电子商务平台的数据，掌握借款人店铺经营信息，可实现实时监控 |
| 服务效率 | 主要有贷款申请、尽职调查、授信审批、抵押登记、放款等操作环节，依赖人工操作，从申请到放款一般要 2 周至 1 个月 | 可基于数据对客户提前授信，客户提出申请后，系统自动审批、自动放款，最快几分钟即可获得贷款 |
| 户均贷款 | 2015 年年末民生银行小微企业户均贷款约 152 万元 | 2015 年年末蚂蚁微贷户均贷款金额约 4 万元 |
| 操作成本 | 2015 年民生银行小微企业平均单户运营成本大约 5 万元 | 2015 年蚂蚁微贷平均单户运营成本约为 1600 元 |

(资料来源：蚂蚁金服)

## 1.3.5 金融功能理论

R. Merton 和 Z. Bodie(于 1993 年提出)的金融功能观也为我们提供了一个理解互联网金融的独特视角。该金融功能观认为：①金融功能比金融机构更稳定，即随着时间的推迟和区域的变化，金融功能的变化要小于金融机构的变化；②金融机构的功能比金融机构的组织结构更重要。而金融体系主要提供以下几个功能：首先，为交换提供支付手段；其次，为企业和个人提供融资和投资的机制；最后，提供管理不确定与风险控制的机制。与传统金融相比，互联网金融并不突出金融组织和金融机构，而是基于金融功能更有效的实现而形成的一种新的金融业态，其基础理论仍是金融功能理论。

如今，对金融的核心基本功能，互联网金融在一定程度上都有所涉及和革新。如在支付职能方面，虽然第三方支付并没有创造新的支付工具，仅是在传统的支付方和收款方之间增加了第三方支付的媒介通道而已，但这样的第三方支付媒介在互联网中却是非常必要的。事实上，第三方支付可被看作传统金融支付手段在互联网条件下的拓展和延伸，具有灵活、便捷、快速、安全的特点，这是传统金融支付结算难以达到的，提高了全社会传统金融支付的效率与使用范围。相对于支付功能而言，互联网金融提供的融资与投资功能或许表现得更为突出。互联网金融为企业和个人提供了投资和融资的新机会和新渠道。互联网金融的资源配置功能或提供的融资服务，是对传统金融融资功能的结构性补充，更有效地解决了某些特定的资金供给与资金需求的匹配性，完成了在传统金融结构下难以完成的某些特定的资金供求的撮合，使金融资源配置功能的实现更丰富、更结构化。互联网金融在财富管理方面，实现了财富管理的大众化，这显然是对传统金融财富管理富人化观念的一种颠覆，使财富管理功能的内涵和外延得到极大深化与延伸。互联网金融具有更有效率的信息生产方式，可以以更低的成本解决信息不对称问题，因此为更多的企业和个人提供了融资与投资的途径。同时，互联网金融企业拥有更多的数据，也更加透明，因而还可以更好地进行风险管控。互联网金融在金融其他功能的实现过程中，要么降低其成本，要么拓展其内涵，要么提升其效率，或者兼而有之。

## 1.3.6 普惠金融理论

普惠金融是指一个能有效地为社会所有阶层和群体提供服务的金融体系。自 2005 年起，联合国率先在推广小额信贷年时开始广泛使用普惠金融这一概念。普惠金融理念是衡量一国金融体系公平性的最高标准。我国推行普惠金融由来已久，主要表现在对小微企业的金融服务中。与 10 年前相比，我国的普惠金融已经有了显著的改善。近年来，有关部门坚持正向激励的监管导向，创新差异化监管政策，激发银行业服务小微企业的内生动力，提升小微企业贷款覆盖率和申贷获得率，清理收费项目、缩短融资链条、提高贷款审批和发放效率。截至 2022 年 6 月，全国银行业金融机构小微企业贷款余额 55.84 万亿元，其中普惠型小微企业贷款余额为 21.77 万亿元，同比增速 22.64%。较各项贷款增速高 11.69 个百分点。有贷款余额户为 3681.33 万户，同比增加 710.02 万户。

近年来，国家出台了一系列促进普惠金融发展的政策。一是狠抓政策落实，确保小微企业贷款增速不低于各项贷款平均增速、贷款户数不低于上年同期户数、申贷获得率不低于上年同期水平，主要服务于小微企业的地方银行在审慎经营前提下自主确定小微企业贷款规模。二是合理设定小微企业流动资金贷款期限，不得随意抽贷、压贷、断贷。推广无还本续贷。采取循环贷款、分期偿还本金等方式减轻企业负担。支持商业银行扩大应收账款质押融资规模，探索其他动产质押融资试点。三是坚决清理整顿融资过程中的各种不合理收费，支持金融、融资担保机构优化绩效考评指标，为小微企业和"三农"减费让利。

四是鼓励金融机构创新大额存单、可转换票据、集合债券等产品，引导更多社会资金投向小微企业，拓宽直接融资渠道。支持各地建立应急转贷、风险补偿等机制，更好地发挥融资担保和保险的增信分险作用。

尽管近年来我国普惠金融发展取得了积极进展，但在服务的覆盖面、可得性和便利性方面仍存在着诸多问题。一是服务不均衡，金融资源还是更多地向经济发达地区、城市地区集中，西部地区、农村地区获得金融服务相对还是较少。二是体系不健全，支持普惠金融的法律法规体系仍不完善，政策性金融机构功能发挥不够。三是商业类普惠金融可持续性不够，风险大、成本高、收益低，商业银行参与普惠金融内在积极性不高。四是服务模式和技术手段还不适应普惠金融的需要。商业规则和运行平台的约束，造成传统金融难以树立普惠性理念，中小微企业仍然是传统金融服务的薄弱领域。

互联网金融突破了传统商业银行在推行普惠金融中的数个难点，其利用大数据分析来改造金融服务，开拓了普惠金融的一种创新模式。互联网金融十分有效地弥补了传统金融的内在缺陷。它以互联网为平台，以信息整合和云数据计算为基础，开创了一个自由、灵活、便捷、高效、安全、低成本、不问地位高低、不计财富多少、人人可以参与的新的金融运行模式。在这里，小微企业可以获得相应贷款，需要资金周转的小微企业可以找到手持盈余资金但却投资无门的投资者，尽管他们可能面临比传统金融更高的风险；低收入群体可以享受财富管理带来的喜悦；消费者可以体验快捷支付带来的时间效率。这些被传统金融所忽视的企业、个人终于在互联网金融上获得了适当的金融服务。金融服务第一次摆脱了对身份、地位、名望、财富、收入的依赖，显然它是对普惠金融理念的践行，而这正是互联网金融强大生命力的源泉。

## 1.4 互联网金融发展的驱动因素

### 1.4.1 政策因素："互联网+金融"时代

互联网金融的快速发展离不开政府的大力支持。笔者梳理了近年来互联网金融相关重要政策。

2013 年 4 月，国务院部署了金融领域的 19 个重点研究课题，"互联网金融发展与监管"是其中之一。中国人民银行 2013 年第二季度货币政策执行报告给予互联网金融正面评价，认为互联网金融具有透明度高、参与广泛、中间成本低、支付便捷、信用数据更为丰富和信息处理效率更高等优势。这是互联网金融第一次进入金融方面的权威文件。

2013 年 11 月，党的十八届三中全会公布《中共中央关于全面深化改革若干重大问题的决定》。该决定提出了要发展普惠金融，鼓励金融创新，丰富金融市场层次和产品。互联网金融首次进入决策范畴。

2014 年 3 月 5 日，国务院总理李克强在党的第十二届全国人民代表大会所作的《政府工作报告》中明确提出，要"促进互联网金融健康发展，完善金融监管协调机制，密切监测跨境资本流动，守住不发生系统性和区域性金融风险的底线"。

2014 年 4 月，中国银监会与中国人民银行联合发布《关于加强商业银行与第三方支付机构合作业务管理的通知》。对商业银行与第三方支付机构合作业务进行规范，同时保障客户资金和银行账户安全。

2014年12月，《互联网保险业务监管暂行办法(征求意见稿)》发布。保险机构应保证互联网保险消费者享有不低于其他业务渠道的投保和理赔等保险服务，保障保险交易信息和消费者信息安全。互联网保险业务的核保、理赔、退保、投诉及客户服务等关键环节应当由保险机构直接负责，不得委托第三方网络平台进行操作和管理。

2014年12月，《私募股权众筹融资管理办法(试行)(征求意见稿)》出台。股权众筹平台为通过互联网平台(互联网网站或其他类似电子媒介)为股权众筹投融资双方提供信息发布、需求对接、协助资金划转等相关服务的中介机构。其主要服务中小微企业，项目不限定投融资额度。股权众筹应当采取非公开发行方式，投资者必须为特定对象，即经股权众筹平台核实的符合办法中规定条件的实名注册用户，投资者累计不得超过200人。股权众筹平台只能向实名注册用户推荐项目信息，不得兼营个人网络借贷(即P2P网络借贷)或网络小额贷款业务。

2015年1月，《关于做好个人征信业务准备工作的通知》由中国人民银行印发，要求芝麻信用管理有限公司、腾讯征信有限公司、深圳前海征信中心股份有限公司、鹏元征信有限公司、中诚信征信有限公司、中智诚征信有限公司、拉卡拉信用管理有限公司、北京华道征信有限公司等8家机构做好个人征信业务的准备工作，准备时间为6个月。

2015年1月，中国银监会宣布进行机构调整，新成立普惠金融局并将P2P网贷纳入普惠金融，意味着P2P行业"普惠金融"的性质已经被监管层认可。

2015年3月，全国两会《政府工作报告》中两次提到互联网金融，并称之为异军突起，要求促进互联网金融健康发展。

2015年5月，国家发改委发布《关于2015年深化经济体制改革重点工作的意见》。该意见指出，要出台促进互联网+金融健康发展的指导意见，探索建立多层次资本市场转板机制，制定出台私募投资基金管理暂行条例，开展股权众筹融资试点。

2015年7月，《关于积极推进"互联网+"行动的指导意见》出台。该意见将"互联网+"普惠金融列为11项重点行动之一，指明了互联网金融的三大发展方向：探索推进互联网金融云服务平台建设；鼓励金融机构利用互联网拓宽服务覆盖面；积极拓展互联网金融服务创新的深度和广度。

什么是"互联网+"？"互联网+"就是以互联网平台为基础，利用信息技术、通信技术与各行业进行跨界融合。"互联网+"更关注"+"后面的产业。比如在线教育就是"互联网+教育"的产物，互联网医疗就是"互联网+医疗"的产物，滴滴打车就是"互联网+交通"的产物，"互联网+金融=互联网金融"。其中，互联网金融是"互联网+"行动计划中最为重要的部分。

2015年7月，《关于促进互联网金融健康发展的指导意见》出台。中国人民银行等十部委联合印发，首次明确了互联网金融的概念，并划分各个互联网金融业态的监管职能部门。按照"鼓励创新、防范风险、趋利避害、健康发展"的总体要求，制定了一系列鼓励创新、支持互联网金融稳步发展的政策措施，积极鼓励互联网金融平台、产品和服务创新，鼓励从业机构相互合作，拓宽从业机构融资渠道，坚持简政放权和落实、完善财税政策,推动信用基础设施建设和配套服务体系建设;按照"依法监管、适度监管、分类监管、协同监管、创新监管"的原则,确立了互联网支付、网络借贷、股权众筹融资、互联网基金销售、互联网保险、互联网信托和互联网消费金融等互联网金融主要业态的监管职责分工,落实了监管责任,明确了业务边界。

2015年7月,《非银行支付机构网络支付业务管理办法(征求意见稿)》出台。中国人民银行征求意见稿提出,支付机构为客户开立支付账户的,应当对客户实行实名制管理。除了综合类支付账户余额付款交易年累计不超过20万元、消费类支付账户这一数字不超过10万元之外,征求意见稿还提出了更多的额度限制。

2015年8月,《最高人民法院关于审理民间借贷案件适用法律若干问题的规定》发布。该规定在划定了24%的民间借贷利率红线的同时,还进一步明确了P2P平台的"媒介身份"。此外,还指出P2P平台作为提供媒介服务的中介平台,无须履行担保责任,这被视为P2P行业未来去担保化的重要开端。此规定自2015年9月1日起施行。

2015年11月,《中共中央关于制定国民经济和社会发展第十三个五年规划的建议》正式发布。互联网金融首次纳入中央五年规划。该建议的第三节"坚持创新发展,着力提高发展质量和效益"的第六条"构建发展新体制"中的具体表述为:规范发展互联网金融。加快金融体制改革,提高金融服务实体经济效率。健全商业性金融、开发性金融、政策性金融、合作性金融分工合理、相互补充的金融机构体系。

2015年11月,国务院出台的《关于积极发挥新消费引领作用加快培育形成新供给新动力的指导意见》提出,全面改善优化消费环境,支持发展消费信贷,鼓励符合条件的市场主体积极筹建消费金融公司,推动消费金融公司试点范围扩充至全国。

2015年12月,《网络借贷信息中介机构业务活动管理暂行办法(征求意见稿)》由银监会会同工业和信息化部、公安部、国家互联网信息办公室等部门研究起草。该办法明确网贷监管体制机制及各相关主体责任,提出不得吸收公众存款、不得归集资金设立资金池、不得自身为出借人提供任何形式的担保等12项禁止性行为。确定网贷行业监管总体原则:一是以市场自律为主,行政监管为辅,发挥好网贷市场主体自治、行业自律、社会监督的作用,激发市场活力。二是以行为监管为主,机构监管为辅。监管重点在于业务基本规则的制定完善,而非机构和业务的准入审批,监管部门应着力加强事中、事后监管,以保护相关当事人合法权益。

2015年12月,中国人民银行正式发布《非银行支付机构网络支付业务管理办法》,并于2016年7月1日正式实施,该管理办法对账户进行三类分类监管,在原有基础上新增了Ⅰ类账户;针对网络支付的额度限制仅限于账户余额,银行卡网银支付与快捷支付不受新规的影响。

2016年3月,《互联网金融信息披露规范(初稿)》由中国人民银行条法司、科技司组织,中国互联网金融协会逾40多家成员单位、行业研究机构及部分银行参与制定。该规范针对个体的网络贷款、互联网非公开股权融资及互联网消费金融从业机构的信息披露标准进行了单独规定。特别是对P2P平台,该规范要求详细披露公司信息、交易总额、交易总笔数等21项平台运营信息,同时还要对借款项目、借款人、借款机构的信息进行披露。

2016年3月，《关于加大对新消费领域金融支持的指导意见》由中国人民银行、银监会联合印发，该意见要求大力发展消费金融市场，积极构建消费金融组织体系，不断推进消费信贷管理的模式和产品创新。另外，加大对消费重点领域的金融支持，最终不断优化消费金融的发展环境。

2016年4月，《互联网金融风险专项整治工作实施方案》出台。国务院组织14个部委召开电视会议，在全国范围内启动有关互联网金融领域的专项整治，为期一年且分为四个阶段：第一阶段，2016年7月底前完成摸底排查；第二、三阶段，2016年11月底前完成清理整顿、督查和评估；第四阶段，2017年1月底前完成验收和区域报告，总体报告上报国务院，2017年3月底前完成。

2016年4月，《开展互联网金融广告及以投资理财名义从事金融活动风险专项整治工作实施方案》由工商总局等17部门印发，按照"谁审批、谁监管，谁主管、谁监管"的要求，规范互联网金融广告及以投资理财名义从事金融活动的行为，防范化解潜在风险隐患。以专项整治为契机，推动长效机制建设，努力实现规范与发展并重、创新和风险防范并举，为互联网金融健康发展创造良好的市场环境。专项整治时间为2016年4月至2017年1月，分为方案制订、动员摸底、清理整治、评估总结四个阶段。

2016年4月，《互联网保险风险专项整治工作实施方案》由保监会印发，规范互联网保险经营模式，优化市场发展环境，完善监管制度规则，实现创新与防范风险并重，促进互联网保险健康可持续发展，切实发挥互联网保险在促进普惠金融发展、服务经济社会方面的独特优势。整治工作要求：2016年7月底前完成摸底排查、2016年11月底前完成查处整改、2017年1月底前完成总结报告。

2016年4月，《P2P网络借贷风险专项整治工作实施方案》由银监会印发，按照任务要明、措施要实、责任要清、效果要好的要求，坚持重点整治与源头治理相结合、防范风险与创新发展相结合、清理整顿与依法打击相结合，妥善处置风险事件，遏制网贷领域风险事件高发势头，维护经济金融秩序和社会稳定。整治工作要求：2016年4月底前完成部署培训、2016年7月底前完成行业摸底排查、2016年11月底前完成分类处置、2017年1月底前完成总结督导。

2016年4月，《非银行支付机构风险专项整治工作实施方案》由中国人民银行、中央宣传部、中央维稳办、国家发展改革委、工业和信息化部、公安部、财政部、住房和城乡建设部、工商总局、国务院法制办、国家网信办、国家信访局、最高人民法院、最高人民检察院印发。按照安全与效率兼顾、鼓励创新与规范发展相结合、监管与服务并重、监管标准一致性的原则，规范非银行支付机构经营模式，清理整治无证机构，遏制市场乱象，优化市场环境。促进支付机构坚持服务电子商务发展和为社会提供小额、快捷、便民小微支付服务的宗旨，坚持支付中介的性质和职能。整治安排：①支付机构客户备付金风险和跨机构清算业务整治工作于2016年8月底前制订客户备付金集中存管方案。②无证机构支付业务整治工作2016年7月底前完成深入排查、制订方案相关工作，2016年11月底前完成集中清理、分类处置相关工作，2017年1月底前完成总结工作、完善机制相关工作。

2016年4月，《通过互联网开展资产管理及跨界从事金融业务风险专项整治工作实施方案》由中国人民银行、中央宣传部、中央维稳办、国家发展改革委、工业和信息化部、公安部、财政部、住房和城乡建设部、工商总局、国务院法制办、银监会、证监会、保监会、国家网信办、国家信访局、最高人民法院、最高人民检察院印发，按照业务定性要准、整治责任要清、整治措施要实的要求，坚持防治结合，通过督促整改一批、取缔关停一批等整治措施，鼓励和保护有益的创新，形成正向激励机制，正本清源。同时建立健全行业奖惩机制、举报机制、信息披露和投资人保护机制，实现规范与创新并重，促进行业良性发展。该方案要求，2016年7月底前完成信息排查、2016年8月底前完成职责界定、2016年11月底前完成清理整顿、2017年1月底前完成验收总结。

2016年4月，《关于加强校园不良网络借贷风险防范和教育引导工作的通知》由教育部办公厅和中国银监会办公厅联合发布。该通知要求加强校园不良网络借贷平台的监管和整治，防止学生陷入校园贷款陷阱，教育学生要树立正确的消费观念。

2016年6月，《征信业务管理办法(草稿)》出台。中国人民银行征信管理局向各大征信机构下发了《征信业务管理办法(草稿)》，对征信机构的信息采集、整理、保存、加工、对外提供、征信产品、异议和投诉以及信息安全等征信业务的各个环节作出了规范。

2016年7月，《互联网广告管理暂行办法》由国家工商行政管理总局局务会议审议通过，该办法共29条，主要从立法目的、互联网广告定性、行业自律、特殊类广告发布规则、广告可识别性、广告合同、互联网广告各个主体的法定责任、程序化购买、互联网广告活动中的禁止性条款、管辖、工商部门行政职权及法定义务等方面对互联网广告的性质、主体、行为、罚则等作出科学的全面规定，是对新《广告法》的细化，也是对我国互联网广告行业发展的诸多创新的积极回应，体现了促进产业健康发展和消费者权益保护的平衡，是首部全面规范互联网广告行为的部门规章，对互联网金融行业有着深刻意义。

2016年8月，《网络借贷信息中介机构业务活动管理暂行办法》由银监会正式发布，在"征求意见稿"的基础上正式出台规范P2P网贷平台的业务活动的管理文件。内容包含：①界定了网贷内涵，明确了适用范围及网贷活动基本原则，重申了从业机构作为信息中介的法律地位；②确立了网贷监管体制，明确了网贷监管各相关主体的责任，促进各方依法履职，加强沟通、协作，形成监管合力，增强监管效力；③明确了网贷业务规则，坚持底线思维，加强事中、事后行为监管；④对业务管理和风险控制提出了具体要求；⑤注重加强消费者权益保护，明确对出借人进行风险提示及纠纷解决途径等要求，明确出借人应当具备的条件；⑥强化信息披露监管，发挥市场自律作用，创造透明、公开、公平的网贷经营环境。为避免对行业造成较大冲击，该办法作出了12个月过渡期的安排，在过渡期内通过采取自查自纠、清理整顿、分类处置等措施，进一步净化市场环境，确保网贷行业健康可持续发展。

2016年10月，《互联网金融风险专项整治工作实施方案》由国务院办公厅印发，落实《关于促进互联网金融健康发展的指导意见》要求，规范各类互联网金融业态，优化市场竞争环境，扭转互联网金融某些业态偏离正确创新方向的局面，遏制互联网金融风险案件高发、频发势头，提高投资者风险防范意识，建立和完善适应互联网金融发展特点的监管长效机制，实现规范与发展并举、创新与防范风险并重，促进互联网金融健康可持续发展，切实发挥互联网金融支持大众创业、万众创新的积极作用。该方案要求2016年7月底前完成摸底排查、2016年11月底前实施清理整顿、2016年11月底前完成督查和评估、2017年3月底前完成验收和总结。

2016年10月,《股权众筹风险专项整治工作实施方案》由证监会、中央宣传部、中央维稳办、国家发展改革委、工业和信息化部、公安部、财政部、住房和城乡建设部、中国人民银行、工商总局、国务院法制办、国家网信办、国家信访局、最高人民法院、最高人民检察院等15部门联合公布。旨在规范互联网股权融资行为,惩治通过互联网从事非法发行证券、非法集资等非法金融活动,切实保护投资者合法权益。建立和完善长效机制,实现规范与发展并举、创新与防范风险并重,为股权众筹融资试点创造良好环境,切实发挥互联网股权融资支持大众创业、万众创新的积极作用。摸底排查工作要求于2016年7月底前完成,清理整顿工作于2016年11月底前完成,督查和评估工作于2016年11月底前完成,验收和总结工作于2017年1月底前完成。

2016年10月,《关于开通互联网金融举报信息平台的公告》出台。中国互联网金融协会为落实中国人民银行等十部委联合发布的《关于促进互联网金融健康发展的指导意见》(银发〔2015〕221号)要求,配合互联网金融规范、整顿工作,充分发挥社会公众监督和行业自律作用,于2016年10月13日开通互联网金融举报信息平台和协会微信公众号举报功能。

2016年11月,《网络借贷信息中介机构备案管理登记指引》(由中国银监会办公厅、工业和信息化部办公厅、工商总局办公厅印发,内容主要分为新设机构备案登记申请、已存续机构备案登记管理和备案登记后管理三部分,它的出台促使P2P网贷行业趋于合规化,合规工作方向更加明朗化,同时也意味着合规工作也正式全面开启。

2017年2月,中国银监会发布《网络借贷资金存管业务指引》(以下简称《指引》)。《指引》充分吸收和采纳了国家有关部委、地方金融监管部门、银行业金融机构、网贷机构和有关自律组织的意见。明确了网贷资金存管业务应遵循的基本规则和实施标准,鼓励网贷机构与商业银行按照平等自愿、互利互惠的市场化原则开展业务。

2018年3月,《关于加大通过互联网开展资产管理业务整治力度及开展验收工作的通知》由互联网金融风险专项整治工作领导小组办公室下发,指出通过互联网开展资产管理业务的本质是资产管理业务,而资产管理业务作为金融业务,属于特许经营业务,须纳入金融监管;未经许可,不得依托互联网公开发行、销售资产管理产品。

2018年4月,《关于规范金融机构资产管理业务的指导意见》(银发〔2018〕106号)有中国人民银行、中国银行保险监督管理委员会、中国证券监督管理委员会、国家外汇管理局联合印发,要求全面覆盖、统一规制各类金融机构的资产管理业务,实行公平的市场准入和监管,最大程度地消除监管套利空间,切实保护金融消费者合法权益,按照产品类型统一监管标准,并从募集方式和投资性质两个维度对资产管理产品进行分类,分别统一投资范围、杠杆约束、信息披露等要求。

2019年1月,《关于做好网贷机构分类处置和风险防范工作的意见》由互联网金融风险专项整治工作领导小组办公室、P2P网贷风险专项整治工作领导小组办公室发布,就做好网贷机构分类处置和风险防范工作提出了总体工作要求:除部分严格合规的在营机构外,其余机构能退尽退、应关尽关,加大整治工作的力度和速度。

2019年9月，中国人民银行印发《金融科技(FinTech)发展规划(2019—2021年)》，提出到2021年，建立健全我国金融科技发展的"四梁八柱"，进一步增强金融业科技应用能力，实现金融与科技深度融合、协调发展，明显增强人民群众对数字化、网络化、智能化金融产品和服务的满意度。

2020年9月，中国银保监会办公厅发布《关于加强小额贷款公司监督管理的通知》，对小额贷款公司的业务范围、对外融资比例、贷款金额、贷款用途等方面提出要求，包括小额贷款公司应当主要经营放贷业务；小额贷款公司通过银行借款、股东借款等非标准化融资形式融入资金的余额不得超过其净资产的1倍；小额贷款公司发放贷款应当遵循小额、分散的原则，对同一借款人的贷款余额不得超过其净资产的10%等。

2021年1月，《关于规范商业银行通过互联网开展个人存款业务有关事项的通知》由中国银保监会办公厅、中国人民银行办公厅联合发布，明确提出商业银行不得通过非自营网络平台开展定期存款和定活两便存款业务。规范商业银行互联网存款业务经营秩序，加强信息披露，保障消费者权益。并于同年2月发布《关于进一步规范商业银行互联网贷款业务的通知》，细化了商业银行互联网贷款业务审慎监管要求，对监管指标和业务区域提出了明确规定。

2022年1月，中国人民银行印发《金融科技发展规划(2022-2025年)》，这是中国人民银行发布的金融科技发展第二阶段的规划，明确了创新边界和发展方向，提出"数字驱动、智慧为民、绿色低碳、公平普惠"的16字原则与8大方向的重点工作任务，明确了金融数字化转型的总体思路、发展目标、重点任务和实施保障。

## 1.4.2 技术因素：移动互联网时代

### 1. 移动互联网的普及

移动互联网指移动通信与互联网的结合，即使用移动设备、利用无线通信的方式接入互联网，享受互联网服务。移动互联网技术蓬勃兴起，或者说智能手机和无线网络及带宽的普及，为移动金融的快速发展提供了坚实的基础，智能手机是最贴近每一个个体的终端，数据显示，中国智能手机的保有量已经大大超过了PC端，这就意味着通过这个硬件平台，可以覆盖更多的受众，包括更多过去传统金融行业照顾不到的个体，同时通过信息的有效采集，大数据、云计算技术的发展，能够更好地摆脱过去信息孤岛式的风控方式，信息不对称的打破也使过去单一的线性买卖方式被市场覆盖，资金需求方可以在市场里找到对自己更有利的对手交易，资金提供方也可以找到更符合自己风险偏好的对手交易，同时大大降低了交易成本，也为利率市场化和提高整个社会金融资源的配置起到了很好的作用。更重要的是让很多过去享受不了金融服务但是有金融服务需求的群体加入市场中来。

PC时代由于受到时间、空间、接入方式等维度因素的限制，很多群体是无法加入互联网并能够随时随地享受互联网服务的。随着移动互联网、智能手机的普及，人类的生活方式发生了很大的变化，大家的碎片化时间越来越多。图1.4的数据显示，截至2021年12月，我国手机网民规模达10.29亿，较2020年12月增加4373万人。网民中使用手机上网人群的占比99.7%。

随着网络环境的日益完善、移动互联网技术的发展，各类移动互联网应用的需求逐渐被激发。从基础的娱乐沟通、信息查询，到商务交易、网络金融，再到教育、医疗、交通等公共服务，移动互联网塑造了全新的社会生活形态，潜移默化地改变着移动网民的日常生活。利用手机进行金融活动，移动互联网金融突破了 PC 互联网在时间和空间上的局限，使人们能够随时随地享受优质的金融服务，其加速起航的时代已经到来。未来，移动互联网金融将更加贴近老百姓的生活。

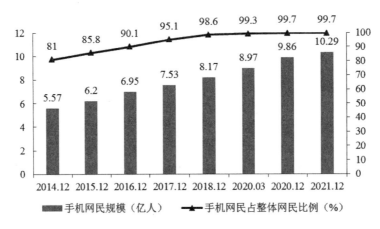

图 1.4　中国手机网民规模及其占网民比例

## 2. 搜索引擎

搜索引擎是指根据一定的策略、运用特定的计算机程序从互联网上搜集信息，在对信息进行组织和处理后，为用户提供检索服务，将用户检索相关的信息展示给用户的系统。随着互联网的迅猛发展、信息的爆炸，用户要在信息海洋里查找自己所需的信息，就如同大海捞针，搜索引擎技术恰好解决了这一难题。搜索引擎的作用是针对用户的信息需求，用最便利的方式在海量信息中找到匹配内容。

搜索引擎既能为用户提供信息便利，也有利于网站研究客户的行为趋向和行为模式，进而进行精准营销推广。搜索引擎优化(Search Engine Optimization，SEO)就是一个典型的例子。互联网金融模式大多依托电子商务网站，基于 SEO 优化的营销方法，能够为电子商务网站提供一站式营销解决方案，让网站迅速占据领先位置，获得品牌价值，让更多人了解网站的产品。

搜索引擎与互联网金融模式的融合是一个趋势。一方面，互联网企业利用搜索引擎进行 SEO 优化，可推销自己的产品和数据，并了解用户的行为模式和需求模式，进行精准营销；另一方面，搜索引擎技术可满足用户在信息爆炸时代快速、低成本获取信息的需求，尤其随着个性化搜索引擎、情景搜索引擎技术的进一步发展，该功能的价值将更加凸显。

## 3. 云计算

无论是企业还是个人，只要有网络的地方就摆脱不开对云计算能力的依赖。阿姆布鲁斯特等最早对云计算的概念和范围作了清晰界定。他们认为云计算包括通过互联网提供的应用服务以及数据中心提供的软件与硬件服务。

云计算是一种基于互联网的计算方式，它把计算负担集中于远端服务平台，显著降低了客户端的计算负担，并免去了用户的服务器软硬件部署与维护成本，具有灵活、易用、柔性及便宜等优点。通过云计算服务功能，用户可以根据需要自行对服务的规模进行设定，而不用依赖服务供应商进行调整，随时随地用任何网络设备访问。云资源拥有较大弹性，可支持多用户共同使用。并且对云资源的使用情况，可方便地进行监控与测量。云计算的推广与应用，保证了海量信息处理的及时性和准确性。在云计算技术支持下，资金供需双方交易信息通过信息处理模型进行组织和标准化处理，并形成时间上的联系，产生实时动态变化的信息序列。

云计算已形成三种商业模式：IBM 的商业模式是卖云计算服务器，不具有对外使用的数据中心；Amazon 是为任何一个想通过互联网服务(包括电子商务)的公司和个人提供计算资源的租赁；Google 则为个人用户提供具有强大数据储存和信息分享的在线应用软件服务。

云计算具有提高运算效率和节约服务器资源等优势，因此国内以百度为首的互联网公司也开始开发自己的云计算商业模式，并且传统金融行业也越来越重视借助云计算技术促进自身发展。

### 4. 人工智能

人工智能(Artificial Intelligence，AI)是研究、开发用于模拟、延伸和扩展人的智能的理论、方法、技术及应用系统的一门新的技术科学。人工智能是计算机科学的一个分支，它力图了解智能的实质，并生产出一种新的能以人类智能相似的方式做出反应的智能机器。该领域的研究包括机器人、语言识别、图像识别、自然语言处理和专家系统等。人工智能是对人的意识、思维信息过程的模拟。人工智能不是人的智能，但它能像人那样去思考，也可能超过人的智能。

人工智能的发展有三个条件：算法、计算能力和商业应用。算法可以提升人工智能的精准度。互联网金融在规范化过程中，使大规模引进人工智能的技术成为可能。机器学习在互联网金融领域的应用，短期来看，让智能投资顾问成为一个趋势。传统的投资顾问主要是根据知识、经验和流程，结合用户的资金规模与理财目的，为用户提供资产配置方案，但配置能力有一定的局限性。智能投资顾问将金融专家的知识和经验算法化，一套系统可以同时服务于成千上万个需求各异的用户，效率更高。从长期来看，人工智能将在机器人理财顾问、征信助手、智能风控系统、防范性金融系统等四个方面深入地改造金融，并且将汇集更多信息和数据指导用户获取金融服务。人工智能可以在征信层面取得更多信息，成为制订各项计划、开发理财产品的助手，取代人力，让业务流程更加简单明了。

互联网金融领域人工智能可分为"四个阶段"。第一个阶段是让数据标准化。在机器学习领域，有一个说法，就是有时候数据的作用会大于算法的作用。也就是说，当你的数据量足够大的时候，可能你的算法并不十分完善，但是也能得出很好的结论。人工智能的第一步是积累大量的数据。利用金融工具、人工智能、大数据挖掘分析、大规模计算，根据每个用户的风险承受能力、资产能力等情况制订个性化、多品类的资产配置方案。第二个阶段是将算法自动化。通过人工智能，我们对用户以往的金融消费习惯进行综合分析，能够实现金融服务自动化。比如我们做的量化投资，即利用大数据平台，采用高于人类精确度的复杂计算方式得出最适合的资产配置方案。借助这种大数据的"超高智商"不仅可以规避人为的误差，而且可以将策略组合做到极致。第三个阶段是将风险模块化。人工智能让互联网金融分为几个模块,可以让风控更严谨、更智能。通过对全面的数据(数据的广度)、强相关数据(数据的深度)、实效性数据(数据的鲜活度)进行整合分析,提升信用风险管理水平,客观地反映用户风险水平,让风险评估效果更精确。还可以根据提前设计好的参数及关系图谱搭建风险量化数据模型,进行风险评估。第四个阶段,就是让思想透明化。当我们把专家的投资逻辑、风控经验、对行业的理解,也包括上下游企业、合作伙伴、竞争对手、子母公司、投资者等关系,还可以包括高管与企业间的任职关系,以及行业间的逻辑关系等这些关系图谱全部列出时,互联网金融领域关于风控的隔离墙就打破了,人与人将处于一种透明的状态。

对于互联网金融来说,人工智能的技术在大数据、风控、标准化、预知等领域都大有可为。

### 1.4.3 需求:中小微企业及个人投融资

**1. 中小企业在我国经济社会发展中的地位与作用**

1973 年,英国经济学家舒马赫在《小的是美好的》一书中写道,"相对于大而无当的扩张,不计后果的掠夺性发展,小带给我们的感觉会更加美好"。小微企业作为极具生命力的个体,在各国经济发展进程中都成为不可忽视的存在。例如,美国把小微企业称为"美国经济的脊梁",德国更是把小微企业称为"国家经济重要支柱"。可见,中小企业即使在当今世界上最发达的市场经济国家,也始终占有重要地位。美国小企业管理局(SBA)数据显示,截至 2019 年,500 人以下的美国中小企业数量共 3070 万家,占比达 99.9%。小企业创造了国内生产总值的 43.5%,在出口中占比达 31.6%。小企业每年为美国新增 150 万个就业岗位,创造了 64%的私营部门新增就业岗位。

在我国,中小企业的作用同样不容忽视,可以说,中小企业是维系我国社会稳定的重要纽带,是加速社会经济发展的催化剂。数据显示,截至 2021 年年底,全国登记在册的市场主体达到 1.54 亿户,其中,中小企业数量突破 4400 万家,占企业总数的比例超过 90%,个体工商户约为 1.03 亿户。长期以来,我国中小企业在拉动经济发展和创造就业方面发挥着不可替代的作用,其健康发展是我国经济可持续健康发展的重要前提。据第四次经济普查数据显示,中小企业的从业人数占全部企业从业人数的比例高达 80%。2021 年我国私营个体就业总数达到 4 亿人,较 2012 年增加了 2 亿多人。中小企业还是我国经济发展中最活跃的群体,贡献了 50%以上的财政税收、60%以上的 GDP、70%以上的技术创新。

**2. 中小企业融资难的问题**

"离市场最近"的小微企业却不得不承受"离资本市场最远"的痛苦。小微企业自身的弱质性:产业层次低、自身规模小、财务制度不健全,导致小微企业自身的局限性,使其抗风险能力弱,难以在我国当前由银行主导的融资体系中占有一席之地。长久以来,资金融通困难已经对小微企业的进一步发展形成了制约。小微企业由于固定资产少,缺乏抵押物,很难满足银行设置的抵押条件。调查显示,82.5%的小微企业没有自己的厂房;在有贷款的小微企业中,使用过厂房抵押的小微企业的比例为 9.8%,使用过机器设备抵押的小微企业比例为 6.9%，38%的小微企业主曾使用私人资产作为抵押。小微企业融资具有"小、短、急、频"的特点，开展小微企业融资业务会影响传统金融机构的"规模经济效应"。近年来，政府虽然实施一整套有利于企业信贷融资的政策措施，不断扶持中小企业的生产经营活动，加大中小企业在商业银行的信贷融资渠道，与此同时，还从融资系统层面帮助中小企业拓宽融资媒介，比如构建了多样化的创业基金平台、企业互助担保媒介等。上述措施确实在一定程度上有效地缓解了中小企业融资难的压力，帮助中小企业通过外界资金满足了自身生产经营与扩大规模的需求。但是，上述措施并没有从根本上解决绝大多数中小企业融资的窘境。但自 2016 年 1 月 15 日，国务院印发关于推进普惠金融发展规划(2016—2020 年)的通知，我国开始推进普惠金融建设。从 2016 至 2020 年，普惠型小微企业贷款余额从 7.4 亿元增长至 15.3 亿元，年平均增长率达 19.9%；2018 年，政府加大了普惠金融建设力度，并发布《关于 2018 年推动银行业小微企业金融服务高质量发展的通知》，自此普惠型小微企业贷款余额高速增长；2018 年到 2020 年，普惠型小微企业贷款余额从 9.4 亿元增长至 15.3 亿元，年平均增长率高达 27.6%。

### 3. 互联网金融为中小企业融资提供了一种新的途径

互联网金融因其具备互联网、移动支付、搜索引擎、大数据、社交网络和云计算等先进技术手段，在一定程度上消除了市场信息不对称问题，打破了原有传统金融机构的信息壁垒，使中小企业在获取贷款融资信息方面更为容易，通道更为顺畅。

互联网金融可以高效合理地完成分析与筛选互联网社交平台上的市场资金数据资源，能够有效地提高信息资源利用效率和降低数据搜集与分析成本。互联网金融可以通过网络化的方式来进行相关资金风险评估和数据信息处理，减少资金需求双方的市场信息不对称概率。另外，互联网融资平台上的各类资金参与者较多，根据互联网大数据分析后的资金供需双方在资金期限、规模大小、风险分担、资产形态等方面具有高度的匹配性，如此可以极大地提高融资速度、减少交易成本。因此可以说，供给推动和需求拉动共同创造了互联网融资，如图 1.5 所示。

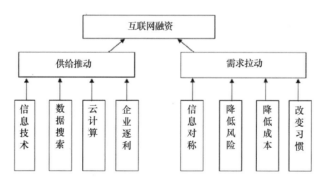

图 1.5 互联网融资的推动

一方面，基于强大的云计算与大数据技术等能力，互联网融资渠道能够有效地解决中小企业与资金所有者双方资金信息不对称的问题。与此同时，凭借着互联网技术的便捷性与高效性，互联网金融大幅地提升了每笔融资贷款的流程效率，减少了贷款环节，最终减少了贷款融资的总成本。因此，在解决中小企业融资困难的问题上，互联网金融本质上有着无可比拟的独特之处。另一方面，随着互联网技术与互联网金融模式的迅速涌现，传统商业银行也纷纷拓展自身的互联网金融业务，增强信息化时代的市场竞争力。因此，互联网金融有利于降低中小企业融资难度。

### 1.4.4 供给：居民财富收入增长

近年来，我国居民收入增长较快，且高于经济的增长速度。伴随着居民收入的快速增长，居民财富收入持续增长。由图1.6可知，2016年年底，中国个人持有可投资资产额达165万亿元人民币。在互联网金融出现之前，可供居民投资理财的渠道主要有以下几种。一是股票和基金。这种方式投资理财周期较长且伴随较大风险，但利润率有所保障，然而股市最近几年的低迷状况也增大了投资的风险。二是外汇和期货。这两种方式投资利润率虽然很高，但风险比股票还大，而且投资门槛更高。三是黄金白银投资。这类投资如果有好的公司就能够保证收益率，严格控制止损点，回报会比较快，但这类投资市场的流动性较高，保证金交易的特点也提高了杠杆性和门槛。四是存款。2016年超过32%的中国消费者会将收入的20%以上投入储蓄，这一数字在其他国家往往不到10%。但现实情况是，目前商业银行存款利率较低，活期存款只有0.35%，一年期定期存款也只有1.95%。除了储蓄和购买银行理财产品，随着我国居民生活水平的日益提升和财富的积累，越来越多的人开始关注自身的财务状况并不再满足于储蓄和购买银行理财产品，人们希望有更放心、收益更加稳定的投资理财方式可供选择。同时，传统金融机构存在着办理业务效率低、时间长，产品种类缺少差异性等缺点。越来越多的人希望能有一个便捷的操作系统和有效的投资渠道。同时，随着金融深度和广度的提升，大众金融需求呈多样化和复杂化的趋势，传统金融的边界和市场无法充分满足用户需求。互联网企业借助平台优势，可为每一个客户提供自助化服务，将无数小额闲散资金汇集起来，对于投资理财不设门槛，不加时间、地域限制，并且支付快捷、成本低廉且可即时赎回。也正因为这些优势，互联网金融一经推出就迅速赢得了广大老百姓的青睐。

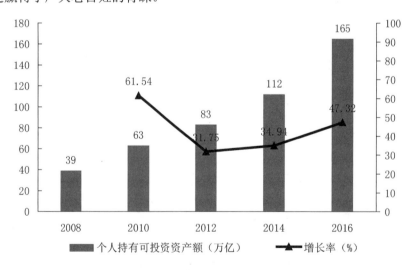

图1.6 2008—2016年中国个人持有可投资资产额及增长率变化

## 1.5 发展互联网金融的意义

中国人民银行发布的《中国金融稳定报告(2014)》认为，互联网金融的发展有五大积极意义：一是有助于发展普惠金融，弥补传统金融服务的不足；二是有利于发挥民间资本作用，引导民间金融走向规范化；三是满足电子商务需求，扩大社会消费；四是有助于降低成本，提升资金配置效率和金融服务质量；五是有助于促进金融产品创新，满足客户的多样化需求。

### 1.5.1 有助于发展普惠金融，弥补传统金融服务的不足

互联网金融的市场定位主要在"小微"层面，具有"海量交易笔数，小微单笔金额"的特征，这种小额、快捷、便利的特征，具有普惠金融的特点和促进包容性增长的功能，在小微金融领域具有突出的优势，一定程度上填补了传统金融覆盖面的空白。因此，互联网金融和传统金融相互促进、共同发展，既有竞争又有合作，两者都是我国多层次金融体系的有机组成部分。

### 1.5.2 有利于发挥民间资本作用，引导民间金融走向规范化

我国民间借贷资本数额庞大，长期以来缺乏高效、合理的投资方式和渠道，游离于正规金融监管体系之外，客观上需要阳光化、规范化运作。通过规范发展 P2P 网贷、众筹融资等，引导民间资本投资于国家鼓励的领域和项目，遏制高利贷，盘活民间资金存量，使民间资本更好地服务实体经济。同时，众筹股权融资也体现了多层次资本市场的客观要求。

### 1.5.3 满足电子商务需求，扩大社会消费

2013 年 8 月，国务院发布的《关于促进信息消费扩大内需的若干意见》提出，到 2015 年，电子商务交易额要超过 18 万亿元，网络零售交易额要突破 3 万亿元。电子商务对支付方便、快捷、安全性的要求，推动了互联网支付特别是移动支付的发展；电子商务所需的创业融资、周转融资需求和客户的消费融资需求，促进了网络小额贷款、众筹融资、P2P 网贷等互联网金融业态的发展。因此，电子商务的发展催生了金融服务方式的变革，与此同时，互联网金融也推动了电子商务的发展。

### 1.5.4 有助于降低成本，提升资金配置效率和金融服务质量

互联网金融利用电子商务、第三方支付、社交网络形成的庞大的数据库和数据挖掘技术，显著降低了交易成本。互联网金融企业不需要设立众多分支机构、雇用大量人员，大幅降低了经营成本。互联网金融提供了有别于传统银行和证券市场的新融资渠道，以及全天候、全方位、一站式的金融服务，提高了资金配置效率和服务质量。

### 1.5.5　有助于促进金融产品创新，满足客户的多样化需求

互联网金融的快速发展和理念创新，不断推动传统金融机构改变业务模式和服务方式，也密切了与传统金融之间的合作。随着信息技术与金融的不断深入融合，互联网金融加速创新，从最初的网上银行、第三方支付，到现在的手机银行、移动支付，无不体现了金融与互联网的创新应用。互联网金融企业依靠大数据和云计算技术，能够动态了解客户的多样化需求，计量客户的资信状况，有助于改善传统金融的信息不对称问题，提升风险控制能力，推出个性化金融产品。此外，民间借贷也开始规范化，线上各类融资平台不断涌现，"智慧金融"也由概念开始走向市场。目前很多基金公司、保险公司也开始尝试通过电子商务网销、社交网络，甚至微信平台等推广自己的品牌或销售产品，基于社交网络的金融产品与服务不断涌现。

互联网金融的深层意义不在于它是一个工具，而是它打破了垄断，为经济发展和人们的工作生活带来了新的生机。

## 本章作业

1. 简述互联网金融与传统金融的异同点。
2. 大数据理论在互联网金融中的应用主要体现在哪些方面？
3. 查阅有关资料，以蚂蚁微贷为例，说明长尾理论在互联网金融中的应用。
4. 根据本章第四节有关内容，简述技术因素对互联网金融发展的驱动。
5. 简述互联网金融发展对促进我国金融市场发展的意义。

# 第 2 章 电子支付

**本章目标**

- 掌握电子支付的定义与分类。
- 掌握电子支付的一般模型。
- 了解电子支付的客户身份建立与识别。
- 掌握移动支付的主要类型和运营模式。
- 了解移动支付的系统架构。
- 掌握二维码支付与刷脸支付。

**本章简介**

电子支付是电子商务的关键环节,是电子商务得以顺利发展的基础。通过本章的学习我们将了解到什么是电子支付、电子支付包括哪些类型、电子支付的一般模型、电子支付的客户身份建立与识别、二维码支付与刷脸支付。通过本章学习,我们还将了解到电子支付最为重要的方式——移动支付分类、移动支付产业链、移动支付的系统架构、移动支付的主要运营模式等。

## 2.1 电子支付概述

### 2.1.1 电子支付的定义

支付(Payment)是付款人向收款人转移可以接受的货币债权。传统支付方式普遍使用的是现金、银行卡或银行票据(如汇票、本票和支票)结算,通常在银行柜台办理。传统支付方式不仅成本高、效率低,而且使用起来极不方便。

20世纪90年代,互联网技术迅速发展,互联网的使用在降低已有商业运行成本的同时也创造了一些新的商业机会,作为互联网应用最大热点之一的电子商务正是在这一阶段发展起来的。为适应这一市场潮流,电子支付(Electronic Payment or E-Payment)应运而生。2005年10月,中国人民银行发布《电子支付指引》(第一号),对电子支付作出如下定义:"电子支付是指单位、个人直接或授权他人通过电子终端发出支付指令,实现货币支付与资金转移的行为。"简单来说,电子支付是指电子交易的当事人,包括消费者、厂商和金融机构,使用安全电子支付手段,通过电子终端进行的货币支付或资金流转。这里的电子终端是指客户可用来发起电子支付指令的计算机、电话、销售点终端、自动柜员机、移动通信工具或者其他电子设备等。也就是说,电子支付不仅是通过计算机实现"无纸化",打电话通过电话银行进行支付也属于电子支付的范畴。

### 2.1.2 电子支付的分类

《电子支付指引》(第一号)对电子支付进行了分类,电子支付的类型按电子支付指令发起方式可分为互联网支付、固定电话支付、移动支付、销售点终端交易、自动柜员机交易和其他电子支付,如图2.1所示。

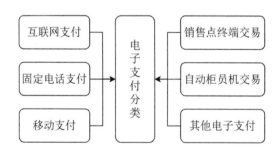

图2.1 以传输渠道分类的电子支付

**1. 互联网支付**

互联网支付是指通过计算机等设备,依托互联网发起支付指令、转移货币资金的服务。

互联网支付的目标是服务电子商务发展和为社会提供小额、快捷、便民小微支付服务。从事互联网支付的主体为银行业金融机构和第三方支付机构。

按支付方式划分,互联网支付可分为网上银行直接支付、第三方辅助支付和第三方支付平台。

1) 网上银行直接支付

通过网上银行直接支付作为最早被接受的互联网支付方式，是由用户向网上银行发出申请，将银行里的资金直接划到商家名下的账户完成交易，这是将传统的"一手交钱一手交货"式的交易模式照搬至互联网上进行。早期的网络银行服务促进了电子商务的发展，而随着电子商务市场的不断发展，在网络零售业中普通用户更加倾向邀请具有公信力的第三方参与交易，从而起到监督的作用。

在数额较大的企业与企业之间的电子商务交易(B2B 交易)中，仍然普遍使用此种支付模式，主要原因是 B2B 交易最看重的是交易资金的安全。同时随着交易金额的增大，客户对第三方机构信誉的要求也越来越高，且 B2B 支付要求有很高的资金收付速度，对安全性和即时到账要求高。

2) 第三方辅助支付

第三方辅助支付方式除了用户、商户和银行外还会经过第三方的参与，但是与第三方支付平台不同的是，在这种支付方式中，用户无须在第三方机构拥有独立的账户，第三方机构是为了使双方交易更方便快捷而存在的。以超级网银为例，超级网银是 2009 年中国人民银行最新研发的标准化跨银行网上金融服务产品。超级网银通过统一的操作界面，查询管理多家商业银行开立的结算账户资金余额和交易明细，登录一个银行的界面就可以完成所有银行网银登录，可直接向各家银行发送交易指令并完成汇款操作。超级网银还有强大的资金归集功能，可在母公司的结算账户与子公司的结算账户之间建立上划下拨关系。通过构建"一点接入、多点对接"的系统架构，实现企业一站式网上跨银行财务管理，以方便企业金融理财操作。

3) 第三方支付平台

第三方支付平台是指与产品所在国家以及国外各大银行签约，并具备一定实力和信誉保障的第三方独立机构提供的交易支持平台。当通过第三方支付平台进行交易时，买方选购商品后，使用第三方平台提供的账户进行货款支付，由第三方通知卖家货款到达、进行发货；买方检验物品后，通知付款给卖家，第三方再将款项转至卖家账户。因此，买卖双方均须在第三方支付平台上拥有唯一识别标识，即账号。第三方机构与各个主要银行之间签订相关协议，使其与银行可以进行某种形式的数据交换和相关信息确认，这样第三方机构就能实现在持卡人或消费者与各个银行，以及最终的收款人或者商家之间建立一个支付的流程。第三方支付平台提供一系列的应用接口程序，将多种银行卡支付方式整合到一个界面上，负责交易结算中与银行的对接，使网上购物更加快捷、便利。因此，消费者和商家不需要在不同的银行开设不同的账户，这首先可以帮助消费者降低网上购物的成本，帮助商家降低运营成本；其次，还可以帮助银行节省网关开发费用，并为银行带来一定的潜在利润；最后，第三方支付也能够对买卖双方的交易进行足够的安全保障。

## 2. 固定电话支付

固定电话支付是电子支付的一种线下实现形式，是指通过增加安全加密和刷卡功能，使普通电话机具变成金融终端。用户只需要有一部智能终端刷卡电话，将该电话与 POS 终端设备相连接，就相当于一个安放在家中的 POS 终端机具，通过"刷卡电话机"+"银联卡"，办理各种银行支付业务。

### 3. 移动支付

移动支付(Mobile Payment)，是互联网技术和金融技术、通信技术结合的产物。移动支付有广义与狭义之分。广义上的移动支付是指用户使用具有移动通信能力的终端设备(主要指手机、掌上电脑、移动 POS 机等)对所消费的商品或服务进行账务支付的一种服务方式。狭义上的移动支付主要是指手机支付，是指用户在交易活动中用手机对商品和服务进行支付的服务方式。移动支付存在的基础是移动终端的普及和移动互联网的发展。

要实现移动支付，除了要有一部能联网的移动终端以外，还需要移动运营商提供网络服务、银行提供线上支付服务、有一个移动支付平台以及商户提供商品或服务。

### 4. 销售点终端交易

销售点终端是当今零售技术的一个常见部分，客户在结账时经常会看到。销售点终端基本上是一个电子收银机，从较旧的传统模式更新为包括电子(在线技术)，以实现更多功能，包括信用卡处理。商户可以根据其预算和需求购买或租用销售点终端以及其他服务和设备。

### 5. 自动柜员机交易

自动柜员机(ATM)，是指银行在不同地点设置的一种小型机器，利用一张信用卡大小的胶卡上的磁带记录客户的基本户口资料(通常就是银行卡)，让客户可以通过机器进行提款、存款、转账等银行柜台服务，大多数客户都把这种自助机器称为自动提款机。

中国银联 2015 年 6 月 8 日宣布，ATM 跨行转账业务已在全国所有银行开通，持卡人可在任意银行的 ATM 上，用任何一张银联卡向其他银联卡跨行转账。

## 2.2 电子支付的一般模型

电子支付涉及电子支付的参与主体、电子支付场景、电子支付工具和电子支付方式。电子支付的一般模型如图 2.2 所示。

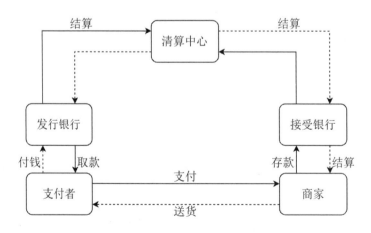

图 2.2 电子支付的一般模型

## 2.2.1 电子支付的主要参与主体

从本质上来说，电子支付实现的就是资金转移，即通过电子方式将资金从一个账户转移到另一个账户，当然资金转移的交易指令确认和资金所有权交割确认尚未同步实现实时化。因此，电子支付的核心参与方就是付款账户所有人和收款账户所有人。

为收付双方提供这种电子支付服务的，应该均称之为电子支付服务商。传统来说，中央银行和商业银行是最为主要的支付服务机构。近年来，随着网络信息通信技术的快速发展和支付服务分工的不断细化，越来越多的非金融机构，开始进入支付服务市场，如阿里巴巴等这些非金融机构借助互联网、智能手机等信息技术载体广泛参与支付业务，丰富了服务方式，拓展了银行业金融机构支付业务的广度和深度，有效缓解了因银行业金融机构网点不足等产生的排队等待、找零难等问题；在一些国家，一些大型的证券公司、投资基金和保险公司成为支付服务的重要提供者，这些公司为其客户或其自身进行大量的支付交易。此外，除自动清算所外，出现了其他一些专业的支付服务提供商，例如专门的汇款公司(提供跨境支付服务的西联和 Money Gram)、电子货币公司(提供智能卡服务的 Mondex 公司)和银行卡组织等。这些非金融机构被称为"第三方支付服务组织"。

因此，电子支付服务商包括商业银行类支付服务商、非银行金融机构的支付服务商以及非金融机构的支付服务商。总体来说，电子支付的主要参与方就是付款账户所有人、收款账户所有人和支付服务机构。

## 2.2.2 电子支付工具

电子支付工具可以分为三大类：电子货币类，如电子现金、电子钱包等；电子信用卡类，包括智能卡、借记卡、电话卡等；电子支票类，如电子支票、电子汇款(EFT)、电子划款等。下面主要介绍电子钱包、电子现金、电子支票和智能卡。

### 1. 电子钱包

电子钱包(Electronic wallet)是电子商务购物活动中常用的支付工具。在电子钱包内存放的电子货币，包括电子现金、电子零钱、电子信用卡等。使用电子钱包购物，通常需要在电子钱包服务系统中进行。电子商务活动中电子钱包的软件通常都是免费提供的。世界上有 VISA Cash 和 Mondex 两大在线电子钱包服务系统，其他电子钱包服务系统还有 Master Card Cash、Euro Pay 的 Clip 和比利时的 Proton 等。

电子钱包用户通常在银行里设有账户。在使用电子钱包时，用户需要先安装相应的应用软件，在该软件系统中设有电子货币和电子钱包的功能管理模块，称为电子钱包管理器，用户可以用它来改变口令或保密方式等，以及用它来查看自己银行账号上电子货币收付往来的账目、清单和其他数据。该系统中还提供了一个电子交易记录器，顾客通过查询记录器，可以了解自己的购物记录。

电子钱包的功能大致可分为下列 4 项。

(1) 个人资料管理。消费者成功申请电子钱包后，系统将在电子钱包服务器为其建立一个属于个人的电子钱包档案，消费者可在此档案中增加、修改和删除个人资料。

(2) 网上付款。消费者在网上选择商品后，可以登录到电子钱包，选择入网银行卡，向银行的支付网关发出付款指令来进行支付。

(3) 交易记录查询。消费者可以对通过电子钱包完成支付的所有历史记录进行查询。

(4) 银行卡余额查询。消费者可通过电子钱包查询个人银行卡余额。

### 2. 电子现金

电子现金(Electronic Cash，E-cosh)是电子货币的一种。电子货币是指用一定金额的现金或存款从发行者处兑换并获得代表相同金额的数据，通过使用某些电子化方法将该数据直接转移给支付对象，从而能够清偿债务。严格意义上说，是消费者向电子货币的发行者支付传统货币，而发行者把与传统货币的相等价值以电子形式储存在消费者持有的电子设备中。

电子现金是一种非常重要的电子支付系统，它可以被看作现实货币的电子或数字模拟，电子现金以数字信息形式存在，通过互联网流通。电子现金类产品是建立在借记/贷记应用的基础上的具备脱机小额支付功能的产品，是一种功能齐全的全新金融产品，可以不记名、不挂失、不计息、不允许取现(退卡除外)、额度自行定义。卡片内存储账户信息，使用时脱机，无须签名和密码。其安全体系采用非对称密码算法，卡片和终端的认证采用公钥认证体系。用户只要在开展电子现金业务的银行开设账户，并在账户内存钱后就可以在接受电子现金的商店购物了。当用户拨号进入互联网网上银行，使用一个口令(Password)和个人识别码(PIN)来验明自身，直接从其账户中下载成包的低额电子"硬币"时，电子现金才起作用。然后，这些电子现金被存放在用户的硬盘当中，直到用户从网上商家进行购买为止。为了保证交易安全，计算机还为每个"硬币"建立随时选择的序号，并把这个号码隐藏在一个加密的信封中，这样就没有人知道是谁提取或使用了这些电子现金。

电子现金有以下六种属性。

(1) 货币价值：电子现金必须有银行的认证、信用与资金支持，才有公信价值。

(2) 不可重复花费：电子现金只能使用一次，重复花费会很容易地被检查出来。

(3) 匿名性：即使银行和商家互通也不能跟踪电子现金的使用，就是无法将电子现金的使用与用户的购买行为联系到一起，从而隐蔽电子现金用户的购买历史。

(4) 不可伪造性：用户不能造假币。其包括两种情况：一是用户不能凭空制造有效的电子现金；二是即使用户从银行提取 N 个有效的电子现金后，也不能根据提取和支付这 N 个电子现金的信息制造出有效的电子现金。

(5) 可传递性：用户能将电子现金像普通现金一样，在用户之间任意转让，且不能被跟踪。

(6) 可分性：电子现金不仅能作为整体使用，还能被分为更小的部分多次使用，只要各部分的面额之和与原电子现金面额相等，就可以进行任意金额的支付。

### 3. 电子支票

电子支票(Electronic Check)是纸质支票的电子替代物，它与纸质支票一样是用于支付的一种合法方式，使用数字签名和自动验证技术来确定其合法性。监视器的屏幕上显示出来的电子支票样子十分像纸质支票，填写方式也相同，支票上除了必需的收款人姓名、账号、金额和日期外,还隐含了加密信息。电子支票通过电子函件直接发送给收款方,收款方从电子邮箱中取出电子支票,并用电子签名签署收到的证实信息,再通过电子函件将电子支票送到银行,把款项存入自己的账户。

电子支票与传统支票工作方式相同,易于理解和接受。加密的电子支票使它们比数字现金更易于流通,买卖双方的银行只要用公开密钥认证确认支票即可,数字签名也可以被自动验证。电子支票技术将公共网络连入金融支付和银行清算网络,充分发挥了现有的金融结算基础设施和公共网络作用。

4．智能卡

近年来,中国已成为世界智能卡应用发展最快的国家,各种身份识别卡、移动通信智能卡以及社保卡、交通卡等符合金融支付规范的一卡多用的支付卡等市场快速发展,形成巨大的 IC 卡市场空间。

智能卡(Smart Card),又称 CPU 卡,是 IC 卡的一种,包含中央处理器单元(CPU)、存储单元[随机存取存储器(RAM)、只读存储器(ROM)和电擦式可编程只读存储器(EEPROM)]和输入/输出接口单元。其中,RAM 用于存放运算过程中的中间数据,ROM 中固化有片内操作系统(Chip Operating System,COS),而 EEPROM 用于存放密钥、持卡人的个人信息以及发行单位的有关敏感信息。COS 管理信息的安全传输和访问控制,严格防范非法访问卡内信息。COS 是智能卡产品的核心技术。

电子支付智能卡是以支付为主要用途的 IC 卡,包括金融 IC 卡、城市交通卡和移动近场支付 SIM 卡等。智能卡包括的加密和验证技术满足了发行者和用户对安全性的需要。运用加密技术、资料和数据可以通过有线或无线网络安全地传递;同时智能卡具有防磁、防静电、防机械损坏和防化学破坏等能力,信息保存年限长,读写次数在数万次以上,因此使用寿命也相对较长;另外智能卡还具有数据处理能力,在与读卡器进行数据交换时,可对数据进行加密、解密,以确保交换数据的准确可靠。

## 2.2.3　电子支付的受理方式

支付工具需要通过某种电子受理方式识别出支付工具并将支付工具信息和支付交易请求指令加密发给支付服务机构的支付平台,支付平台再会同付款账户机构完成扣款授权和交易指令确认。因此,电子受理方式有两大关键功能,一是能够识别出支付工具的信息;二是能够将支付指令通过网络加密上传至支付平台。常见的电子支付受理方式有 POS 机、手机刷卡器、互联网支付终端等有形受理终端,也有互动式语音应答(IVR)、互联网页面和各类客户端软件等虚拟形式。

## 2.2.4　电子支付的服务功能

电子支付起源于消费支付,也就是银行卡行业定义的消费功能。消费交易是实现消费者资金向商家的转移,也是一种转账交易。在消费交易之外,电子支付的功能已经扩展到转账、预授权、代收付、缴费、还款等。转账交易的应用场景是只反映资金所有权转移,不体现商品或服务的交易。

## 2.3 电子支付的客户身份建立与识别

电子支付的核心因素可以归纳为两点(见图 2.3),一是建立客户身份,也就是建立支付工具;二是建立身份识别方式。客户身份可以精准称之为付款账户外在形式,也就是支付工具;身份识别方式可以是密码、签名、数字证书、U-key、动态验证码等。

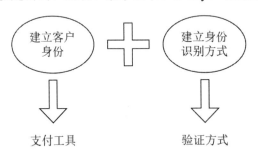

图 2.3 电子支付的两个核心点

### 2.3.1 建立客户身份

客户身份的一个基本特征是唯一性。总体来说,客户身份外在形式有实体工具、虚拟形式和生物形式三类(见图 2.4)。实体工具包括各类卡,如身份证、信用卡、借记卡、预付卡和会员卡等,卡信息载体的介质有磁条、芯片、条码等形式。身份证作为身份的最基本表现形式,尚未被用作支付工具。磁条或芯片的信用卡、借记卡就是对应银行的信用卡支付账户或者借记卡账户的载体,磁条或者芯片中记载了卡账号和有效期等信息。早期的预付卡账号就是纸质卡片上的一串数字或者数字加上条码。

电子支付行业正在经历最深刻的数字化革新,首要的就是将客户身份外在形式数字化。数字化的客户身份形式有各种身份 ID 号,如手机号码、QQ 号、信用卡账号、借记卡账号、积分账号、电子优惠券号、会员卡号、数字钱包 ID、支付宝账号、微信支付账号、条码等。支付宝账号就是支付宝客户的身份识别号,账号的真实性是通过身份证实名验证或者关联银行的同名银行卡账户信息来实名验证。微信支付账号类似于支付宝账号,通过使用客户的手机号码、QQ 号或者邮箱作为身份 ID,与客户的银行支付账户绑定,成为支付的客户身份外在形式。

条码即条形码,包括一维条形码和二维条形码。支付宝面向便利店推出的扫码支付就是将支付宝账号编码成为动态条码,而支付宝账号绑定了信用卡或者借记卡可以实现快捷支付,原本作为支付工具的信用卡或借记卡被封装到支付宝账号中,作为新的支付工具的支付宝账号再次被封装成条码,条码就是最终展现的支付工具,也是一种新的客户身份表现形式。

二维码也就是二维条形码,就是按一定规律在二维平面上分布的一组图形,可以用来存储信息,是数字化时代简短信息存储载体。特别是在智能手机和移动互联网日益普及的情况下,具有非常广阔的应用前景,将成为数字化时代较好的身份信息载体。与一维条形码相比,二维码在水平和垂直方向都可以存储信息,并且可以存储汉字、数字和图片等信息。目前,高铁火车票、新版工商营业执照上都印有二维码,很多个人名片上也印有个人身份二维码,预计以后身份证上都可以印上二维码。生物识别技术是通过计算机与光学、声学、生物传感器和生物统计学原理等高科技手段密切结合,利用人体固有的生理特性,如指纹、面相、虹膜等和行为特征(如笔迹、声音、步态等)来进行个人身份的鉴定。指纹支付或者虹膜支付,是利用生物识别技术建立身份外在形式,并将指纹或虹膜信息与客户银行支付账户绑定实现支付功能。

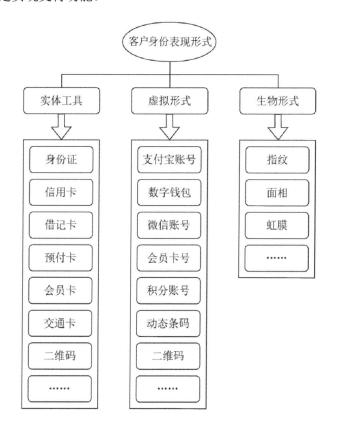

图 2.4 消费者客户身份的三种形式

## 2.3.2 建立身份识别方式

一般来说,身份识别方式主要有口令、标记和签名。其中,口令是应用最广泛的一种身份识别方式,暗号、密码、动态验证码都是口令。随着信息技术的发展,口令由静态形式发展为动态形式,出现了动态验证码,如手机短信验证码、U-key 动态密码。标记是一种个人持有物,它的作用类似于钥匙,用于启动电子设备,标记上记录着用于机器识别的个人信息,比如 U-key 或者数字证书就是标记。签名在英语国家是广泛应用于信用卡消费支付的识别方式。在电子支付服务中,身份识别方式表现为交易验证方式,主要有密码、签名、数字证书、U-key、动态验证码等。

美国 Square 公司创新的 Square Wallet 支付的验证方式则是照片和姓名。客户注册 Square Wallet 账户时需要上传类似于身份证件照和记录真实姓名，并可开通类似于支付宝的快捷支付。当客户走进一家商店或咖啡店时，其名字和头像就已经出现在收银员 iPad 屏幕上，用户只需要说出自己的名字就可以让收银员结账。收银员比较客户真人与 iPad 上的照片后，再核对姓名即可确认交易，完成收款。

### 2.3.3 电子支付的信息流和资金流

一个完整的电子支付是信息流和资金流的有机融合，但二者并非同步实现。最理想的状况是准实时实现，但这需要中国人民银行支付系统、支付服务机构支付系统、商业银行支付系统具备非常强大的逐笔准实时清结算处理能力。从纯技术层面来讲，这基本上目前难以实现，但一些支付机构是在业务层面通过先行垫付资金给付款账户来实现的。

根据交易处理时效，可将信息流分成实时交易信息流、实时转非实时离线交易信息流、非实时交易信息流。实时交易信息流就是联机在线交易，POS 联机刷卡交易、互联网在线支付都是实时交易结果确认和实时扣款。实时转非实时离线交易，如交通卡支付交通费、电子现金 IC 卡小额快速支付，这些交易是实时从交通卡或电子现金 IC 卡中记录扣款信息并减少账户余额，但交易信息暂时存储在公交车读卡器内、地铁轧机读卡器内或者 POS 机内，读卡器终端定期将脱机交易明细文件送发卡机构完成发卡机构对应账户的扣款。

资金流方面，根据资金从付款账户实时扣款记账到收款账户资金入账的周期长短，可以将电子支付分成实时到账、T+0 到账、T+1 到账、T+N 到账交易。到账时效的长短也是支付机构市场竞争的重要方面，如果收款方的资金周转频率较高，则更短时效到账将更有吸引力。

## 2.4 移动支付

### 2.4.1 移动支付的特点

移动支付属于电子支付方式的一种，因而具有电子支付的特征，但因其与移动通信技术、无线射频技术、互联网技术相互融合，又具有自己的特征。

可移动性是移动支付区别于其他支付方式的最明显的特点。随身携带的移动性，消除了距离和地域的限制，结合了先进的移动通信技术的移动性，随时随地获取所需要的服务、应用、信息和娱乐。除了用户睡眠时间，移动设备一般伴随在用户身边，其使用时间远高于电脑端。用户只要申请了移动支付功能，便可足不出户随时随地完成整个支付与结算过程。交易时间成本低，减少往返银行的交通时间和支付处理时间。

集成性是移动支付的又一特点。以手机为载体，通过与终端读写器近距离识别进行的信息交互，运营商可以将移动通信卡、公交卡、地铁卡、银行卡等各类信息整合到以手机为平台的载体中进行集成管理，并搭建与之配套的网络体系，从而为用户提供十分方便的支付以及身份认证渠道。

## 2.4.2 我国移动支付的发展历程

**1. 2002—2004 年，我国移动支付市场开始进入萌芽阶段**

国外移动支付的快速发展给中国市场展示了该服务的美好前景。移动运营商尝试性地推出了一些移动支付服务，如彩票的投注、自动售货机的零售商品的购买、E-mail 服务费的代收等。但是，刚刚开始涉及移动支付业务，因此，这个时期的移动支付市场还是一个业务导入阶段。

**2. 2004—2007 年，移动支付服务市场预期的快速发展阶段**

国外移动支付技术的不断改进，进一步提高了该服务的安全性和便捷性。同时，国内的物理基础(移动通信网络及其他相关技术)也在不断改善，越来越多的银行和移动运营商合作，在更多地区、更多领域开展该服务。互联网用户和移动用户的普及率提高、网上支付以及移动增值业务的快速发展，为该服务奠定了良好的产业环境。这个时期的移动支付市场是地域扩展阶段。

**3. 2007—2009 年，移动支付的商业模式探索阶段**

2007—2009 年产业主导者不清晰，金融机构和移动运营商议价能力相当有限，产业实际投入力度比较低。用户体验较差，因为国内信用体系和安全保障问题并未得到实质性解决，用户通过移动支付购买的物品和服务并不丰富，并没有带来真正的便捷。尽管如此，但电子商务的普及以及人们对于消费支付新的需求，这个时期移动支付市场的规模增大还是十分惊人的。这个时期是移动支付产业的规模成长期。

**4. 2009 年以后，移动支付服务的稳定发展阶段**

在日益激烈的竞争压力下，移动运营商和金融机构为了增强业务吸引力，纷纷拓展更广泛的服务内容和支付通道。3G 网络覆盖区域的扩大和网络优化的持续，移动支付服务内容的不断丰富，加之以不断改善的硬件环境，用户体验不断提升，越来越多的用户开始使用该服务；同时，早期进入该市场的第三方支付平台和服务提供商(SP)的成功吸引了越来越多的参与者。监管政策的完善、商业模式的创新有效地平衡了价值链上各方的利益，促使价值链的良性发展。

## 2.4.3 移动支付的分类

根据移动支付的距离远近，移动支付可分为近场支付、远场支付以及连接线上与线下的 O2O(On-line to Off-line)移动支付模式。远场支付主要有网上购物支付、各种缴费等，而近场支付主要用于交通支付、超市购物等。而 O2O 移动支付模式则是介于近场支付与远场支付之间的一种移动支付模式，既包括了远场支付(如网上团购)，也包括了近场支付(如自动售货机购物)，主要目的在于通过支付实现线上与线下的闭环，典型代表为扫描支付。

另外，根据移动支付的提供主体，可以分为银行主导的移动支付(如 M-Pesa、翼支付)和第三方支付公司主导的移动支付，如支付宝的"碰碰刷"、微信支付。这里重点讨论按移动支付的距离远近分类的移动支付模式。

### 1. 近场移动支付

近场移动支付是指消费者在购买商品或服务时,即时通过手机向商家进行支付的一种支付方式。支付的处理在现场进行,使用手机射频(NFC)、红外、蓝牙等通道,实现与自动售货机以及POS机的本地通信,如用手机刷卡的方式乘车、购物等。

近场移动支付主要基于如下技术。一是LBS技术,指基于位置的服务,是由移动网络和卫星定位系统(GPS)结合在一起提供的一种增值业务。利用移动网络与移动终端的配合,来获取移动终端用户的位置信息。二是NFC技术,指近场通信。三是RFID,指射频识别技术,如翼支付的RFID-UIM卡,它是一种具有无线射频功能的手机卡。此外,近场支付还有红外线、蓝牙等技术。

近场移动支付大部分情况可以离线交易,不需要联网。典型代表如NFC移动支付(谷歌钱包)。如果是基于LBS技术的近场支付,则需要网络来配合,典型代表如支付宝的"碰碰刷",用户双方同时"摇一摇"手机,就能找到对方账号并进行快速支付,不再需要手动输入对方支付宝账号。当然"碰碰刷"也可以通过NFC技术"滴"一下,即可找到对方,前提需要双方手机都具有NFC功能。

此外,近场支付还有红外线、蓝牙等技术,但蓝牙和红外线普及程度不及NFC,原因有以下几点。一是蓝牙和红外线支付在手机没电的情况下,无法进行支付,而NFC支付则依然可以完成。二是蓝牙建立连接时间较长,红外线则对视距要求比较苛刻,而NFC支付建立连接则方便快捷。三是与RFID技术相比,NFC具有距离近、带宽高、能耗低等特点,同时NFC技术增加了点对点通信功能,通信的双方设备是对等的,而RFID通信的双方设备是主从关系。

近场支付(联机消费)交易流程如图2.5所示。

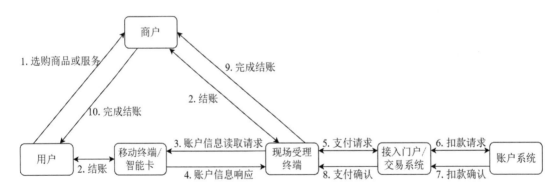

图2.5 近场支付(联机消费)交易流程

近场支付(联机消费)交易流程如下所述。
(1) 用户在商户店内选择商品或服务。
(2) 用户到商户收银台结账。
(3) 商户在现场受理终端(POS)上输入消费金额,通过近场通信技术向移动终端/智能

(4) 移动终端/智能卡将账户信息发送给现场受理终端，现场受理终端发送支付请求指令给交易系统。

(5) 交易系统发送账户扣款请求给账户系统。

(6) 账户系统收到扣款请求后，进行用户账户鉴权，返回扣款确认信息。

(7) 交易系统返回支付确认信息给受理终端。

(8) 完成结账过程。

近场支付(脱机消费)交易流程如图 2.6 所示。

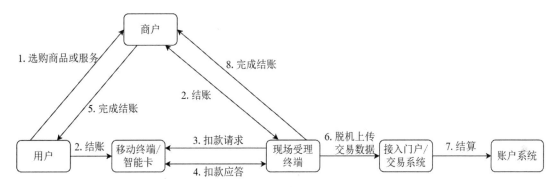

图 2.6　近场支付(脱机消费)交易流程

近场支付(脱机消费)交易流程如下所述。

(1) 用户在商家店内选择商品或服务。

(2) 用户到商户收银台结账。

(3) 商户在现场脱机受理终端(POS)上输入消费金额，通过近场通信技术向移动终端/智能卡发起账户扣款请求。

(4) 移动终端/智能卡收到扣款请求后，进行扣款的鉴权，通过后直接在其离线钱包中扣款，并返回扣款应答给受理终端。

(5) 用户完成支付过程。

(6) 脱机现场受理终端定时上传交易数据，第三方支付机构每日与特约商户对账。

(7) 第三方支付机构的结算部门按照商户的结算周期，根据系统的结算数据，向银行发送付款请求。

**2. O2O 移动支付**

O2O 移动支付是连接线上与线下进行的移动支付，典型代表如二维码扫描支付，基于 LBS 技术的移动支付。如果看见心仪的商品，只需扫一扫二维码，用手机完成支付后即可取走商品，这就是扫描支付，完全自主化。二维码扫描支付可以实现近场支付(自动售货机购物等)，也可以实现远场支付(团购等)，目前二维码扫描是连接线上与线下的主要纽带。

O2O 移动支付也可以用手机刷卡器来完成，手机刷卡器是通过手机音频口与手机连接的移动配件(能够识别不同的 IC 卡)。这种终端不仅可以实现远场刷卡，也可以完成近场支付。

此外，Facebook 推出的 Autofill 的移动支付信息自动输入功能，使线上与线下的"互动"变得更加便捷。其运作原理如下：如果用户曾在 Facebook 上使用信用卡购买商品，那么用户的信用卡信息将会被记录。当用户再使用 Facebook 账户购物时，系统将会自动导入其信用卡信息，使购物更加方便快捷。

### 3. 远场移动支付

目前，大多数移动支付表现为远场支付。远场支付是指通过发送支付指令(如网银、电话银行、手机支付等)或借助支付工具(如通过邮寄、汇款)进行的支付方式。典型代表如微信支付、手机银行支付、短信支付、语音支付以及支付宝支付。远场移动支付可以通过如下几种模式来实现：一是客户端模式；二是内嵌插件支付模式；三是手机刷卡器模式。

需要说明的是：上述三种分类方法，并没有严格的界限，有些支付方式，既可以实现近场支付，也可以实现远场支付，还可以是 O2O 移动支付。同时上述三种移动支付模式的密切组合，可以实现近场近付、近场远付、远场远付。

目前，移动支付的主要问题是标准不统一。比如，国内三大运营商建立了各自的移动支付可信服务平台(Trusted Service Manager，TSM)，提供不同行业的支付应用(例如金融、公交)；中国银联与部分商业银行也建设了 TSM，向合作的运营商提供金融支付应用。

远场支付交易流程如图 2.7 所示。

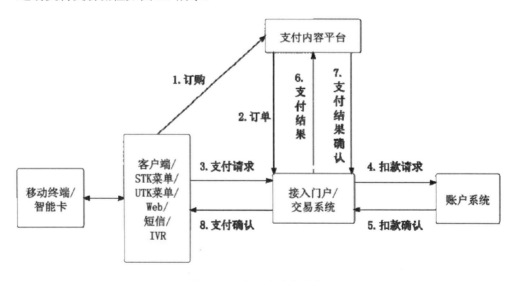

图 2.7 远场支付交易流程

远场支付交易流程如下所述。
(1) 用户通过移动终端的客户端在支付内容平台订购商品或服务。
(2) 支付内容平台向移动支付交易系统提交订单。
(3) 用户通过移动终端向移动交易系统发起支付请求。
(4) 移动支付交易系统接收用户支付请求，检查用户的订单信息，向账户系统发起扣款请求。
(5) 账户系统接收扣款请求并对用户账户信息进行鉴权，鉴权通过后完成转账付款并发送扣款确认信息给支付交易系统。

(6) 支付交易系统将支付结果通知支付内容平台。

(7) 支付内容平台向支付交易系统返回支付结果确认的应答。

(8) 支付交易系统为客户端返回支付成功确认，完成交易流程。

## 2.4.4 移动支付的产业链

产业链就是由几个具有互补性的企业联合起来向客户提供服务的商业模式。移动支付业务的发展涉及不同的政府主管部门和不同的产业群体，其产业链的构成也较为复杂。移动支付产业链(见图 2.8)由移动运营商、设备制造商、SIM 卡供应商、手机供应商、移动支付服务提供商(或移动支付平台运营商)、系统集成商，商业机构、内容提供商、银行和信用卡组织等金融机构以及客户等构成。这些成员紧密合作、优势互补，形成了利益共享、风险共担的链条关系。显然，只有建立并不断完善产业链，移动支付业务才能获得健康的发展，产业链上的各个环节才能在合作中实现共赢。

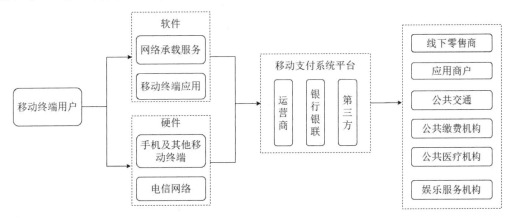

图 2.8 移动支付的产业链

### 1. 移动通信运营商

移动通信运营商的主要角色是搭建移动支付平台，为移动支付提供通信渠道。移动运营商掌握着用户资源，是连接金融机构、服务提供商以及商家和用户的重要通道。目前，国内的移动运营商主要是中国移动、中国电信和中国联通。移动运营商是移动支付的第一环节，在整个支付中起到了关键性的作用。在移动支付业务中，移动运营商的收益来源主要有三个方向：第一，服务提供商向移动运营商缴纳的使用费用；第二，用户使用 SMS、WAP 方式进行移动支付时，运营商对数据流量进行收费；第三，移动支付业务可以带动用户产生更多的数据业务需求，从而进一步加大增值业务的使用量。

### 2. 金融机构

在移动支付产业链中，银行不可避免地占据领导地位。在结算方面，用户还是更加依赖银行，而不是移动运营商，同时，银行拥有交易清算的经验和强大的数据支撑平台。而银行独自开展移动支付业务也有一定的困难，并且会引起产业链中其他参与方的不满。

因此，银行同其他参与方如何合作并建立合理的利益分配机制将是影响移动支付产业链的关键。

### 3. 移动支付设备提供商

移动支付设备提供商在移动支付整个产业链中基本上处于下游。随着移动支付业务内容和实现方式的不断进步，用户对支持移动支付的新系统设备、终端、应用软件等的需求也不断增加。而移动支付又是一种技术驱动型的产业，因此，硬件设备制造商和软件开发商将成为移动支付的积极推动者。

设备制造商为移动运营商提供移动通信系统，为用户提供支持移动支付的终端设备，并且同时提供移动支付业务的解决方案。随着移动支付业务的发展，越来越多的设备制造商将和移动通信运营商结成伙伴关系，生产定制设备和终端。

### 4. 移动支付服务提供商

在移动支付应用中，需要构建包括支付网关、客户钱包、商家账号和结算系统等组成的移动支付服务系统，它需要提供两方面的接口，一是与移动通信网络挂靠的终端设备识别与管理；二是同银行等挂靠的业务接口与管理。这些功能需要由移动支付服务平台来提供。第三方移动支付服务提供商在移动支付产业发展的进程中具有非常重要的作用。移动支付服务提供商可以整合产业链的资源，在移动运营商和银行之间建立桥梁，并最终向商家和消费用户提供移动支付服务。

### 5. 商家

商家是移动支付产业链中比较微妙的一环。商家是与用户发生交易的主体，无论是移动运营商和银行都无法绕开商家独自建立产业链。商家的类型是多种多样的，可以是商场、电影院、超市，也可以是网站、电影院等。商家的主要作用在于通过部署便捷的移动支付终端，减少支付的中间环节，提高用户满意度，从而扩大移动支付的使用范围。

### 6. 用户

用户是移动支付服务的最终使用者，他们的使用习惯和接受程度是决定移动支付产业发展的重要因素。从业务使用的角度看，我国目前移动支付业务中使用次数最多的业务是小额支付，但是同银行卡绑定的相关业务在未来几年具有相当的增长潜力。因此，移动支付的提供者需要把握用户的需求，在终端上提供方便的互动操作界面，在扩大小额支付业务的同时，在系统设计上提供开放的接口，从而为移动金融增值服务提供方便的集成功能。

## 2.4.5 移动支付的系统架构

移动支付涉及移动通信、互联网、电子商务以及金融行业等，具有明显的跨行业的技术特点。在业务发展初期，不同的行业推出各种解决方案，系统架构和账户体系也有所不同，本章在充分研究目前业界流行的体系架构的基础上，归纳出适合业务发展的移动支付系统架构。

移动支付从本质上讲就是买方为了获取卖方的某种商品或者服务，通过电子化的渠道，将买方的资金安全地转移给卖方的商业行为。移动支付系统的核心是账户之间资金的安全转移，因此，移动支付的系统架构应该围绕账户体系，结合移动支付的基本特点进行构建，如图 2.9 所示。

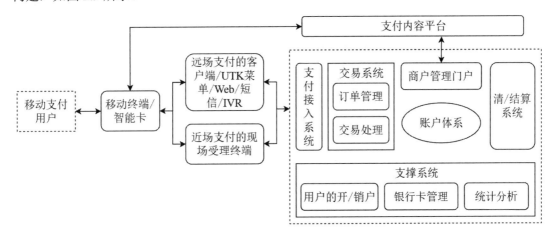

图 2.9 移动支付的系统架构

移动支付系统架构以账户体系为核心，由移动终端/智能卡、远场支付的客户端/UTK 菜单/Web/短信/IVR、近场支付的现场受理终端、支付接入系统、支付内容平台、商户管理门户、交易系统、清/结算系统、支撑系统等部分组成。

### 1. 移动终端/智能卡

移动终端/智能卡，特指移动支付用户持有的设备，主要包括手机、PDA、移动 PC、RFID 智能卡等设备，用户使用移动终端/智能卡完成支付业务。移动支付与其他支付方式的不同之处在于生成及获取支付信息的源头是移动终端。

### 2. 远场支付的客户端/UTK 菜单/Web/短信/IVR

在远场支付中，用户通过手机上的支付客户端、智能卡上的 UTK 菜单、短信、IVR 等方式实现商品选购、订单支付等功能。

### 3. 近场支付的现场受理终端

在近场支付模式下，用户在商户的经营场所(超市、商场等)内选定商品后，或者在乘坐公交、观看电影时，持带有 RFID 功能的移动终端/智能卡，通过现场受理终端进行刷卡，完成支付和认证功能。

### 4. 支付接入系统

用户通过移动终端或者智能卡接入移动支付平台的统一入口，完成支付环节的处理。移动支付接入系统作为用户设备和平台的一道安全屏障，保障了移动支付平台和账户资金的安全。移动支付接入系统主要包括近场支付的 POSP 接入平台，远场支付的 Web 门户服务器、短信接入服务器、IVR 语音接入服务器。

### 5. 支付内容平台

支付内容平台是在支付过程中提供内容或服务的系统，不局限于无线通信渠道，例如，用户通过 PC、互联网渠道也可以使用支付内容平台的服务。提供支付内容平台的机构可以是商城、B2C 商户、专营的第三方公司、校企服务公司、便民服务公司、公交公司等。

### 6. 商户管理门户

商户管理门户是支付内容提供商接入移动支付平台的统一入口，也是商户访问支付平台的统一门户，通过该门户，商户可以完成管理账户，查询交易订单，申请支付接入等功能。

### 7. 交易系统

交易系统是完成支付交易流程的基本事务处理系统，通过接收支付接入系统的支付请求，完成订单处理和账户资金的流转等功能。

### 8. 清/结算系统

清/结算系统主要完成交易订单的对账和资金清/结算功能。其中，对账包括与商户应用系统的对账、与金融机构的对账等。结算管理模块根据指定的分成方案和结算规则对交易日志进行结算，产生相应的结算数据。结算数据包括与商户的结算数据、与银行的结算数据，根据这些结算数据运营商完成与各个部分之间的资金划拨。

### 9. 支撑系统

支撑系统主要包括用户的开/销户管理、RFID 智能卡制卡/发卡、业务统计等。

### 10. 账户体系

账户体系分为 5 种类型，包含国库单一账户、直接支付专户、预算外资金财政专户、零余额账户、特设专户。国库单一账户由财政部门在中国人民银行开设，按收入、支出设置分类账，收入账按预算科目进行明细核算，支出账按资金使用性质设立分账册，用于记录、核算和反映纳入预算管理的财政收入和支出活动。直接支付专户包括政府采购资金专户和财政性基建资金专户，是由财政部门按资金使用性质在商业银行开设，政府采购资金专户用于记录、核算和反映纳入政府集中采购范围内的政府采购项目的支出活动；财政性基建资金专户用于记录、核算和反映财政性基建资金的支出活动。预算外资金财政专户由财政部门在商业银行开设，按收入和支出设立分类账。收入账和支出账均按预算单位设立分账户，用于记录、核算和反映预算外资金的收入和支出活动，并用于预算外资金日常收支清算。零余额账户由财政部门在商业银行为预算单位开设，用于财政授权支付和清算。特设专户经上级人民政府和财政部门批准或授权财政部门开设，用于记录、核算和反映财政部门及预算单位的有关特殊专项支出活动，由国库单一账户或预算外资金财政专户支付。

## 2.4.6 移动支付的主要运营模式

**1. 以移动运营商为主体的运营模式**

以移动运营商为主体的运营模式的价值链主要是以移动运营商为核心来管理手机支付价值链上游和下游企业的协调发展。用户用于支付自己消费的产品或服务的资金主要是从手机费用中扣除,一般金额比较小。具体的商业模式框架如图 2.10 所示。

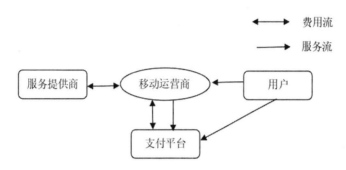

图 2.10 以移动运营商为主体的运营模式

模式特点:银行不参与支付活动,用户直接与移动运营商接触;技术成本比较低;移动运营商需要承担金融机构的责任和风险。

**2. 以银行为主体的运营模式**

以银行为主体的运营模式以银行推出的业务为核心来推动产业价值链的发展,移动运营商处于价值链的下游,以信息服务商的身份出现,不参与支付活动。在该模式下,手机用户可以直接登录所在的银行账户进行交易。但用户必须支付三方面的费用:由移动运营商收取的数据流费用;由银行收取的数据费用;由银行、移动运营商、支付平台共同平分的服务费用。目前,商业银行已开展了手机支付业务,用户可以利用手机登录办理查询、转账以及缴费业务。具体的商业模式框架如图 2.11 所示。

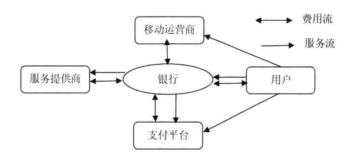

图 2.11 以银行为主体的运营模式

模式特点:各银行只能为自己的顾客办理业务,不受理跨行客户的支付业务;移动服务商为服务提供商,只提供信息的传递,不参与资金的流动;一旦用户转换到其他银行或者改变手机终端,都需要支付较大的转换成本。

### 3. 以第三方支付服务提供商为主体的运营模式

在以第三方支付服务提供商为主体的运营模式中，第三方支付服务提供商作为单独的经济实体处于产业链的核心环节，移动运营商和银行只是作为合作伙伴存在。第三方支付服务提供商的收益主要来自两个部分：一是向运营商、银行和商户收取设备和技术的使用费；二是与移动运营商以及银行就用户业务使用费进行分成。具体的商业模式框架如图 2.12 所示。

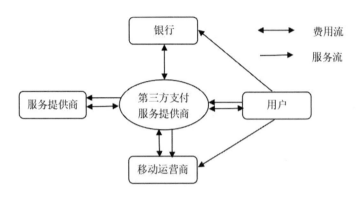

图 2.12　以第三方支付服务提供商为主体的运营模式

模式特点：产业价值链的结构比较灵活，第三方支付服务提供商可以与不同的银行成为战略伙伴，该模式下的顾客可以从属于不同的银行，且银行之间也是互联的；用户与银行之间的服务变得很简单，且价值链上的企业之间责、权、利明确。但该模式对第三方支付服务提供商的资金运转能力、市场管制能力、客户管理能力等要求比较高，否则整个价值链有可能会处于瘫痪状态。

### 4. 银行与移动运营商合作的运营模式

银行与移动运营商合作的运营模式的核心是银行和移动运营商，它们共同参与用户资金支付活动。在银行与移动运营商合作的运营模式的运行下，银行和移动运营商各自发挥自己的优势来保证移动支付技术的安全和信用管理，使交易能够顺利、正常的进行。具体的商业模式框架如图 2.13 所示。

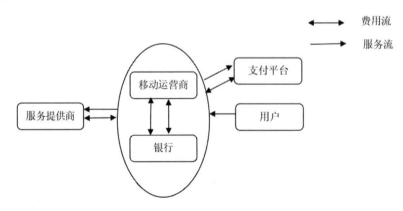

图 2.13　银行与移动运营商合作的运营模式

模式特点：移动运营商和银行可以用更多的时间和精力来研发自己的核心技术，通过优劣互补来增强产业价值链的竞争力，带动上游和下游企业健康运营；在信息安全、产品开发和资源共享方面更加紧密；与移动运营商结成战略联盟的银行可以是多个不同的银行机构。

## 2.4.7 二维码支付

**1. 二维码与二维码基础知识**

1) 二维码的概念

二维码是相对于一维码来说的，比如，以前的条形码就是一个"一维码"。二维码由日本工程师原昌宏于 1994 年发明，当初主要是为了解决制造业和物流业的产品管理问题，因为二维码比条形码具有更大的信息量和抗污损性能等。

二维条码/二维码(2-dimensional bar code)是用某种特定的几何图形按一定规律在平面(二维方向上)分布的黑白相间的图形记录数据符号信息的。在代码编制上巧妙地利用构成计算机内部逻辑基础的"0""1"比特流的概念，使用若干个与二进制相对应的几何形体来表示文字数值信息，通过图像输入设备或光电扫描设备自动识读以实现信息自动处理。

在许多种类的二维条码中，常用的码制有：Data Matrix，Maxi Code，Aztec，QR Code，Vericode，PDF417，Ultracode，Code 49，Code 16K 等。其中，QR(Quick Response)Code 是被广泛使用的一种二维码，我们平时所说的二维码就是 QR Code，它比传统的 Bar Code 条形码能存更多的信息，也能表示更多的数据类型。

2) QR 码结构

二维码 QR Code 本质上是个密码算法。首先，二维码存在 40 种尺寸，尺寸又被命名为 Version。尺寸与 Version 存在线性关系：Version 1 是 21×21 的矩阵，Version 2 是 25×25 的矩阵，每增加一个 Version，尺寸都会增加 4，故尺寸(Size)与 Version 的线性关系为：

$$Size=(Version-1)\times 4$$

因 Version 的最大值是 40，故尺寸的最大值是(40−1)×4+21=177，即 177×177 的矩阵。

二维码结构如图 2.14 所示。

二维码的各部分都有自己的作用，基本上可分为定位、功能数据和数据内容三部分。定位图案：位置探测图形用于标记二维码矩形的大小。用三个定位图案即可标识并确定一个二维码矩形的位置和方向了；位置探测图形分隔符用白边框将定位图案与其他区域区分；定位图形用于定位，二维码如果尺寸过大，扫描时容易畸变，定位图案的作用就是防止扫描时畸变的产生；校正图形用于对齐图案，只有在 Version 2 及以上才会需要。功能数据：格式信息存在于所有尺寸中，存放格式化数据；版本信息用于 Version 7 以上，需要预留两块 3×6 的区域存放部分版本信息。数据内容用于存储数据码和纠错码等剩余部分内容。

3) QR 码的特点

一是存储大容量信息。传统的条形码只能处理 20 位左右的信息量，与此相比，QR 码可处理条形码的几十倍到几百倍的信息量。另外，QR 码还可以支持所有类型的数据，如数字、英文字母、日文字母、汉字、符号、二进制、控制码等。一个 QR 码最多可以处理 7089 字(仅用数字时)的巨大信息量。

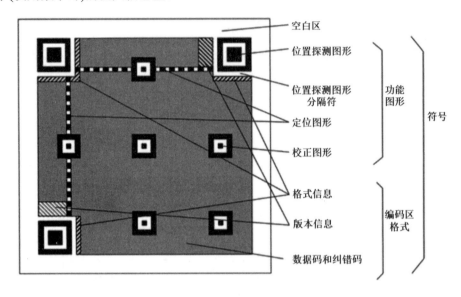

图 2.14　二维码结构

二是可以在小空间内打印。QR 码使用纵向和横向两个方向处理数据,如果是相同的信息量,QR 码所占空间为条形码的 1/10 左右。另外,QR 码还有一种类型叫 Micro QR 码,可以在更小的空间内处理数据。

三是能够有效表现各种字母。QR 码是日本研发的二维码,因此非常适合处理日文字母和汉字。QR 码字集规格定义是按照日本标准"JIS 第一级和第二级的汉字"制定的,因此在日语处理方面,每一个全角字母和汉字都用 13 比特的数据处理,效率较高,与其他二维码相比,可以多存储20%以上的信息。

四是对编码变脏和破损的适应能力强。QR 码具备"纠错功能",即使部分编码变脏或破损,也可以恢复数据。数据恢复以码字(是组成内部数据的单位,在 QR 码的情况下,每 8 比特代表 1 码字)为单位,最多可以纠错约 30%(根据编码变脏和破损程度的不同,也存在无法恢复的情况)。

五是可以从任意方向读取。QR 码从 360°任一方向均可快速读取。其奥秘就在于 QR 码中的 3 处定位图案(见图 2.15),可以帮助 QR 码不受背景样式的影响,实现快速稳定的读取。

六是支持数据合并功能。QR 码可以将数据分割为多个编码,最多支持 16 个 QR 码。使用这一功能,还可在狭长区域内打印 QR 码。另外,也可以把多个分割编码合并为单个数据。

**2. 二维码支付的定义及分类**

1)　二维码支付的定义

二维码支付是一种基于账户体系搭起来的新一代无线支付方案。在该支付方案下,商家将商品价格与账户等交易信息制作成二维码，顾客在移动设备上用相应的扫码软件扫描二维码，迅速识别其中的商品信息及支付信息，确认后顾客便可以在网络环境下完成移动支付。

图 2.15　二维码定位图案

2)　二维码支付分类

二维码支付可以分成两大类：一种是商品二维码。该二维码一般会出现在对支付内容的平台访问中；另二种是支付二维码。这种二维码出现在支付客户端 App 向支付接入系统支付指令生成环节中。支付二维码和商品二维码的区别在于，商品二维码只保存了指向商品销售地址的 ERL，和支付接入系统不发生联系。

**3. 二维码支付系统架构**

二维码支付的系统构架如图 2.16 所示，与传统的移动支付相比，它们的区别有以下两点。

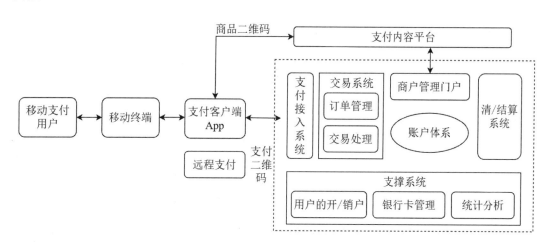

图 2.16　二维码支付的系统架构

1) 支付客户端 App 接入

这里说的支付客户端 App 是指在移动终端上的应用，识别、扫描二维码和完成付款的功能。其实移动终端不能算是移动支付的第一参与者，它的作用是为支付客户端提供安装载体。

2) 对支付系统的访问方式

二维码支付其实是解析二维码里面的 URL 访问支付，以此来接入系统，生成电子支付凭证，在支付客户端产生支付指令，接入系统，最后提交给后端的交易系统、清算系统和结算系统。

#### 4. 二维码支付前景展望

二维码支付的本质是在虚拟世界与现实生活之间进行互动的行为。二维码支付的便捷和低成本，使其成为目前移动支付的重要组成部分，并由第三方支付机构主导。2021 年 2 月 3 日，中国互联网络信息中心(CNNIC)发布的第 47 次《中国互联网络发展状况统计报告》的数据显示，截至 2020 年 12 月，我国手机网民规模为 9.86 亿，网民中使用手机上网的比例为 99.7%。二维码支付在助力第三方移动支付中的远程支付方面有着举足轻重的作用。二维码支付的应用推动了线上线下支付的融合，深化了支付对商业生活场景的渗透，增强了支付手段的灵活性和多样性。

我国二维码开发和市场应用比较晚，底层核心技术缺失，存在较大的知识产权风险和信息安全隐患。有关安全标准在刚出台的现阶段还无法迅速得以实施应用。曾经出现的恶意植入木马等资金风险还有待规整；用户在支付时存在缺乏正确判断资金去向的依据、篡改支付命令等问题给二维码支付带来安全隐患。

### 2.4.8　刷脸支付

#### 1. 刷脸支付的定义

继条码支付成为人们主要的小额非现金支付方式之后，支付宝"蜻蜓"、微信"青蛙"以及中国人民银行牵头银联和各商业银行推进落地的刷脸支付系统陆续开始推向市场。刷脸支付(facial recognition payment)已经走入我们的生活。人们既可以使用各种移动支付 App，将脸对准普通的智能手机的摄像头完成支付交易的身份识别与授权，也可以在自动售货机的专用人脸识别终端机具上，完成刷脸支付的全过程。的确，刷脸支付的便利性比条码支付更进一步，使用户不必携带任何支付介质与工具(银行卡)，甚至连手机都可以略去，就能进行小额的消费支付，是技术进步推动无卡支付、无物理介质支付的最新成果。

刷脸支付也称为"人脸识别"技术，人脸识别技术于 1964 年出现，经历了 4 个阶段：机器识别、半自动识别、非接触式识别和智能识别。现在是在第四阶段。

刷脸支付是利用受理终端的人脸采集能力，通过人脸识别技术(1：1 或 1：N)获取持卡人支付账户信息，结合 Token 技术、PIN 加密技术、大数据分析等形成的新型支付方式。刷脸支付技术通常涉及两个方面，一方面是人脸支付受理终端，另一方面是人脸支付受理平台。

在刷脸支付中，人脸识别需要先对人脸的特征进行准确识别，然后将生物统计学技术与计算机图像处理技术进行有效结合，再通过图像技术处理来提取视频中人脸的特征。接着在此基础上利用生物统计学技术，构建数学模型，即可获得人脸形态的模板。最后将该模板与消费者的面部特征进行比较分析，即可获得二者之间的相似值，就可判断二者是否为同一人。

2. 刷脸支付与二维码支付比较

1) 支付的便利性

从支付步骤来看，二维码付款对手机的依赖度会更高一些，在付款过程中很有可能出现手机卡顿或是手机上不了网的情况，而刷脸支付并没有这方面的顾虑，只需人脸识别系统即可。因此，从这一点来看，刷脸支付会更方便快捷一些。

2) 安全系数

传统的二维码付款存在很大的安全隐患，静态二维码容易被入侵或是植入各种病毒木马。另外，二维码付款需要输入支付密码或是验证指纹，账户密码容易被熟人窃取。而刷脸支付采用的是国内领先的 3D 人脸识别技术，结合硬件和手机软件多重检测，能够 99.99%地检测真实客户，在一定程度上比二维码付款的安全系数更高。

3) 广泛度

刷脸支付和二维码付款在线下支付场景使用广泛度上谁强，这个问题答案显然是二维码付款。艾瑞咨询数据显示，我国二维码支付交易规模从 2018 年第一季度的 3.5 万亿元增至 2019 年第四季度的近 10 万亿元。2020 年第三季度二维码支付规模突破 10 万亿元，创历史新高。而刷脸支付虽然在麦当劳、商场超市、大药房等线下零售业场景中频频出现，不过现阶段其仍然处于完善发展的阶段。

3. 刷脸支付的运作原理

刷脸支付是运用人脸识别技术作为支付活动的交易阶段的身份识别(ID)与支付授权的方法，去验证支付工具与支付指令的真实性、唯一性与不可撤销性。与条码支付相比，刷脸支付的特征包括以下两点。一是彻底将支付工具数字化，被认为是无卡支付的终极阶段，使用户完全不必携带任何物理设备就能完成支付交易的发起、授权与验证。二是将原有的支付交易流程压缩，特别是将支付的发起、授权(与验证)这一传统支付方式所要求的贯序流程压缩为一次动作，比如，客户主动将面部呈现在摄像头前面即被视为客户主动出示支付工具并向支付服务商进行支付授权的意思表示。当然，如果将客户的面部特征还作为支付密码的话，支付的发起、授权与验证则被"三合一"，这必然是一种具有争议的支付"创新"。由此可见，刷脸支付和条码支付创新一样，只是提高了支付的交易阶段的效率，并没有改变交易阶段之后的支付流程与运作原理，因此刷脸支付并没有改变支付业务的本质特征。

另外，与技术准入门槛很低的条码支付相比，刷脸支付的技术含量确实非常高。刷脸支付的关键技术是人脸识别技术，而该技术是靠一系列算法去分析被数字摄影设备所获取的人脸特征，将特征数字化、唯一化，与人脸形成一一对应关系。一般来说，这些属于高度私密的个人隐私数据被存放于高度安全的身份数据库。进一步，人脸识别技术的一个关键技术是"活体检测",即通过硬件与软件技术检验被分析的人脸是否属于活体人脸。最简单的是要求用户轻微左右或上下摇动头部,抑或使用专业技术,如 3D 结构光/TOF、近红外活体检测技术等。很明显,之所以活体检测如此关键,是为了防范有人使用一张照片,或者 3D 打印的人脸面具去欺骗人脸识别系统。由此可知,人脸识别技术的可靠性,特别是活体检测技术的可靠性对于刷脸支付的安全性有着决定性的作用。试想,如果犯罪分子拿着被害人的人脸面具就能轻易转走其账户里的钱财,那么没有人会冒险使用刷脸支付。

### 4. 刷脸支付的现状与风险表征

尽管人脸识别技术是西方首创,刷脸支付也是一家芬兰创业公司 Uniqul 在 2013 年首创,但主要是智能手机厂商使用人脸识别技术,比如苹果手机等,极少将人脸识别大规模用于公共生活方面,更不用谈金融支付领域。在中国,人脸识别的运用日益普遍,从公共安全,到学校门禁系统,再到车船交通,人脸识别无处无在,这样大规模的采纳与技术设施普及,为刷脸支付的商业落地创造了独一无二的条件与基础。

在我国,刷脸支付的商业应用场景主要分为线上与线下。所谓线上场景,主要是指将人脸识别活动应用于开放网络环境,通过普通的移动终端(如智能手机)进行人脸信息采集与验证,比如,通过手机完成基于人脸识别的支付转账、特定金融业务开通等。2020 年 1 月,中国支付清算协会正式发布《人脸识别线下支付行业自律公约(试行)》(以下简称《公约》),主要针对线下特约商户通过专用受理终端采用人脸识别技术为用户提供的支付服务进行了一系列自律管理。《公约》试行的线下场景是指在专用终端(具有安全芯片、加密模块)以及专门的活体检测设备上完成人脸识别,并在充分考虑了具体场景与业务流程的风险点,加以制度防范后的消费支付业务、金融业务等。常见的是在封闭环境下使用人脸识别 ATM 进行现金存取业务,或者在加载了专业人脸识别终端设备的自动售货机上的小额商品消费支付。

根据刷脸支付的场景划分,其风险表征既有共同性,也有特殊性。共同性是指刷脸支付在提升支付服务便捷性的同时,也存在一些共性风险。一是信息泄露风险。一方面,人脸特征具有唯一性与不可再生性,与人类生命相伴而生,不法分子可通过远程、非接触方式,在商场、旅馆、饭店、街道等公共场所非法批量获取用户人脸信息,导致基于人脸特征的身份认证系统可被轻易绕过,危害程度较大。另一方面,人脸特征数据失窃或被盗用,因其不可再生性,将产生"我证明是我"的伦理难题。二是假体攻击风险。人脸识别技术难以判断识别对象是否为真实活体,不法分子通过照片、视频、高仿面具等手段,仿冒用户人脸进行 2D 或 3D 攻击,且随着人工智能、大数据等技术不断发展演进,新型攻击手段不断出现,对用户资金安全造成严重威胁。三是算法漏洞风险。目前,活体检测、人脸识别算法仍在快速迭代,识别通过率、误识率等关键指标相互关联、难以同时兼顾,且随光照、遮挡等外界环境因素干扰较大,可能存在隐藏的未知漏洞,一旦被不法分子发现并加以利用,易导致活体检测或人脸识别失效,造成系统风险。四是非授权支付风险。如前文所述,刷脸支付将三个贯序流程压缩为一个人脸扫描的动作,那么对于非授权支付应该如何重新界定?比如,隔空盗刷问题,即通过远程、非接触方式,在用户本人毫无察觉的情况下"无声无息"地获取用户的人脸信息,且手机号码作为用户社交工具也极易被获取,"隔空盗刷"现象就极易出现。问题在于,即使采用基于保护消费者权益的救济原则,要求支付服务提供商举证"盗刷"业务属于用户主动授权行为,也会在用户侧产生严重的道德风险。进一步来讲,与条码支付通过区分主动扫码与被动扫码两种方式解决非授权支付风险不同,人脸扫描是无法区分主动扫脸或被动扫脸的。因此,刷脸支付或者说未来的无摩擦支付(frictionless payment)可能不再有清晰的支付交易阶段的逐一与贯序流程,特别是在分工日益细化的第三方、第四方支付行业,这将带来较为严重的法律合规风险。

《公约》之所以试行线下支付场景,是因为与线下场景相比,线上场景的风险特殊性在于开放的网络环境与没有得到硬件加固的普通终端,这会加剧信息泄露风险、假体攻击风险与非授权支付风险(更加难以举证用户授权的主动性与真实性),或者形成多种风险的叠加效应,因此,在现阶段,线上场景不应该被鼓励发展,至少要采用可信执行环境(TEE)、安全单元(SE)等技术加强风险防控,才能审慎开展线上场景的刷脸支付业务。线下场景支付尤为突出的风险点是免密。线下场景多发生在商场、旅馆、饭店、街道等各种公共场所,过度的便捷不仅给不法分子带来可乘之机,而且免密会造成将用户人脸作为支付授权验证的唯一方式,一旦人脸特征数据丢失、被盗用,会使用户在缺乏第三方权威认证的情况下无法通过密码重置的方式找回自己的账户与账户里的财产,这无疑会形成严重的系统性风险。

## 本章作业

1. 什么是电子支付?电子支付包括哪些类型?
2. 简述电子支付的一般模型。
3. 简述移动支付的定义、特点,以及移动支付的主要类型。
4. 比较二维码支付与刷脸支付。
5. 阐述移动支付的主要运营模式及特点。

# 第 3 章

# 第三方支付

**本章目标**
- 掌握第三方支付的定义、业务范围及模式。
- 掌握第三方支付的发展历程、运作原理及政策环境。
- 了解第三方支付风险及网联模式。
- 了解银行卡收单和预付卡的发行与受理。
- 掌握第三方跨境电子支付的定义与发展现状。
- 掌握第三方跨境电子支付对跨境电子商务发展的影响。
- 掌握第三方跨境电子支付业务模式。

**本章简介**

随着时代的进步,人类生活方式逐渐发生着改变,这其中的影响因素,包括手机、网络和电子商务以及支付手段。用 E-mail 来进行网上支付;打个电话报上信用卡号就能预订机票;用手机上网交水费、电费、煤气费等。在我们还没有完全适应从纸制货币进化到"塑胶货币"(信用卡)的今天,网络银行、手机钱包等第三方支付工具已经悄然在改变着我们的生活方式,同时也蕴含着巨大的商机。

本章将重点讲解第三方支付的定义、业务范围、模式、发展历程、运作原理及政策环境,银行卡收单和预付卡的发行与受理和第三方跨境电子支付。

# 3.1 第三方支付概述

## 3.1.1 第三方支付的定义与分类

**1. 第三方支付的定义**

关于第三方支付的定义,有狭义和广义之分。狭义上第三方支付是指具备一定实力和信誉保障的非银行独立机构,借助通信、计算机和信息安全技术,采用与商业银行签约的方式,在用户与银行支付结算系统之间建立连接的网络支付模式。

广义上第三方支付是指非金融机构在收付款人之间作为中介机构提供下列部分或全部货币资金转移服务,具体包括网络支付、预付卡的发行与受理、银行卡收单和中国人民银行确定的其他支付服务。

"第三方"是指这些平台本身并不拥有这些资金的所有权,而是起到中转作用。它本身是用来解决不同银行卡的网上银行对接,以及异常交易所产生的信用缺失问题。通过提供线上与线下支付渠道,实现从消费者到商业银行之间的货币支付、资金清算、查询统计等过程。

**2. 第三方支付业务范围及相关概念**

如图 3.1 所示,第三方支付业务范围主要包括网络支付、银行卡收单以及预付卡的发行与受理。

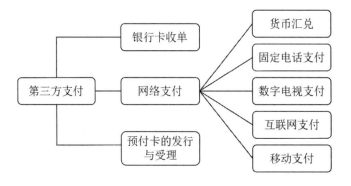

图 3.1 第三方支付业务范围

1) 网络支付

网络支付是指依托公共网络或专用网络在收付款人之间转移货币资金的行为,包括货币汇兑、固定电话支付、数字电视支付、互联网支付和移动支付等。

(1) 货币汇兑是指支付机构通过银行为小额电子商务(货物贸易或服务贸易)交易双方提供跨境互联网支付所涉及的外汇资金集中收付及相关结售汇服务。

(2) 固定电话支付是指通过增加安全加密和刷卡功能,使普通电话机变成多功能、自助式的金融终端,持卡人通过此金融终端进行支付的行为。

(3) 数字电视支付是指将电视和银行支付业务有机地结合起来,使电视用户能通过电视完成缴费、查询、订购节目等支付行为。

互联网支付和移动支付的内容将在后面小节进行详细介绍。

2) 银行卡收单

银行卡收单业务,是指收单机构与特约商户签订银行卡受理协议,在特约商户按约定受理银行卡并与持卡人达成交易后,为特约商户提供交易资金结算服务的行为。

3) 预付卡的发行与受理

预付卡是指发卡机构以特定载体和形式发行的、可在发卡机构之外购买商品或服务的预付价值。预付卡是以盈利为目的而发行的,采用先付费后消费的支付模式,通常包括磁条、芯片等技术以及卡片等形式。预付卡与银行卡相比,最大的区别是它不与持卡人的银行账户直接关联。

3. 第三方支付分类

1) 一般模式

第三方支付的一般模式是指买家可以在购物网站选择商品,确定购买后生成购物订单,在第三方支付平台中选择付款网上银行,网站会自动转到相关网上银行付款界面,买家选择转账银行卡,第三方支付平台会根据买家提供的支付方式将相关信息传送到商业银行;买家进入商业银行在线支付平台,银行在确认信息后根据订单金额付款,并将付款结果通知第三方支付平台;第三方支付平台将商品订单和支付信息发送给买家,买家在确认信息后,卖家就可以根据订单要求进行发货配送;如果买家确认收货后,第三方支付平台根据预设在线支付交易手续费额度,将扣除手续费的资金转入卖家账号,并与银行完成资金对账等流程。

一般模式的主要特点是在网上商户和银行网关之间增加一个第三方支付网关,由第三方支付网关负责集成不同银行的网银接口,并为网上商户提供统一的支付接口和结算对账等业务服务。在这种模式下,第三方支付机构把所有银行网关(网银、电话银行)集成在一个平台上,商户和消费者只需要使用支付机构的一个平台就可以连接多个银行网关,实现一点接入,为商户和消费者提供多种银行卡互联网支付服务。支付网关模式示意图如图 3.2 所示。

2) 提供担保的模式

为了提升网络在线支付的安全性,传统网上支付平台采用了提供担保的模式,这种模式可以提供信用担保功能。我国业务范围最广的在线支付平台——支付宝就是通过建立信用模式,将买家支付的资金首先转入支付宝提供的第三方账户,在交易成功后,第三方账户再将资金转入卖家账号。目的是保证在买家付款后卖家没有发货的情况下,或者是买家收到的商品存在质量问题时,支付宝将按照货品价值相等的赔付额支付给买家。这种双向担保模式有效降低了支付交易过程中的违约情况,并使买家和卖家双方的利益得到了保障,成为网络电子商务和买家最放心的资金支付形式。

提供担保的模式与一般支付模式的资金支付流程并无差别,仅是在资金支付环节建立第三方支付平台,第三方支付平台不仅可以为用户提供资金交易信用保障,而且可提供在线充值功能,用户可以将资金从网上银行转入第三方支付账户,用户转入的资金成为一种虚拟货币，这样用户就可以在网络消费过程中随时提取资金完成在线支付操作，不再需要进行网上银行转账操作。

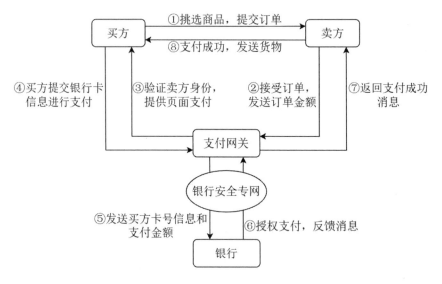

图 3.2　支付网关模式示意图

3) 基于虚拟账户的模式

虚拟账户型支付模式是指第三方支付机构不仅能为商户提供银行支付网关的集成服务，还能为客户提供一个虚拟账户，该虚拟账户可与客户的银行账户进行绑定或者对接，客户可以从银行账户等资金源向虚拟账户中充入资金，或从虚拟账户向银行账户注入资金。客户在网上的支付交易可在客户的虚拟账户之间完成，也可在虚拟账户与银行账户之间完成。

虚拟账户型支付模式加快了资金清算速度，减少了使用银行支付服务的成本。①通过虚拟账户对商户和消费者的银行账号、密码等进行屏蔽，买家和卖家都不能互知对方的此类信息，由此减少了用户账户机密信息暴露的机会；②可为电子商务等交易提供信用担保，为网上消费者提供了信用保障，由此解决了中国互联网支付的信用缺失问题。当然，在具体业务操作过程中，当虚拟账户资金被真实转移到客户银行账户之前，资金是汇集在一起存放在第三方支付机构的银行账户中的，这导致该模式在用户交易资金管理上可能存在一定风险。

在虚拟账户的模式下，虚拟账户非常重要，它是所有支付业务流程的基本载体。根据虚拟账户承担的不同功能，虚拟账户模式又可细分为信用中介型账户模式和直付型账户模式两类。

(1) 信用中介型虚拟账户模式。

在信用中介型账户模式中，虚拟账户不仅是一个资金流转的载体，而且还担负着信用中介的职能。这里所谓的信用中介，是指提供信用中介型支付模式的第三方支付机构将其自身的商业信用注入该支付模式中：当交易发生时，先由第三方支付机构暂替买方保存货款，待买家收到交易商品并确认无误后，再委托第三方支付机构将货款支付给卖家。支付宝提供的虚拟账户支付服务就是一种典型的信用中介型支付模式。以电子商务 C2C(消费者与消费者之间产生的电子商务交易)交易场景为例，信用中介型虚拟账户模式交易流程示意图如图 3.3 所示。

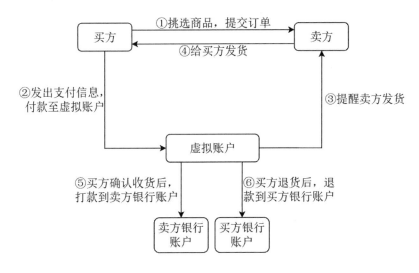

图 3.3　信用中介型虚拟账户模式交易流程示意图

从信用中介型虚拟账户模式的发展来看，该模式有以下两个明显的特点。

第一，具有虚拟账户模式的所有功能，包括基于虚拟账户的资金流转、银行支付网关集成等。

第二，为交易提供了"信用增强功能"：传统的交易信用来自买卖双方的信用，而通过信用中介型虚拟账户模式实现的交易，第三方支付机构在交易中不仅提供了支付功能，而且融入了第三方支付机构的商业信用，这就极大地增强了交易的信用，提高了交易的达成率。

(2) 直付型虚拟账户模式。

如图 3.4 所示，直付型虚拟账户模式交易流程较为简单，支付平台中的虚拟账户只负责资金的暂时存放和转移，不承担信用中介等其他功能。如果要实现直付型虚拟账户支付模式，买卖双方首先在支付平台上设置虚拟账号，并进行各自银行账户与虚拟账户的关联。在交易过程中，支付平台根据支付信息将资金从买家银行账户转移到买家虚拟账户，再从买家虚拟账户转移到卖家虚拟账户，并最终划付给卖家的银行账户，整个交易过程对买卖双方而言，都可通过虚拟账户进行操作并实现。提供直付型虚拟账户模式的第三方支付机构也较为普遍，国外知名的公司有 PayPal，国内则有快钱、盛付通。

## 3.1.2　第三方支付的发展历程

国外第三方支付产业的起源略早于我国，由于各国制度以及市场条件不同，不同国家与地区第三方支付产业发展存在一定差异。1996 年美国诞生全球首家第三方支付公司，随后雅虎国际转账业务(Yahoo! Pay Direct)、亚马逊支付(Amazon Payments)和贝宝(PayPal)纷纷成立，其中以 PayPal 为第三方支付机构发展历程最为典型。1998 年成立的 PayPal 公司开始是为了弥补在电子商务领域商业银行不能覆盖个人收单业务领域的不足。总体上，第三方支付市场在国外的发展可分为两个阶段，第一是随着个人电子商务市场起源、壮大、成熟的阶段；第二是不断向垂直化、外部专业化电子商务网站深入拓展的阶段。

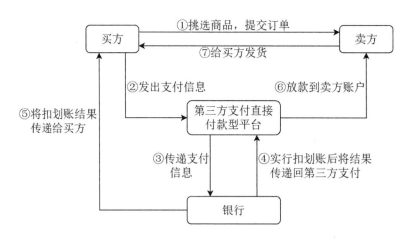

图 3.4　直付型虚拟账户模式交易流程示意图

我国第三方支付行业起源于 1998 年招商银行股份有限公司推出的网上银行业务，正式诞生的标志是首都电子商城的成立，它是首信易支付的前身，由北京市政府、中国人民银行和原国家内贸局等共同发起，是我国第一个正式的网络交易和支付中介的示范性平台。迄今为止，传统的现金支付方式已渐渐隐退，各种在线支付和基于智能终端的远程支付已成为大家日常生活中的主要支付方式。不论是商业银行的网上银行，还是非金融支付服务组织的品类丰富的互联网支付产品，都便利了人们的工作和生活。互联网支付业务也从桌面的浏览器、网页扩展到智能终端(智能手机、PDA 和数字电视等)，形式多种多样，便捷的支付服务无处不在。

在我国，第三方支付产业的发展历程大致可以分为以下四个阶段。

1) 第一阶段：引入期(1998—2001 年)

20 世纪 90 年代中后期信息技术开始飞速发展，国内外银行开始了电子化进程，并开始逐步开拓网上金融服务，金融产品越来越注重业务和信息技术的有效结合。同时，网络购物的兴起使支付问题成为限制其发展的瓶颈，由此互联网支付开始出现。首都电子商城成立后互联网支付进入大规模建设时期，这个阶段的支付服务主要由各家银行组成，由各家网上银行业务与各电子商务网站的支付平台对接。"商业银行网站"是这个时期主要的表现形式，但其仅仅被当作一个信息宣传的渠道，主要的职能是塑造企业新的形象和品牌。"商业银行网站"服务项目单一，只能提供账户查询等简单信息类服务，因此它基本被当作商业银行宣传窗口。同时，有少量的第三方网上支付服务商开始出现并逐步发展，比较著名的有北京首信易支付和上海环迅支付。

2) 第二阶段：成长期(2002—2004 年)

随着国内互联网用户的不断增加，服务单一的网上银行和不完善的第三方支付平台已不能满足人们对电子商务和网上支付的需求。国内部分大型商业银行在市场的驱动下开始重视网上银行建设,各类型的电子商务平台迅速成长,与此同时,银行卡组织和第三方支付企业也大批进入网上支付领域,并且在银行、银行卡组织和第三方支付厂商之间出现了广泛的合作。2002 年 3 月中国银联成立,旨在实现银行卡全国范围内的联网通用,推动我国银行卡产业的迅速发展;3 个月后,银联电子支付服务有限公司正式成立,从此国内出现了面向全国的统一支付平台。随着电子商务交易额的迅速增长,淘宝网在 2004 年适时推出支付宝,并创造性地采用了信用担保机制,解决了电子商务网上支付最为关键的问题,即买卖双方互不信任的问题,从而使第三方支付的作用得到用户的认同,商业银行自此越来越重视网上银行业务的发展,借助网上银行成本低廉的优势,加速扩展网上银行客户,同时随着科技的大力发展,将大量传统银行业务搬到网上银行,使网上银行的功能更加健全,大力推广其网上银行支付产品。此时,第三方支付公司顺势而起,第三方支付业务从此进入了爆炸式发展阶段,电子商务业务量也突飞猛进,以 eBay 易趣、阿里巴巴、淘宝网、当当网等为代表的具有较大交易规模的电子商务产业初步形成。

3) 第三阶段:快速发展期(2005—2009 年)

快速发展期初期整个第三方支付行业面临着《支付清算组织管理办法》的出台,但随着互联网支付用户规模的壮大,整个互联网市场的发展势头依然强劲,互联网支付市场也实现了快速增长。2005 年中国网民首次突破 1 亿,2008 年中国以 2.53 亿网民跃居世界第一,互联网覆盖范围广阔,用户规模剧增,同时互联网支付用户也随之增加。支付宝的推出解决了电子商务网上支付的关键问题,因此第三方支付市场规模迅速扩张,推动了整个互联网支付行业的快速发展。2009 年 4 月,中国人民银行颁布《中国人民银行公告〔2009〕第 7 号》,要求从事支付清算业务的非金融机构必须在 7 月 31 日前进行登记,这表明互联网支付市场的发展即将进入调整期。为满足用户的多样支付需求,网上支付平台在各应用领域积极拓展,为用户提供了更加全面、便捷的生活服务,用户满意度也随之上升。这一时期银行最大的转变是真正以客户为中心,因需而变,网上银行业务不断创新,盈利能力增强。此时,市场的主要参与者——银行、第三方支付服务商和商户在加强相互合作的同时,也不断拓展了各自在产业链中的位置。

4) 第四阶段:调整期(2010 年至 2020 年)

2010 年是第三方支付发展的一道分水岭,中国人民银行制定并出台了《非金融机构支付服务管理办法》;从 2011 年 5 月 18 日到 2020 年 12 月 31 日,我国仍未到期或仍未被注销牌照数量有 354 张,按照业务类型细分为预付卡发行与受理 147 张,预付卡受理 6 张,互联网支付 108 张,移动电话支付 48 张,数字电视支付 5 张,固定电话支付 8 张。该办法的颁布和实施使第三方支付行业有了市场进入壁垒,达不到标准的第三方支付企业不得不退出支付市场,使淘汰后的市场更加规范,同时规模大、实力雄厚、信用状况好的第三方支付企业更有优势。2010 年 8 月 30 日正式上线的中国人民银行网上支付跨行清算系统(俗称"超级网银"),使网上支付的跨行清算效率进一步提高。这一时期各家商业银行的网上银行业务产品同质化严重,价格战此起彼伏,竞争态势异常激烈。价格战对消费者而言是一个利好,也从另一个侧面说明我国网上银行市场开始步入成熟时期。2015 年 7 月 18 日,中国人民银行等十部委联合发布的《关于促进互联网金融健康发展的指导意见》中指出，银行业金融机构和第三方支付机构从事互联网支付，应遵守现行法律法规和监管规定。互联网支付机构与其他机构开展合作的，应清晰界定各方的权利义务关系，建立有效的风险隔离机制和客户权益保障机制，要向客户充分披露服务信息，清晰地提示业务风险，不得夸大支付服务中介的性质和职能。

支付牌照的颁发，使我国第三方支付企业的运作日益趋于规范化，为营造一个良好的互联网支付大环境奠定了基础。金融机构和非金融机构共同提供支付服务，两者间在支付领域的差异化分工逐渐淡化，协同发展的"大金融"布局已现雏形。

——1998年11月，首都电子商务工程启动，确定首都电子商城(首信易支付的前身)为网上交易与支付中介的示范平台。

——1999年3月，我国第一家第三方支付平台首信易支付开始运行。

——2000年，环迅支付在上海成立。

——2002年3月，中国银联成立。同年6月，银联电子支付服务有限公司成立。

——从2005年起，第三方支付市场规模迅速扩张，每年增长幅度都在100%以上。

——2011年中国第三方网上支付行业实行牌照管理。

——2015年7月18日，中国人民银行等十部委联合发布《关于促进互联网金融健康发展的指导意见》。

——2016年7月1日，《非银行支付机构网络支付业务管理办法》正式实施，其中规定支付账户分为三类，最高20万元余额限制。

——2017年3月31日，网联平台启动试运行，支付平台分批接入网联平台。

——2017年1月13日，中国人民银行发布《中国人民银行办公厅关于实施支付机构客户备付金集中存管有关事项的通知》，明确了第三方支付机构在交易过程中，产生的客户备付金，将统一交存至指定账户，由中国人民银行监管，支付机构不得挪用、占用客户备付金。

——2017年12月25日，中国人民银行印发《条码支付业务规范(试行)》，对条码支付业务定义、条码生成和受理、条码类别、客户分级、限额管理、特约商户管理、外汇备付金账户管理、风险管理、信息安全进行明确规定。

——2019年1月14日，支付机构备付金将全部集中在人民银行存管。

——2020年4月3日，中国人民银行就《非银行支付机构客户备付金存管办法》开始公开征求意见。

——2021年1月20日，中国人民银行发布关于《非银行支付机构条例(征求意见稿)》公开征求意见的通知，表示非银行支付机构应遵循安全、高效、诚信和公平竞争原则，严重影响支付服务市场健康发展的，中国人民银行可向国务院反垄断执法机构建议采取停止滥用市场支配地位行为、停止实施集中、按照支付业务类型拆分非银行支付机构等措施。

### 3.1.3 第三方支付运作原理

**1. 第三方支付是信用缺位情况下的补位品**

电子商务本身的虚拟性，特别是货币支付与商品交割在时间上的不一致性，可能在交易过程中出现"交钱不给货,给货不交钱"的现象,容易使交易双方产生相互不信任,最终导致电子商务交易的失败。第三方支付作为一个新型的支付结算方式,是随着电子商务的蓬勃发展应运而生的,并在短时间内得到快速发展。第三方支付以独立于买方与卖方之外的第三方中立身份在买方与卖方之间架起了一座信用的桥梁,它通过一定手段对交易双方的信用提供担保,从而化解网上交易的不确定性,增加网上交易成功的可能性,同时为买卖双方提供交易资金代管,支付指令转换等服务,因而有效解决了多年来困惑电子商务活动的交易信用问题。所以,第三方支付是电子商务发展过程中"信用缺位"情况下的补位产品。

2. 第三方支付交易流程

在第三方支付平台进行交易的整个过程中,主要存在以下四方交易主体:①买方消费者,充当交易发起者;②卖方商家,负责出售商品;③第三方支付平台,充当支付中介和信用中介的角色;④银行,充当进行实际结算的主体。在独立第三方支付模式中,银行没有发挥作用。图 3.5 为第三方支付交易流程示意图。

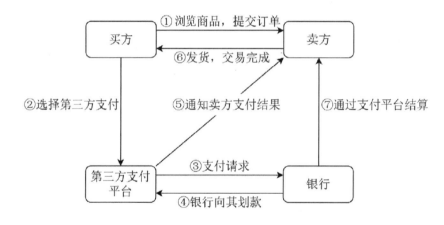

图 3.5　第三方支付交易流程示意图

通常情况下,我国第三方支付交易流程如下所述。

(1) 网上交易预览,进入网站。
(2) 在线消费者浏览商家的网站。
(3) 在线消费者使用第三方支付平台,直接连接安全的支付服务器,在支付页面,点击进入操作,付款后选择合适的付款方式。
(4) 第三方网上支付平台,以消费者的支付信息为准,按照银行支付网关的所有技术要求,传输给相关银行。
(5) 对有关银行网上消费的支付能力进行确认,账户、借记卡或卡的第三方网上支付平台和消费者的冻结将被告知。
(6) 结果由第三方支付平台通知给商家。
(7) 付款成功将商品交付给消费者,或由商家提供在线服务。
(8) 使用第三方支付平台,进行银行清算。

### 3.1.4 第三方支付发展的政策环境

第三方支付监管政策演进经历了四个阶段,影响力较大的几次政策变动如表 3.1 所示,特别是 2010 年的《非金融机构支付服务管理办法》,标志着第三方支付正式进入监管行列。

表 3.1 第三方支付监管政策演进

| 时间 | 政策 | 相关内容 |
| --- | --- | --- |
| 2005 年 6 月 | 《支付清算组织管理办法(征求意见稿)》 | 对清算组织注册资本规定最低限额;外资控股不得超过 50%;企业法人股东要连续两年营业;有电子交易经验;资金必须为现金而非无限资产 |
| 2005 年 10 月 | 《电子支付指引(第一号)》 | 境内银行业金融机构开展电子支付业务适用该指引 |
| 2009 年 4 月 | 支付清算协会筹备会 | 中国人民银行为掌握非金融机构从事清算支付业务,决定对支付企业登记报备 |
| 2010 年 6 月 | 《非金融机构支付服务管理办法》 | 非金融机构从事支付业务需接受中国人民银行的监督,未经批准,任何非金融机构或个人不得从事或变相从事支付业务 |
| 2010 年 5 月 | 第三方支付牌照首次发放 | 首批 27 家企业获得支付牌照。支付企业能够以合法的身份从事支付业务,避免此前由于监管缺失带来的一系列风险 |
| 2015 年 7 月 | 《非银行支付机构网络支付业务管理办法(征求意见稿)》 | 中国人民银行对第三方支付业务提出明确监管要求,规定支付机构单个客户所有支付账户单日累计金额不能超过 5000 元,年累计应不超过 20 万元 |
| 2017 年 1 月 | 《中国人民银行办公厅关于实施支付机构客户备付金集中存管有关事项的通知》 | 中国人民银行明确了第三方支付机构在交易过程中,产生的客户备付金,将统一交存至指定账户,由央行监管,支付机构不得挪用、占用客户备付金 |
| 2021 年 1 月 | 《非银行支付机构条例(征求意见稿)》 | 中国人民银行表示非银行支付机构应遵循安全、高效、诚信和公平竞争原则,若严重影响支付服务市场健康发展,央行可向国务院反垄断执法机构建议采取系列惩罚措施 |

表 3.2 为 2004—2021 年第三方支付的相关法律法规,其中最新发布的是 2021 年 1 月中国人民银行发布的《非银行支付机构客户备付金存管办法》。

表 3.2 2004—2021 年第三方支付相关法律法规一览

| 时 间 | 部 门 | 名 称 |
| --- | --- | --- |
| 2004 年 8 月 | 商务部 | 《中华人民共和国电子签名法》 |
| 2005 年 4 月 | 中国电子商务协会 | 《网上交易平台服务自律规范》 |

续表

| 时间 | 部门 | 名称 |
|---|---|---|
| 2005年6月 | 中国人民银行 | 《支付清算组织管理办法(征求意见稿)》 |
| 2005年10月 | 中国人民银行 | 《电子支付指引(第一号)》 |
| 2007年3月 | 商务部 | 《关于网上交易的指导意见(暂行)》 |
| 2009年4月 | 商务部 | 《电子商务模式规范》和《网络交易服务规范》 |
| 2009年11月 | 商务部 | 《关于加快流通领域电子商务发展的意见》 |
| 2010年2月 | 商务部、中国商业联合会 | 《预付费消费卡发行和服务要求》 |
| 2010年5月 | 国家工商总局 | 《网络商品交易及有关服务行为管理暂行办法》 |
| 2010年6月 | 中国人民银行 | 《非金融机构支付服务管理办法》 |
| 2010年9月 | 中国人民银行 | 《非金融机构支付服务管理办法实施细则》(征求意见稿) |
| 2011年5月 | 中国人民银行、监察部、财政部等 | 《关于规范商业预付款管理的意见》 |
| 2011年6月 | 中国人民银行 | 《支付机构反洗钱和反恐怖融资管理办法》(征求意见稿) |
| 2011年10月 | 中国人民银行 | 《支付机构预付卡业务管理办法(征求意见稿)》 |
| 2011年11月 | 中国人民银行 | 《支付机构客户备付金存管暂行办法(征求意见稿)》 |
| 2012年1月 | 中国人民银行 | 《支付机构互联网支付业务管理办法(征求意见稿)》 |
| 2012年9月 | 中国人民银行 | 《支付机构预付卡业务管理办法》 |
| 2013年7月 | 中国人民银行 | 《银行卡收单业务管理办法》 |
| 2015年7月 | 中国人民银行等 | 《关于促进互联网金融健康发展的指导意见》 |
| 2015年12月 | 中国人民银行 | 《非银行机构网络支付业务管理办法》 |
| 2016年3月 | 中国人民银行等 | 《关于完善银行卡刷卡手续费定价机制的通知》 |
| 2016年4月 | 中国人民银行 | 《支付结算违法违规行为举报奖励办法》 |
| 2016年4月 | 中国人民银行 | 《非银行支付机构分类评级管理办法》 |
| 2017年1月 | 中国人民银行 | 《中国人民银行办公厅关于实施支付机构客户备付金集中存管有关事项的通知》 |
| 2017年12月 | 中国人民银行 | 《关于印发〈条码支付业务规范(试行)〉的通知》 |
| 2017年12月 | 中国人民银行 | 《关于印发〈非银行支付机构反洗钱现场检查数据接口规范(试行)〉的通知》 |
| 2018年7月 | 中国人民银行 | 《关于非银行支付机构开展大额交易报告工作有关要求的通知》 |
| 2020年6月 | 中国人民银行 | 修订《非金融机构支付服务管理办法实施细则》等5件规范性文件 |
| 2021年1月 | 中国人民银行 | 《非银行支付机构客户备付金存管办法》 |

## 3.2 第三方支付典型企业

### 3.2.1 互联网支付典型企业

**1. 贝宝**

贝宝(PayPal)于 1998 年 12 月成立,是一个总部位于美国加利福尼亚州圣荷塞市的专注移动支付领域的在线支付服务商。其致力于提供普惠金融服务,通过技术创新与战略合作相结合,资金管理和移动创造更好的方式,为转账、付款或收款提供灵活选择,帮助个人及企业参与全球经济。PayPal 集国际流行的信用卡、借记卡、电子支票等支付方式于一身,是备受全球亿万用户追捧的国际贸易支付工具。其即时支付、即时到账和全中文操作界面,能通过中国的本地银行轻松提现,帮助买卖双方解决各种交易过程中的支付难题。PayPal 是名副其实的全球化支付平台,服务范围超过 200 个市场,支持的币种超过 100 种。在跨国交易中,近 70%的在线跨境买家更喜欢用 PayPal 支付海外购物款项。2002 年 10 月,PayPal 被当时全球最大的网商公司易贝(eBay)以 15 亿美元全资收购。

截至 2018 年第三季度,PayPal 在全球范围内拥有超过 2.54 亿活跃用户以及 1 900 万签约商户,可以在全球范围内开展电子商务和实体贸易。2019 年 10 月 1 日,美国数字支付平台 PayPal Holdings Inc 已经获得中国人民银行的批准,能够购买国内支付公司的控股权,因此 PayPal 成为首家进入中国支付服务市场的外资机构。同时在 2019 年 10 月 1 日,PayPal(PYPL.US)收购国付宝 70%的股权,正式进入中国支付市场。

2019 年 7 月,全球上市互联网 30 强榜单发布,PayPal 排名第 8 位。2019 年,入选 "2019 福布斯全球数字经济 100 强",排第 33 位。2019 年 10 月,Interbrand 发布的全球品牌百强榜排名第 72 位。2019 年 10 月,入选《财富》杂志 "2019 未来 50 强榜单",排第 24 位。2020 年 1 月,2020 年全球最具价值 500 大品牌榜发布,PayPal 排名第 115 位。2020 年 5 月 13 日,PayPal 名列 2020 福布斯全球企业 2000 强榜第 249 位。2020 年 7 月 28 日,PayPal 名列福布斯 2020 全球品牌价值 100 强第 67 位。

2021 年 3 月 8 日,在线支付平台 PayPal 宣布,将收购数字加密货币安全存储技术公司 Curv,以加快和扩大其加密货币和数字资产的计划。

1) PayPal 的文化理念

公司的文化就是公司本身。

(1) 人才管理。

公司创始人彼得·泰尔(Peter Thiel)认为,"找到对的人,延续文化,永远是一家公司的核心能力"。PayPal 公司喜欢招聘与自己类似的人。他们从来没有聘请专业的招聘或猎头公司去招聘员工,而是采取一种病毒似的招聘模式,利用员工的人脉网络进行招聘。因此,他们吸收的成员都和创始人一样具备创业的激情和智慧。

公司不会雇用从大公司跳槽的人。在他们看来,在大公司工作过的人,他们通常喜欢按自己养成的固有模式做事,也习惯推说尝试新事物使他们不能正常工作。他们跑来跑去很可能只是为了获得利益和职位,你不能确定他到底能学到多少东西。

公司坚持留用有远见的创始人而不是去聘请"专业"经理人，以及充分利用大公司的平台为自己的产品进行营销。

PayPal 与谷歌(Google)的最大不同在于，谷歌希望招聘博士，而 PayPal 则希望招聘那些放弃博士学位的人。这是两种完全不同的气质。公司能够发现那些有非凡能力的年轻人(管理层中平均年龄为 30 岁)，组建了一个非凡的创业团队。

(2) 极度专注。

创始人 Peter Thiel 要求公司每个人肩负一个且只有一个高优先的任务。除了这个优先任务之外，他拒绝和你讨论任何其他事情，甚至在 PayPal 公司 2001 年的年度评估表格里也要求每个员工明确说出他们每个人对公司唯一的最大贡献是什么。

公司从来不信奉什么创业禁忌，而是把试错当作积累经验的过程。在公司看来，出错越多，也就越可能接近成功。

(3) 推崇个人成就。

PayPal 公司几乎每个创新都是由一个人的灵感产生的(而这个人通常是最终推动从灵感到实施的那个人)。此后，他会争取他人支持，接受并实施他的新想法。由此，首席运营官 David 推行的是一个"反会议"(anti-meeting)的文化，为 PayPal 建立了"不开无必要之会"的政策。在 David 看来，任何会议如果超出 3~4 个人都会被怀疑是否缺乏效率，如果他的判断是，那这样的会议就会立刻被纠正。David 自己变身为一个"会议警察"。任何时候，他走过任何一间会议室，都可能走进去听 3 分钟，如果他认为这 3 分钟没有意义，他会立刻解散会议。这种机制保证了更多"干活的人"，更少指手画脚的"领导"。

在 David 看来，"在一家公司里，你能管多少人体现不了你的威望，没有几个人能阻止你做自己想做的事儿才能体现"。公司创始人泰尔进一步指出，"在机构失调的组织内，往往是为了职位晋升而工作，而不是工作本身"。

公司 2002 年的年度评估表格专门包括了一类指标，来评价员工在"避免占用他人时间，比如，安排没有必要参加的会"方面的表现。在这种企业文化的影响下，PayPal 的管理者数量大为削减。

(4) 拒绝接受限制，不论外部还是内部。

公司期望每个员工用超乎寻常的行动力和活力去完成#1 的优先任务、目标。通俗来讲，公司的期望是：每个人"每天来上班的时候，都准备好了为实现梦想不惜跨越一切障碍，不惜时刻准备着被解雇"。

PayPal 的一位员工 Jeremy Stoppelman 曾发出一封邮件给全公司，批评公司管理并做好了被解雇的准备。恰恰相反，他不但没被解雇，反而被晋升了。Peter Thiel 从不接受"no"这样的回答：如果你解决不了这个问题，很快就会有其他人被指派去解决这个问题。

(5) 自我驱动的问题解决者。

PayPal 喜欢聘用(提升、鼓励)聪明的，善于自我驱动的问题解决者，而不是某个领域专家。明星员工中此前很少有支付方面的经验，最优秀的员工很少甚至没有任何做互联网产品的经验。比如，PayPal 从事欺诈分析的团队中，优秀的人大部分从未做过任何和欺诈检测相关的事情。

总的来说，PayPal 的企业文化不是反政府，而是反主流思想。

2) PayPal 的主要优势

(1) 风控系统。

PayPal 通过提供安全解决方案，降低主要支付类型和支付渠道(包括线上、线下或手机支付)的欺诈风险，通过对行业技术的改革创新和积极投资，始终致力于先于欺诈活动实施保护。

第一，全面信息保护。账户安全是首要任务。将反欺诈技术与全天候账户监控相结合，确保账户的安全。使用 PayPal 付款时，个人和财务信息将经过安全加密，确保资金和信息的安全。

第二，实时欺诈防护。将做好防护工作，为防患于未然，PayPal 收到的每一笔交易都受到监控。欺诈风险模型和分析工具还可以根据不同业务需求量身定制。

(2) 客户范围广，用户支持率高。

第一，安全保障高。完善的安全保障体系，丰富的防欺诈经验，避免了不少的欺诈行为。业界最低风险损失率(仅 0.27%)，不到使用传统交易方式的 1/6。所以很多买家都愿意使用 PayPal 来进行付款。

第二，全球合作伙伴广。PayPal 服务范围超过 200 个市场，支持的币种超过 100 个。在中国，PayPal 与 Wish、速卖通、中国银联等达成合作伙伴关系。目前，全世界有近 3.25 亿的 PayPal 的账户用户，这无疑是一个巨大的消费群体。同时使用 PayPal 能增强买家对商家的信任感，这样也间接增加了客户的转化率。

在跨国交易中，将近 70%的在线跨境买家更喜欢用 PayPal 支付海外购物款项。使用 PayPal 可以轻松拓展海外市场，因其覆盖国外 85%的买家。

第三，资金周转快。PayPal 独有的即时支付、即时到账的特点，让商家能够实时收到海外客户发送的款项，这也很大程度地解决了商家的资金周转问题。同时最短仅需 3 天，即可将账户内款项转账至用户国内的银行账户，及时高效地帮助用户开拓海外市场。

支付宝、财付通和快钱是我国互联网支付的典型企业。

### 2. 支付宝

支付宝是阿里巴巴公司于 2004 年 12 月针对网上交易而推出的货币安全支付服务平台，该平台致力于为用户提供"简单、安全、快速"的支付解决方案。目前，支付宝可为众多的合作方提供支付服务，已发展成中国最大的第三方支付平台，是互联网支付的典型代表。

支付宝的主要功能是为网上交易的双方提供"代收代付的中介服务"和"第三方担保"，实质是第三方支付中介，在买家确认收到货物前，由支付宝替买卖双方暂时保管货款，待买家确认收货后，将货款支付给卖家的一种中介信誉服务。

支付宝具体运行流程为支付宝依托互联网发起支付指令，实现消费者与商户之间的货币资金转移的行为，其具体的操作流程如图 3.6 所示。

(1) 买家在网页上浏览商品并选择所需商品，填写订单并且支付货款至支付宝。

(2) 支付宝通知卖家发货，卖家依照订单要求向买家发货，等待买家收货确认。

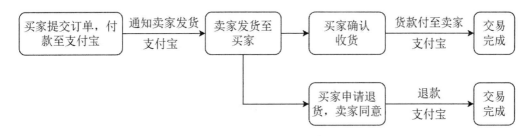

图 3.6　支付宝操作流程

(3) 如果买家查收商品后满意并在支付宝中确认收货，则由支付宝将货款支付给卖家，交易结束。

(4) 如果买家查收商品后申请退货，待买卖双方协商之后，卖家同意退货，则支付宝将货款退还买家。

支付宝在市场发展趋势预测的基础之上，进行合理的业务扩充，不仅获得了更多的用户，还巩固了支付宝在互联网支付行业的统治地位。例如，支付宝在 2013 年 6 月首推余额宝，向大众承诺将用户存在支付宝账户中的余额转入余额宝，作为一份类似活期存款的基金，使用户获得相对更多的收益。这一新业务的创新拓展，可谓是互联网支付发展的里程碑。

目前，中国第三方支付市场面临着政策、盈利、竞争等方面的压力和风险。据相关资料显示，自 2015 年中国互联网支付行业市场格局发生较大变化，支付宝以 47.5%的绝对优势居市场首位以来，截至 2020 年 6 月，支付宝仍然以 55.39%的市场占比稳居龙头，其可谓是牵动着互联网支付行业的神经，……

支付宝开展业务的特点有以下三点。

(1) 客户群规模庞大。支付宝提出了"建立信任，化繁为简"，本着创新驱动技术，扩充了信用体系的概念。覆盖面广，公司业务涉及 C2C、B2C 和 B2B。支付宝产品的创新技术、独特的设计理念和用户规模，极大地吸引着个人和集团客户。

(2) 支付宝与合作伙伴共享支付资源。除淘宝和阿里巴巴外，支付宝交易服务已支持业务的企业非常广泛，涵盖了虚拟游戏、数码通信、商业服务、机票等行业。

(3) 支付宝具有信用中介作用。简单来说，支付宝的一个功能就是为网络交易的双方乃至线下交易者提供"代收代付的中介服务"和"第三方担保"。客户购买商品先将货款打入支付宝，支付宝收到货款之后通知卖家发货，买家收到货物之后再通知支付宝，支付宝这时才会把钱转到卖家的账户上，交易至此结束。在整个交易过程中，如果出现欺诈行为，支付宝将进行赔付。

### 3. 财付通

财付通是腾讯公司于 2005 年 9 月正式推出的专业在线支付平台，该平台致力于为互联网用户和企业提供安全、便捷、专业的在线支付服务。在交易规模方面，财付通是仅次于阿里巴巴的支付平台。

作为腾讯公司的专业在线支付平台，自推出以来，财付通就受到了广大 QQ 用户的推崇和好评，成为广大 QQ 用户最为信赖的电子支付品牌。财付通的品牌主张是：会支付、会生活，做您的生活好帮手。个人用户通过 QQ 号码或 E-mail 免费注册财付通账号后，即可在拍拍网及全国 40 多家购物网站进行网上购物，不仅可以为手机和游戏账户充值，还可以享受信用卡还款、生活缴费、机票订购、特价酒店预订、彩票购买、基金和保险购买等多项在线服务。财付通支持全国各大银行的网银支付，并且支持多家银行的信用卡支付。用户也可以先充值到财付通账户，不用通过网银就可以进行便捷的支付。

财付通早期业务主要来自腾讯，现在，其 70%的业务来自腾讯之外。相对于支付宝主要依托淘宝，财付通更加独立，2013 年财付通已有超过 20 个行业 40 万个企业用户和合作伙伴，有超过 6000 款应用。财付通还强调多元化，网购业务只占 21%的份额，此外，机票商旅、生活应用和服务、网络游戏、电信缴费等都是财付通的重要业务。

财付通已经构建了全新的综合支付平台，业务覆盖 C2C、B2C 和 B2B 各领域，可提供卓越的网上支付及清算服务。针对个人用户，财付通提供了包括在线充值、提现、支付、交易管理等很多功能；针对企业用户，财付通提供了安全可靠的支付清算服务和极富特色的 QQ 营销资源支持。

### 4. 快钱

在国内，快钱是业界领先的独立的第三方支付平台，其核心是给各类企业及个人提供安全、便捷和高度保密的互联网支付服务。快钱和众多商业银行有着直接的联系，并且还依托于银行的众多特色服务，与此同时还研发数量众多的电子产品，提供资源开发的增值服务。快钱是通过与商家、使用者和银行三者关联的合作实现多赢。

2005 年，快钱公司推出以"99Bill 快钱"为品牌的产品和服务，为电子商务服务提供商、互联网内容提供商以及个人用户提供安全和方便的交易支持，以及为互联网用户提供安全、便捷和保密的在线收付费平台。用户通过 E-mail 或手机号码就可以轻松、安全、快捷地向任何人或商户收费或缴费。也正是从这一年开始，快钱跟随中国的电子商务经历了一轮"爆发式"的发展。

2007 年下半年，快钱推出了线下收单业务，将单纯的网上支付服务扩展到线下市场。在全国支付行业中，是第一家集成线上和线下的解决方案，进而形成国内外同类支付企业中领先的综合支付模式。

2011 年 5 月，中国人民银行颁发第一批第三方支付牌照时，快钱获得包括互联网支付、固定及移动电话支付、预付卡受理、银行卡收单在内的 6 项许可，和支付宝一起，成为仅有的两家全牌照支付公司。

截至 2020 年年底，快钱已覆盖逾 4 亿注册用户和 400 余万家商业合作伙伴，对接超过 100 家金融机构。

快钱把各家银行的网关接到快钱，再通过快钱接到企业，在银行和企业之间架起了一条金融"高速公路"。与此同时，坚持第三方独立性的好处也得以显现。由于只专注于做支付这一件事，快钱避免了与商户的竞争，消除了商户对信息和数据安全的担忧。而之后的多年实践证明，保持独立性使快钱迅速扩大了合作的商户群体，也是商户信赖快钱的基础。如今，快钱与包括东方航空、南方航空、平安集团、京东商城等各行业内的领军企业已建立起商业合作关系。

## 3.2.2 移动支付典型企业

### 1. 美国的谷歌钱包和 PayPal Beacon

(1) 谷歌钱包(Google Wallet)主要是基于 NFC 的移动支付模式,不仅集成了客户的信用卡,而且集成了客户的会员卡、折扣卡和购买卡等。谷歌钱包起初主要运用于近场支付,受限于 NFC 终端的不普及(苹果手机不支持 NFC),谷歌钱包开始拓展使用范围,不再限于近场支付。谷歌钱包推出了实物卡(实物卡和谷歌钱包账号绑定,支付时直接从谷歌账号的余额中扣除),该卡实质是预付卡,其既可以在柜员机取款,也可以在商场进行刷卡消费。此外,谷歌钱包还推出了 G-Mail 邮箱支付等新功能,并且与即时购买公司合作,向其提供购物时必要的用户和信用卡信息,简化用户在线购物时的流程。

(2) PayPal 推出的移动支付主要是手机短信支付,后来逐渐过渡到 PayPal Beacon。PayPal Beacon 是一款支持蓝牙支付的附件设备,使用蓝牙技术,无须手机即可完成支付(像蓝牙手机通话一样)。PayPal Beacon 有以下两个关键点。一是 PayPal Beacon 无须接入互联网,可以离线交易,既方便了用户支付,也在一定程度上保护了用户数据的安全。二是能够提前实现商家与用户的互动。当用户靠近支持 PayPal Beacon 的商店时,手机会震动或发出提示音(可以取消此功能)。同时 PayPal Beacon 不会对用户的位置进行持续追踪,以保护用户的隐私和数据安全。

### 2. 韩国的 MONETA 和 K-merce

MONETA 是韩国移动运营商 SKT 推出的移动支付品牌,包括 MONETA card(使用红外线技术,可以离线交易)、MONETA bill(在线购物)、MONETA pass(乘车卡)、MONETA bank(银行转账等)、MONETA stock trading(股票交易)、MONETA sign(身份认证)等。与 MONETA 类似,K-merce 是韩国移动运营商 KTF 推出的移动支付服务,可以提供移动银行、移动证券、购物支付等服务。K-merce 不但可以通过红外线技术进行支付,也可以通过刷手机支付。

### 3. 日本的 Osaifu-Keitai

日本允许非金融机构发卡和进入银行业,该国移动运营商普遍采取参股金融机构的方式主导整个产业链的发展,形成了以通信运营商为主导的移动支付运营模式。例如,日本最大的移动运营商 NTT DoCoMo 通过参股银行进入发卡领域,推出 Osaifu-Keitai 业务,采用了产业链上下游一体化的方式,推动移动支付业务的蓬勃发展。日本规定进入金融行业的移动运营商,其母子公司间要保持相对的独立性,并需确保采取措施保护消费者私密信息。移动运营商如果扩展移动支付业务,需要按照预付卡法案每 6 个月上报未使用的金额,并将一半资金存入日本中国人民银行。同时日本通过较为完善的立法对移动支付业务中的电子签名及其认证、网上交易合法化、网上支付等问题进行严格的规范。

Osaifu-Keitai 是日本移动运营商 NTT DoCoMo 推出的手机钱包业务,该服务主要基于一张被称作 Felica 的非接触 IC 智能卡。用户需要事先在 NTT DoCoMo 申请一个手机钱包账号,并预存一部分金额(是一种预付支付)。用户使用该服务购买商品所付的款项直接从账号里扣除，使用该业务无须输入密码(快捷支付)。此外，Osaifu-Keitai 可以远程锁定和删除个人资料，同时个人资料可以备份到云端，不用担心丢失。

#### 4. 手机刷卡器：拉卡拉与快钱

目前，国内手机刷卡器有两类代表。一是拉卡拉手机刷卡器，主要针对个人用户(目前大多数移动支付也主要针对个人用户)。拉卡拉的优势在于便民支付，支持所有银联标识的银行卡刷卡支付。拉卡拉手机刷卡器的业务主要有四大板块，涵盖银行服务、生活服务、网购支付、娱乐休闲等领域，具体业务包括转账汇款、水电气缴费、话费充值、公益捐款、购买彩票或电影票、支付宝充值等。二是快钱手机刷卡器，主要针对企业客户，如保险企业、旅游、直销。快钱类似国外移动支付产品 Square，插入智能手机的音频孔建立连接后，即可使用信用卡、银行卡刷卡完成支付。快钱手机刷卡器的一个典型特征是无刷卡额度限制。

#### 5. 电信的翼支付和联通的沃支付

(1) 翼支付是中国电信的移动支付产品，其使用无线射频技术完成近场支付。用户在中国电信开通翼支付账户并储值后，即可在中国电信联盟商家和合作商户使用，翼支付不仅能够进行远场支付，也可进行近场支付。远场支付通过网站、短信、语音等方式进行(远场支付可以不需要手机)，近场支付通过办理翼支付卡(RFID-UIM 卡)来完成。

(2) 沃支付是中国联通的移动支付产品，使用 NFC 功能来完成近场支付。沃支付包括手机客户端(主要进行远场支付，如团购)、手机钱包(主要是近场支付，如"刷"手机购物、乘车)、手机刷卡器"沃刷"(远场与近场支付均可)等。

#### 6. 微信支付

微信支付由于融入了社交网络的属性，与其他移动支付模式相比，具有无可比拟的优势。2013 年微信支付诞生以来，迅速席卷全中国。

微信支付还延伸至民生支付领域，提供缴费、充值等一系列业务。虽然小额民生支付相对于信用卡还款、电子商务支付等利润微薄，但这可以增加用户黏性。银行理财业务也正在与微信进行合作，财付通已经和多家银行协商展开合作，前期将尝试以风险较小的固定收益类产品为主。为了增加支付的便利性，微信逐渐与一些商家合作开始推广语音支付，用户可以直接对着手机说出自己想要的商品，并可直接进行支付。此外，微信还可以通过扫描购物，即用户扫描产品的二维码，直接付款购物。在微信支付的过程中，用户不用退出微信再进入其他网页或程序，只要拥有一张与微信绑定的银行卡、一个微信账号，就能通过财付通购买公共账号所提供的商品。

微信支付工作原理如下所述。微信支付有两层含义：一是通过第三方支付平台财付通来完成的快捷支付，是一种移动创新产品；二是通过银行开通的微信公众号引导到手机银行来完成的支付。我们通常所说的微信支付更多是指第一层意义上的微信支付。微信支付不仅整合了社交网络平台与第三方支付公司，而且整合了手机银行，能够最大化地满足客户的支付需求。

此外，微信红包是微信支付发展过程中开发的另一项业务。微信红包是微信与传统的"发红包"相结合的产物，是微信功能的延伸。微信作为一种社交工具，拉近了人与人之间的距离，贴近于真实世界的人际关系和社交属性，而这既是微信红包活动的前提，也是微信红包活动的结果。

通过微信红包活动，微信支付潜在收益包括以下方面。一是微信红包活动使微信支付功能得到了大范围的推广，大部分参与"抢红包"的用户都将微信账户与银行账户进行了绑定。二是部分领到微信红包的用户不提现，使红包成为腾讯的沉淀资金，腾讯可以通过沉淀资金来获益。三是用户领到微信红包后却不提现，使微信支付账户变成一个类似"支付宝余额"的账户，倒逼腾讯植入更多的增值服务，如话费充值、销售金融产品。

#### 7. 支付宝支付

支付宝作为国内领先的第三方支付平台，致力于提供"简单、安全、快速"的支付解决方案。支付宝支付服务于网购担保交易、网络支付、转账、信用卡还款、手机充值、水电煤缴费、个人理财等多个领域。在进入移动支付领域后，支付宝为零售百货、电影院线、连锁商超和出租车等多个行业提供服务，并且自 2014 年第二季度开始成为当前全球最大的移动支付厂商。

使用支付宝支付服务首先需要注册一个支付宝账户，在支付宝官方网站或者支付宝钱包注册均可。个人支付账户分为三类，各类账户的功能、额度和信息认证标准不同。其中，Ⅰ类账户只需要一个外部渠道认证客户身份信息，对应的付款限额为自账户开立起累计 1000 元。Ⅱ类和Ⅲ类账户的客户实名认证强度相对较高，分别通过至少 3 个、5 个外部渠道验证客户身份信息。其中，Ⅱ类账户的余额付款限额为年累计 10 万元。Ⅲ类账户的余额付款限额为年累计 20 万元。支付宝支付方式多样，包括快捷支付、手机支付、二维码支付、NFC 支付、国际银行卡支付、指纹支付六大支付方式，可灵活实施支付行为。

支付宝钱包是支付宝旗下重要的支付品牌，它主要具有如下功能：支持余额宝，理财收益随时查看，并可随时转入与转出；支持随时随地查询淘宝账单、账户余额、物流信息；支持免费异地跨行转账、信用卡还款、充值、缴水电煤气费、卡券信息智能提醒。支付宝通过与线下众多商店合作并拥有广泛的覆盖，这就意味着，即使用户忘记带现金出门，也很容易就能找到支持支付宝的超市或者便利店，用手机付款购物。相关数据显示，截至 2020 年 8 月，支付宝钱包是国内市场份额第一的移动支付平台，国内年活跃用户达 9 亿，全球用户约 12 亿，金融服务覆盖 7.2 亿消费者和 2800 万中小微企业，越来越多的用户在线下购物选择用支付宝支付。

## 3.3 银行卡收单和预付卡的发行与受理

### 3.3.1 银行卡收单

#### 1. 银行卡收单的定义

银行卡收单业务是指收单机构通过银行卡受理终端为银行卡特约商户代收货币资金的行为。其中，受理终端是指通过银行卡信息读入装置生成银行卡交易指令要素的各类支付终端，包括销售点(POS)终端、转账 POS、电话 POS、多用途金融 IC 卡支付终端、非接触式接受银行卡信息终端、有线电视刷卡终端、自助终端等类型;收单机构,是指与特约商户签订银行卡受理协议并向该商户承诺付款以及承担核心业务主体责任的银行业金融机构和非金融机构。

**2. 银行卡收单业务分类**

银行卡收单按业务场景可分为线下收单业务和线上收单业务。

线下收单业务是指通过面对面交易的银行卡收单业务,通常出现在同时买卖交割的场景,如商店购物、酒店结账等。线下收单业务的主要渠道有 POS、ATM 和电话刷卡终端。线上收单业务是指买卖双方并不直接见面,而是通过电子商务平台进行交易,其主要支付渠道有互联网、语音支付、手机远程支付。持卡人通过互联网、移动互联网等介质,输入银行卡相关信息从而完成交易。例如,中国银联在依托现有银行卡交易清算系统的基础上,建成了具有银联特色的无卡支付交易处理平台。另外部分交易是线上、线下综合的业务(O2O 模式),这时会涉及多种渠道的交叉使用。

**3. 银行卡收单市场的主要参与者**

银行卡收单市场中的参与者主要包括:发卡银行、收单机构、持卡人、特约商户、银行卡组织、清算银行和收单业务外包服务商。

1) 发卡银行

发卡银行指经中国人民银行批准发行银行卡的各类商业银行。它通过向社会公众发行各种银行卡,并提供相关的银行卡服务来收取费用,是银行卡市场的发起者和组织者。

2) 收单机构

收单机构是商业银行或者获得中国人民银行颁发的支付业务许可证的第三方支付机构,获准可以开展特约商户的开拓和管理、授权请求、账单结算等活动。国内的收单机构可分为三类:一是从事银行卡收单业务的银行业金融机构;二是获得银行卡收单业务许可,为实体特约商户提供银行卡受理并完成资金结算服务的支付机构;三是获得网络支付业务许可,为网络特约商户提供银行卡受理并完成资金结算服务的支付机构。

3) 持卡人

持卡人是指使用银行卡在特约商户刷卡消费的个人。持卡人是消费活动的发起者,在市场中处于中心地位。

4) 特约商户

特约商户是在境内依法设立、从事合法经营活动、与收单机构签署银行卡受理协议、受理银行卡业务的商户。特约商户既可以是公司、组织、个体工商户,也可以是自然人。

5) 银行卡组织

银行卡组织是拥有授权系统和清算系统,支持各会员机构银行卡跨行清算的组织。目前,国际性的银行卡组织主要有维萨国际组织(VISA International)、万事达国际组织(Master Card International)、JCB 信用卡公司(Japan Credit Bureau)、美国运通公司(American Express)、大来信用卡公司(Diners Club International)和中国银联公司(China Unionpay)。国内的跨行交易均可通过中国银联公司转接完成。

6) 清算银行

中国人民银行规定，当收单机构为第三方支付机构时，应指定银行协助收单机构办理交易资金清算业务。为了与发卡银行、收单银行进行区分，本节将在银行卡收单业务中负责办理交易资金清算业务的银行称为清算银行。

7) 收单业务外包服务商

接受收单机构的委托，从事收单业务中非核心业务的企业，多为第三方支付机构。收单业务中的非核心业务是指商户拓展与服务、终端布放与维护、商户走访与培训等一项或多项服务。商户审核、签约、密钥下载、程序安装等为收单业务中的核心业务。

4. 银行卡收单业务的结构与流程

银行卡收单业务的结构如图 3.7 所示。

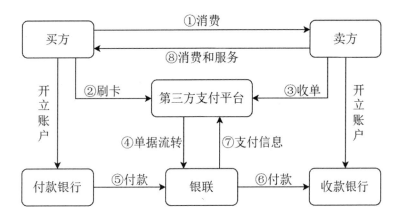

图 3.7 银行卡收单业务的结构

POS 收单业务交易流程(以中国银联为例)如下所述。

(1) 收银员审查银行卡，刷卡输入交易金额。
(2) 持卡人确认消费金额并输入交易密码。
(3) 交易信息通过中国银联转送至发卡机构。
(4) 发卡机构系统检查卡片的有效性、验证密码和账户余额，并发送交易处理结果信息(通过检查和验证后扣减持卡人账户资金并发送成功信息，未通过则发送失败信息)。
(5) 中国银联将交易处理结果信息返回给受理 POS 机。
(6) 若交易成功，受理 POS 机则打印单据。
(7) 持卡人在消费单据上签名，收银员保管好交易单据。

5. 银行卡刷卡手续费及利润分配

2004 年 3 月 1 日起施行了《中国银联入网机构银行卡跨行交易收益分配办法》。国内现行银行卡刷卡手续费收费标准将特约商户分为餐娱类、一般类、民生类和公益类四大类，并根据商户类别的实际情况执行从高到低的手续费标准。

对餐娱类商户，其中包括宾馆、餐饮、娱乐、珠宝金饰、工艺美术品类的商户，手续费为 2%；对一般类商户，包括房地产和汽车销售，手续费为 1%，且有封顶；对民生类商户，其中包括超市、大型仓储卖场、水电煤气缴费、加油、交通运输售票，手续费为0.5%；对公益类商户，其中包括公立医院和公立学校，免手续费。

POS机交易手续费的分配主要涉及三个机构，即发卡行、中国银联和收单机构。在分配链条中，交易手续费的70%给发卡行，20%给收单机构(指收单银行或收单外包服务商)，10%给做转接的银联，此比例称为721比例。以一家餐厅为例，有一笔消费，金额是1000元，用交通银行借记卡支付，按照2%的手续费率计算，餐厅只能收到980元，而要将20元(1000×2%=20元)支付出去。按照721比例的规则，这其中的14元(20×70%)要给发卡行，4元(20×20%)给收单机构，2元(20×10%)给银联。

近年来，中国银联的网络转接交易金额以同比40%左右的速度增长。2019年，银联网络转接交易金额达到189.4万亿元，同比增长54.3%，为近五年来增速最快的一年。

## 3.3.2 预付卡的发行与受理

### 1. 预付卡的定义

预付卡是指以盈利为目的发行的、在发行机构之外购买商品或服务的预付价值，包括采取磁条、芯片等技术以卡片、密码等形式发行的预付卡。与银行卡相比，预付卡不与持卡人的银行账户直接关联。

### 2. 预付卡的分类

预付卡按用途可以分为单用途预付卡和多用途预付卡。单用途预付卡是指企业通过购买、委托等方式获得制卡技术并发售预付卡，该卡只能在发卡机构内消费使用，主要由电信、商场、餐饮、健身、美容美发等领域的企业发行并受理。单用途预付卡由商务部监管。多用途预付卡主要由第三方支付机构发行，该机构与众多商家签订协议，布放受理POS终端机，消费者可以凭该卡到众多的联盟商户刷卡进行跨行业消费，典型的多用途卡有斯玛特卡、资和信卡等。多用途预付卡由中国人民银行监管。

多用途预付卡又可分为半开放式多用途预付卡和开放式多用途预付卡。半开放式多用途预付卡是指预付卡不仅可以在发卡机构所属门店及网络进行受理，还可在发卡机构之外的不同法人和行业网点进行受理的模式。开放式多用途预付卡多数是由金融机构或金融机构投资企业发行的，可在所有受理银行卡的商户终端受理的模式。

预付卡按照资金存入的记录方式不同，还可以分为账户型预付卡和芯片型预付卡。账户型预付卡类似于记账消费，将所存入的资金记入账上。芯片型预付卡就是在卡里安装芯片，最后通过芯片存入数字资金(比如公交卡)。

### 3. 预付卡的产业链

目前，国内预付卡行业已初步形成由发卡、受理、交易转接等业务组成的产业链，可以归纳为卡片发行、卡片受理和交易转接三大环节。

1) 卡片发行

在卡片发行端，金融和非金融四大发卡主体(电信行业、银联、商家、第三方发卡机构)普遍将发卡处理(业务规划、系统建设、业务培训等)、卡片生产和制作等环节外包，少数还外包卡片销售业务。预付卡产业目前在发卡环节形成流通企业发行的单用途预付卡，以及第三方机构和银行小规模发行的多用途预付卡的发卡市场结构。此外，还出现了专业化的第三方数据处理服务及一揽子解决方案的服务提供者。

2) 卡片受理

在卡片受理端，单用途预付卡由门店商户收单并外包专业化服务和数据处理业务；多用途预付卡则由第三方机构负责收单，收单方可自行开展数据处理业务，也可在受理环节外包数据处理和专业化服务，发卡机构将会面临卡片通过专用交易终端将交易信息送至交易后台的问题。不论预付卡通过何种方式发行，门店的受理问题将是预付卡能否持续发行的重要因素。受理环节主要有专业化服务机构参与，2018 年两类预付卡类机构(商业预付卡类机构和公交一卡通类机构)共发生预付卡受理业务 133.79 亿笔，受理金额 763.06 亿元，平均每家机构受理笔数 0.98 亿笔、受理金额 5.57 亿元。

3) 交易转接

在交易转接端，中国银联已开始转接金融预付卡，其他第三方机构也开展了非金融卡转接业务。其中发卡处理和数据处理两个主要处理业务可称为解决方案服务。对于半开放式多用途预付卡而言，因卡片受理环节具有一定的封闭性，同时受理终端能够处理的不同规格和技术标准的预付卡程度是有限的，随之产生了如何通过有限的终端程序应用处理多种不同标准的预付卡交易的难题。对于开放式多用途预付卡而言，在受理环节无论何种卡片的交易，直接上送至中国银联信息中心，信息中心根据卡规则判断卡片类型，并将该交易转接至该卡处理后台。

此外，还有诸如卡片代理销售、受理商户拓展、客户服务等其他类业务与主要的预付卡处理环节共同构成预付卡行业的产业链。

卡片发行规模及交易笔数的快速增长，对预付卡交易后台、账户安全运营及维护的安全性、稳定性的要求有了进一步的提高，其系统后台的软硬件投入、运营维护投入将不断大幅增加。各种紧急情况发生会严重损害发卡机构的信誉和安全。在此背景下，预付卡行业出现了较为专业的第三方数据处理服务机构，这些机构已经建立了较为完善的业务管理和风险管控制度，形成了一套完整的业务流程，拥有通过大量项目实施积累了丰富项目经验的专业运营团队。越来越多的预付卡发行机构选择与第三方数据外包服务商合作发展预付卡业务。

## 3.4 第三方支付的网联模式

### 3.4.1 第三方支付的风险

#### 1. 网上洗钱风险

第三方支付中实名制尚未全面执行，因而给不法分子提供了利用第三方支付工具进行洗钱的机会，乃至于为网络赌博等不法行为提供了潜在的资金渠道。而且不法分子可以通过第三方支付平台，伪装成网络交易中的买家以从卖家获取商品，从而造成用户的损失。

此外，通过第三方支付服务商，客户可以通过支付企业提供的不记名充值卡等工具，将资产转入虚拟账户中，后期可用于支付或转账。通过该操作方式，不法分子可以隐匿资金源头实现洗钱目的。因此，第三方支付的出现为洗钱提供了一条新渠道——现金首先转换为隐匿资金，然后注入虚拟账户，最后通过支付或者转账最终进入现实金融体系。第三方支付在盘活相关支付工具内的隐匿资金存量，为金融系统提供进入通道的同时，也在无形之中为洗钱等犯罪行为的滋生提供了可能性。

2. 法律责任风险

目前，有部分实力较强的第三方支付服务商通过开展诸如"7 天无理由退换货""先行赔付"等售后服务为消费者提供权益保护，但是第三方支付依托网络作为交易环境，一旦发生用户支付资金的损失、欺诈等交易纠纷时，将会遭遇网上合同效力、电子证据认定、网络交易责任承担、网络纠纷诉讼管辖范围等一系列的法律责任问题。

另外，第三方支付作为一个非公共性个体，在纠纷解决上的相关措施并无法完全保障消费者的权益。如何界定其在交易纠纷中的法律责任、保护消费者权益是第三方支付服务商面临的另一法律风险。

3. 政策风险

政策性风险主要是指国家针对第三方支付的政策扶持与否所导致的风险。随着我国《支付机构反洗钱和反恐怖融资管理办法》《中国人民银行办公厅关于进一步加强无证经营支付业务整治工作的通知》《条码支付业务规范(试行)》《支付机构外汇业务管理办法》以及《非银行支付机构网络支付业务管理办法(征求意见稿)》等一系列相关法律法规文件的出台，可以看出我国政府进一步鼓励和规范第三方支付业务、创造良好的市场环境的决心。

但是，随着监管的趋严，第三方支付行业亦将面临一系列的整顿与洗牌，行业中将可能出现接二连三的重组兼并格局，这给小型的第三方支付企业带来了一定的风险；另外，未来我国的相关政策变动仍然存在可能，因此第三方支付依然存在着一定的政策性风险。

4. 信用风险

信用风险是指第三方支付过程中的参与方(包括买方、卖方及第三方支付服务商)未能践行合约而导致损失的风险。通常而言，交易的双方选择第三方支付进行交易活动，正是出于对第三方支付平台实力和信誉的认同。但是，交易由双方交易变成了三方交易，因此第三方支付平台的介入在弥补了部分社会信用体系不足的同时，也为交易流程带来了新的风险。

5. 技术风险

技术风险是指在第三方支付中所涉及的电子设备、信息系统、通信、供电等相关软硬件设备出现故障，不能保障支付的正常进行，从而导致交易搁置而引发损失的风险。

技术风险主要来源于硬件设备和软件两方面。其中，硬件设备方面的风险主要与硬件设备的峰值运算能力、数量、运营状况、老化情况、保养状况等相关，而软件方面的风险则主要与系统的稳定性、病毒防护能力、防黑客能力以及数据安全等方面相关。

### 6. 操作风险

操作风险主要是指那些用户支付终端操作失误、支付服务商内部工作人员违规操作、服务商内控机制失灵等引致的损失风险。

目前，第三方支付行业协会处于弱势地位，行业中没有统一的支付流程，导致不同的第三方支付服务商所提供的服务在应用流程上出现细微的差别，再加上用户不熟悉操作流程等引起操作失误、企业内部员工故意欺诈等诸多因素，都将导致损失的发生。

### 7. 流动性风险

流动性风险是指第三方支付服务商无力为负债的减少或资产的增加提供流动性资金导致损失的风险。流动性风险广泛地存在于各类企业中，当第三方支付服务企业的流动性不足时，企业将不能或以远高于正常水平的资金成本获得资金，这将对企业的经营产生非常不利的影响，从而影响到第三方支付平台对外的支付，进而削弱其盈利水平。在极端的情况下，流动性的不足还将导致企业的破产，从而引发用户更大的损失。

1) 盈利能力风险

第三方支付服务商的流动性一般都是由其盈利能力决定的。一方面，当前大部分第三方支付服务商由于行业竞争激烈，深陷"价格战"泥潭而无法自拔，其利润空间被极大挤压；另一方面，第三方支付企业现有产品同质化严重，缺乏产品创新动力，找不到竞争"蓝海"，一旦出现资金周转问题，将引发第三方支付企业的流动性风险。

2) 沉淀资金风险

在整个第三方支付流程中，第三方支付服务商首先接受买方的货款并代为保管，在买方收到卖方商品并发出支付指令之后再把货款打给卖家以完成整个支付流程。在该过程中，货款在第三方支付服务商代为保管期间即称为沉淀资金。

与传统金融系统在运营过程中产生的沉淀资金相比，第三方支付服务商的沉淀资金具有沉淀时间长、资金沉淀量大等特点。仅以支付宝为例，单日支付宝的成交额可达上亿元，仅一天，其活期利息收入就接近万元，而倘若按照一周的沉淀时间来看，那么支付宝的利息收入将高达几万元。如何处置这个巨量的沉淀资金是第三方支付企业需要解决的重大问题。一旦某些企业采用过于激进的投资方式，万一投资失败或资金被套，将使第三方支付服务商面临重大的流动性风险。

## 3.4.2 第三方支付的网联模式

"网联"的全称是"网联清算有限公司"，成立于 2017 年 8 月，是经中国人民银行批准成立、由中国支付清算协会组织发起设立的非银行支付机构网络支付清算平台的运营机构，主要处理由非银行金融机构发起的涉及银行账户的网络支付业务，受中国人民银行监管。网联只是一个清算平台，并不直接开展支付业务。

在网联平台出现之前，我国第三方支付机构主要采用直连银行模式，如图 3.8 所示。直连银行模式下，第三方支付机构一边直接和银行系统连接，一边和用户连接。第三方支付机构在实际操作中承担了清算职能，与商户、资金托管银行共同构成新的三方模式，完成整个支付过程。

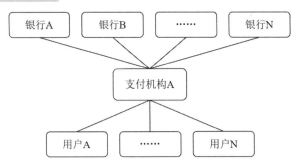

图 3.8　第三方支付机构直连银行模式

　　直连银行模式的弊端主要体现在以下两方面。一是费率难以统一。直连银行模式下，第三方支付机构要和银行逐一协商，从商户那里收取的手续费该如何分配，因此大型的支付机构和大型的银行就有了较强的议价能力，而小型的支付机构和小型的银行就会很被动。二是从监管者的角度看，第三方支付机构直连银行的模式存在资金监管方面的漏洞。直连银行模式下，支付机构可以在多家银行开立账户，这样资金在同一家支付机构内部流转，支付机构只需在内部轧差之后，调整不同银行账户的金额，就完成所有支付交易的流程。在这个过程中，支付交易的具体信息只会留存在支付机构内部，而监管机构只能看到支付机构在各家银行账户上的资金变动，无法掌握具体交易信息，更无法掌握准确的资金流向，给反洗钱、金融监管、货币政策调节、金融数据分析等中国人民银行的各项金融工作带来很大困难。更危险的是，它也有可能被不法分子所利用，成为洗钱、套现、盗取资金的渠道。

　　比如，汇款人用支付宝做一次跨行转账，从中国银行向收款人(可以是自己)的中国农业银行汇款。那么，只要从汇款人的中国银行卡转到支付宝开在中国银行的账户，然后支付宝再把它存在中国农业银行的钱，汇至收款人的中国农业银行账户上。以此，如图 3.9 所示，支付宝用两笔同行转账业务，"模拟"了一次跨行汇款(图 3.9 虚线箭头部分)，用不着中国人民银行的清算账户。这种"清算"模式称为"反接"，即支付公司在无数个银行开设有账户(伞形)，就能够实现跨行清算。准确地讲，这根本就不是真正意义的清算，而是绕开了清算。中国人民银行主办和主管的多个清算体系，在这一模式下，都不再被需要。在反接模式下，会有一些新的问题。比如，这本质上是一笔汇款人从中国银行卡向收款人的中国农业银行卡汇款的行为，但是，只要做一些技术处理，就可以使银行、中国人民银行完全看不出来这一业务本质。银行和中国人民银行所看到的，只是两笔同行转账业务，类似于从支付宝账户提现，或向支付宝账户充值，银行和中国人民银行根本无法辨别，这是一笔跨行汇款。这极大提升了反洗钱等监管的难度，也加大了中国人民银行掌握资金流动性的难度。

　　网联模式下的支付交易流程如下所述。支付机构在收到付款请求之后，向网联发起协议支付，网联在保存相关交易信息之后，再将请求发送至对应的银行，银行收到请求并成功扣款，同时通知给网银，网银再传输给支付宝。看似烦琐的过程，其实就多了向网联发起协议支付、网联保存相关交易信息两步。简单来说，以后使用第三方支付的消费都要经过网联，以网联作为中间人，便于监管(见图 3.10)。

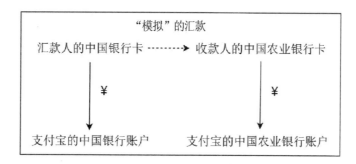

图 3.9 直连银行模式的模拟汇款

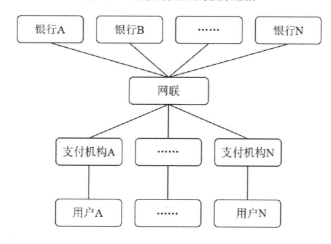

图 3.10 网联模式模拟汇款

网联在功能上与银联类似,但其主要针对非银行支付机构发起的网络支付业务以及为支付机构服务的业务,满足基于支付账户与银行账户(含电子账户)的网络支付跨行资金清算处理,并通过可信服务和风险监测,防范和处理诈骗、洗钱、钓鱼以及违规等风险。简单理解,网联与银联相似,仅作为清算平台,一端连接持有互联网支付牌照的支付机构,另一端对接银行系统。在网联平台将统一技术标准和业务规则,第三方网络支付机构不必再与各家银行分别谈判签约,只需要接入网联即可。

网联公司的股东包括中国人民银行清算总中心、财付通、支付宝、银联商务等在内的 45 家机构,其中 29 家为第三方支付机构(目前,开展网上支付业务的持牌第三方支付机构有 110 家)。网联注册资本为人民币 20 亿元,协议各方均以货币出资,出资额分 3 期缴纳,出资比例分别为 50%、30% 和 20%。

网联的成立是为了改变原来第三方网络支付服务直连银行网络带来的各种问题,包括多方关系混乱、监管上有漏洞、安全无法保障等,也将对第三方支付机构产生积极影响:降低支付网关的使用成本,激励第三方支付进行产品和服务创新。建设网联平台,首先是将支付机构的支付服务提供主体身份与转接清算职能分离,确保各类型市场参与机构站在同一起跑线上,使支付机构在业务处理、业务价格等方面享受同等待遇,能够充分发挥面向终端用户的业务创新优势,形成价格和服务的差异化竞争。网联平台的成立,将让这些后来者以及小型支付机构,在接入银行数量方面,获得与支付宝、财付通等平等的地位。

因为不用受制于通道，降低了要对接多个银行支付网关的成本，第三方支付机构逐步回归支付本业，也可以利用更多的资源，在产品和服务方面进行创新。

## 3.5 第三方跨境电子支付

### 3.5.1 跨境电子支付的定义

跨境电子支付是跨境电子商务交易活动必不可少的组成部分。跨境电子支付是指借助一定的结算工具和支付系统，对两个或两个以上的国家和地区之间因国际贸易、国际投融资、跨境旅游以及其他活动所发生的国际间的债权债务进行清算，实现资金跨国或跨地区转移的行为。提供跨境电子支付的机构包括银行和非银行机构，非银行机构主要是指第三方支付机构。

第三方跨境电子支付是指国内第三方支付机构获得国家外汇管理局颁发跨境电子支付业务牌照，提供交易支持平台，集中为跨境电子商务交易双方办理跨境收付汇和结售汇业务。从事第三方跨境电子支付的第三方支付机构主要有：专业第三方支付企业从事跨境支付业务的，如 PayPal、支付宝、财付通、Yandex Dengi、Qiwi Wallet 等；专业信用卡机构涉足跨境支付业务的，如维萨(VISA)信用卡、万事达信用卡、美国运通卡；社交媒体新增跨境支付，如微信支付、QQ 钱包、Facebook 与 Twitte 的跨境支付业务；手机企业开发跨境支付业务，如苹果的 Apple Pay、三星的 Samsung Pay、小米支付等；电子商务平台辐射跨境支付业务，如 Amazon Wallet、京东钱包、Snapdeal 等；互联网企业从事跨境支付业务，如 Google Wallet、网易宝等；物流企业附带货到付款业务，如国际快递企业、中国国内快递公司等。

跨境电子支付的核心要素即支付的"跨境性"。与境内支付不同的是，跨境支付付款方所支付的币种可能与收款方要求的币种不一致。例如，中国消费者在网上购买国外商家产品或国外消费者购买中国商家产品时，由于币种的不同，就需要通过一定的结算工具和支付系统实现两个国家或地区之间的货币转换，最终完成交易。

### 3.5.2 第三方跨境电子支付发展现状

2007 年国家外汇管理局正式批复支付宝公司成为国内首家开展境外收单业务的支付企业，为境内个人购买境外合作商户网站以外币计价的商品，提供购汇服务。2013 年，《国务院办公厅转发商务部等部门《关于实施支持跨境电子商务零售出口有关政策意见》的通知》，明确提出"鼓励银行机构与支付机构为跨境电子商务提供支付服务"，旨在解决与完善包括电子支付、清算、结算体系在内的支付服务配套环节中比较薄弱的问题。2013年，国家外汇管理局首次在上海、北京、重庆等 5 个城市开展支付机构跨境电子商务外汇支付业务试点，参与试点的支付机构包括支付宝、财付通、银联、汇付天下、通融通等 17 家第三方支付平台，集中为电子商务客户办理跨境收付汇和结售汇业务，国内第三方支付平台开始广泛介入跨境电子商务的交易活动当中。2015 年又将试点范围扩大到全国，到 2017 年年底，全国共有 30 家支付机构获得了国家外汇管理局核准的跨境外汇支付资格。

2019年4月，国家外汇管理局发布了《支付机构外汇业务管理办法》(即"13号文")，跨境支付业务资质由试点迈入许可经营，业务资质合法和持牌经营成为行业重点，拥有正规持牌认证经营的支付企业将成为跨境卖家的首要选择。国内的支付机构通过与国际知名电子商务平台、航空公司、酒店、软件服务商、留学服务机构等商户合作，积极拓展跨境外汇业务。

按照原支付政策，在跨境电子支付过程当中，第三方支付平台企业提供的外贸支付结算业务主要还是在香港使用美元进行结算，而后客户再通过其他渠道将资金转入内地。在国家外汇管理局的跨境电子支付业务开辟之后，第三方支付平台企业可以直接在境内给客户进行结汇活动。

与商业银行较高的费率和专业汇款公司有限覆盖网点相比，第三方支付平台能同时满足用户对跨境汇款便捷性和低费率的需求，且安全性也比较高，特别适合小额频繁的跨境支付需求。因此，受到越来越多网民的青睐，第三方支付机构跨境支付业务范围逐渐扩大，流程逐渐优化。

跨境第三方支付平台的开放为留学教育、航空机票服务、酒店住宿等客户需求提供了更为便捷有效的服务，国内第三方支付平台企业因此可以提供更多的服务，为其业务开辟了更大的发展空间。同时，也使人民币跨境结算活动的领域、范畴得到进一步扩大。

随着监管层在2013年对国内第三方支付机构放开，以支付宝为代表的支付机构开始发展跨境购物、汇款以及境外移动支付，国内第三方支付机构的跨境互联网支付交易规模迅速增长。中国支付清算协会公布的数据显示，2013—2017年复合增长率达到127.5%。2018年国内第三方支付机构跨境互联网交易金额超过4900亿元，比2017年增长了55%。2021年国内第三方支付机构共处理跨境支付业务71.91亿笔、9723.63亿元，分别增长62.55%、21.56%，较2020年分别增长31.62和7.01个百分点。

第三方支付的统计数据显示，目前全球跨境电子商务结算业务中，很大部分是用人民币结算，其跨境支付范围包括货物贸易、旅游服务、酒店住宿、航空机票、留学教育、国际展览、通信服务、国际运输以及软件服务等。

## 3.5.3 第三方跨境电子支付对跨境电子商务发展的影响

### 1. 提高支付结算效率

支付工具是所有互联网交易和服务的底层基础建设，也是所有互联网交易和服务最终变现的方式。第三方支付机构是具备一定实力且由中国人民银行授权的非金融机构，通过与各大银行签约的方式，为电子商务企业及消费者提供网络支付结算服务。支付结算环节是市场主体分散的交易，用户对支付结算的效率体验要求较高。第三方支付机构不直接从事电子商务经营活动，而是提供一系列的应用接口程序，将多种银行卡支付方式整合到一个界面。在支付环节，第三方支付通过支付方式的多样化、支付场景的丰富化、支付到账时效的优化以提高支付效率。在结算环节，负责交易结算中与买方卖方的开户银行的对接，使卖家能体验到比传统金融更高效的结算服务。国外学者通过对全球知名支付工具PayPal的研究发现，在线支付系统的效率是欧盟跨境在线贸易的重要驱动力。高效、灵活的跨境支付工具市场份额每增1%将使跨境电子商务交易额增长7%。第三方支付通过便利的交易支付结算对促进电子商务乃至跨境电子商务的发展具有重要作用。

### 2. 降低交易成本

一方面，第三方支付机构服务于跨境电子商务企业及产业链相关企业，满足了服务企业多样化的需求。例如，第三方支付机构会在每个合作的商业银行都开立对应的存款结算账户，并存有一定量的"备付金"，以备用户提现之用。当用户申请提现的时候，第三方支付机构就从该用户开户银行的结算账户中将资金转入到用户存款账户中，这个过程属于同行交易，可以做到实时且免手续费，直接降低了货币转移成本，促使了社会资金高效率的周转，并在一定程度上减少了企业在途资金占用，节约了社会资源。另一方面，第三方支付机构促使银行、商家等产业参与各方各司其职，专注于自己的主业。这种支付领域的专业化分工可以使各参与方的业务创新不断涌现，客户体验不断改善，业务规模不断扩大，改变了金融服务方式乃至社会公众的生活方式，这也对支付市场的资源配置、服务主体和产品服务等产生了深刻影响，促进了电子商务的快速发展，成为当前我国支付行业发展的一大亮点和热点。

### 3. 起到信用验证和交易担保的作用

在非面对面交易中，买方在电子商务平台选购商品后，向第三方支付机构发出支付授权指令，第三方支付机构将买家账户中相应的资金转移到机构的账户中保管，并通知卖家货款到账、要求发货；当买方收到货物，并检验商品进行确认后，就可以通知第三方支付机构将货款支付给卖家，第三方支付机构再将款项转至卖家账户上。第三方支付模式使商家看不到客户的银行卡信息，同时又避免了银行卡信息在网络多次公开传输而导致的银行卡信息被窃事件。第三方支付机构在一定程度上解决了B2B，特别是B2C、C2C发展过程中的信用担保问题，这种消费信用支撑功能也会在一定程度上促进跨境电子商务消费。此外，2015年1月，中国人民银行印发《关于做好个人征信业务准备工作的通知》，要求芝麻信用管理有限公司、腾讯征信有限公司、深圳前海征信中心股份有限公司、拉卡拉信用管理有限公司等8家公司做好个人征信业务的准备工作。第三方支付机构积累了每个个人客户和企业客户的交易信息，通过对信息的分析，以机构自身建立的信用体系对客户进行评价，从而确定客户的信誉值，为客户建立信誉档案，也有利于促进社会诚信建设。

### 4. 改善跨境电子商务企业的经营水平

支付机构积累了大量的关于消费者及企业交易的数据，具有体量大、覆盖全、质量高的特点。一方面，通过对支付大数据深度挖掘、科学分析，能有效捕获用户深层次需求，可以衍生出多种商业模式，例如，基于支付技术演化出的互联网理财等众多金融模式，市场规模巨大。另一方面，第三方支付机构的跨境支付业务能为跨境电子商务企业提供获取会员资源的免费入口，使跨境电子商务企业在获取会员的过程中简化了流程，节省了大量人力，降低了费用；通过支付工具建立起来的渠道可以向消费者传递营销信息，不仅增强了商家与消费者的黏性，也大幅降低了商家的营销成本。另外，支付机构可以为跨境电子商务企业精准营销提供支持，通过对支付机构大量的消费支付数据分析，可以深度了解消费者的消费行为、消费习惯、场景和模式，这些信息为跨境电子商务企业品牌推广、精准营销、客户服务等提供决策依据，便于跨境电子商务企业为客户制订个性化的电子商务解决方案。

## 3.5.4 我国第三方支付机构跨境电子支付业务模式

### 1. 主要业务模式

第三方支付机构在跨境电子支付业务中的主要业务模式有两类：一类是跨境人民币业务；另一类是跨境外币业务。前者是支付机构依托商业银行，由商业银行向当地的外汇管理局提出申请，业务领域主要集中在"一带一路"沿线国家，这些国家对人民币的接受程度较高，业务上受中国人民银行各分支机构跨境办属地管理；后者由支付机构独立向注册地国家外汇管理局分支局申请牌照，从模式上来看，都是"收取客户人民币、代理客户购汇、向境外商家结算外币"。区别在于，依托的消费或者贸易场景不同，业务上受国家外汇管理局分支局属地管理。

### 2. 代表性业务模式

1) 支付机构跨境购物外币支付模式

境内的消费者在境外商家购物时，通过支付机构平台，直接支付人民币购买商家外汇标价的商品，支付机构代客户通过境内的合作银行购买外汇并向境外的商家支付，具体业务流程如图 3.11 所示。

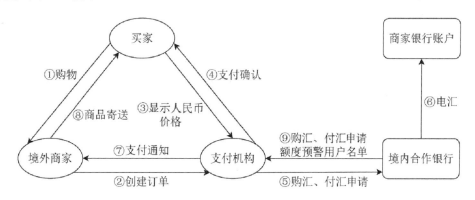

图 3.11 支付机构跨境购物外币支付模式

2) 支付机构出国留学外币支付模式

随着国民收入水平的提升，大量居民选择让子女在国外接受教育，支付机构依托出国留学市场开展了留学缴费业务，客户通过登录国外留学中介的网站，提交缴费申请，支付学费的人民币对价后，由支付机构通过境内合作银行代理购买外汇并向境外机构缴纳学费，具体业务流程如图 3.12 所示。

3) 支付机构跨境购物人民币支付模式

目前，支付机构开展跨境人民币业务主要是通过与银行合作的方式来开展，并且由商业银行向当地的跨境办提报申请材料，具体业务流程如图 3.13 所示。

4) 支付机构跨境收汇业务模式

国内跨境电子商务出口商品通常借助境外的购物网站，如亚马逊网站出售商品，货款结算分为 3 个环节：一是货款进入买家的海外账户，该环节主要由境外支付机构提供；二是清算回国，即从海外账户的外币换算成人民币收回国内；三是境内资金的分发。国内支付机构做的是第三个环节的工作。

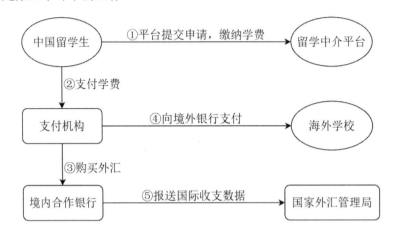

图 3.12 支付机构出国留学外币支付模式

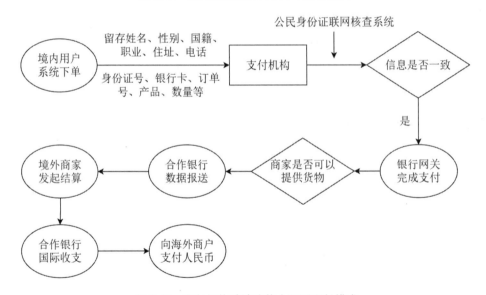

图 3.13 支付机构跨境购物人民币支付模式

# 本章作业

1. 什么是第三方支付？第三方支付的业务范围主要包括哪些内容？第三方支付包括哪些类型？
2. 阐述第三方支付的直连模式存在的问题，以及第三方网联模式的运作原理。
3. 阐述第三方跨境电子支付对跨境电子商务发展的影响。
4. 阐述第三方跨境电子支付业务模式。

# 第 4 章

# 网络小额贷款

**本章目标**

- 掌握网络小额贷款的定义、特点。
- 掌握网络小额贷款的商业模式和征信模式。
- 熟练掌握网络小额贷款的风控模型。
- 掌握网络小额贷款的监管实践。
- 掌握 P2P 网络小额贷款与网络小额贷款的区别。

**本章简介**

网络借贷是互联网金融各业态中发展最快、创新能力最强的业务。通过本章的学习,我们将了解到什么是网络小额贷款、网络小额贷款有什么特点、网络小额贷款与传统小额贷款的区别、网络小额贷款经营的原则、网络小额贷款的商业模式等。通过本章的学习,我们还将了解到网络小额贷款与 P2P 小额贷款的区别。

# 4.1 网络小额贷款公司

## 4.1.1 小额贷款公司和网络小额贷款公司

2008年5月4日,中国银监会、中国人民银行联合发布的《关于小额贷款公司试点的指导意见》(以下简称《指导意见》)对小额贷款公司是这样定义的,小额贷款公司是"由自然人、企业法人与其他社会组织投资设立,不吸收公众存款,经营小额贷款业务的有限责任公司或股份有限公司"。小额贷款公司是普惠金融体系的重要组成部分和金融体系的有益补充。不能吸收公众存款是小额贷款公司最为显著的特点。

我国小额贷款公司起源于2005年。2005年10月,我国在四川、山西、内蒙古、贵州、陕西五省份率先试点小额贷款公司,当年有7家小额贷款公司获得试点。2008年至2015年是我国网络贷款公司快速发展阶段。《指导意见》中,涉及小额贷款公司的设立、资金来源、利率上限等方面的要求,各省(市、区)开始扩大小额贷款公司试点。从2015年开始,随着宏观经济进入"L"型下行期,部分地区实体企业面临较大的经营风险,小额贷款公司的经营环境也发生了较大的不利变化。

中国银保监会与中国人民银行于2020年11月2日联合发布的《网络小额贷款业务管理暂行办法(征求意见稿)》(以下简称《网贷办法》)对于经营网络贷款的小额贷款公司即网络小额贷款公司的注册资本提出了较高要求。经营网络小额贷款业务的小额贷款公司的注册资本不低于人民币10亿元,且为一次性实缴货币资本;跨省级行政区域经营网络小额贷款业务的小额贷款公司的注册资本不低于人民币50亿元,且为一次性实缴货币资本。截至2020年年底符合新规要求的全国性网络小额贷款公司并不多,具体见表4.1。且仍有众多科技巨头,包括蚂蚁(借呗主体)、小米、美团、京东、平安等需要补充注册资本才能达到新规要求。

表4.1 注册资金超过50亿元的小额贷款公司

| 机构名称 | 注册资本 | 股 东 |
| --- | --- | --- |
| 重庆市蚂蚁小微小额贷款有限公司 | 120亿元 | 蚂蚁科技集团股份有限公司 |
| 南宁市金通小额贷款有限公司 | 89.89亿元 | 广西金融投资集团有限公司、太平资产管理有限公司 |
| 重庆度小满小额贷款有限公司 | 70亿元 | 度小满(重庆)科技有限公司 |
| 重庆苏宁小额贷款有限公司 | 60亿元 | 上海苏宁金融服务集团有限公司 |
| 中新(黑龙江)互联网小额贷款有限公司 | 50亿元 | 大连中联创投资有限公司、上海华融通远资产管理有限公司等 |

网络小额贷款的基本管理框架是,跨省开展业务的网络小额贷款机构的监管职责从原来的地方监督管理部门上升至国务院银行业监督管理机构,更加符合管理权限与业务实质相匹配,即地方监管的网络小额贷款公司仅在地方开展业务,全国性的网络小额贷款公司由银保监会和人民银行监管。

## 4.1.2 网络小额贷款公司与传统小额贷款公司比较

网络小额贷款公司仍属于小额贷款公司范畴。但是，网络小额贷款公司与传统的小额贷款公司相比，具有以下特点。

### 1. 突破身份限制

此前，小额贷款公司并未纳入金融机构体系，因此不享有金融机构权限，导致小额贷款公司在融资渠道和经营杠杆上面临压力。网络小额贷款公司的出现，一定程度上缓解了这种压力，因为网络借贷业务纳入银保监会监管，各地颁布的监管政策逐步拓宽了融资渠道，取得发行资产支持证券(ABS)的权限，经营杠杆也可放大，还可以通过联合贷款、助贷业务进一步丰富业务结构。网络小额贷款具备了部分金融机构权限，突破了传统小额贷款公司的身份限制。

### 2. 突破模式限制

传统小额贷款公司主打线下业务，获客难度大、成本高、流程长，风险管控效果差，客户体验也较差；网络小额贷款公司业务模式则将小额贷款业务完全转移到线上，从产品设计、获客渠道到大数据搜集、授信审批再到风险防控、贷后管理，整个信贷流程都可以实现线上化，金融科技成为核心竞争力，突破杠杆限制。《指导意见》规定小额贷款公司从银行业金融机构获得融入资金的余额，不得超过资本净额的 50%，对小额贷款公司杠杆水平相当谨慎。网络小额贷款公司诞生以后，地方政府层面允许其开展资产证券化等业务，其本质是拓展了小额贷款公司融资渠道，但是，网络小额贷款公司资产证券化规模急剧扩张后，可能会突破原有的杠杆限制，风险显著增加。

## @ 4.2 网络小额贷款的定义与特点

### 4.2.1 网络小额贷款的定义

从国际流行观点定义，小额信贷是指向低收入群体和微型企业提供的额度较小的持续信贷服务，其基本特征是额度较小、无担保、无抵押、服务于贫困人口。小额信贷可由正规金融机构及专门的小额信贷机构或组织提供。

《网贷办法》对网络小额贷款业务是这样定义的，网络小额贷款业务是指"小额贷款公司利用大数据、云计算、移动互联网等技术手段，运用互联网平台积累的客户经营、网络消费、网络交易等内生数据信息以及通过合法渠道获取的其他数据信息，分析评定借款客户信用风险，确定贷款方式和额度，并在线上完成贷款申请、风险审核、贷款审批、贷款发放和贷款回收等流程的小额贷款业务"。

小额贷款公司发放网络小额贷款应当遵循小额、分散的原则。网络小额贷款的主要服务对象是小微企业、农民、城镇低收入人群等普惠金融重点服务对象。在网络小额贷款金额方面，《网贷办法》要求，经营网络小额贷款业务的小额贷款公司应当根据借款人收入水平、总体负债、资产状况等因素，合理确定贷款金额和期限，使借款人每期还款额不超过其还款能力。对自然人的单户网络小额贷款余额原则上不得超过人民币 30 万元，不得超过其最近 3 年年均收入的 1/3，该两项金额中的较低者为贷款金额最高限额；对法人或其他组织及其关联方的单户网络小额贷款余额原则上不得超过人民币 100 万元。

小额贷款公司应与借款人明确约定贷款用途，并且按照合同约定监控贷款用途，贷款用途应符合法律法规、国家宏观调控和产业政策。网络小额贷款不得用于以下用途：一是从事债券、股票、金融衍生品、资产管理产品等投资；二是购房及偿还住房抵押贷款；三是法律法规、国务院银行业监督管理机构和监督管理部门禁止的其他用途。

### 4.2.2 网络小额贷款的特点

网络小额贷款是小额贷款与大数据挖掘、人工智能等前沿技术相结合的产物，其具备受众广泛、高效便捷、高频低额等特点。

#### 1. 受众广泛

中小微企业融资难、融资贵的问题是国家近年来一直期望解决的重要问题，出台了不少政策以引导市场资金支持中小微企业发展，但收效甚微。据全国工商联发布的一份报告显示，10%的中型企业、80%的小型企业难以从商业银行等传统融资渠道获得贷款，而且除学历高、收入稳定、社保信息齐全等高净值客户外的个人也难以从传统金融机构中获得贷款。而网络小额贷款公司则利用较高的风控技术水平，创新金融产品，服务于这些无法从传统金融机构获取贷款的大多数中小微企业及个人。无论何地、何种职业的借款人，都可随时通过网络小额贷款公司的网站或 App 进行贷款申请。

#### 2. 高效便捷

网络小额贷款公司借助人脸识别技术确保借款人的真实性，设定智能化的程序对借款人的各类消费数据、行为数据、信用数据进行清洗和重构，得出借款人的信用画像和风险定价，帮助借款人足不出户即可通过网络平台高效地完成贷款申请，解决了传统金融机构贷款手续复杂、审批周期长、贷款要求高等问题。借款人只需通过网络小额贷款公司的 App 或网上平台，就可随时随地发出借款申请。网络小额贷款公司借助智能化的线上审批系统，在收到借款申请后，通过系统自动运行快速完成审批与放款。以广州拉卡拉网络小额贷款公司为例，其自主研发的鹰眼风控系统借助风险计量工具和决策分析技术，在运算规则、模型和大量特征变量的基础上，配备机器深度学习，以秒级的速度完成对借款人的多维度的客户综合情况分析，包括信用风险、还款能力和还款意愿等的分析，实现借款授信决策与审批，降低贷款业务审批的尽调与征信成本，把贷款业务拓展至原有的银行贷款模式所无法服务的领域。在反欺诈方面，通过声纹识别、人力识别、自然语义分析等先进技术，迅速识别欺诈客户，降低欺诈风险。

#### 3. 高频低额

单笔贷款金额低是网络小额贷款公司区别于传统金融机构、传统线下小额贷款公司的一大重要特点。以广州的互联网小额贷款公司为例，根据广州市小额贷款公司协会发布的信息显示，2018 年广州 41 家互联网小额贷款公司笔均贷款金额为 0.597 万元，而传统线下小额贷款公司笔均为 176 万元,是互联网小额贷款公司笔均的近 295 倍。此外,网络小额贷款公司资金周转速度快,其产品大都在一年期以内,为三个月以内甚至是随借随还的产品,借款周期灵活。随借随还的产品设计,大大提高了借款人的借款频率,一次授信,借款人可以多次循环使用。

### 4.2.3 网络小额贷款经营原则:小额、分散

"小额"可以避免统计学上的"小样本偏差"。例如,平台一共放贷 10 亿元,如果借款人平均每人借 3 万元,就是 3.3 万个借款客户;如果借款单笔是 1000 万元的话,就是 100 个客户。在统计学有"大数定律"法则,即需要在样本数量够大的情况下(超过几万个以后),才能越来越符合正态分布定律,统计学上才有意义。因此,如果借款人坏账率都是 2%,则放款给 3.3 万个客户,其坏账率为 2%的可能性要远高于仅放款给 100 个客户的可能性,并且这 100 个人坏账比较集中,可能达到 10%甚至更高,这就是统计学意义上的"小样本偏差"风险。总的来说,小额项目数额小,只需要几个或十几个投资人就可以完成,一旦出现逾期或坏账,也不会是系统性的,平台也完全有能力承担这一风险。

"分散"即借款的客户分散在不同的地域、行业,处于不同的年龄段,具有不同的学历等,这些分散独立的个体之间违约的概率能够相互保持独立性,那么同时违约的概率就会非常小。例如,100 个独立个人的违约概率都是 20%,那么随机挑选出其中 2 个人同时违约的概率为 4%(20%×20%=4%),3 个人同时违约的概率为 0.8%[$(20\%)^3$=0.8%],4 个人都发生违约的概率为 0.16%[$(20\%)^4$=0.16]。如果这 100 个人的违约存在相关性,比如,在 A 违约时 B 也会违约的概率为 50%,那么随机挑出来这两个人的同时违约概率就会上升到 10%(20%×50%=10%),而不是 4%。因此保持不同借款主体之间的独立性非常重要。

## 4.3 我国网络小额贷款发展状况

### 4.3.1 网络小额贷款发展的政策梳理

随着互联网技术的发展与电子商务购物的广泛覆盖,传统小额贷款公司经营地域的限制无法满足电子商务平台服务全国客户的需求,2010 年 6 月阿里旗下浙江蚂蚁小微金融服务集团有限公司牵头在杭州设立浙江阿里巴巴小额贷款股份有限公司,拿到了首张电子商务领域小额贷款公司营业执照,服务对象为其平台上的网店商户,这也就是后来所说的网络小额贷款公司。随后,重庆、广州、北京、上海、江西、湖南、宁夏、青海、西安等地纷纷允许具有网上消费场景或相应互联网技术的企业发起设立网络小额贷款公司。京东、百度、腾讯、海尔、携程、唯品会、二三四五等互联网巨头闻讯后争先发起设立网络小额贷款公司。网络小额贷款从诞生之日起,就受到了各路资本与各类公司的追捧。从统计的网络小额贷款公司设立进程看,网络小额贷款公司是在 2015 年后大规模兴起的,2015 年至 2017 年三年间的新增机构数量和新增注册资本占比都超过了整体数量的 2/3。

虽然互联网小额贷款公司的出现,满足了一部分中小微企业和个人的融资需求,但是金融供给受抑制,市场的贷款供给仍然不足,许多强烈的融资需求依然无法从正规的金融

机构得到满足，因而市场出现了诸多无资质的放贷主体面向社会大众发放现金贷，这些主体缺乏准入审批和业务监管，忽略借款人高额负债、收取高额利息、催收手段不合规等乱象频发，亟待监管采取措施规范整顿。

2015年7月18日，中国人民银行等十部委联合下发《关于促进互联网金融健康发展的指导意见》，开始对包括网络小额贷款业务的网络借贷平台进行专项整治。其间，在P2P整顿过程中，为了体现疏堵并举的理念，2019年11月，互联网金融风险专项整治工作领导小组办公室、网络借贷风险专项整治领导小组办公室发布《关于网络借贷信息中介机构转型为小额贷款公司试点的指导意见》，就混业经营的P2P转型为小额贷款公司规定了具体的条件和程序。P2P整顿令监管机构认识到专业化的网络小额贷款行业蕴含的巨大负外部性以及针对性监管的必要性。在明确承认和推动网络小额贷款业务的背景下，监管机构一方面开始完善小额贷款公司的整体监管规则，另一方面则对小额贷款公司的网络小额贷款业务予以专门监管。在P2P网贷行业退出和转型为主基调的大背景下，监管层多次提及引导具备条件的网贷机构向小额贷款公司、消费金融公司等持牌机构转型，网络小额贷款也再次成为行业关注焦点，但自2017年11月底以来，网络小额贷款批设基本处于停滞状态。不过在相关政策下发前，已有部分P2P网络贷款平台提前布局，通过主体或者关联公司获取了网络小额贷款牌照。据网贷之家研究中心不完全统计，截至2019年11月11日，全国共有21家正常运营的P2P网贷平台或其关联企业获取了25家网络小额贷款牌照。中国银保监会于2020年9月发布《关于加强小额贷款公司监督管理的通知》，通知明确小额贷款公司应当主要经营放贷业务，并对小额贷款公司行业亟须明确的部分经营规则和监管规则作出明确规范，促进小额贷款公司回归本源，专注主业，服务实体经济；强调事中事前监管，遏制监管套利，引导小额贷款公司规范化发展。明确"暂停新增小额贷款公司从事网络小额贷款业务及其他跨省(自治区、直辖市)业务"。2020年，多地金融监管部门发布清理小额贷款公司名单，推动行业持续出清。

2020年11月2日，中国银保监会和中国人民银行颁布《网络小额贷款业务管理暂行办法(征求意见稿)》，向社会公开征求意见，对于经营网络小额贷款业务的小额贷款公司的组织和行为设置特别的监管规则。

按照征求意见稿内容，网络小额贷款公司业务应当主要在注册地所属省级行政区域内开展，确需跨省开展业务的，需经国务院银行业监督管理机构批准；同时，征求意见稿对网络小额贷款公司的注册资本、对外融资、业务贷款限额、联合贷款模式下网络小额贷款公司出资比例、股权管理等均作出限制。

## 4.3.2 我国网络小额贷款发展现状

小额贷款公司贷款余额在2017年年底到达峰值9799.49亿元。随着行业规范不断完善，监管机构逐步清理整顿金融市场，小额贷款市场贷款余额规模以平均每年3%左右的速度递减。中国人民银行统计数据显示，截至2021年9月30日，我国小额贷款机构数量达到6566家，总贷款余额9353亿元(见图4.1)。

小额贷款机构数量在2015年年底达到峰值，近9000家，之后以平均每年近5%的速度递减(见图4.2)。

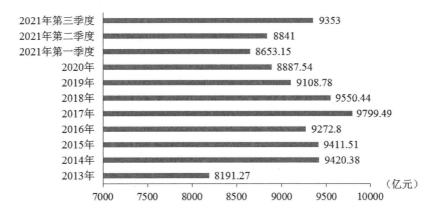

图 4.1 2013—2021 年第三季度小额贷款机构贷款余额

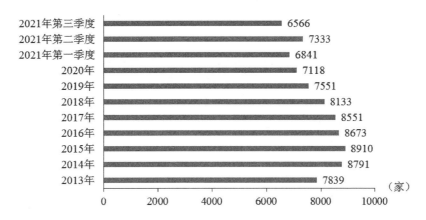

图 4.2 2013—2021 年第三季度我国小额贷款机构数量

机构数量和贷款余额在双降,但机构平均贷款余额却在增长。8 年多时间,机构贷款余额从平均 1.04 亿元增长至 1.42 亿元(见图 4.3)。

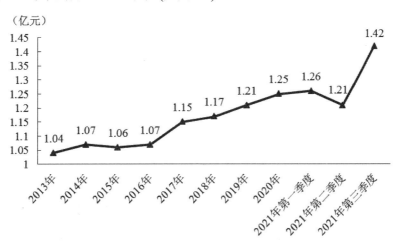

图 4.3 2013—2021 年第三季度我国小额贷款公司平均贷款余额

从这组数据可以看出,虽然小额贷款市场规模在降低,但机构的平均规模和品质,在不断提高。

小额贷款公司主要集中在江苏、辽宁、广东、河北和安徽五省。江苏省小额贷款机构数量最多,达到 564 家,辽宁、广东、河北、安徽紧随其后,机构数量均超过 350 家,5 个地区机构总数量达到 2184 家,占比为 31.9%。而贷款余额仅占全国总余额的 28.2%,机构平均贷款规模并不算高(见表 4.2)。

表 4.2 小额贷款机构各地区情况统计表

| 地区名称 | 机构数量(家) | 从业人员数(人) | 实收资本(亿元) | 贷款余额(亿元) |
| --- | --- | --- | --- | --- |
| 全国 | 6841 | 69039 | 7800.8 | 8653.1 |
| 北京市 | 105 | 914 | 140.65 | 131.88 |
| 天津市 | 78 | 1309 | 99.14 | 110.8 |
| 河北省 | 382 | 3754 | 220.62 | 215.12 |
| 山西省 | 237 | 2120 | 159.94 | 146.02 |
| 内蒙古自治区 | 247 | 2042 | 186.45 | 182.04 |
| 辽宁省 | 454 | 3179 | 319.08 | 280.08 |
| 吉林省 | 183 | 1469 | 80.02 | 64.34 |
| 黑龙江省 | 212 | 1293 | 118.92 | 96.35 |
| 上海市 | 125 | 1262 | 220.7 | 226.53 |
| 江苏省 | 564 | 4720 | 683.79 | 764.22 |
| 浙江省 | 304 | 2793 | 505.39 | 556.79 |
| 安徽省 | 351 | 3504 | 340.36 | 418.24 |
| 福建省 | 118 | 1125 | 261.76 | 282.54 |
| 江西省 | 154 | 1670 | 187.19 | 184.44 |
| 山东省 | 287 | 2894 | 400.65 | 446.3 |
| 河南省 | 220 | 2434 | 200.34 | 220.11 |
| 湖北省 | 269 | 2406 | 297.72 | 286.74 |
| 湖南省 | 85 | 739 | 67.82 | 71.66 |
| 广东省 | 433 | 6770 | 759.89 | 762.52 |
| 广西壮族自治区 | 295 | 2960 | 247.54 | 322.04 |
| 海南省 | 55 | 711 | 70.29 | 83.85 |
| 重庆市 | 255 | 4360 | 1088.09 | 1620.34 |
| 四川省 | 203 | 4039 | 384.62 | 435.96 |
| 贵州省 | 109 | 1012 | 41.32 | 41.83 |
| 云南省 | 182 | 1448 | 88.52 | 86.34 |
| 西藏自治区 | 19 | 126 | 19.91 | 13.28 |
| 陕西省 | 256 | 2275 | 234.59 | 240.71 |

续表

| 地区名称 | 机构数量(家) | 从业人员数(人) | 实收资本(亿元) | 贷款余额(亿元) |
| --- | --- | --- | --- | --- |
| 甘肃省 | 270 | 2559 | 144.94 | 123.85 |
| 青海省 | 57 | 475 | 32.86 | 36.91 |
| 宁夏回族自治区 | 69 | 1024 | 29.33 | 26.14 |
| 新疆维吾尔自治区 | 263 | 1653 | 168.38 | 175.13 |

(资料来源：中国人民银行)

贷款余额最高的 5 个地区是重庆、江苏、广东、浙江、山东，贷款总余额超过 4150 亿元，占比为 48%。江苏、广东、浙江、山东 4 个地区也是国内首屈一指的"GDP 大户"，GDP 领跑全国。这 4 个地区也是国内商业，尤其是民间商业较为发达的地区。

## 4.3.3 网络小额贷款产品特色

网络小额贷款的产品特色是其信贷需求可以植入具体的场景，这种场景也往往是用户最为实际的旅游、购物、消费和支付等日常生活服务类刚需，和银行等传统金融机构做信贷不太一样，这种互联网公司的小额贷款产品核心在于后台快速的数据和信用审核能力以及前端对各种场景的嵌入匹配。以同程旅游为例，同程旅游拥有旅游资源，一方面基于同程网络的互联网平台、信息化的搭建和大数据的分析；另一方面依托深厚的行业经验和牢固的供应商上下游关系，让同程旅游更加深入地了解上、下游企业的需求和风险。同时，作为旅游行业的参与者，也希望通过依托互联网和行业链的风险控制来为上、下游企业更好地解决融资问题，让上、下游企业更加合理健康地发展。再以海尔为例，其网络小额贷款主要服务对象包括海尔集团所属的 38000 家经销商，以及广大小微企业、个体工商户，且同时接受线上和线下的贷款申请，并采取"大规模定制"的服务方式，推出客户可自选还款条件的贷款产品。

## 4.3.4 网络小额贷款的业务利率、业务平均成本和融资渠道

### 1. 业务利率

2020 年 8 月 20 日发布新修订的《最高人民法院关于审理民间借贷案件适用法律若干问题的规定》(以下简称《规定》)确定，以中国人民银行授权全国银行间同业拆借中心每月 20 日发布的一年期贷款市场报价利率(LPR)的 4 倍为标准确定民间借贷利率的司法保护上限。以 2020 年 7 月 20 日发布的一年期贷款市场报价利率 3.85%的 4 倍计算，民间借贷利率的司法保护上限从 24%调整至 15.4%，下调幅度很大。

关于小额贷款公司是否适用民间借贷相关规定，过往的司法判例存在分歧，考虑到《规定》出台后，在金融机构的相关业务判例上存在适用利率司法保护上限的司法判例，加之目前政策倡导金融让利实体；联合资信认为，小额贷款业务定价受到民间借贷利率司法保护上限约束。目前，除头部网络小额贷款年度平均利率(APR)接近 15.4%上限外，大部分小额贷款公司特别是传统小额贷款公司 APR 均大幅高于该水平，利率司法保护上限下调将大幅压缩小额贷款公司盈利空间，传统小额贷款公司业务盈利模式面临较大挑战。

业务利率的被动下调倒逼小额贷款公司调整其业务结构,提高业务准入标准,退出风险较高业务,市场竞争加剧,部分小额贷款公司或将就此退出市场。

#### 2. 业务平均成本

这里所讲的平均成本是一个相对综合的概念,包括小额贷款公司的资金成本、运营成本以及小额贷款公司客户性质带来相对的较高的违约损失。网络小额贷款公司多数采用线上运营模式,业务效率很高,单笔业务边际运营成本优势明显;而传统小额贷款公司融资渠道单一,融资成本较高,同时资产质量持续承压,推动其平均成本处于较高水平。

#### 3. 融资渠道

小额贷款公司债权融资分为非标准化融资形式和标准化债权融资形式。传统小额贷款公司一般通过银行借款和股东借款等非标准化融资形式获得债权资金,头部小额贷款公司则主要采取发行 ABS 等标准化债权融资形式融资。银行借款和股东借款等传统渠道融资成本较高,但却是传统小额贷款公司融资的主要方式,通过发行 ABS 产品等方式融资更有成本优势,但除头部小额贷款公司(主要是网络小额贷款公司)外,传统小额贷款公司采用资产证券化等标准化债权融资存在较高难度,2017 年 1 月至 2020 年 9 月期间通过 ABS 融资的小额贷款公司仅有 22 家。从这个数据来看,随着小额贷款行业监管趋严,以小额贷款为基础资产发行的 ABS 规模整体呈大幅下降趋势,其中,蚂蚁集团旗下小额贷款公司"蚂蚁小微"和"蚂蚁商诚"作为原始权益人发行的 ABS 产品占据同类 ABS 市场发行规模的极大比重,头部效应明显。

### 4.3.5 我国网络小额贷款业务发展趋势

自 2015 年上半年以来,在小额贷款行业中,无论是机构数量、贷款余额还是从业人数,这三项指标均在波动中呈现下降的趋势,且整个小额贷款行业的萎缩速度在加快。

从行业发展的政策环境来看,身份属性定位不明、区域监管的分化与限制是小额贷款公司面临的重点问题,这也极大地影响了小额贷款公司的健康发展和持续服务能力。近年来愈加严格的行业监管也压缩着小额贷款公司的生存和展业空间。

2020 年 11 月 2 日颁发的《网贷办法》对小额贷款公司的经营区域、借款限额、联合贷款、融资杠杆、注册资本等方面提出要求,以规范小额贷款公司网络小额贷款业务,防范网络小额贷款业务风险,促进网络小额贷款业务健康发展。《网贷办法》为小额贷款公司利用更具优势的互联网技术与突破区域展业限制设立诸多门槛,从而促进小额贷款行业的优胜劣汰和新一轮洗牌。

除此之外,来自其他金融机构的竞争也冲击着小额贷款市场。近年来,商业银行也不断推出小额信贷业务,对于借贷人来说,在银行,其借款成本会更低且信任感更强,这也致使他们放弃从小额贷款公司获取贷款,转投向传统银行渠道。

全国小额贷款公司数量众多,其中地方小额贷款公司占绝大多数,近几年全国贷款规模和公司数量呈现逐步下降趋势。地方小额贷款公司业务普遍立足地方,一方面受当地经济波动和自身实力的限制;另一方面也面临其他金融机构的竞争,因而近几年生存压力较大,整体数量和规模都呈下滑态势。

《网贷办法》提高了对网络小额贷款公司资本要求，同时"联合贷"出资比例和小额贷款公司杠杆率要求会导致"联合贷"业务规模大幅下降或转为"助贷"服务模式，整体上相对利好在客户资源、信息技术和资本实力占优的头部网络小额贷款公司，但将重构网络小额贷款公司和金融机构合作模式及分润机制。

## 4.4 我国网络小额贷款的运营模式

### 4.4.1 我国网络小额贷款的商业模式

网络小额贷款业务模式是一种以金融科技为核心，运用互联网大数据信息，对借款者的信用风险进行综合评估，并在线上完成贷款全流程的金融业务模式。其能够为缺乏合格担保的小微企业或个体业主提供一种有效的直接借贷途径，使传统贷款难以覆盖的人群也同样享受到金融服务。

我国网络小额贷款的商业模式为：依托自有平台，挖掘客户行为。该模式的特点是依托股东自身电子商务平台或终端的数据来源充分挖掘客户，从行为识别用户，通过对多维度信息考核、交叉验证及细节比对，以控制风险。目前网络小额贷款公司的发展尚处于摸索阶段，因此，下文将对网络小额贷款之典型——"蚂蚁小额贷款"进行分析。

蚂蚁小额贷款是指由阿里巴巴旗下两家小额贷款公司开展的小额贷款业务。蚂蚁小额贷款的贷款产品主要有以下三点。一是淘宝(天猫)信用贷款，面向淘宝店主和天猫商户提供，系统综合评价申请人的资信状况、信用风险和额度需求等因素后自动核定授信额度。二是阿里信用贷款，面向在阿里巴巴 B2B 电子商务平台上进行国内贸易的小微企业，向其提供的无须担保、抵押的纯信用贷款。三是花呗，面向阿里电子商务平台上的个人消费者，是额度较低、主打便捷贷款体验的定向消费贷款产品，基于消费者的长期网络购物经验数据，利用特有的风控模型评估消费者的资信状况，确定消费者的可贷额度。消费者可以在支付宝查看其可贷额度，并可在已开通"花呗"业务的商户通过"花呗"进行购物。蚂蚁小额贷款通过支付宝实现贷款划拨和还款等资金流转。蚂蚁小额贷款抛弃传统的硬件方式，采用结合借款人的操作场景、监控用户输入密码习惯、黑名单核查策略等手段防范客户欺诈风险。蚂蚁小额贷款的个人消费信贷包括花呗和随身贷两种产品。以花呗为例，其放款通过定向划拨至商户账户，还款时借款人可委托支付宝自动代扣，有 10~40 天的免息期，利率为 10%~12%，主要的功能在于促进支付及消费。

蚂蚁小额贷款业务流程如图 4.4 所示。从图 4.4 可以看出，蚂蚁小额贷款业务流程具有如下两个特点。首先，贷款项目来自淘宝、天猫和阿里巴巴 B2B 平台上的商户，由商户在线向蚂蚁小额贷款公司提出申请。其次，贷款审核以线上手段为主，线下手段为辅。线上利用网络数据模型和视频调查进行评估，线下通过与第三方合作进行评估，多方交叉验证筛选出合格客户，并最终由系统及人工审批两道环节予以确认。

因此，蚂蚁小额贷款的贷款项目获取及审核主要是基于互联网平台来完成，是典型的互联网小额贷款。

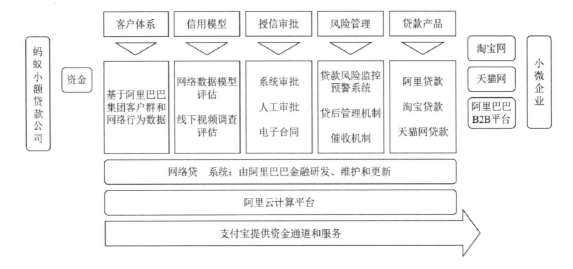

图 4.4　蚂蚁小额贷业务流程

自开办以来，蚂蚁小额贷款一直发展得比较快。蚂蚁小额贷款的高速发展与其自身在风险控制及贷款运作机制方面的创新密不可分。两大创新也使蚂蚁小额贷款在风险可控的前提下，实现了运营成本的极大降低，使户均贷款万元左右的微型客户获得授信成为可能。

在风险控制方面的创新主要体现在以下两点。第一，贷前信用识别环节完全基于"网络+数据"完成。与线下信用评估相比，这显著提高了效率和准确性。第二，贷中、贷后的风险管理主要基于平台完成，风险可控。贷中，蚂蚁金融通过支付宝自动发放贷款金额；贷后，24小时追踪和监测贷款使用情况，并及时进行风险预警。当出现黄色、橙色风险预警时，蚂蚁金融会进行人工排查，一旦出现红色预警，则直接回收贷款，从而降低贷款风险。借助这套基于"网络+数据+平台"的风险控制机制，蚂蚁小额贷款有效控制了小微贷款风险，保障了贷款资产质量。

在贷款运作机制方面的创新主要体现在以下两点。第一，平台替代了传统的物理网点，便利了销售，提高了效率。第二，阿里云具有的信息储存、检索、分析体系，使阿里可以实现贷款的流水化作业，在提高贷款业务效率的同时，也有效降低了业务运营成本。

从上述分析可以看出，蚂蚁小额贷款的优势主要在于平台及底层数据所塑造的风控优势，所以说其发展与所依托的平台息息相关。

## 4.4.2　我国网络小额贷款的征信模式

目前，我国网络小额贷款的征信模式依据其业务操作可分为三种形态。第一种是互联网企业通过申请网络小额贷款牌照自建网络小额贷款公司模式，并直接向平台上的客户发放贷款，如阿里巴巴、苏宁等。此形态的网络小额贷款大多利用平台上的信息采取自征信模式。就蚂蚁小额贷款来说，贷前和贷中主要审查用户在平台上的信用记录和积累的交易记录，据此对用户信用评级，确定用户的资信状况、还款能力、违约风险，从而给予用户一定的信用额度，而贷后主要是对用户贷款后的生产经营情况等进行监控。与阿里小额贷款不同的是，京东白条一方面依托京东平台自身的数据进行征信；另一方面是通过用户签订《个人信息使用和个人信用报告查询授权书》，由上海银行和京东联合授信。然而，仅仅通过该电子授权书，上海银行就把查到的个人信用报告提供给京东使用，这种查询的合规性值得商榷，有违反《个人信用信息基础数据库管理暂行办法》第七条规定之嫌。第二种是电子商务与银行合作放贷，电子商务提供客户源并将平台数据转化为一定的数据源，银行据此审批发放贷款，如慧聪网。其采取与银行合作的模式，慧聪网仅给银行提供交易数据，由银行最终审核。但是慧聪网将自身平台会员的数据信息提供给银行的行为，存在侵犯会员个人信息权的风险。第三种是商业银行自己推出的为小微客户提供小额贷款业务的模式，如中国银行的银通商城、中国建设银行的善融商务等，此网络小额贷款类型采取的是中国人民银行征信模式。

## 4.5 网络小额贷款风控系统

网络小额贷款的风控有别于商业银行的互联网贷款。

### 4.5.1 业务整体流程

网络小额贷款流程如图 4.5 所示，其具体流程如下所述。

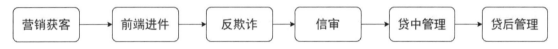

图 4.5 网络小额贷款流程

①经过一定方式营销触达用户，有借款需求人群进行注册成为借款用户。②借款用户填写资料并进行相关授权。③借款用户信息进入系统进行风控。④审核通过后进行放款，放款后进入贷中管理阶段。⑤还款日到期则进行还款，如果未还款则进入贷后催收管理阶段，借款用户还可以进行复贷。

一个系统的建设是从简单到复杂逐渐升级的。其一方面是风控流程的复杂度上升，另一方面是风控规则的复杂。从系统设计层面来看，从上线之初，小额贷款就要从授信政策、产品设计、运营营销、流程审批、催收处置、IT 系统建设等多方面考虑。

### 4.5.2 前端设计

进件是用户进行贷款的第一步，多采用 H5 或 App 来实现目的。此时风控目标与用户体验往往会出现矛盾。风控当然希望能获取更多的用户信息，但获取信息越多，越意味着用户花费时间的上升和借款意愿的下降。基于不同的风控模型，不同的借款产品在此处的流程设计与所需信息有所不同。一般来说，借款周期越短，额度越小，所填写的信息越少；反之则需要填写的信息越多。

借款端流程一般是：注册—实名(活体验证)—授权(运营商、征信数据等)—基本信息填写—提交借款申请。将授权放在用户基本信息填写之前的原因在于，用户授权完成后，需要系统去爬取并处理用户的相关数据，该阶段通常需要几分钟。因此，用户授权后系统去处理相关数据，此时用户再填写基本信息，则可为用户节省时间。

在实名认证的过程中与第三方黑名单数据库直接对接，如发现该用户为黑名单用户，则可以直接将该用户拒绝，避免用户进入授权阶段，同时节约了后续成本。

用于风控的信息包括身份数据、交易数据、信用数据及各类行为数据。在用户填写的内容中，主要包括身份数据(姓名、身份证号码、手机号、银行卡、单位、职位等)、信用数据与行为数据授权爬取。

借款端的产品注册门槛都比较低，一般为手机号+短信验证码的模式。用户注册后可视情况决定是否设置登录密码。

实名认证通常设定为注册后的第一步。用户通过填写身份证信息或者上传身份证照片的形式，系统对接第三方进行实名认证。若要增加安全性，需加入活体验证。

运营商数据用于分析用户的通话行为，入网时长(是否是小号)，是否有涉催收、赌博相关通话等，是评估用户行为非常重要的手段。运营商数据分析越深、越全面，越能反映借款申请人的行为。不同运营商加上省份的区别，有的只需一次短信验证，有的需要两次。

基本信息填写一般为必填项，包括用户家庭住址、工作单位、公司名称等。填写多少取决于风控体系的要求。如果是超短期的小额贷款，则信息填写尽可能少。

联系人信息：一般分为直系亲属信息与紧急联系人信息。用户填写的联系人信息可与通讯录信息、运营商报告联动分析。

中国人民银行征信信息：获取用户中国人民银行征信信息，查看用户是否有信用卡逾期记录或者被查询记录。

社保、公积金信息：公积金、社保在于评估用户的职业信息、职业稳定度与收入水平。用户一般需选择对应的行政区，填写对应的账号与密码。

网银/信用卡账单导入：网银/信用卡账单能真实反映用户的收入与支出、消费水平。同时，导入成功则说明用户的四要素验证通过。但这里存在的较大问题是，随着当前社会第三方支付的广泛普及，用户在支付宝、微信上消费的记录无法在网银/信用卡账单中体现。

电子商务数据：电子商务数据在于分析用户近期的购物记录，评估该用户的消费习惯与消费能力，同时将收货地址与用户填写的家庭住址、定位信息进行关联分析。

本地通讯录访问授权：获取用户本地通讯录信息在于评估该用户的借款意愿，是否在用小号借款。通讯录低于一定数量则该用户存在问题。同时，结合用户运营商数据，通讯录对于后期的催收具有重要作用。对于 Android 客户端，可以强制要求用户进行授权，如不授权则无法进入 App，也可以设定在借款申请前完成授权。但 ios 却不能在启动时强制用户通讯录授权。

银行卡信息：针对超短额借款，如放款量非常大、笔数多，用户需要填写银行卡信息，进行四要素验证。在审核通过后，可快速放款到用户的银行卡，同时可在还款日发起批量扣款操作。

### 4.5.3 贷前风控

贷前风控是贷款风控体系的起点，是整个风控体系的关键环节，是决定风控效果的核心所在。贷前风控流程一般为用户申请进件—预审批—审批。预审批阶段一般由系统完成。审批阶段可以通过信用评分卡、风控模型来完成或者综合判断。

贷前风控的目的在于反欺诈(排除欺诈用户)与用户授信(判定用户的还款能力与还款意愿)。如图4.6所示，将贷前风控划分为4个层次：数据层、规则层、配置层和策略层。

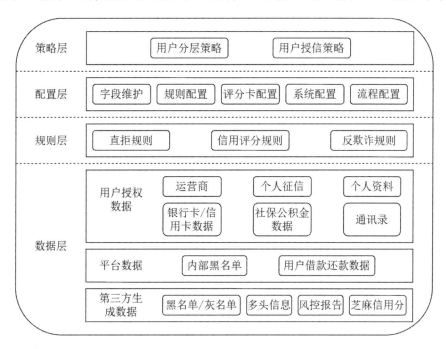

图4.6 网络小额贷款贷前风控系统

1. 数据层

底层为数据层，即数据来源。风控系统需要多维度数据，其中部分数据已经由用户授权或提交给了平台，包括个人信息、银行卡/信用卡数据、通讯录等。平台有存量的黑名单数据和用户的借款还款数据，其中黑名单数据要经历从 0 到 1，从少到多不断积累的过程。第三方数据包括黑名单/灰名单、多头信息、风控报告等，这些数据需要与数据服务公司合作并对接相应的接口进行获取。以上数据共同构成了贷前风控的数据来源。数据的质量以及覆盖度，特别是第三方公司的数据质量，将很大程度上影响风控系统的优劣。

2. 规则层

一般来说，风控规则的好坏将直接决定一个贷前风控系统的成败。规则层包含了直拒规则、反欺诈规则与信用评分规则。

(1) 直拒规则。直拒规则也叫预审批规则，是通过制定一些规则，将不符合规则的用户排除在申请之外，让这类用户无法申请。比如，该用户身份信息在法院执行名单中，电话号码入网时间小于半年(疑似诈骗)，在第三方数据公司的黑名单中，工作地址在某些特定地区，这些都可以成为直拒规则。直拒规则的严厉程度视情况而定并且需要不断迭代，且可配置。

(2) 反欺诈规则。在小额贷款中，存在大量的单独个体或者团体进行诈骗，当他们获得放款后便消失得无影无踪。反欺诈规则建立的目的就在于区分出骗贷的用户与真正想借款的用户,骗贷的风险有多大。反欺诈规则往往就在直拒规则中。比如,上面提到的电话号码入网时间小于半年、通讯录低于一定数量、在其他借款平台有多笔未结清的借款记录。如遇团体诈骗,其手法高明,信息完整且干净,这时就需要引入指纹设备等方法进行反欺诈识别。

一般来说,自有规则优先于外部规则运行,例如,在长期运行过程中建立了内部黑名单,则规则先运行内部黑名单再运行第三方数据公司的黑名单;先运行低成本的规则,再运行高成本的规则;先运行低性能消耗的规则,再运行高性能消耗的规则。

(3) 信用评分规则。信用评分在于评估用户的还款能力以及还款意愿(小额短期贷款甚至只需评估借款人的还款意愿)。常用的方式是采用信用评分卡(Application score card,即 A 卡)对用户的还款能力、还款意愿进行评估。信用评分卡是一系列评分规则的集合,是以分数的形式衡量风险发生的概率,是对未来一段时期内违约/逾期/失联概率的预测。评分规则通常需要 10~16 个的一级维度。经过信用评分规则后,最后得到用户总的信用分。

3. 配置

一个良好的风控系统需要配备一个专业、功能全面的风控后台管理系统。这个系统除了具有一般业务管理系统记录表查看、统计报表、权限功能外,还具有其他特殊功能,包括审核业务流程的配置、多元产品的配置、表单配置、风控规则引擎的配置等。

(1) 流程配置

经过预审批(直拒规则)的借款用户需进行审批,而如何审批就需要根据自身平台特点进行设置。部分平台全部由风控模型进行审批评估,有的平台则需要有人工干预,可能遇到在产品前期需要人工审核、中期人工干预、后期完全系统审核的情况。因此,审核流程的配置化将大大降低开发成本。

(2) 规则配置

在实际工作中,发现来自于第三方数据公司的某个数据可能存在有误或者无用等情况,该接口需要在运行的情况下进行关闭,此时同样需要进行配置。不同的借款产品类型、借款产品在不同的时期,其对应的直拒规则、反欺诈规则都可能调整。这里的调整可能是某条规则对应的值的表达,也有可能是禁用某条规则。因此在后台需要对这些规则进行配置化,达到灵活管理的目的。

4. 策略层

(1) 用户分层策略:基于信用评分规则,采用评分卡的形式得出用户的得分。不同的得分归属于不同的层级。例如,常用策略是将用户划分为 AAA、AA、A、B、C、D、E 共计 7 个层次。

(2) 用户授信策略:针对不同层级的用户、不同借款次数的用户采用不同的授信策略。这里涉及借款产品的设计。不同的用户群体在借款金额、借款周期、还款方式、利率等方面存在区别。

## 4.5.4 贷中风控

贷中风控主要用于监控用户还款能力、还款意愿的演变，是对贷前风控的补充。不要以为截至目前，某个用户借款后按期还款就万事大吉，针对存量用户的风控也尤为重要。

在贷中环节，常用行为评分卡(Behavior score card，即 B 卡)对借款人进行评价。行为评分卡是在申请人有贷款记录之后，在贷款过程中有了一定行为后，分析其消费习惯、还款情况等一些信用特征，侧重点以监控、跟踪、预警或者分析等为主。如果通过第三方平台发现该用户在其他平台存在逾期行为，则应调整该用户在当前平台的授信。

## 4.5.5 贷后风控

针对按期还款用户，可进行复贷。复贷的审核条件与所需信息门槛降低，如信用良好，可提高其用户等级与授信额度。

针对未按期还款的借款用户则需要进行催收。这个环节需要重新评估用户的还款意愿与还款能力，进而采取对应的催收措施，常用催收评分卡(Collection score Card，即 C 卡)进行评估。对不同状况的逾期贷款采取不同的有效措施进行处理。催收手段包括电话催收、外访催收、委外催收以及诉讼催收。

## 4.5.6 业务后台管理系统

一个良好的风控系统当然需要配备一个专业、功能全面的风控后台管理系统。这个系统除了具有一般业务管理系统记录表查看、统计报表、权限功能外，还具有其特殊业务，包括审核业务流程的配置、多元产品的配置、表单配置、风控规则引擎的配置等。

## 4.5.7 案例：阿里小额贷款

阿里小额贷款是指以借款人的信誉发放的贷款，借款人不需要提供担保。阿里小额贷款是阿里金融为阿里巴巴会员提供的一款纯信用贷款产品(简称"阿里信用贷款")，无抵押、无担保，债务人无须提供抵押品或第三方担保，仅凭自己的信誉就能取得贷款，并以借款人信用程度作为还款保证。

**1. 阿里小额贷款发展历程**

阿里巴巴集团一直在摸索创新为中小企业及个人提供门槛更低、效率更高的金融服务。阿里小额贷款的发展可以分为三个阶段：数据积累期、经验积累期以及独立发展期。

(1) 数据积累期(2002—2007 年)：阿里巴巴通过"诚信通"、淘宝等产品积累的原始商户数据，为小额贷款风险管理打好了基础。

阿里巴巴在 2002 年 3 月推出了"诚信通"业务，主要服务于会员的国内贸易。阿里巴巴雇用了第三方评估机构，对注册会员进行评估，把评估结果连同会员在阿里巴巴的交易诚信记录展示在网上，帮助诚信通会员获得采购方的信任。在 2004 年 3 月，阿里巴巴又推出了"诚信通"指数，用以衡量会员信用状况，这也成为阿里巴巴信用评估模型的基础。同时在 B2C 端，淘宝规模大幅增长(至 2007 年时交易量已超过 400 亿元)，这也为阿里巴巴累积了大量数据。

(2) 经验积累期(2007—2010 年)：阿里巴巴与中国建设银行、中国工商银行深入合作放贷，同时建立信用评价体系、数据库以及一系列风控机制。

2007 年阿里巴巴与中国建设银行、中国工商银行合作分别推出"e 贷通"及"易融通"贷款产品，主要服务于中小电子商务企业。阿里巴巴相当于银行的销售渠道及信息提供商，在帮助银行评估信用风险的同时积极挖掘潜在借贷者，另外也希望帮助电子商务企业融资得以进一步实现。2008 年年初，阿里巴巴旗下国内最大的独立第三方支付平台支付宝和中国建设银行合作推出支付宝卖家贷款业务，符合信贷要求的淘宝网卖家可获得最高 10 万元的个人小额信贷。2009 年 9 月，阿里巴巴与格莱珉银行(又称"孟加拉国乡村银行")信托基金携手开展格莱珉中国项目，向中国最贫困的居民提供小额信贷金融服务。这是著名的"穷人银行"格莱珉银行信托基金首度直接在中国推行小额信贷项目。在此期间，阿里巴巴建立了信用评价体系和信用数据库，以及应对贷款风险的控制机制，借助平台对客户进行风控，并公布不良信用记录。

(3) 独立发展期(2010 年至今)：2010 年阿里巴巴开始自建小额贷款公司，以小微企业为主要服务对象。

2010 年 6 月 8 日，阿里巴巴集团联合复星集团、银泰集团和万向集团在杭州宣布成立浙江阿里巴巴小额贷款股份有限公司(以下简称"阿里小额贷款")，注册资本 6 亿元人民币，得到国内首张电子商务领域的小额贷款公司营业执照，标志着阿里巴巴"电子商务+金融服务"商业模式的建立。这是中国首个专门面向网商放贷的小额贷款公司，是全国范围内第一家电子商务领域的小额贷款公司，贷款金额上限为 50 万元，目标是帮助小企业及创业者解决微小融资需求。阿里小额贷款正式成立，开始向部分城市的淘宝或阿里巴巴上的电子商务企业放贷。2011 年 6 月 21 日，阿里巴巴集团联合复星集团、银泰集团、万向集团共同出资 2 亿元组建重庆市阿里巴巴小额贷款股份有限公司，重庆阿里小额贷款依托阿里巴巴、淘宝、支付宝、阿里云四大电子商务平台，利用客户积累的信用数据，结合微贷技术，向无法在传统金融渠道获得贷款的弱势群体批量发放 50 万元以下的"金额小、期限短、随借随还"的纯信用小额贷款。

其后，阿里小额贷款进行了多轮资产证券化项目建设，扩充了它的贷款额度。2012 年嘉实基金(财苑)子公司等参与了阿里小额贷款证券化的项目。2013 年 7 月阿里与万家基金子公司的证券化项目借助诺亚财富完成募集。同月，与东方资产管理公司合作的证券化项目获批，在交易所挂牌交易。目前，阿里小额贷款提供两种不同类型的贷款服务：淘宝贷款和阿里巴巴贷款。

### 2. 阿里小额贷款模式

1) 阿里小额贷款的商业模式

阿里小额贷款是客户无须提供抵押或者担保即可凭借款人的信用状况从阿里金融获得的一种信用贷款。阿里金融小额贷款的商业模式如表 4.3 所示。

表 4.3 阿里金融小额贷款的商业模式

| 项　目 | 内　容 |
|---|---|
| 重要合作<br>(Key Partnerships) | • 各类商户<br>• 商业银行<br>• 第三方机构(帮助核实客户线下的信息) |
| 关键业务<br>(Key Activities) | • 海量商户的日常管理<br>• 以数据挖掘为核心的贷款风控管理<br>• 对部分商户进行的线下审核(委托第三方进行) |
| 价值主张<br>(Value Propositions) | • 小微融资不再难如上青天<br>• 借款方便，随借随还<br>• 无需抵押担保，依靠商户在平台的交易流水等映射的信用状况即可申请贷款<br>• 大部分贷款无须线下审核即可放款<br>• 还款方便：归还到支付宝账户即可<br>• 期限灵活，时间短，可以按日计息 |
| 客户关系<br>(Customer Relationships) | 互联网创业的精密合作者会员制服务 |
| 客户细分<br>(Customer Segmentation) | • 阿里巴巴 B2B 商户<br>• 淘宝商户<br>• 天猫商户 |
| 核心资源<br>(Key Resources) | • 海量客户交易信息，客户信用评价信息、客户现金流信息<br>• 先进的数据挖掘技术和能力<br>• 电子商务融资业务专业人才 |
| 渠道通路<br>(Channels) | • 阿里巴巴 B2B 平台<br>• 淘宝平台<br>• 天猫平台<br>• 支付宝账户体系 |
| 成本结构<br>(Cost Structure) | • 金融专业人员、IT 人员等的人力成本<br>• IT 系统建设成本<br>• 平台运维及管理成本<br>• 坏账损失<br>• 支付给第三方机构的费用 |
| 收入来源<br>(Revenue Streams) | • 高额的贷款利息收入<br>• 在更紧密的商户合作关系下获得的源源不断的会员费 |

在该商业模式下，阿里金融小额贷款业务有明确的客户细分、渠道通路、价值主张。在此基础上，阿里金融通过建立重要的合作关系，开展关键业务，把握核心资源，与客户建立了紧密的关系。在这种模式下，阿里金融小额贷款的成本结构与收入来源均较为清晰，收入能够较好地覆盖其成本。

### 2) 阿里小额贷款模式与商业银行小微贷款模式的区别

无论是阿里金融的小额贷款模式还是商业银行的小微贷款模式，都是根据一定的审批条件向小微企业提供融资的服务模式，其服务对象都是市场上的弱势群体——小微企业。

尽管如此，两种模式在客户定位、申请条件、申报资料、放款条件等诸多方面还是有所区别的。表4.4为阿里金融与商业银行小额贷款模式的区别。

表4.4 阿里金融与商业银行小额贷款模式的区别

| 项目 | | 阿里金融 | 商业银行 |
|---|---|---|---|
| 客户定位 | | • 阿里巴巴 B2B 商户<br>• 淘宝商户<br>• 天猫商户 | • 开立了银行结算账户的小微企业 |
| 申请条件 | 申请人资质 | • 必须是阿里巴巴诚信通的会员或者中国供应商会员，且会员注册时间不得低于6个月 | • 必须是银行的客户，且已经开立银行结算账户 |
| | 注册地点 | • 会员企业的注册地点应当为杭州地区，其中，个人诚信通会员的注册地址应当为杭州 | • 通常仅为银行当地分支机构的客户提供融资服务 |
| | 申请人身份 | • 借款申请人应当为中国公民(不含港、澳、台)<br>(其中，企业的申请人应当为法定代表人；个人版诚信通的申请人应当为实际经营人) | • 通常为中国公民(不含港、澳、台) |
| | 申请人年龄 | • 年龄在18~65周岁 | • 各银行规定不同 |
| | 账户要求 | • 借款申请人必须拥有已经过实名认证的个人支付宝账户 | • 必须开立银行结算账户 |
| 申报资料 | | • 企业资金的银行流水(从网上银行下载后即可使用)<br>• 借款人经过实名认证的支付宝账户<br>• 借款人的银行卡卡号<br>• 信用报告授权查询委托书 | • 自然人身份证件、营业执照、企业代码证、企业法定代表人授权书、合法有效的资料、担保资料审查、保证金手续资料、保险手续资料、抵押物资料等 |
| 放款条件 | | • 企业自身的经营与财务状况<br>• 企业在阿里巴巴平台上的网络活跃度、交易量、网上信用评价等 | • 企业自身的经营与财务状况<br>• 企业的还款能力 |

### 3. 阿里小额贷款业务发展现状

1) 阿里小额贷款主要产品

阿里小额贷款的产品线主要面对旗下电子商务平台客户，分为三大板块，即针对 B2B 会员的阿里巴巴贷款，针对天猫 B2C、淘宝 C2C 的淘宝贷款，以及针对航旅商家的保险理财业务。

淘宝贷款主要面向天猫、淘宝以及聚划算的卖家，分为订单贷款和信用贷款。订单贷款是指基于卖家店铺已发货、买家未确认的实物交易订单金额，系统给出授信额度，到期自动还款，实际上是订单质押贷款。订单贷款日利率为 0.05%，累积年利率约为 18%。淘宝、天猫订单贷款最高额度为 100 万元，周期为 30 天。信用贷款是无担保、无抵押贷款，在综合评价申请人的资信状况、授信风险和信用需求等因素后核定授信额度，额度为 5 万～100 万元。信用贷款日利率为 0.06%，累积年利率约为 21%。信用贷款最高额度为 100 万元，贷款周期为 6 个月。阿里信用贷款又分为"循环贷"和"固定贷"两种。"循环贷"指以获贷额度作为备用金，随借随还，不取用不收利息。"固定贷"指获贷额度在获贷后一次性发放。

阿里巴巴贷款主要面向阿里巴巴的会员。淘宝、天猫、聚划算商户由于业务经营全过程均在淘宝平台上完成，其经营状况、信用历史记录等十分详尽，且系统已为其自动评估，故放贷审核、发放可全程在网上完成；而 B2B 业务放贷的流程中则有实地勘察环节，由阿里金融委托第三方机构于线下执行。淘宝贷款没有地域的限制，面向全国的淘宝、天猫以及聚划算的卖家。阿里巴巴贷款则有比较严格的地域限制和要求，之前主要是面向在江苏、浙江以及上海的付费会员开放。整体上讲，阿里金融的小额贷款业务以淘宝、天猫平台的贷款居多，不过阿里巴巴贷款具有明显的扩张势头。

如表 4.5、表 4-6 所示，阿里小额贷款的产品一般额度较小，申请条件基本围绕店铺在阿里巴巴旗下电子商务平台的经营情况设置，这也得益于阿里小额贷款背后大数据平台的支撑。贷款期限一般控制在 12 个月以内，且除聚划算专项贷款以外，其余类型的小额贷款产品均支持提现，体现了一定的灵活性，但是需要收取 2%～3%的手续费。

表 4.5　阿里小额贷款主要产品申请条件

| 产品名称 | 申请条件 |
| --- | --- |
| 阿里巴巴信用贷 | • 诚信通或阿里巴巴中国供应商会员<br>• 申请人年龄在 18～65 周岁，中国大陆居民<br>• 注册地在京、津、沪、浙、鲁、苏、粤，且成立满 1 年<br>• 近 12 个月每个月销售额不小于 100 万元<br>• 无不良记录 |
| 网商贷 | • 成立满 1 年<br>• 申请人年龄在 18～65 周岁，中国大陆居民<br>• 信用记录良好<br>• 阿里巴巴国际站金品诚企或出口通会员 |
| 淘宝信用贷 | • 店铺最近半年每个月均持续有效经营<br>• 信用记录良好<br>• 店铺注册人年龄在 18～65 周岁 |
| 淘宝订单贷 | • 店铺注册人满 18 周岁<br>• 最近两个月每个月持续有效经营<br>• 诚实守信，店铺信用记录良好 |
| 天猫信用贷 | • 店铺最近半年每个月均持续有效经营<br>• 信用记录良好<br>• 店铺注册人年龄在 18～65 周岁 |

续表

| 产品名称 | 申请条件 |
|---|---|
| 天猫订单贷 | • 店铺注册人年龄在 18~65 周岁<br>• 最近两个月每个月持续有效经营<br>• 诚实守信，店铺信用记录良好 |
| 聚划算专项贷 | • 店铺持续经营满 6 个月<br>• 信用记录良好<br>• 聚划算竞拍成功<br>• 参团商品不属于虚拟类、生活服务类、生鲜类 |

表 4.6　阿里小额贷款的主要产品参数

| 产品名称 | 额度 | 期限 | 日利息率 | 还款方式 | 提前还款条件 |
|---|---|---|---|---|---|
| 阿里巴巴信用贷 | 2万~100万元 | 12个月 | 5‰ | 一般按照等额本息方式还款 | 提前还款收取本金部分3%的手续费 |
| 网商贷 | 2万~100万元 | 一般12个月，优质客户6个月 | 5‰ | 一般按照等额本息方式还款，优质客户可申请6个月期限的按月还息，到期还本 | 提前还款收取本金部分3%的手续费 |
| 淘宝信用贷 | 1万~100万元 | 6个月 | 6‰ | 按期付息，到期还本 | 无手续费 |
| | | 12个月 | 5‰ | 等额本金 | 前3期提前还贷，收取2%手续费；4~9期提前还贷，收取1%手续费；第9期及以后无手续费 |
| 淘宝订单贷 | 根据订单进行评估，结合店铺整体的经营情况计算 | 最长不超过60天，订单交易到账后系统自动还款 | 5‰ | 按日计息，到期自动扣款，也可提前还款 | 可提前还款，无手续费 |
| 天猫信用贷 | 1万~100万元 | 3个月 | 5‰ | 发放后一旦有收入，系统将自动扣取对应货款的30%进行还贷，3个月到期内还清即可 | 提前还款收取2%手续费 |
| | | 6个月 | 6‰ | 6个月随借随还，按日计息，到期一次性还本付息 | 可提前还款，无手续费 |
| | | 12个月 | 5‰ | 等额本金 | 到期前9个月提前还款收取2%手续费 |

续表

| 产品名称 | 额度 | 期限 | 日利息率 | 还款方式 | 提前还款条件 |
|---|---|---|---|---|---|
| 天猫订单贷 | 根据订单评估，结合店铺整体的经营情况计算贷款额度 | 最长不超过60天，订单交易到账后系统自动还款 | 5‰ | 到期自动还款 | 可提前还款，无手续费 |
| 聚划算专项贷款 | 综合评估，针对优质客户最高可获贷保证金的全部贷款 | 从放款之日起至计划期 | 5‰ | 到期一次性还本付息 | 不能提前还款 |

2) 阿里小额贷款发展规模及不良贷款率

阿里小额贷款从 2010 年开始成立，发展至今已经相当成熟，规模增长迅速，贷款不良率得到有效控制。截至 2012 年年底，短短两年多时间，阿里小额贷款已经累计为 20.7 万户小微企业提供了近 400 亿元的贷款，户均余额为 6.7 万元，不良贷款率仅为 0.52%，可以说阿里小额贷款运用大数据提供小微企业信贷业务的效果非常显著。

表 4.7 的数据显示，截至 2014 年 6 月，阿里小额贷款规模为 150 亿元左右，累计发放贷款超过 2000 亿元，累计服务小微企业超过 80 万家。2014 年阿里小额贷款自身的资金成本在 8%左右，对外贷款利息为 12%～18%，贷款平均占款周期为 123 天，年化收益率为 6%～7%。

表 4.7 阿里小额贷款不同时间点贷款规模情况

| 项 目 | 截止时间 | | | |
|---|---|---|---|---|
| | 2012 年年底 | 2013 年 6 月 | 2013 年年底 | 2014 年 6 月 |
| 累计贷款规模(亿元) | 近 400 | 1000 | 大于 1600 | 大于 2000 |
| 累计服务企业(万) | 20.7 | 约 32 | 约 65 | 多于 80 |
| 不良贷款率(%) | 0.52 | 0.84 | 小于 1 | — |
| 同期银行不良贷款率(%) | 0.95 | 0.96 | 1 | 1.08 |

从规模上来看，与银行过万亿元规模的小微企业贷款相比，阿里小额贷款并不起眼，但是其特点是贷款周转快，商户的平均占款时间仅为 123 天，有些甚至仅为 10 天左右，客户可以随借随还，户均贷款余额约为 4 万元，从真正意义上满足了小微企业"短、快、小"的贷款需求特点。

3) 阿里小额贷款风险控制体系

对于任何形式的贷款业务而言，风险管理都是至关重要的环节，信贷通用决策系统(A-GDS)不仅可以帮助阿里小额贷款进行贷前的营销与决策，而且还承担着贷后的实时监测与预警，达到风险管理的目的。在信贷风险防范上，阿里小额贷款建立了多层次的微贷风险预警和管理体系，并预提超过 250%的风险拨备资金用于防范可能出现的信贷风险。具体来看，阿里小额贷款公司将贷前、贷中以及贷后三个环节环环相扣，风险控制体系借鉴了传统银行的指标体系，每个环节的考核维度均包括信用品质、偿债能力、押品价值、资产财务状况、经营还款条件五个方面，除客户的财务报表的指标考察以外，还添加了具有大数据平台特色的指标，将阿里巴巴电子商务平台的相关指标纳入到模型分析中来。

在贷前阶段，将客户在阿里巴巴、天猫、淘宝网平台上的经营交易数据作为参考指标之一，并对客户线上的收入情况进行分析；在贷中审核阶段，阿里小额贷款更加关注客户在其电子商务平台上的历史交易情况、当前的交易流水情况、支付宝交易流水情况等，对客户的还款能力及还款意愿进行较准确的评估；在贷后阶段，客户的经营数据能够实时更新至其大数据平台，因此阿里小额贷款能够对借贷店铺的经营情况如买家满意度、交易流水变化等进行监控，一旦发现异常可以及时预警，同时结合其特有的平台惩罚机制和网络店铺账号关停机制，有效地控制贷款风险。

**4．阿里小额贷款的优势**

阿里金融的强大在于其根据电子商务的特点设计出了相应的贷款产品。阿里巴巴利用小额贷款公司作为信贷投放窗口，将目标客户严格限于阿里系电子商务平台的注册会员商户，在线上完成贷前、贷后的所有流程。阿里金融这种"小额贷款公司+平台"的全新模式，将小额贷款公司的牌照优势与电子商务企业的渠道、信息优势充分结合，有效降低了客户的搜索成本以及信用风险，缓解了信息不对称、流程复杂等问题，摆脱了与银行合作带来的束缚。

1）数据优势

阿里巴巴高度适应了互联网时代的发展新契机。正是由于信息科技的快速发展，电子商务平台上才得以汇聚海量的商户及海量的交易，而海量的交易所产生的海量信息又能够借助先进的技术进行更深入的挖掘和处理。这种在真实的贸易背景下产生的交易数据比商业银行在线下网点中获取的客户交易数据更及时、更丰富，也因此更富有吸引力。通常，商业银行更多地掌握着客户的资金流，但较少掌握客户的信息流，更不用说客户的物流信息和商流信息。在这种情况下，商业银行无法有效地把控信贷风险，信息不对称现象明显存在。因此，银行为了规避风险，就必须承担更高的监督成本，导致银行的成本收益比下降。正因如此，以往商业银行对小微企业提供融资服务并不热心。但是，阿里金融小额贷款模式的基础是阿里系庞大的电子商务生态系统，这使阿里金融能够对申请贷款的商户做更深入的分析和了解。阿里金融通过将商户日常交易信息进行整合处理，形成庞大的商户信息数据库，不但包括了商户的商业交易情况，而且包括了其商业信誉、现金流动、销售状况等更丰富详尽的情况，这就使阿里金融可以更方便、更深入地了解小微企业的经营状况，能够对海量中小商户的信息有着全面周详的把握，从而使借款方与放款方信息不对称的状况得到改善，并从源头上更好地把控风险。可以说，正是阿里巴巴 B2B 业务平台、淘宝平台、天猫平台等 3 个强有力的电子商务平台，以及海量的客户信息数据和先进的互联网技术，才使独特的阿里金融小额贷款模式得以存在。

阿里小额信贷依托阿里巴巴集团的 B2B、B2C、C2C 平台多年来累积下来的巨量商户真实数据、交易数据、信用数据，把 B2B 平台 1688、C2C 平台淘宝网、B2C 平台天猫商城等电子商务平台以及支付平台支付宝的底层数据打通并且共享，通过深度的数据挖掘以及数据的云计算，使多年积累的客户信用数据都转化为中小企业和个人的"信用评级"，有效地缓解中小企业规模小、缺少担保、信息不对称的问题。传统银行对个人及中小企业贷款存在的严重的信息不对称问题，其主要原因就是银行很难真实地掌握中小企业的现金流和客户的信用信息，以及客户信用和现金流的全部真实信息。

阿里金融充分利用利基战略并在互联网融资这个专业市场获得成功。对阿里金融而言，为参与电子商务交易的小微企业提供融资服务的市场就是一个利基市场。在小微企业贷款领域，商业银行往往因为小微企业贷款金额小、成本高而不愿涉及，但阿里金融则利用其对客户在互联网上交易信息的深度把握，有效占领了这个独特的市场。

2) 成本和效率优势

从营销成本来看，传统中小企业金融的营销成本较大，阿里巴巴作为互联网公司，从电子商务平台可以很容易找到活跃网商，经过技术处理可以"自动"地从后台数据中找到最需要贷款、最有可能获得贷款的客户，做较为精准的定向营销，并结合客户的供应链管理情况作出预期授信的判断，直接进行点对点的营销工作，既节约了营销的成本，又避免了对客户的过度打扰。同时，阿里巴巴 B2B 的销售团队得以将贷款产品作为一种服务推向需要贷款的细分市场，减少了大量的广告宣传和品牌管理工作。阿里巴巴 B2B 的客户营销是"一对一"的销售，每个客户都有自己的客户服务专员，这样也做到了贴近客户的服务。在对客户进行风险评估时，客户的网站行为数据也可以在电子商务平台得以体现。

从贷款管理成本来看，对中小企业的贷款还需要进行贷后监控，制定相应的风险应对措施。阿里小额贷款借助电子商务可以轻易实现传统金融模式无法实现的全程监控，因为客户的任何一点经营情况变化都能反映在电子商务平台上。如获贷企业的沟通工具在线时长是否发生了变化等，都可能意味着企业的经营方式发生重大变化。与此同时，借助电子商务平台对获贷客户的交易记录、交易对手都可以直接掌握，最大限度地避免了贷款出现逾期甚至坏账的可能性。在贷款到期日前，阿里小额贷款会提前提醒客户按期还款。如果客户恶意欠贷，不排除对其进行"互联网全网通缉"、在网上公布信用黑名单、封杀网上店铺等惩罚措施，甚至采取法律手段。因此，阿里金融大大提高了申请者违约的成本，从而将道德风险发生的概率大大降低，同时利用电子商务平台有效地降低了监督成本。

阿里小额贷款根据信贷公司运营模式，将申贷和审贷流程尽量简化，从客户申请贷款到贷前调查、审核、发放和还款采用全流程网络化、无纸化操作。只要是阿里巴巴诚信通会员和淘宝卖家，无须担保，客户只需要在电脑前简单操作即可轻松获取贷款，整个过程最短只需要 3 分钟。这种通过技术进步替代银行高企的风险管理人力成本的做法，不但能够降低贷款的风险，加快放款的进程，而且能使阿里金融的监督成本有效降低。

从经营效率来看，正是由于巨大的信息优势，加上对网络、电子支付和云计算的有效运用，阿里小额贷款与阿里巴巴、淘宝网、支付宝底层数据完全打通，通过大规模数据云计算、客户网络行为、网络信用在小额贷款中得到运用。小企业在阿里巴巴、淘宝店主在淘宝网上经营的信用记录、发生交易的状况、投诉纠纷情况等百余项指标信息都在评估系统中通过计算分析，最终作为贷款的评价标准。如此可以有效地把交易数据转化为信用评级，转化为贷款的依据，因此大大减少了企业的贷款人工成本，进而最大限度地降低了贷款的成本。阿里小额贷款所依赖的网络平台和电子支付，可大幅提高企业融资效率，简化小微企业的融资流程，降低融资成本。有了高效的处理技术，使阿里小额贷款的贷款批量化审批发放贷款成为可能。

3) 风险控制优势

阿里小额贷款之所以能够降低风险，最重要的就是它能很准确、很全面地掌握企业的交易信息，包括企业有多少销售额、发生多少订单、执行情况到底怎么样、销售的产品客户是否满意、销售的产品退货的比例等，通过其建立的数据收集系统真实、完整地把这些巨量的交易信息记录并保存下来。通过深度数据挖掘技术和数据的云计算处理，就能够根据客户的当年以及历史交易次数、交易规模和资金流转记录等交易信息，结合客户的贷款目的分析出客户的最佳贷款金额。而贷款发放后，又可以通过第三方支付平台——支付宝对其资金使用情况、是否符合当时贷款申报的范围进行监督。这样就能做到从贷前、贷中、贷后全面地监控和把握风险，最低限度地控制小额贷款的风险。

## 4.6 P2P 网络小额贷款

### 4.6.1 P2P 网络小额贷款概念的界定

#### 1. P2P 网络借贷的定义

P2P 网络借贷，是指个体和个体之间通过互联网平台进行的直接借贷活动。个体包括自然人、法人及其他组织。P2P 是英文 peer-to-peer 的简称，最先起源于 IT 行业，被译为对等网络。所谓对等网络，可以简单地理解为互联网终端的一种传输协议，在该协议下，一般来说，成千上万台彼此连接的计算机都处于对等的地位，整个网络不依赖专用的集中服务器，用户可以通过直接交换来共享计算机资源和服务。而 P2P 网络借贷则是将 IT 行业 P2P "对等地位不依赖专用集中服务器"的特点延伸至金融领域，其英文全称为"peer to peer lending"，是指"点对点"的借贷。

P2P 网络借贷属于民间借贷的网络化，在 P2P 网络借贷平台上发生的直接借贷行为属于民间借贷范畴，受《民法典》以及最高人民法院相关司法解释的规范。P2P 网络借贷具有平台功能，可为投资方和融资方提供信息交互、撮合、资信评估等中介服务。

#### 2. P2P 网络借贷与网络小额贷款的区别

P2P 网络借贷和网络小额贷款虽然都是网络借贷，纳入互联网金融予以管理，但是两者仍存在一些不同。P2P 网络借贷与网络小额贷款的比较如表 4.8 所示。

表 4.8　P2P 网络借贷与网络小额贷款的比较

| 项　目 | 共　同　点 | 区　别 |
| --- | --- | --- |
| P2P 网络借贷 | 属于民间借贷；依托互联网平台；坚持小额分散原则；服务对象为中小企业或个人；跨越地域限制，可面向全国开展业务 | 实质上是信息中介，开展个人借贷、个人资金的撮合业务；通常利率较低；利润来源为平台服务费 |
| 网络小额贷款 | | 实质上是小额贷款公司，开展发放贷款业务；通常利率较高；利润来源通常为利息 |

1) 平台的性质不同

P2P 网络借贷平台扮演的是信息中介而非信用中介的角色，它并不是金融机构。信息中介与信用中介虽一字之差，但对网络借贷平台来讲，性质截然不同。信息中介是利用市场的不对称，依靠提供信息来获取居间盈利的机构。信用中介是指买卖双方在交易过程中，由平台保管买卖双方交易的资金和相关的文件，根据买卖双方履行合同的情况，平台按协议约定和买卖双方的授权、指令，向买卖双方转移资金、相关文件，平台以中立的信用中介地位促成交易的安全完成。信用中介是商业银行最基本、最能反映其经营活动特征的职能。如果将网络借贷平台定位于信用中介平台，那么与银行为客户融资提供担保的行为没有本质的区别，平台可以通过公开或非公开的方式吸收公众存款来放贷，可以为出资人提供信用担保。

P2P 网络借贷平台为信息中介平台，是信息撮合方，提供风险评估、信息公开、法律咨询等附加服务，它主要为出借方和借款方提供相关的服务和信息。其作为网络借贷的信息中介，负责对资金需求方的个人信用、财务状况等进行详细的考察和评定。同时，将优质的资金需求方推荐给有投资需求的资金供给方，供其选择和出借资金，完成资金需求方和资金供给方点对点的资金交易。P2P 网络借贷平台定位为信息中介机构，因此其不得吸收公众存款、不得归集资金设立资金池、不得自身为出借人提供任何形式的担保等。

网络小额贷款平台本质上仍是小额贷款公司，平台操作的是小额贷款公司放贷业务，它并不具有中介的特征。网络小额贷款属于国家专门监管的金融活动，小额贷款公司通过互联网开展小额贷款业务。

2) 借款利率不同

P2P 借贷平台的角色是中介，借款人所借的款项来自出借人，所以一般利率较低。网络小额贷款公司出借的钱都来自股东，一般来说它的利率都比较高，但是具体的利率还可以和网络小额贷款公司进行商议。

3) 盈利模式不同

P2P 借贷平台收取的是平台服务费，网络小额贷款公司收取的是利息。

### 3. P2P 网络借贷与网络小额贷款的共同点

P2P 借贷平台与小额贷款公司尽管有诸多的不同，但是它们性质上都属于民间借贷，都坚持小额分散原则，它们所服务的对象也基本都是中小企业或者个人，所以它们是银行的有力补充，从另一个层面促进了资本的合理配置。

## 4.6.2　P2P 网络借贷的发展

### 1. 国外 P2P 网络借贷的发展

P2P 网络借贷平台起源于小额借贷，小额借贷模式是由获得 2006 年"诺贝尔和平奖"的孟加拉国经济学家穆罕默德·尤努斯教授首创，通过乡村银行(Grameen Bank，也译作格莱珉银行)平台进行运作。小额借贷发展初期的主要目的是向低收入阶层和弱势群体提供一种可持续发展的金融服务方式，侧重于扶贫功能，主要形式也是传统的"网下"借贷模式。随着经济的增长、互联网的普及和信息技术的迅速发展，小额借贷的服务人群范围逐步扩展，除了社会低收入人群之外，还包括一些白领阶层、个体工商户及私营小企业主等有着各种生产及生活贷款需求的人群，主要形式也演变为"网上"和"网下"并行的模式，"网上"模式就是 P2P 网络借贷平台。

网络借贷最早起源于英国。2005 年 3 月，Zopa 在英国开始运营。Zopa 全称为英国 Zopa 网上互助借贷公司，Zopa 是"可达成协议的空间(Zone of Possible Agreement)"的缩写。Zopa 的创立者为理查德·杜瓦(Richard Duvall)、詹姆斯·亚历山大(James Alexander)、萨拉·马休斯(Sarah Matthews)和大卫·尼克尔森(Dave Nicholson)四位年轻人，他们曾经发起组建了英国最大的网上银行——Egg 银行(http://www.egg.com/)。随后，这四位年轻人突发奇想，既然银行都可以无抵押给个人贷款，那么能不能撮合个人和个人之间直接借贷呢？于是他们创办了全球首个 P2P 网络借贷平台——Zopa，把计算机里点对点 P2P 传输数据的原理拓展到金融领域，绕过银行直接撮合借贷双方，让个人可以把钱借给个人，而平台在其中只收取一些手续费。在 Zopa 网页上，有钱可供出借的人在网络上列出金额、利率和想要出借的时间，其中有些人提供的利率相对较低，但对借贷人信用度要求较高，如果利率较高，出借条件可能更有弹性。

2006 年，美国首家 P2P 平台 Prosper 成立，同年 Lending Club 在旧金山成立。Prosper 是一个让有借款的需求者和有闲置资金的出资人能够自行配对的平台站点。Prosper 的模式类似拍卖，借款方希望寻找愿意以最低利率出借的出资人，而出资人则希望找到愿意支付更高利率的借款人，而双方的重要参考指标就是个人信用评分。

Web 2.0 的兴起和 2008 年的金融危机为 P2P 平台的发展提供了重要契机：前者提供了 P2P 借贷产生的可能性，后者则是 P2P 借贷成长的助推器。一方面，Web 1.0 的模式将用户视为被动的信息接收者，而 Web 2.0 则允许用户参与其中，并且创造信息与价值；另一方面，在 Zopa、Prosper、Lending Club 成立不久金融危机就爆发了，大型金融机构在危机冲击下开始收缩信贷，迫使很多消费者转向 P2P 平台借贷。例如，危机期间高风险的个人投资者受到严重冲击，很难申请到无抵押贷款，于是他们把目光投向 P2P 借贷；而很多贷款申请被拒的大学生，也开始对 P2P 借贷产生兴趣。这几年，虽然 P2P 平台的运作模式发生了一些变化，但却都在忠实地遵循着成立之初为消费者提供价值的宗旨。

**2. 国外 P2P 网络借贷的运营模式**

1) 英国 Zopa 模式

作为全球首家 P2P 网络借贷平台，2005 年 3 月，Zopa 成立于英国伦敦。2014 年 Zopa 的贷款规模达到 2.68 亿英镑。自成立以来，其网络借贷平台的交易总额超过 7.13 亿英镑，满足了无数人的投融资需求。Zopa 也被评为"最受信任的个人贷款提供者"，在过去 5 年，其资金回报率也排在了前列。图 4.7 为 Zopa 运营模式。

(1) 运作模式。

Zopa 提供的是小额贷款，为资金需求者提供的贷款为 1000～20 000 英镑，期限为 2 年、3 年、4 年、5 年。其运作模式如下所述。

① 由资金需求者在网站上进行注册并提出借款申请，同时提供详细的个人信用情况。Zopa 通过与其合作的第三方信用评级机构 Equifax 获得资金需求者的信用评分，确定

资金需求者的信用等级。Zopa 将个人信用贷款等级分为 A*、A、B、C、Y，其中 Y 代表的是 20～25 岁的年轻人。

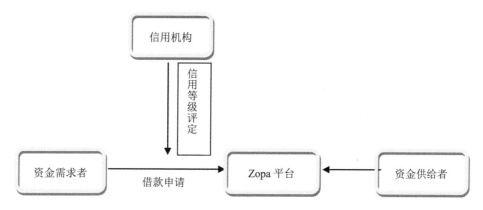

图 4.7　Zopa 运营模式

② 完成注册之后，资金需求者可以通过 Zopa 提供的"贷款计算器"来查看预期借贷利率，如果觉得利率满意，资金需求者可以提出借贷申请。Zopa 在收到资金需求者提出的借贷申请后，根据其信用评级情况确定其最终借贷利率，并将结果告知资金需求者，在得到资金需求者认同后，资金需求者的借贷申请通过。

③ Zopa 根据实际情况，提供三年或者五年的借贷利率。投资者决定投资期限后，将资金汇入 Zopa 账户中。

④ Zopa 在收到投资者的投资申请之后，将投资者的资金按 10 英镑进行均等分配，投资给不同的资金需求者。资金需求者得到其借贷金额后，Zopa 将资金汇给资金需求者。

⑤ Zopa 强制资金需求者按月还款，并将资金汇入投资者的 Zopa 账户中，投资者可以选择再投资或者将资金取出。

(2) 风险控制。

Zopa 采取各种措施降低资金供给者的风险，主要通过将资金需求者进行信用分级、强制资金需求者按月还款、要求资金供给者分散投资、与资金需求者签署法律合同等方式来约束资金需求者以及资金供给者，达到控制风险的目的。Zopa 的借贷资金与其平台运营资金是分开的，存放在苏格兰皇家银行中，即使 Zopa 倒闭，投资者也可以收回本金。

(3) 运营特点。

Zopa 模式的特点在于严格地划分信用等级、强制按月还款、要求分散投资、签署法律合同，从而较好地控制了风险。严格的信用等级划分、分散式的投资方式以及具有法律效力的合同，使 Zopa 的平台风险得到了一定的控制，再加上强制性地要求资金需求者按月偿还款项，减少了资金需求者在短期内的偿还压力，从而进一步降低了违约的风险。与此同时，Zopa 还不断地在其网站上公布最新的数据，让投资者和资金需求者了解最新的坏账率和投资回报率，以便资金需求者和资金供给者作出更好的选择。

2) Prosper 模式

2006 年，Prosper 网络借贷平台在美国成立，成为美国第一家 P2P 网络借贷平台。据统计，Prosper 平台上将近 1/4 的资金需求者是为了偿还债务或者信用卡，自其成立以来，其借贷规模迅速增长。

2013 年 Prosper 借贷规模约为 7.5 亿美元，2014 年 Prosper 借贷规模达到 25 亿美元，同比增长 233.33%。图 4.8 所示为 Prosper 运营模式。

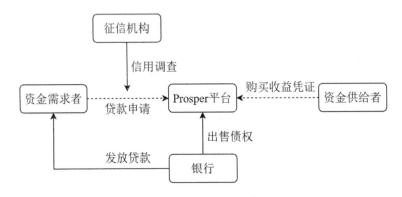

图 4.8　Prosper 运营模式

(1) 运作模式。

Prosper 主要是提供小额借贷，为资金需求者提供的贷款为 2000～35 000 美元，期限为 1 年、3 年、5 年三种。其运作模式如下所述。

① 资金需求者与资金供给者都必须先注册成为 Prosper 平台会员，提供相应的个人信息以获得资金借贷和投资的资格(资金需求者至少需要取得 640 分的信用评分才能注册成功)。注册无须采用实名制，双方仅以账号名称进行交易。Prosper 平台通过与其合作的第三方信用评级机构 Experian 获得资金需求者的信用评分，确定资金需求者的信用等级。Prosper 将资金需求者的信用状况由高到低分为七个等级：AA、A、B、C、D、E 和 HR，资金需求者的评级越低，表示其信用状况越差，相应借贷金额的期限和借贷利率也就越高。

② Prosper 将审核后的资金需求者的借贷需求公布在网站上，列出借贷金额、借贷期限、借贷利率和客户评级等信息供资金供给者浏览。

③ 资金供给者经过浏览资金需求者提供的借贷信息后，可以根据平台提供的投资组合意见进行投资，也可以根据自身偏好进行投资。

④ 资金供给者确定自己的投资后，并不是将资金直接转入资金需求者的账户，而是需要通过购买与资金需求者借贷相对应的收益权证凭据进行资金的投资，在犹他州登记并由 FDIC 承保的 Web Bank 就会审核、筹备、拨款和分发贷款到对应的资金需求者账户。Web Bank 随后会将收益权证凭据卖给 Prosper 平台以获得对应的金额。

⑤ 资金需求者通常采用电子转账方式按月进行借贷资金的偿还，Prosper 平台会扣除相关服务费，然后将剩余的资金转入资金供给者账户。

(2) 风险控制。

由于资金需求者与资金供给者是通过注册账户匿名交易，Prosper 通过严格资金需求者个人信息的审查和通过第三方信用评级机构对资金需求者的评级来降低资金需求者的信用风险。

(3) 运营特点。

Prosper 平台必须对自身运营情况进行严格的信息披露，将其数据公开在网站上供社会机构或者学术界进行分析研究。学者利用其数据对 Prosper 进行了研究，得出了很多有价值的结果，促进了 Prosper 的发展。在利率决定上，Prosper 也比较有特色。Prosper 最初采用荷兰式拍卖来决定借贷资金的价格，通过不断调低借贷利率来匹配投资者愿意给出的贷款利率，后来改用内部评级的利率定价机制。

3) Lending Club 模式

Lending Club 创立于 2006 年，位于美国旧金山，是第一家按照美国证券交易委员会(Securities and Exchange Commission，SEC)的安全标准注册的向个人提供贷款的 P2P 网站。Lending Club 平台上的借贷利率已经固定，其平均贷款期限与其他借贷平台也有所不同，期限较长，达到 3 年。

Lending Club 的业务流程是：首先借款人进入其网站填写个人信息以及期望的贷款额度，额度在 1000~35 000 美元，然后 Lending Club 会根据借款人的信用状况、预贷款额度以及还款能力等多方面来对其进行贷款风险级别的认定，接着平台会确定其贷款利率和手续费等，同时在网站上发布。最后出借人在网站上可以对借款人信息进行浏览，包括贷款具体信息和 Lending Club 作出的信用和风险评估，并选择适合自己的投资标的和金额。

Lending Club 的利润一方面来自借款人缴纳的手续费，根据其信用条件的不同会有所不同；另一方面来自投资者缴纳的其借出金额的管理费。

Lending Club 在风险控制方面采取以下方式：一是固定利率限制，利率是 Lending Club 根据不同借款人的信用等级制定的，不再采取竞标方式，相比投资人而言更具有专业性；二是贷款客户限制，为了有效降低违约风险，Lending Club 的贷款客户定位于信用等级较高的人，只有合格的贷款申请才能最终获得贷款，同时再按照高风险高贷款利率的原则来确定利率；三是投资额限制，放款人在平台上的投资额不得超过其个人净资产的 10%。

Lending Club 的创始者 Laplanche 认为，如果在拥有相同特质的消费者之间产生借贷的话，那么违约风险和贷款利率都可以降低。基于社交理念这是一个好的想法，但是运行效果并未达到预期。

与 Prosper 相比，Lending Club 的坏账率接近 4%，其风险主要来自担保公司，一旦担保公司过度介入交易，或担保公司突然倒闭，就会影响到平台的正常交易。首先，一方面，平台采用 FICO 数据(个人信用评级法)作为评定借款人信用分数的重要参考；另一方面，平台对借款人信息的审核工作做得极为细致。其次，Lending Club 推出了债券交易平台，当贷款出现违约时，投资人可以将债权通过打折销售的方式转让给专业债权投资机构。

4) Kiva 模式

2005 年，Kiva 作为一个非营利性 P2P 网络借贷平台在美国旧金山诞生，其主要致力于向世界贫困地区的中小企业和个人发放贷款。Kiva 通过与当地的微金融机构合作，为资金供给者提供机会，支持当地的企业发展和个人生活需要。Kiva 以消灭贫穷为目的，运用平台将贷款同人们联系在一起，向全世界 130 个微金融机构发放无息贷款，以资助这些小微机构在他们社会中向其他机构发放带息贷款。截至 2022 年 8 月，Kiva 已涵盖 190 万家贷款机构，成功帮助了全球逾 210 万人，为农民、企业家和为梦想奋斗的学生们提供了超过 16 亿美元的贷款。图 4.9 为 Kiva 运营模式。

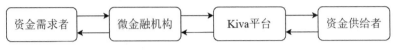

图 4.9　Kiva 运营模式

(1) 运作模式。

Kiva 与其他 P2P 网络借贷平台的不同之处在于，它不直接接触资金需求者，而是通过微金融机构与他们联系。Kiva 的运作模式如下所述。

① 资金需求者找到当地与 Kiva 合作的微金融机构申请借款。

② 微金融机构通过对资金需求者的审核将资金发放给资金需求者。

③ 这些微金融机构将资金需求者的借款需求发送给 Kiva，Kiva 通过其网站发出信息。

④ 资金供给者在 Kiva 网站上选择投资标的，发放贷款。与此同时，Kiva 将这些资金发送到对应的微金融机构。

⑤ 资金需求者将资金还给当地微金融机构，微金融机构再还给 Kiva，Kiva 再还给资金供给者。

(2) 风险控制。

Kiva 作为一家公益性 P2P 网络借贷平台，其风险来自多个方面。

① Kiva 主要负责为贫穷的人发放贷款，这些贫穷的人因其自身的各种原因，比如疾病、失业或者自身经营不善等多方面的因素导致无法正常还款，进而导致 Kiva 产生风险。

② Kiva 还面临着与它合作的各个地区的微金融机构的风险，如运营困难、欺诈、破产等原因产生的风险。

③ Kiva 致力于对全球贫困地区进行扶贫，受各地区发展不平衡以及政治和战乱等宏观因素影响，Kiva 也面临这些风险。

④ Kiva 因涉及多个国家和地区，其主要以美元结算，因而 Kiva 也面临着汇率风险。在这种情况下，一方面，Kiva 通过严格审查各个地区的微金融机构的资信情况来减少这些机构给自己带来的风险；另一方面，Kiva 还通过分散投资来降低资金供给者的风险。

(3) 运营特点。

Kiva 属于公益性服务 P2P 平台，不向资金供给者和合作机构收取服务费，其自身的运营资金也主要是通过企业或者个人的捐赠以及广告合作。Kiva 作为全世界公益性 P2P 网络借贷平台，其运用各个国家和地区的微金融机构将世界范围内的贫民和资金供给者联系到一起是它有别于其他 P2P 网络借贷平台的最大特点。

### 3. 国外 P2P 网络借贷平台运营模式比较分析

根据前文分析，我们可以将国外比较典型的 P2P 网络借贷平台运营模式分为三类，即复合中介型平台(Zopa)、单纯中介型平台(Prosper)、非营利性平台(Kiva)。其中，复合中介型平台不仅需要将资金需求者和资金供给者的投融资需求进行匹配，还要负责资金需求者的审核以及利率的制定并为投资者提供担保。单纯中介型平台仅仅只为资金需求者和资金供给者提供一个投融资的网络平台，投融资需求由借贷双方自行选择，平台只是从中收取一定的手续费，借贷利率也由借贷双方决定，平台本身不参与其中。非营利性(公益性)平台主要为扶贫，对借贷双方不收取利息和手续费。三种平台运营模式对比如表 4.9 所示。

表 4.9 三种平台运营模式对比

| 项 目 | 平台名称 | | |
|---|---|---|---|
| | Zopa | Prosper | Kiva |
| 成立时间 | 2005 年 3 月 | 2006 年 10 月 | 2005 年 10 月 |
| 服务区域 | 英国 | 美国 | 全球 |
| 用户群体 | 有小额资金需求的英国公民 | 有小额资金需求的美国公民 | 落后国家或地区的企业和家庭 |
| 用户评级 | Zopa 参照资金需求者的第三方信用评级机构的信用报告和个人具体信息进行信用评级 | Prosper 将资金需求者的信用状况从高到低分为七个等级：AA、A、B、C、D、E 和 HR | Kiva 对各个地区合伙的微金融机构进行星级评估，评估模型涉及流动性、审计结果、掌控力等。分为 1~5 个星的等级，0.5 分为一个跨度 |
| 利率制定 | 根据资金需求者的信用等级以及 Zopa 平台为资金需求者提供的借贷利率计算资金需求者的借款利率 | Prosper 会根据资金需求者的信用等级、借贷期限等确定利率标准 | Kiva 为公益性平台，资金供给者都以扶贫和救助为目的，因此 Kiva 的借款是无息的 |
| 审核工作 | Zopa 在资金需求者提供借款申请后会作严格的审核，对资金需求者的身份和财务状况等进行核查 | Prosper 对资金需求者的个人信息、财务状况、提交资料等进行审查 | Kiva 对资金需求者不作实质性的审核，都是由所在地区的微金融机构进行筛选和推荐 |
| 服务费用 | 资金需求者：0.5%~12.7%；资金供给者：1% | 资金需求者：0.5%~4.95%；资金供给者：1% | 0 |
| 坏账率 | 2%左右 | 平均 6.86% | 1.06% |
| 运营模式 | 复合中介型 | 单纯中介型 | 非营利性 |

(资料来源：Zopa、Prosper、Kiva 各网站)

### 4. 我国 P2P 网络借贷的发展历程

网络借贷模式比银行灵活便捷、投资回报利率高，很快在全球得到复制，并于 2007 年引入中国。2007 年 6 月，我国首家 P2P 平台拍拍贷在上海成立，从此开启了中国网贷新篇章。如表 4.10 所示，我国 P2P 网络借贷发展大致可分为探索发展期、野蛮生长期、整顿规范期三个阶段。

表 4.10 我国 P2P 网络借贷行业基本发展历程

| 行业发展阶段 | 发展特点及标志性事件 |
| --- | --- |
| 探索发展期<br>(2007—2012 年) | 2007 年，国内第一个 P2P 网络借贷平台拍拍贷成立，拉开国内网络借贷发展的序幕，同年翼龙贷成立，与拍拍贷一起成为国内 P2P 网络借贷行业的第一批探索者；<br>2008—2010 年，行业缓慢发展，平台数量仍屈指可数，行业发展处于萌芽阶段；<br>2011 年，利率市场化、金融脱媒、民间借贷火爆推动了 P2P 网络借贷的快速发展，同时由于缺乏统一的征信平台，借款人重复借款导致首次网络借贷违约潮；<br>2012 年，民间借贷者大量进入 P2P 网络借贷，同时各类平台管理混乱，缺乏风控，导致大量平台挤兑倒闭 |
| 野蛮生长期<br>(2013—2014 年) | 2013 年，网络借贷系统普及化，行业增速大幅提升，不规范平台大量出现，平台以加强在商业模式上的创新，开展与小额贷款公司合作，并提供担保等模式，增强对投资人的吸引力；<br>2014 年 4 月 21 日，中国银监会发布《关于办理非法集资刑事案件适用法律若干问题的意见》，要求 P2P 网络借贷平台要明确四条红线，网络借贷监管权归属和监管方向初显眉目；<br>2014 年 11 月，老牌平台贷帮网千万逾期但拒不兜底的做法在行业内掀起巨浪，成为 P2P 拒绝兜底的第一例，打破行业刚性兑付的神话 |
| 整顿规范期<br>(2015 年至今) | 2015 年 7 月 18 日，国务院等 10 部委联合发布《关于促进互联网金融健康发展的指导意见》，明确规定一行三会分别对互联网金融分为七大业态领域进行监管，其中网络借贷业务由银监会负责监管，P2P 告别"无监管"时代；<br>2016 年 3 月 25 日，中国互联网金融协会成立暨第一次会员代表大会在上海召开，作为首个国家级别的金融行业协会，备受瞩目；<br>2015 年 8 月，最高人民法院发布了《最高人民法院关于审理民间借贷案件适用法律若干问题的规定》，首次明确 P2P 担保责任；<br>2016 年 8 月 24 日，银监会等 4 部委正式发布了《网络借贷信息中介机构业务活动管理暂行办法》，该办法是网贷市场最早出台的监管细则，对网贷市场的长远发展具有深远的影响；<br>2016 年 10 月 28 日，中国互联网金融协会正式发布《互联网金融信息披露个体网络借贷》标准(T/NIFA 1—2016)和《中国互联网金融协会信息披露自律管理规范》；<br>2017 年 8 月 24 日，《网络借贷信息中介机构业务活动信息披露指引》出台，该政策首次为规范网贷平台信息披露提供了详细的指导。此外，在 2016 年年底、2017 年年初《网络借贷信息中介机构备案登记管理指引》《网络借贷资金存管业务指引》相继发布；<br>2018 年 8 月，全国 P2P 网络借贷风险专项整治办发布《关于开展 P2P 网络借贷机构合规检查工作的通知》及 108 条《网络借贷信息中介机构合规检查问题清单》，从机构自查、自律检查、行政核查等方面进一步规范 P2P 网络借贷； |

续表

| 行业发展阶段 | 发展特点及标志性事件 |
| --- | --- |
| 整顿规范期<br>(2015年至今) | 2019年1月，《关于做好网贷机构分类处置和风险防范工作的意见》(即"175号文")和《关于进一步做实P2P网络借贷合规检查及后续工作的通知》下发，整治工作的力度和速度加大，P2P行业持续加速出清和良性退出；<br>2019年9月，中国人民银行发布《金融科技(FinTech)发展规划(2019—2021年)》，确认"非法放贷"认定标准，非法放贷情节，严重的将以非法经营罪定罪处罚；<br>2020年7月，银监会出台《商业银行互联网贷款管理暂行办法》，促进互联网贷款业务获客、产品设计、风控、催收等环节合规发展；<br>2020年9月，《关于加强小额贷款公司监督管理的通知》下发，进一步加强监督管理、规范经营行为、防范化解风险，促进小额贷款公司行业规范健康发展；<br>2021年2月，银监会发布《关于进一步规范商业银行互联网贷款业务的通知》，进一步细化并强化独立风控要求，督促商业银行落实风险控制主体责任，自主完成对贷款风险评估和风险控制具有重要影响的风控环节，促进业务健康发展；<br>2021年3月，银监会等5部委发布《关于进一步规范大学生互联网消费贷款监督管理工作的通知》，加强业务风险管理，严格执行"三查"制度，对不同的放贷主体加强了约束管理 |

## 本章作业

1. 简述网络小额贷款的定义与特点。
2. 简述网络小额贷款与P2P网络小额贷款的区别与联系。
3. 阐述网络小额贷款的风控措施。
4. 网络小额贷款的商业模式、征信模式是怎么样的？

# 第 5 章

# 电子商务贷款

## 本章目标

- 了解电子商务在国内外的发展现状以及电子商务贷款业务的发展背景。
- 掌握电子商务贷款的内涵、特点以及作用。
- 熟练掌握不同模式下的电子商务贷款的基本流程以及各自特点。
- 熟练掌握电子商务贷款的风险控制措施以及其与传统贷款的风险控制措施的不同之处。

## 本章简介

电子商务的发展催生了电子商务贷款的发展,反过来电子商务贷款为电子商务市场更加蓬勃的发展起到了积极的促进作用。本章将会介绍电子商务业务的发展状况、电子商务贷款的概念、电子商务贷款的特点、电子商务贷款与网络小额贷款及商业银行互联网贷款有什么异同、电子商务贷款的作用,以及电子商务贷款的主要模式、基本流程、面临的风险和风险控制手段等。通过对本章内容的学习,我们将会对电子商务贷款的基本理论与实务有比较全面的了解和掌握。

## 5.1 电子商务发展催生电子商务贷款业务的发展

### 5.1.1 我国电子商务的发展情况

#### 1. 我国电子商务发展的政策环境

电子商务(Electronic Commerce)是指通过网络等信息化方式开展的商业化活动，也就是商务活动的电子化、网络化。早在 1996 年美国 IBM 公司就提出了 E-commerce 的概念，而到了 1997 年该公司又提出了 E-business 的概念，而后这种电子化的交易模式逐渐被其他国家效仿。1997 年 12 月，国内首家垂直 B2B 网站"中国化工网"诞生，成为国内第一家开展电子商务的商业网站。1997 年至 2005 年，处于互联网发展早期的电子商务主要以网站为基础，是电子商务的培育发展阶段。2005 年，我国颁布第一个专门指导电子商务发展的政策性文件——《国务院办公厅关于加快电子商务发展的若干意见》，就加快电子商务发展的指导思想和基本原则、完善政策法规环境、加快信用、认证、标准、支付和现代物流建设，形成有利于电子商务发展的支撑体系、如何发挥企业的主体作用等提出了具体要求。随后电子商务开启了走向全国、高度竞争的阶段。随着民营快递公司与电子商务平台的合作和 4G 网络日渐普及，电子商务的产业链日益深化，电子商务生态体系日益完整。2005 年 4 月 1 日，《电子签名法》正式施行，奠定了电子商务市场良好发展态势的基础，这也是中国信息化领域的第一部法律。2010 年 6 月 8 日，国务院新闻办公室发布了《中国互联网状况》白皮书，特别关注了正在快速发展的中国电子商务行业。

2015 年 5 月 7 日，国务院再次颁发电子商务指导文件——《关于大力发展电子商务加快培育经济新动力的意见》，明确提出要加大金融服务支持，建立健全适应电子商务发展的多元化、多渠道投融资机制，进一步拓展电子商务企业融资渠道。2007 年 6 月 1 日，国家发改委、国务院信息化工作办公室联合发布我国首部电子商务发展规划——《电子商务发展"十一五"规划》，首次在国家政策层面确立了发展电子商务的战略和任务，这是我国第一个国家级的电子商务发展规划。2007 年 12 月 7 日，商务部公布《商务部关于促进电子商务规范发展的意见》。为推进电子商务领域信用体系建设，解决突出的诚信缺失问题，2018 年 5 月 14 日，国家发展改革委，商务部等 8 部委联合发布《关于加强对电子商务领域失信问题专项治理工作的通知》；为促进跨境电子商务零售进口行业的健康发展，营造公平竞争的市场环境，2018 年 11 月 29 日，财政部、海关总署、国家税务总局等部门联合下发《关于完善跨境电子商务零售进口税收政策的通知》；2019 年 1 月 1 日，《电子商务法》正式实施，对电子商务各方主体利益、维护市场秩序、加强知识产权保护等方面具有重要作用，进一步推动了我国电子商务市场的规范发展。《电子商务法》颁布实施后，国务院陆续出台电子商务相关法规政策。代表性的如 2019 年 8 月 8 日，《国务院办公厅关于促进平台经济规范健康发展的指导意见》(国办发〔2019〕38 号)的出台，其旨在聚焦平台经济发展中面临的突出问题，促进了互联网平台服务经济的快速发展，电子商务交易服务作为平台经济的重要组成部分，进入新的发展阶段，B2B 交易服务、B2C 交易服务和 C2C 交易服务都得到快速发展。为推动提升电子商务进农村，建立农村现代市场体系，助力脱贫攻坚和乡村振兴，财政部、商务部、国家乡村振兴局(国务院扶贫办)于 2019 年、2020 年和 2021 年连续三年下发关于开展电子商务进农村综合示范工作的通知。为健全县、乡、村寄递服务体系，补齐农村寄递物流基础设施短板，推动农村地区流通体系建设，2021 年 7 月 29 日，国务院办公厅下发《国务院办公厅关于加快农村寄递物流体系建设的意见》。为了规范网络交易活动，维护网络交易秩序，保障网络交易各方主体合法权益，促进数字经济持续健康发展，2021 年 3 月 15 日，国家市场监督管理总局发布《网络交易监督管理办法》。

随着信息技术的突飞猛进，电子商务也在由内而外地实现创新，耕耘出更加广阔的发展空间，如从最初的 B2B 模式演变成 C2C、B2C、O2O 等多种模式。如今的商务方式也随着电子商务的发展而改变，由于时间、空间的自由选择，即使在家里也可以正常远程办公。不管处于何地的公司，也不论公司规模大小，只要通过网络，就可以实现全球性的商业活动。

**2．电子商务主要模式**

一般来说，电子商务模式主要有 B2B 模式、B2C 模式、C2C 模式和 O2O 模式。

1) B2B 模式

B2B(Business to Business)模式是指商家对商家的电子商业模式，是电子商务应用最多和最受企业重视的形式，是传统电子商务中发展最快的一种形式。商务交易双方都是企业或公司，通过使用互联网技术和各种商务网络平台完成商务交易的过程。B2B 典型平台为阿里巴巴电子商务平台。

2) B2C 模式

B2C(Business to Customer)模式是一种企业对消费者的电子商务形式，主要以网络零售业为主，其通常依赖于 Internet 和独立网店系统软件进行线上销售，同时也是一种全新的企业或品牌推广形式。按目前营运的 B2C 网站，B2C 模式又可分为百货商店类、综合商城类和垂直商店类。百货商店类如凡客诚品、当当网等，在这一模式下，卖方与买方之间的关系呈现为一对多的关系。综合商城类如天猫商城，在这一模式下，买方和卖方的关系为多对多。垂直商店类包括贝贝网、360 商城等，这些平台的服务对象都是有特定需求的人或是一些特定人群，并为其提供某一领域或行业有关的产品与服务，专业性比较强。

3) C2C 模式

C2C(Consumer to Consumer)模式是指消费者与消费者之间进行的电子商务活动，是一种个人通过互联网进行的消费者与消费者之间的交易活动模式。C2C 网站就是为买卖双方交易而提供的互联网平台，卖家可以在网站上登出其想出售商品的信息，买家可以从中选择并购买自己需要的物品。易趣、淘宝就是典型的 C2C 平台，每个人都可以去开店，每个人也都可以去购物。所以，近年兴起的微商也属于 C2C 模式。

4) O2O 模式

O2O(Online to Offline)最早起源于美国，是一种线上到线下的交易模式，将线下的商务机会与互联网结合，让互联网成为线下交易的前台。O2O 的概念非常广泛，只要产业链中既涉及线上，又涉及线下，就可通称其为 O2O。其优势主要在于实现互联网落地，把网上和网下的优势有效结合在一起,即把互联网与地面店结合在一起。在消费的过程中,让消费者既享受线上优惠价格,同时又享受线下的贴身服务。淘宝网、饿了么、美团等都属于典型的 O2O 模式,O2O 模式也因为所在的行业、服务、运营模式等的不同而存在差异。

不论是个人还是企业都能够通过电子商务平台来进行网上沟通或交易,电子商务平台作为协调整合信息流、物质流、资金流的重要场所,是基于互联网构建的一个虚拟的网络空间,相关的商务活动都能够在这个虚拟的空间里完成;电子商务平台还能够为企业和商家创造一个良好的网上商务活动交流与交易环境,在这里,在线支付、网络基础设施等都比较齐全,且具有一定安全性,为企业或是商家商业活动的顺利开展提供了许多便利。

### 3. 我国电子商务发展的总体情况

商务部《中国电子商务报告》(2018)、《中国电子商务报告》(2019)、《中国电子商务报告》(2020)和《2021 年上半年中国网络零售市场发展报告》的数据显示,近年来,我国电子商务交易规模、网络零售交易规模以及电子商务服务业营收规模持续增长。

1) 网络购物用户规模

随着智能手机的普及和互联网的快速发展,我国网络购物规模不断扩大,2013 年,我国网络购物用户规模只有 3.01 亿,之后每年平均增速在 60%以上。截至 2020 年 12 月,我国网络购物用户规模达 7.82 亿,占网民整体的 79.1%(见图 5.1)。7.82 亿网络购物用户中,手机网络购物用户规模达到 7.81 亿,占手机网民的 79.2%(见图 5.2)。网络直播成为"线上引流+实体消费"的数字经济新模式,实现蓬勃发展。直播电子商务成为广受用户喜爱的购物方式,66.2%的直播电子商务用户购买过直播商品。

图 5.1 2013—2020 年中国网络购物用户规模及使用率

2) 电子商务交易额

电子商务交易额 2011 年仅为 6.09 万亿元,2011 年到 2016 年之间,每年增速基本上在两位数以上,2014 年的增速最高,达到 57.6%。到 2020 年,我国电子商务交易额达到 37.21 万亿元(见图 5.3)。

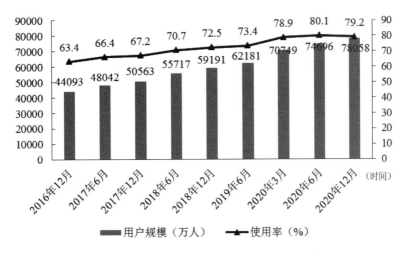

图 5.2 2016—2020 年手机网络购物用户规模及使用率

图 5.3 2011—2020 年中国电子商务交易总额及同比增长率

3) 网上零售交易额

我国连续 10 年成为全球第一大网络零售市场。2011 年至 2020 年，我国网络零售额一直保持着两位数的增长速度，其中 2017 年增速为 32.2%，达到 2017—2020 年增速峰值，之后增速放缓。截至 2020 年，我国网络零售交易额为 11.76 万亿元(见图 5.4)。

**4．细分领域发展情况**

1) 农村电子商务发展情况

随着数字乡村建设，电子商务进农村综合示范、电子商务扶贫等工作的深入推进，中国农村电子商务继续良好发展态势，农村网络零售和农产品上行规模不断扩大，农村消费市场潜力进一步释放，农村电子商务模式不断创新；网络扶贫行动向纵深发展取得实质性进展，电子商务进农村实现对 832 个国家级贫困县全覆盖，电子商务积极助力农业供给侧改革，为乡村振兴提供新动能。中国农村电子商务经历了前期市场培育，在迅速增长的同时加快转型升级，逐步走向高质量发展的新阶段。

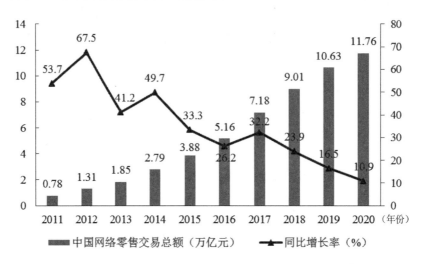

图 5.4  2011—2020 年中国网络零售交易总额及同比增长率

首先，农村网民规模持续增长。2021 年 2 月 3 日，中国互联网络信息中心发布第 47 次《中国互联网络发展状况统计报告》。报告显示，截至 2020 年 12 月，我国网民规模达 9.89 亿，其中，农村网民规模为 3.09 亿(见图 5.5)。

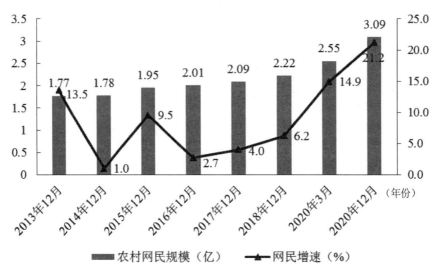

图 5.5  2013—2020 年我国农村网民规模及增长率

其次，全国农村网络零售额呈现逐年快速增长态势。2015 年仅为 3530 亿元，到 2020 年，全国农村网络零售额达到 1.79 万亿元，同比增长 8.9%(见图 5.6)，其中农村实物商品网络零售额为 1.63 万亿元，同比增长 10.5%，分别低于全国增速 2.0 个和 4.3 个百分点。2021 年上半年，网络零售额达 6.11 万亿元，网络零售平台店铺数量为 2152.5 万家。其中，实物商品店铺数为 1066.7 万家，占比为 49.6%。

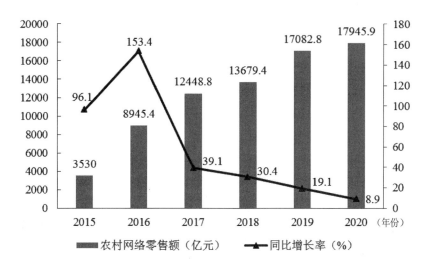

图 5.6 2015—2020 年我国农村网络零售额及增长率

2) 跨境电子商务发展情况

首先，跨境电子商务的政策体系不断完善。2019 年，国务院印发《国务院办公厅关于印发全国深化"放管服"改革优化营商环境电视电话会议重点任务分工方案的通知》，部署完善跨境电子商务等新业态促进政策，适应产业革命新趋势，推动外贸模式创新。为了落实国务院部署，国家相关部门出台了所得税核定征收、知识产权等跨境电子商务相关政策文件。

其次，我国跨境电子商务加速进入高质量发展阶段。总体而言，跨境电子商务继续保持增长态势，增长动力、市场结构发展模式发生积极变化。随着相关政策的日益完善，中国跨境电子商务仍将持续发展。我国通过海关跨境电子商务管理平台的进出口总额从 2015 年的 360.2 亿元增长到 2020 年的 1.69 万亿元，年均增速达 50.8%，其中 2020 年的增速为 31.1%(见图 5.7)。

图 5.7 2015—2020 年我国跨境电子商务进出口总额及同比增长率

### 5. 我国电子商务快速发展的原因

电子商务对促进社会就业、增加人民收入起到了非常大的作用，对我国经济具有非常重要的影响。近年来，我国电子商务交易规模发展如此迅猛，究其原因可以归纳为以下几点。

(1) 互联网和移动互联网不断渗透普及，为电子商务快速发展奠定了良好的用户基础。在全球新一轮科技革命和产业变革中，互联网与各领域的融合发展具有广阔前景和无限潜力，已成为不可阻挡的时代潮流。近年来，在国家相关政策的有力推动下，随着法律制度体系的日益健全、行业利好政策的颁布实施和网络通信设施的大力投入，我国电子商务领域迎来了有史以来快速发展的最佳时机。在网络环境大幅改善的基础上，我国网民数量不断增长，为电子商务的发展奠定了良好的基础。

(2) 移动网络技术的发展和智能手机的普及也促进了手机网民规模的不断上升。移动互联网塑造了全新的社会生活形态，潜移默化地改变着移动网民的日常生活，对电子商务在人们日常生活中的进一步渗透和普及提供了更广阔的发展空间。

(3) 在线销售企业比例不断攀升，数字消费用户规模持续扩张。近年来，企业的参与程度持续深入，开展在线销售的比例大幅提高。

(4) 近年来，天猫、京东、苏宁易购等各大第三方电子商务平台通过采取给予用户价格促销补贴、在城乡地区开设服务站下沉销售渠道、提升物流配送效率、拓展销售品类等方式，吸引越来越多的消费者进行网络购物。目前，网络购物已逐渐深入我国居民的生活，成为重要的消费方式。同时，移动应用的不断丰富和移动支付手段的逐步完善，让消费者摆脱了线下消费模式的束缚，手机网络购物成为众多网民的选择。

## 5.1.2 电子商务发展促进电子商务贷款的发展

根据商务部电子商务和信息化司发布的《2021年上半年中国网络零售市场发展报告》显示，到2021年上半年，我国网络零售平台店铺数量为2152.5万家(个人店铺数量占比61.3%，企业店铺数量占比38.7%)。其中，实物商品店铺数为1066.7万家，占比49.6%。电子商务企业的迅速发展，已经成为我国经济的重要组成部分。

据不完全统计，我国的私营企业中26%的企业资金来自内部的留存收益，小微企业中这一比例更高。内部融资必然受到利润率与积累期的限制，电子商务企业也是一样。电子商务平台上多数商户是个体工商户或者小微企业，其面临着缺少抵押资产、信用缺乏和单笔资金需求小且着急等现实情况，他们难以通过传统的大型金融机构筹集所需资金。一方面，随着网络的普及，电子商务市场规模不断扩大，越来越多的商户入驻各个电子商务平台，对资金的需求愈加强烈。另一方面，电子商务平台商户身处融资困难的大环境中。

小微企业目前面临最大的问题之一是融资难，而融资最根本的核心是诚信，大数据技术、云计算技术的出现为电子商务小额贷款的发展奠定了基础。电子商务小额贷款公司基于电子商务平台上记录的客户海量的交易数据，结合现代互联网云计算等技术对这些数据进行深度加工处理和整合，建立小微企业的信用数据库，有效解决了信用缺乏等问题。同时，电子商务小额贷款利用大数据和互联网技术，解决了金融市场信息不对称的问题，规避了金融市场中道德风险和逆向选择，提高了资源的配置效率。另外，我国政府加大金融改革的力度，为电子商务小额贷款的发展提供了良好的契机。在如此背景下，专为电子商务平台商户服务的电子商务小额贷款应运而生。

## 5.2 电子商务贷款概述

### 5.2.1 电子商务贷款的定义与特点

#### 1. 电子商务贷款的定义

学术界对于电子商务贷款还没有统一的定义。艾瑞咨询在《互联网创新金融模式研究》(2013 年)给出的定义为：电子商务小额贷款是指利用平台积累的企业数据及贷款企业上下游产业链关系，完成小额贷款需求的信用审核并放贷的一种新型贷款模式。

我们比较认同《中国互联网金融报告》(2014)对电子商务小额贷款的定义：电子商务小额贷款是指电子商务企业利用互联网、云计算等信息化手段，对其长期积累的平台客户交易数据进行专业化的挖掘和分析，通过自建小额贷款公司或与银行合作的方式，向其平台上的小微企业提供信贷服务。电子商务小额贷款为电子商务小微企业创造了一种从生产、销售、融资直到结算的"商业生态圈"。这种"商业生态圈"不仅满足了小微企业的融资需求，而且有效提升了整个电子商务平台的粘连度，营造出互利共赢、良性发展的局面(见图 5.8)。

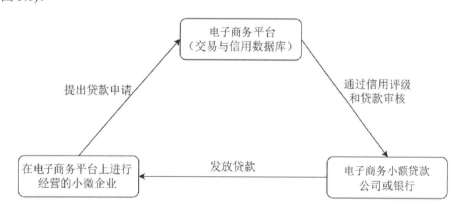

图 5.8　电子商务小额贷款模式

电子商务贷款是一种新型网络小额贷款，是互联网、金融和电子商务企业融合发展的产物。电子商务贷款的服务对象为有融资需求的电子商务平台内的卖家。电子商务贷款是一种 B2B(Business to Business)的纯信用贷款，无须抵押或担保，申贷、审批、下款、支用、还贷等业务流程基本上都是通过互联网完成的。

#### 2. 电子商务贷款的特点

1) 聚焦尾部客户群体

商业银行贷款多数是抵押贷款，所以，银行服务的对象大多是有一定抵押财产的头部客户，而电子商务平台上的商家大多数是缺少抵押资产的个体和小微企业。电子商务贷款的服务对象定位为个体和小微企业，直面电子商务企业的资金筹集和周转难题。电子商务贷款利用了美国著名学者安德森提出的"长尾理论"，该理论认为过去成本和效率的原因，人们主要关注重要的人和事，但在信息化时代，关注尾部的成本大大降低，服务尾部客户同样能提供利润空间。电子商务贷款利用互联网收集和分析处理电子商务平台上商家的相关信息的优势，将目光聚焦在传统金融机构忽视的尾部客户群体中，为电子商务商户提供资金支持的同时发掘了金融领域新的利润增长点。

2) 基于互联网和大数据的贷款机制

传统金融机构将小微企业拒绝在小额贷款外的主要原因是小微企业信用的缺乏、财务账目不完善、缺少抵押资产或者抵押资产价值低等，造成了风控难、坏账率高、贷款成本高。与大企业相比，小微企业贷款前的信用等级更难评估，贷款后的资金使用情况更难监督，由此造成的信息不对称问题更为严重。基于小微企业的信用数据，电子商务平台上相对应的商家可以获得电子商务贷款，从而保证了商家的正常资金运转和进一步发展。

此外，电子商务贷款多是利用互联网进行贷款申请、审批、放款和收款等一系列操作，打破了地域的限制和时间的限制，扩大了服务范围，提高了贷款的效率和节约了操作成本。

3) 独特的风险控制体系

电子商务贷款运用互联网公开透明、信息及时和数据可记录等特点，建立了一套独特的风险控制机制。一方面，电子商务贷款采用多维度微贷风控预警管理体系，加强贷款各个环节的紧密结合，提高了贷款风险管控与防范的效能。贷前：通过分析借款者线上与线下行为来对客户信用进行评级，同时将视频调查或者实地走访等线下资信调查手段引入信用评估，实现线上与线下的完美结合。在贷款前期，对商户进行信用评级的主要数据来自电子商务平台，通过数据分析商户的负债、经营、盈利等各方面能力。同时，商户也可以提交更多的信息证明自己的还款能力和资信水平，如中国人民银行的征信数据、工商税务数据等。另外，收集行业数据，分析行业的盈利模式、成长性、周期性、地域性，进而判断行业经营的风险系数。贷中：在借款者使用贷款期间，贷款公司借助互联网手段，及时收集用户的行为信息，实时监控其贷款资金的使用情况及其企业的交易和现金流状况，时刻关注借款者的贷款资金状况。一旦出现资金使用不符合借款合同的情况或者企业经营出现问题，及时采取措施。贷后：贷款发放后，贷款公司并没有结束对贷款者的审核，而是继续利用互联网的优势，结合其电子商务平台对获贷客户经营活动进行实时监控，对可能影响正常履约的行为及时监测并预警。在贷款预到期之前，为保证借款者按期还款，贷款公司会提前提醒客户到款日期将近和做好还款的准备。对于贷款逾期者，贷款公司采取了严格的处罚制度，如网上公布信用黑名单、罚款、关停企业店铺等。

互联网技术的使用使贷款的历史数据能够留存，增加了在线商户的违约成本。一旦出现不利于商户信用的情况，商户未来贷款的申请难度将会增加，并且其放款额度将会降低，这种有约束力的风险控制机制将会倒逼平台上商户到期履约，从而也会减少逆向选择和道德风险的可能性。

## 5.2.2 电子商务小额贷款、网络小额贷款与商业银行互联网贷款的比较

第 4 章已经对网络小额贷款进行了全面介绍。在对电子商务小额贷款、网络小额贷款与商业银行互联网贷款进行比较之前，有必要对商业银行互联网贷款这一新型贷款模式进行简单介绍。

为规范商业银行互联网贷款业务经营行为，促进互联网贷款业务平稳健康发展，2020年 7 月，中国银保监会发布《商业银行互联网贷款管理暂行办法》(以下简称《办法》)，《办法》将商业银行互联网贷款定义为"商业银行运用互联网和移动通信等信息通信技术，基于风险数据和风险模型进行交叉验证和风险管理，线上自动受理贷款申请及开展风险评估，并完成授信审批、合同签订、贷款支付、贷后管理等核心业务环节操作，为符合条件的借款人提供的用于消费、日常生产经营周转等的个人贷款和流动资金贷款"。根据上述定义，商业银行的线上、线下相结合的贷款业务以及部分抵押、质押贷款业务不属于商业银行的互联网贷款业务。《办法》主要是针对近年来商业银行互联网贷款业务快速发展中暴露出的风险管理不审慎、金融消费者保护不充分、资金用途监测不到位等问题和风险隐患。《办法》同时规定，商业银行互联网贷款应当遵循"小额、短期、高效和风险可控的原则"。

### 1. 相同之处

从贷款金额和贷款期限来看，都属于小额贷款，贷款期限一般不超过 1 年。《办法》对消费类个人信用贷款授信设定限额，防范居民个人杠杆率快速上升风险。规定商业银行互联网贷款的"单户用于消费的个人信用贷款授信额度应当不超过人民币 20 万元，到期一次性还本的，授信期限不超过一年"。2020 年 11 月，中国银保监会、中国人民银行联合发布的《网贷办法》规定，"小额贷款公司发放网络小额贷款应当遵循小额、分散的原则"。同时规定，"对自然人的单户网络小额贷款余额原则上不得超过人民币 30 万元；对法人或其他组织及其关联方的单户网络小额贷款余额原则上不得超过人民币 100 万元"。

(1) 从贷款对象来看，《办法》第五十三条规定，商业银行可以与其他有贷款资质的机构共同出资发放互联网贷款。从实践来看，存在商业银行与网络小额贷款公司共同为电子商务平台上的网商企业和消费者发放贷款的情况。从这一点来看，电子商务小额贷款、网络小额贷款与商业银行互联网贷款的贷款对象可能相同。

(2) 从贷款性质来看，都是纯信用贷款。无抵押、无担保。

(3) 从贷款方式来看，都是在网上进行的。贷款的申请、审核、发放、回收等都是在网上进行的。

### 2. 不同之处

(1) 从贷款对象来看，电子商务小额贷款和网络小额贷款的对象虽然都是电子商务平台内的客户，但是前者是卖家，后者是买家。商业银行互联网贷款的对象可以是电子商务平台的买家和卖家，也可以不是电子商务平台内的客户。

《办法》第五十三条规定，"商业银行与其他有贷款资质的机构共同出资发放互联网贷款的，应当建立相应的内部管理制度，明确本行与合作机构共同出资发放贷款的管理机

制,并在合作协议中明确各方的权利义务关系。商业银行应当独立对所出资的贷款进行风险评估和授信审批,并对贷后管理承担主体责任。商业银行不得以任何形式为无放贷业务资质的合作机构提供资金用于发放贷款,不得与无放贷业务资质的合作机构共同出资发放贷款"。

(2) 从贷款利率来看,如果是商业银行发放的贷款,包括商业银行互联网贷款和商业银行与电子商务平台合作发放的贷款的利率一般要低于网络小额贷款公司的贷款利率。

### 5.2.3 电子商务小额贷款的作用

#### 1. 有利于满足电子商务平台上商户的资金需求

随着互联网和电子商务的发展,越来越多的商家入驻电子商务平台开始线上经营。2020 年我国网络商家将近 2000 万家。电子商务平台上商户多为小微企业或者个体户,银行难以获得其真实经营情况和信用记录的数据支持,因此很难从银行处获得贷款,不利于其自身发展。而电子商务贷款这种 B2B 信用贷款则具备了明显的平台优势和技术优势。首先,平台优势是指电子商务平台积累的客户资源和实时监控的数据库,以蚂蚁金服为例,其核心平台就是依托于阿里巴巴母公司多年来积累的庞大电子商务数据库。由于企业的每一笔电子商务交易都能在平台数据库中得到体现,蚂蚁金服可以帮助银行快速掌握企业真实财务数据和第一手经营情况,从而解决民营中小企业在融资中信用调查成本高、风险难以预测的两大障碍。其次,技术优势是指各种现代信息技术,以蚂蚁金服为例,其基础就是借助数据模型将数据库中民营中小企业的电子商务经营数据映射为传统经营业态的折算公式和动态图景,根据模型计算结果掌控企业经营态势,判断融资需求及企业涉嫌欺诈的可能性,从而协助银行对客户的风险情况作出精确判断,大大简化了融资流程,提高了融资效率,对于改善企业经营的状况具有积极的意义。

#### 2. 有利于增加电子商务平台的收入来源以及客户黏性

对于电子商务平台来说,开展电子商务贷款业务拓宽了平台经营范围。电子商务平台通过为其平台商户提供金融贷款,收取服务费用,从而增加了新的利润增长点。

客户黏性对于电子商务平台的重要性不言而喻。所谓客户黏性,是指客户对于品牌或产品的忠诚、信任与良性体验等结合起来形成的依赖感和再消费期望值。依赖感越强,客户黏性越高;再消费期望值越高,客户黏性越高。提高客户黏性的方法很多,向客户提供个性化十足的服务是其中最为重要的方法。对于电子商务平台上的企业来说,融资难的问题是其中最需要解决的痛点问题。电子商务平台增加贷款业务,实际上就是增加一项服务,其目的就是增加商户对电子商务平台的黏性。电子商务平台上的商户进行金融借贷需要信用数据,而商户的信用往往是以支付、物流和经营的数据作为评估的基础,所以需要商户在支付、物流领域与电子商务平台进行深入对接,使二者的联系更加紧密。

#### 3. 有利于形成小微企业的良好的信用环境

(1) 从信用制度建设上看,电子商务平台运营商为解决网店本身的交易问题,投入巨资建立了信用评级体制,而这个信用评级体制正是银行最重要的风险控制措施——信用评估体系在电子商务领域的翻版，银行可以直接利用电子商务平台的信用报告，将其作为风险评估的重要依据，从而解决银行为网商企业服务的风险成本高问题，提高贷款的积极性。

(2) 从贷后管理上看，借助电子商务平台运营商的技术优势，银行可以对获贷企业交易全过程进行监控和评估，从而使银行对企业授信不再过分关注于授信企业本身的信用水平，转而重视整个交易过程。进一步地，一旦交易成功，银行就能够按时收回贷款，风险可控，有利于银行降低贷后管理成本。

(3) 从风险控制上看，大型电子商务平台为更好地服务民营中小企业客户，往往采取联保的方式，在一定比例条件下投入现金或者实物进行担保，或为银行担负一定比例的坏账损失，从而减轻金融机构的风险和管理成本，让大规模的小额贸易融资成为现实。

## 5.3 电子商务贷款的商业模式

电子商务贷款主要有四种商业模式：一是以阿里巴巴和苏宁为代表的电子商务平台直接放贷模式；二是商业银行推出的电子商务平台，为客户提供包括小额贷款在内的金融服务；三是以阿里巴巴、京东为代表的电子商务平台和传统银行合作的放贷模式；四是电子商务平台和互联网银行合作模式。

### 5.3.1 电子商务平台直接放贷模式

电子商务平台直接放贷模式是指电子商务平台通过自建小额贷款公司，为电子商务平台内的卖家提供小额贷款。这种模式起源于 2010 年 6 月阿里巴巴集团建立的阿里巴巴浙江小额贷款公司，其旨在为阿里巴巴电子商务平台上的中小微企业提供期限短、审批快、数额小的贷款。自此，我国电子商务小额贷款得到迅猛发展，代表企业有阿里巴巴小额贷款公司、苏宁小额贷款、京东小额贷款等。

**1. 电子商务平台直接放贷模式的基本流程**

电子商务平台直接放贷模式是指电子商务平台企业在获得国家批准开展贷款业务的牌照的条件下，成立小额贷款公司，利用小额贷款公司的自有资金直接向平台上商户发放贷款的一种小额贷款模式。

电子商务平台直接放贷模式的基本流程是：首先电子商务平台上的小微企业或个人商户向电子商务平台提出贷款申请；其次电子商务平台在接到贷款申请后，利用互联网技术将电子商务企业长期积累的客户交易信息转换为客户的信用数据，并将这些数据提供给其小额贷款公司；最后小额贷款公司通过信用模型等手段来评价、审核客户的征信情况，最终判断其是否拥有贷款资格，对于符合贷款条件的小微企业发放贷款(见图5.9)。

电子商务平台直接放贷模式的整个运行流程都抛开银行体系，直接由电子商务平台对商户的信用数据进行评价和审核，在商户通过小额贷款公司的信用标准后即可对其发放贷款，这是一种自负盈亏、风险自担的小额贷款模式。

电子商务平台直接放贷模式实际上是一种小额贷款，其贷款的利率要高于银行贷款的利率。

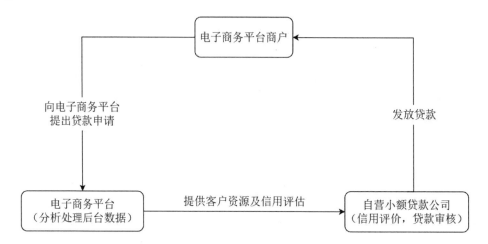

图 5.9　电子商务平台和自营小额贷款公司合作的基本流程

**2. 电子商务平台直接放贷模式的特点**

(1) 在电子商务平台直接放贷模式下，中大型电子商务平台一般都是与集团内部的小额贷款公司合作，如阿里小额贷款公司、苏宁小额贷款公司等。2010 年 6 月，阿里巴巴在浙江成立了第一家小额贷款公司，主要面向其电子商务平台的小微客户和个人提供小额贷款服务。随后阿里巴巴于 2011 年 6 月在重庆成立了另一家小额贷款公司，并于 2013 年 8 月再次成立了重庆阿里小微小额信贷公司，进一步扩大提供小额信贷的规模。苏宁于 2012 年 12 月成立了集团内部的首家小额贷款公司，主要面向其产业链上的小微企业提供供应链金融服务。腾讯、百度、京东也纷纷成立了小额贷款公司，其服务对象都是其旗下电子商务企业和用户。和第三方小额贷款公司合作的电子商务平台通常较小，此时电子商务平台只能起到中介作用，为第三方小额贷款公司提供平台上商户的后台数据。

(2) 贷款资金来源有限。根据中国银监会和中国人民银行下发的《指导意见》，小额贷款公司是由自然人、企业法人与其他社会组织投资设立，不能吸收公众存款，小额贷款公司的资金来源主要是股东资本金、捐赠资金以及来自不超过两个银行业金融机构的融入资金，且融入资金余额不得超过资本净额的 50%。法律上对小额贷款公司资金来源的限制，使其发放的贷款极为有限。不过，小额贷款公司也可以利用信托和资产证券化进行融资，但我国信托市场和资产证券化市场不是很发达，通过该手段得到的融资规模也较小。因此，在多重因素影响下，电子商务平台和小额贷款公司合作的模式也难以覆盖平台上商户的融资需求。

(3) 纯信用贷款和抵押(质押)贷款相结合。在电子商务平台和小额贷款公司合作的模式下，主要是纯信用贷款和抵押(质押)贷款两种方式，而质押资产为订单、应收账款等。例如，阿里小额贷款主要的贷款产品为信用贷款，阿里信用贷款是针对阿里巴巴中国供应商会员，淘宝天猫信用贷款的对象是企业店铺卖家，速卖通信用贷款是为了满足全球速卖通平台上卖家的融资需求。苏宁小额贷款和京东小额贷款会根据订单或入库单计算出贷款额度，这种贷款方式从本质上可以理解为质押贷款。京东小额贷款中有一款"云仓京融"贷款产品，是商家用具有所有权的在售产品作为质押的融资策略。

## 5.3.2 商业银行自建电子商务平台模式

商业银行自建电子商务平台模式是指商业银行自行搭建一个新的电子商务平台，通常不是一个独立的法人机构，而是银行内部组织中的一个部门。美国的花旗银行是建立电子商务平台较早的国外银行。早在 1997 年，花旗银行的电子商务交易总额就超过了 10 亿美元。花旗银行的决策者认为，电子商务是公司建立销售和增加收入、扩大地理范围、降低运营成本，以及提高采购、生产力和供应链效率的最优渠道，是银行打开前所未有的机遇的大门。所以在经营理念上很大程度看重平台技术优势，通过寻求最先进的技术以实现提供独特服务的目标。花旗银行积极使用一系列技术来设计和开发产品，更好地为远程客户提高管理决策和降低运营成本。花旗银行为世界其他银行电子商务平台发展也提供了实践经验。

我国商业银行和自营电子商务合作主要兴起于 2015 年，目前，中国建设银行、中国工商银行等各大银行都有自己的电子商务平台。商业银行通过搭建商务平台，可以实现商品交易与支付、融资等金融功能的无缝结合，以提高客户黏性和活跃程度，创新出更为贴近市场的金融服务。

**1. 商业银行自建电子商务平台的基础理论**

1) 银行发展电子商务平台的生态系统概述

商业银行构建电子商务平台生态系统的目的在于通过自身资源带动相关金融产品及服务的发展，一方面商业银行可以通过电子商务平台的交易获取更多的收入；另一方面可以通过电子商务平台内提供的金融服务促进商业银行与消费者、供应商之间的联系，达到提升商业银行金融服务质量的效果。该生态系统的运营离不开四个主体，即电子商务交易平台、大数据、上游商户和下游消费者群体，四者缺一不可。电子商务交易平台实际的运营主体是商业银行，因此，商业银行负责提供交易的相关信息及记录，并对有融资需求的商户进行综合跟踪及监控，确保金融业务有效进行。大数据分析是商业银行开展电子商务平台业务的必要条件，其有助于制定客户精准画像、识别风险。上游商户通过在银行电子商务平台内的经营，积累了丰富的交易数据，商业银行可以根据该交易数据建立信用评级，并对这些上游商家提供供应链金融服务。而电子商务交易中的下游消费者群体在购物交易的过程中形成了信用评级的基础，商业银行通过消费者的交易数据建立风控模型，发展消费金融业务。同时通过掌握不同消费者的消费偏好，创新出更多适合市场需求的金融产品和服务。商业银行开展电子商务业务，不仅仅是为了在电子商务平台业务中获利，而更重要的是从电子商务平台的交易数据中提取有效信息更好地创新金融业务，通过供应链金融缓解小微企业的现金流难题，促进资金周转，增强商户对于商业银行的依赖感；与此同时，通过消费金融贷款促进消费者进行购买，扩大平台交易额，增强消费者和商业银行间的黏性和忠诚度。

2) 功能金融理论

功能金融理论即功能主义金融观点理论，是由美国哈佛大学的 R.Merton 和波士顿大学的 Z.Bodie 于 1993 年提出的。功能金融理论基于两个基本假设：一是金融功能比金融机构更加稳定，二是金融功能比金融的组织结构更重要。该理论定义了金融体系的三大核心功能：清算和支付功能、资源的聚集和分配功能以及风险分散功能。金融互联网与商业银行传统金融相比，不仅具备和其相媲美的功能，还能利用自身优势(依托大数据、人工智能等技术)发挥出更大的功能优势，这主要体现在以下三方面。第一，工银 e 支付、中国建设银行龙支付等银行支付平台的兴起，使其在支付结算方面更为简便快捷，大大拓展了传统支付结算功能。第二，金融互联网和传统金融形成了良好的优势互补，传统金融比较注重重大客户领域，在普惠金融领域发展较为缓慢，金融互联网化可以很好地弥补这一不足，使社会资源的配置更加高效合理。第三，从信息处理和风险管控的角度，金融互联网可以凭借其技术优势实现信息的快速传播，既能提高金融信息处理的功能，又能更科学合理地进行资产定价和风险管理。

3) 平台经济理论

所谓平台，简单说就是市场交易的物理场所，或促进市场交易的媒介。最原始的"平台"是农村集市或城市菜市场。平台经济理论最早是由经济学家 Rochet&Tirole、Cailland&Jullien 于 2003 年提出的。平台作为多产品(服务)提供者，其收益是对普通交易中买方和卖方收费的总和。双边平台的商业模式如图 5.10 所示。

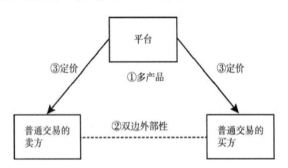

图 5.10 双边平台的商业模式

与传统金融平台相比，电子商务平台积累了海量交易数据，不仅可用于对卖家的信誉评分、指导买家选择，相关信息还可用于对卖家的信用评估，促进平台上小微企业的贷款发放。鉴于电子商务交易平台的这一特征，商业银行建立自有电子商务平台不仅对传统金融的长尾市场产生很好的互补效应，而且也为银行带来丰富的用户数据，使其不断创新提升金融产品及服务，更好地服务于社会实体经济。所以，平台经济理论也是银行发展电子商务平台的又一个重要理论基础。

4) 利基市场理论

利基市场指被商品市场中的统治者忽视的某些细微市场，换句话说，出售商品主角会在一个很小或一直存在但从不是市场主流的产品上找准定位，占领主导地位，从产品出售地到全国再到全世界，在这个过程中会采取很多方式击败竞争者，成为行业带头人，以永远拥有竞争力为原则持续占领市场。利基市场通常具有以下特征。

(1) 狭小的产品市场，宽广的地域市场。利基战略要选择一个最细微的产品甚至是小到很多市场推广者注意到但从不认为是竞争渠道的方向，从这个方向出发，抢占市场先机；同时将这个很不起眼的商品做到最大，大到可以影响竞争者整体经营的领域，这个产品虽然不被人注意但一定能够有远大的前景，一旦这个产品实现最终目标，是可以带来巨大利润，并给经营者主业带来影响。

(2) 具有很大的市场潜力。利基战略选择后，这个产品是无可替代的，其他竞争者若想抢占市场，必须要针对这个产品进行重新定位和研发并创新才可以有竞争的能力。这个产品是被客户需求的，或是开始不被需求，但通过企业的努力去引导客户并让客户习惯这样的产品；这个产品市场是有很多潜力客户的，也就是说，通过努力可以大范围地获取到客户并能持续拥有客户。

(3) 市场过小，差异性较大。这个产品市场之所以小不被人重视，是因为这个产品市场本身有弱点，这个弱点是无法满足客户的需求，利基战略者通过努力可以寻找到满足客户需求的方式，将弱点改善后，这个市场会有稳定的客源。

(4) 利基战略者本身其实是有与这个市场发展相匹配的天然条件。当选择者发现了这个利基市场时，不仅要满足上述条件，还要合理评估自己是否有能力占据市场主导地位。

(5) 企业本身有社会认知度和良好的口碑，在金融这个产品市场初期就具有强大的竞争力。

(6) 这个行业暂时没有权威者，也就是说，这个市场暂时没有被人占领。这个市场一旦被占领形成规模竞争，势必掀起后续竞争者的追随，这样的市场就不可能再被人忽略，也就不再是利基市场。

通过总结利基市场选择标准和对商业银行电子商务平台的分析，创建模型对比如图 5.11 所示。

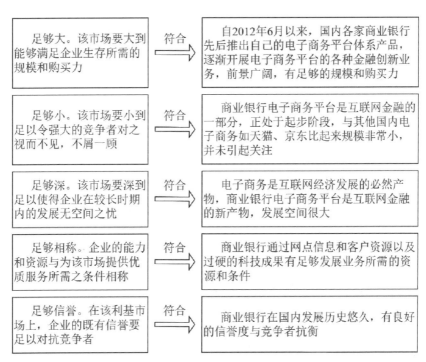

图 5.11　商业银行电子商务平台与利基市场理论对比

### 2. 商业银行自建电子商务平台的现实考察

1) 中国建设银行的"善融商务"

"善融商务",是中国建设银行于 2012 年 6 月 28 日率先推出的电子商务平台,该平台是以"亦商亦融,买卖轻松"为出发点,以资金流为核心,集信息流、物流于一体,依托中国建设银行在客户融资、支付结算以及产业链上下游客户信息整合等方面的优势,在电子商务领域为客户提供综合性的金融服务平台。在电子商务服务方面,涵盖商品批发、商品零售、房屋交易等领域,同时为了使客户更加便利,还为其增设了部分的配套服务,比如社区服务、在线进行财务管理等;在金融服务方面,为客户提供支付结算、理财、融资等金融服务。目前,"善融商务"平台分为个人商城和企业商城两大模块。

在个人商城方面,"善融商务"平台将其定位成 B2C 平台,业务范围主要是给个人消费者提供商品,类似于天猫、京东商城提供的零售业务。但与传统的 B2C 平台不同的是,其不仅涉及普通商品,还包括部分金融产品。除了能在"善融商务"个人商城首页上看到所有商品分类列表外,还可看到该商场的其他七大板块,分别为环球购、商旅服务、融资中心、金融超市、房 e 通、地方特色和分期优选。融资中心板块主要为个人客户提供贷款融资服务。在该板块主页上主要有个人贷款、信用卡消费信贷、小微企业快贷三个部分:在个人贷款中,又分为中国建设银行"快贷"、善融助业贷款、借贷通;在信用卡消费信贷中,又分为购车分期、装修分期、现金分期、账单分期;在小微企业快贷中,又分为快 e 贷、融 e 贷、质押贷、税 e 贷。用户可以直接在平台上了解到办理融资服务的相关内容,包括申请条件等,部分业务还能够实现在线办理,资金到账时间较短,为顾客提供了便利。

在企业商城方面,"善融商务"平台将其定位成 B2B 市场,个体工商户和企业在该商场提供商品批量购置等服务,服务对象多为企业用户,和阿里巴巴有许多相似之处,不过,"善融商务"平台的企业商城还能够为顾客提供各种融资服务。该板块的首页上有各种各样的产品分类,如原材料、食品、农业等,另外,还设置了涉农产业、资讯、融资中心等八个板块。融资中心是"善融商务"区别于其他电子商务平台的一大特色板块,在这里,平台为用户提供了各种类型的融资服务,包括个人助业贷款、e 速通和借贷通等。平台针对每一种类型的融资产品及服务都配备了十分详细的产品介绍和申请条件等说明,用户不但能够准确了解产品与服务的相关信息,还能在线办理贷款或融资服务,手续便捷。

2) 中国工商银行"融 e 购"

"融 e 购"电子商务平台是中国工商银行旗下的电子商务平台,该平台于 2014 年 1 月 12 日正式对外营业,平台秉承"名商、名品、名店"的市场定位,是一个商户与客户共享,统筹支付与融资,统一物流、资金流与信息流的网络消费平台。融 e 购平台是以电子商务为核心,以金融服务为基础,集商务服务和金融服务于一身的一站式线上平台。中国工商银行三大平台(融 e 购、融 e 行、融 e 联)既保持各自特色,又实现高度互联互通和协同互动,通过开放共享,形成中国工商银行互联网金融新生态。

3) 中国农业银行"E 商管家"

2012 年 4 月,中国农业银行推出全渠道电子商务服务平台"E 商管家",为传统企业转型电子商务提供集供应链管理、多渠道支付结算、线上线下协同发展、云服务等于一体的定制化商务金融综合服务。格力集团等众多企业通过"E商管家"开展电子业务。

4) 中国交通银行"交博汇"

"交博汇"是交通银行推出的新一代网上商城。该平台是银行同业内最为全面和综合的电子商务平台,通过"交博汇",企业可以在10分钟内建立一个自己的网上商务平台,实现商品销售、企业采购、企业收款、品牌推广、在线促销、信息资讯、金融理财、融资授信等众多服务。

"交博汇"企业馆主要致力于构建面向中小企业的网络化社区,企业可在线发布供求、交流洽谈、撮合下单、网上支付等,银行则提供相应的资信认证、资金清算、融资贷款等服务。在此基础上,结合要素市场、供应链金融、小企业信贷等交通银行特色业务,拓展中小企业综合金融服务。交通银行将依托"交博汇"这一品牌,以金融服务为核心,以网络信贷、供应链金融、要素市场等为切入点,为企业客户提供全流程电子商务解决方案,为个人客户提供全面综合财富管理服务。

总体来说,银行系电子商务平台规模日渐壮大,但无论是在交易总额还是在交易人数方面,与市场上大型电子商务平台相比,其仍有较大差距。部分银行的电子商务平台如表5.1所示。

表5.1 部分银行的电子商务平台

| 银行名称 | 电子商务贷款产品 | 自建电子商务平台 |
| --- | --- | --- |
| 中国建设银行 | "e贷款"系列 | 善融商务 |
| 中国工商银行 | "易融通"网商微型企业贷款 | 融e购 |
| 中国农业银行 | E链贷 | e天街、农银E管家、E商管家 |
| 中国邮政储蓄银行 | 电子商务贷 | 中国邮政储蓄银行商城 |
| 上海浦东发展银行 | 浦商赢 | 信用卡网上商城 |
| 中国光大银行 | e点商 | "购精彩"商城 |
| 中信银行 | 在线小额短期信用贷款 | E中信 |

### 3. 商业银行自建电子商务平台模式的特点

1) 核心仍为金融服务

商业银行自行搭建电子商务平台,不是单纯地为了和传统电子商务平台争利,而是为了促进电子商务和金融的结合,通过电子商务平台收集客户的多维度的信息和数据,从而更好地提供金融服务。银行原本的核心业务就是提供融资、担保、支付、结算等一系列的专业金融服务,能够为客户提供多元化的服务,这是传统电子商务平台跨界金融服务业无法企及的优势。而银行系的电子商务平台是电子商务领域的后发者,在电子商务客户数量方面、提供的用户体验方面、平台运营方面等都处于落后状态,在这种状况下,只有差异化竞争才能在电子商务行业占据一席之地。因此,为了避免同质化,银行系电子商务平台主要目的是利用支付结算体系,收集企业或个人商户的支付结算数据,获取在平台上积累的结算流水数据、订单数量、物流信息、交易记录、用户评价等各方面信息,利用大数据分析为客户提供流程更为便捷、简易的金融服务,并使其习惯电子商务平台上的线上融资服务，进而促进融资规模和交易量的双增长。

商业银行积极利用自身独特的优势，如资金雄厚、金融服务体系完善和专业、物理网点数量多分布广等，并结合互联网的特点，打造具有特色的银行系电子商务平台，提供更全面、便利的金融服务，从而也获得收入和利润增长。

2) 不同银行的客户侧重不同

银行系电子商务发展到现在，有直接运营电子商务平台形式，也有利用商城的形式运作电子商务。不同银行在发展电子商务平台业务时，侧重点也会有所不同，如综合性电子商务平台、侧重 B2B 的电子商务平台。

综合性电子商务平台是银行自建的包含 B2B、B2C 等服务模式的电子商务平台。其中，中国建设银行的"善融商务"平台、中国工商银行的"融 e 购"平台、交通银行的"交博汇"平台都是综合性电子商务平台的代表。这些平台的共同之处在于同时面向个人客户和企业客户，平台上产品种类和服务客户群体多样化。所以，对具有综合性电子商务平台的商业银行来说，电子商务贷款的客户分为个人与企业。与这些综合性电子商务平台不同的是中国农业银行的"E 管家"平台，其主打 B2B 模式，E 管家平台对企业全部免费开放，通过入驻该电子商务平台即完成了在电子商务领域的部署，平台将普通农户、农村小商贩和各级批发商连接起来，构建起集电子商务、金融、消费于一体的三农互联网金融生态圈。所以，中国农业银行开展电子商务小额贷款业务的对象主要是企业客户。

## 5.3.3 电子商务平台和传统银行合作模式

电子商务平台与商业银行合作始于 2007 年阿里巴巴联合中国建设银行和中国工商银行推出网络联保贷款服务，当时建立的网络贷款是电子商务小额贷款的雏形。网络联保贷款一般由三家以上的企业结成互相担保的联盟，阿里巴巴无须任何抵押物就可以向银行申请贷款，同时企业之间形成风险共担。此后，阿里巴巴和中国银行、中国工商银行都有类似的合作。目前，已有多家银行与电子商务平台合作，表 5.2 为部分银行和电子商务平台合作情况。

表5.2 部分银行和电子商务平台合作情况

| 银行名称 | 合作贷款方式 | 合作的外部电子商务平台 |
| --- | --- | --- |
| 中国建设银行 | 抵押贷款和信用贷款 | 阿里巴巴、供应链管理平台 |
| 中国农业银行 | 为"三农"电子商务客户提供供应链融资产品 | 涉农电子商务——谷登、起重机电子商务平台——瑞贝 |
| 中国工商银行 | 信用贷款 | 阿里巴巴、慧聪网 |
| 中国民生银行 | 网络供应链 | 小米 |
| 中国邮政储蓄银行 | 信用贷款 | 农村电子商务 |
| 华夏银行 | 网络供应链 | 拼多多和跨境电子商务平台 |
| 上海浦东发展银行 | 网络供应链 | 苏宁云商、唯品会 |
| 中信银行 | 信用贷款 | 腾讯财付通电子商务 |

## 1. 电子商务平台和传统银行合作的原因

互联网金融时代重新构建了金融的价值体系，中小企业贷款业务逐渐受到商业银行的重视。过去商业银行贷款，"二八效应"分化较为明显，大企业是商业银行的主要贷款客户。从成本和利润双向考核，大企业贷款金额高，而且成本低于小企业单个贷款成本，是商业银行的主要目标客户。并且，大企业的账簿核算清楚，有具有一定价值的固定资产或金融资产作为抵押财产，贷款风险便于控制。但随着互联网金融的发展，"金融脱媒"开始出现，大企业贷款客户流失，互联网平台的出现又摊薄了小企业贷款的成本。这些新情况的出现逐渐改善了传统银行对中小客户的重视程度。在商业银行和电子商务平台合作的模式下，电子商务平台提供平台上商家的交易和经营数据作为信用数据，这无疑拓宽了传统银行放款的客户群体。

对于电子商务平台来说，为了吸引更多的商家入驻和帮助平台上商家更好发展，其主动帮助商家解决资金周转问题是重中之重。在电子商务平台自身无法提供贷款时，电子商务平台和银行合作提供小额贷款就成为更好的选择。商业银行对电子商务平台上商户提供贷款支持，解决了电子商务企业日常经营和扩大规模的资金问题，同时也拓展了传统银行的尾部客户群体和增加了电子商务平台的吸引力。

## 2. 电子商务平台和传统银行合作的基本流程

在电子商务平台和传统银行合作的模式下，通过电子商务平台进行融资的企业需要满足一定的要求，一般来说，通常需要具备以下四个主要特点：一是以中小微企业为主；二是电子商务平台的会员企业；三是在电子商务平台上有一定期限的交易记录；四是电子商务平台对需要融资的企业可以进行信用评价。在符合电子商务平台融资条件的前提下，平台上的商户即可申请电子商务平台与商业银行合作的网络融资的产品，在线上进行贷款申请解决企业的资金难题。

电子商务平台和传统银行合作的基本流程为：首先，电子商务平台上的符合资质的商户向电子商务平台提出贷款申请；其次，电子商务平台接到贷款申请后，将其商户在平台上积累的数据通过云计算和大数据分析等计算机技术转化为一定的信用额度及贷款客户信息提供给合作银行；最后，银行凭此信息并结合中国人民银行征信信息进行独立审批并发放贷款(见图5.12)。银企合作的小额贷款资金来源于银行，风险双方共担。

在电子商务平台和银行合作的模式下，双方的合作分工明确。电子商务平台扮演商业银行和平台融资用户的中间桥梁，负责提供客户的交易数据与该商户基本资质信息的信用记录，银行负责进行贷款审批和提供资金发放贷款，成功贷款后由电子商务平台监控贷款商户的资金使用情况和经营运作情况，一旦商户出现经营困难从而面临还款风险时，平台则会采取相关手段达到风险防控的目的，如关闭该商户网上店面。

## 3. 电子商务平台和传统银行合作的特点

1) 合作的电子商务平台多为大型电子商务平台

和传统银行合作的电子商务平台通常是大型的电子商务平台，平台上商户数量多，质量好。此外，相对于小的电子商务平台来说，大型电子商务平台市场份额占比较高，经营风险较小，并且有一定的风险承担的能力。

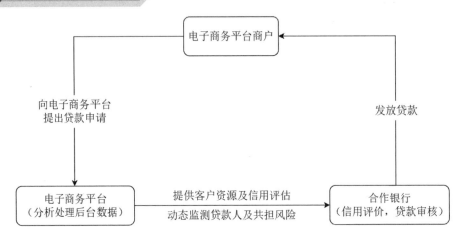

图 5.12　电子商务平台和传统银行合作的基本流程

2) 贷款方式多为抵押与质押贷款

电子商务平台和传统银行合作给平台上符合资质的商户贷款，借助于互联网和大数据在一定程度上给中小微企业解决了资金困难问题，但是这种融资方式并没有改变抵押贷款或者质押贷款的本质。传统银行开展贷款发放业务时，更注重的是固定资产或者产成品的变现价值，而基于电子商务平台和传统银行合作的贷款模式，传统银行也将声誉、资金流、订单纳入抵押财产中。在具体业务中，有很多商户用订单或者供应链上账款关系作为质押资产从而进行小额贷款。所以，这种贷款模式改变的不是贷款业务的本质，而是形成了新的抵押或质押模式。

3) 运用风险共担机制

在电子商务平台和传统银行合作的模式下，摒弃了贷款风险由传统银行独自承担的做法，实行多方风险共担机制。在贷款前，传统银行、电子商务平台和平台上融资的商户共同建立风险池，风险池的大小一般和贷款的总额度成正比。在一般运行较为流畅的合作模式中，还会引入第三方保险公司，对可能出现风险的环节提供保险服务，并且共同分担违约风险。在融资商户出现违约情况时，除了冻结商户的质押或者抵押财产外，还会运用风险池中的资金来弥补损失。

## 5.3.4　电子商务平台和互联网银行合作模式

2014 年 3 月，中国银监会为了引进民营资本进入银行业来提高银行的创新能力，继而为中小微企业、"三农"等实体经济服务，开始启动民营银行试点工作，首批共设立 5 家民营银行，分别为深圳前海微众银行、浙江网商银行、温州民商银行、天津金城银行与上海华瑞银行。当年 12 月 16 日，深圳前海微众银行正式成立，成为我国第一家民营银行，其他 4 家民营银行也随后于 2015 年全部开业。2015 年是民营银行发展的元年，在随后的几年中，越来越多的民营银行得到批准设立，截至 2020 年，已经有 19 家民营银行正式成立。

在民营银行中，主要分为互联网银行和非互联网银行，从发布的经营数据来看，定位为互联网银行的民营银行处于行业领跑位置。在电子商务贷款的模式中，互联网银行和电子商务平台合作占据了一席之地。

在"互联网+"背景下,传统银行业与互联网结合产生了一种新的银行运营模式——互联网银行。互联网银行是指运用现代的移动通信、互联网网络和物联网技术,将传统银行的业务转为线上业务,通过大数据和云计算在线为客户提供资金融通、金融信息服务、支付结算、投资理财等服务。互联网银行的定位是服务中小微企业、个体工商户和消费者,这种差异化的服务定位实现了错位竞争。互联网银行主要是线上运营,这种"去实体化"的运营模式,降低了银行的运营成本,同时打破了传统银行在时空上的限制。

截至 2021 年,我国一共有 9 家互联网银行,分别是阿里巴巴为第一大股东的浙江网商银行、腾讯为第一大股东的微众银行、新希望集团为第一大股东和小米为第二大股东的新网银行、苏宁云商为第一大股东的苏宁银行、卓尔控股为第一大股东的众邦银行、由中信银行与百度公司联合发起的百信银行、吉林亿联银行、北京中关村银行、福建华通银行。其中,阿里巴巴小额贷款公司的贷款业务合并至浙江网商银行。这些互联网银行一般都具有电子商务平台和金融科技服务公司,和电子商务平台合作给平台商户放款是互联网银行小额贷款的一种形式。

**1. 电子商务平台和互联网银行合作的原因**

对于电子商务平台来说,一方面,互联网银行具有银行牌照,可以吸收公众存款,与小额贷款公司合作相比,其有更充足的贷款资金来源,可以满足平台上更多商户的贷款需求;另一方面,互联网银行同时具有银行和金融科技公司的双重属性,在进行贷款风险控制时,可以调用人民银行征信和利用大数据的智能技术,与传统银行合作相比,可以减少彼此合作的不同步性,提高贷款的审批、放款、风控效率。此外,电子商务平台很多商户都面临着融资难、融资慢、融资贵等困境,而互联网银行线上运营的方式,在降低银行自身的运营成本的同时,也降低了小微企业的融资成本,可以有效解决平台商户融资贵的问题。互联网银行运用网络在线为客户提供服务,可以随时随地满足客户需求,同时线上办理流程相对于线下更加快捷、迅速,提高了整个流程效率,解决了电子商务商户融资慢的难题。

对于互联网银行来说,互联网银行的服务对象是中小微企业和个体工商户,电子商务平台上的商户多数也都是小微企业和个体户,服务对象的重合使互联网银行和电子商务平台合作可以拓宽银行放款客户群,真正实现互联网银行服务小微企业的目的,可以和传统银行实现错位竞争,从而真正立足于银行业。

**2. 电子商务平台和互联网银行合作的基本流程**

在电子商务平台和互联网银行合作的模式下,电子商务贷款的流程和前文所介绍的流程大同小异,也分为四个步骤,分别为贷款申请、贷款审核、发放贷款和收回贷款(见图 5.13)。

目前,几家互联网银行旗下都有各自的电子商务平台,因此,电子商务贷款的业务对象都为电子商务平台上的商户。融资者只需到互联网银行的官方网站上提出贷款申请,选择贷款人的身份,此时网站会针对不同的身份推荐不同的贷款产品。此外,贷款人还需填写个人信息、贷款申请额度、商铺信息、日常经营情况等,并且根据贷款的申请类型提交不同的佐证资料,最后等待审核。

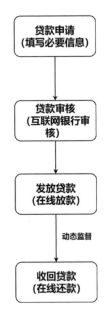

图 5.13　电子商务平台和互联网银行合作的基本流程

互联网银行会针对客户提交的贷款申请进行资格审核,主要根据电子商务平台内积累的商铺经营数据、客户评价、交易记录等评估贷款人的资信水平,甚至也会结合视频调查或者线下走访等手段辅助评价贷款人的信用情况。最终根据信用评估结果,确定是否贷款、贷款额度、贷款利率等。

随后互联网银行会将贷款发放至贷款账户,从提交申请、审核到发放贷款整个流程用时很短,有些互联网银行的贷款产品可以做到几分钟放款,如网商银行的"310"模式:3分钟申请、1秒钟放款、全程 0 人工干预。在贷款到期前,互联网银行通常会提前提醒客户,做好还款准备。贷款人也可以选择提前还款,部分贷款提前还款需要缴纳手续费。若到期未还款,互联网银行会收取惩罚利息,同时会影响贷款人的信用。

## 5.4　电子商务贷款的风险控制

### 5.4.1　电子商务小额贷款存在的主要风险

**1. 网络安全风险**

电子商务小额贷款主要依托的是互联网,这就使其面临着特殊的风险。电子商务小额贷款是通过线上审核与审批,主要是依靠线上大数据这一平台,而这一平台面临着网络系统风险。互联网的开放性及互联互通,必然就会存在网络攻击或者木马入侵的风险,一旦电子商务平台受到攻击,电子商务小额贷款客户信息、资金信息就都有可能被窃取、修改,甚至删除调换,资金安全也就得不到保障。

如果电子商务小额贷款业务平台崩溃、系统故障或设备损坏,也都会影响到电子商务小额贷款的正常运行，增加电子商务小额贷款公司的运营风险。电子商务小额贷款公司在日常运营过程中，也更多依赖于网络的运转以及线上的数据处理。如果其系统受到入侵或者系统出现故障，就可能影响业务的正常处理，比如，贷款审批难以及时完成或者过低估计借款人的信用风险而为以后的贷款回收留下隐患等。这些都会使电子商务小额贷款公司面临较大风险，造成不必要的损失。

### 2. 信用风险

电子商务小额贷款通常依据的是电子商务平台数据库中所积累的网店商家的信用数据以及交易行为等数据。其贷款的审核、发放都是通过数据库信息计算以及审核按标准化进行量化发放。没有抵押担保，属于纯信用放贷，信用风险大显而易见。以网络数据作为信用判别的依据，本身就缺乏硬性约束。一旦网店商家放弃未来收益，仍然存在违约的风险。针对这类金融风险，电子商务已经开始制定和完善风险控制机制。例如，阿里巴巴创立出一套较为完善的风险控制体系，严格遵循从贷前、贷中和贷后，多层次地建立风险预警，利用数据采集和模型分析等手段，分析平台上的中小企业累积的信用及行为数据，对企业的还款能力和还款意愿进行准确的评估，并且通过结合贷后监控和网络店铺、账号关停的方式提高客户违约成本。贷前根据企业电子商务经营数据和第三方认证数据，辨析企业经营状况，反映企业偿债能力；贷中通过电子商务自有数据分析平台实时监控商户的交易状况和现金流，为风险预警提供信息输入；贷后通过互联网监控企业经营动态和行为，可能影响正常履约的行为将被预警，建立贷后监控和网络店铺关停机制。

### 3. 流动性风险

电子商务小额贷款业务具有小额贷款公司的性质，这决定了其不能吸储，只能通过注册资本、同业融资以及资产证券化等方式进行放款。中国银保监会和中国人民银行于2020年发布的《网贷办法》规定，"经营网络小额贷款业务的小额贷款公司通过银行借款、股东借款等非标准化融资形式融入资金的余额不得超过其净资产的1倍；通过发行债券、资产证券化产品等标准化债权类资产形式融入资金的余额不得超过其净资产的4倍"。这一规定表明，网络小额贷款公司的杠杆作用非常有限。资金来源的限制一方面使电子商务小额贷款业务规模及范围受限；另一方面也会因资本金不足、资金周转能力下降、抗风险能力不强等因素，增加网络小额贷款业务的流动性风险。

### 4. 政策风险

电子商务小额贷款目前面临的最大发展风险是政策性风险。《网贷办法》规定，"小额贷款公司经营网络小额贷款业务应当主要在注册地所属省级行政区域内开展；未经国务院银行业监督管理机构批准，小额贷款公司不得跨省级行政区域开展网络小额贷款业务"。因此，网络小额贷款业务不能跨区域经营，必然会影响电子商务小额贷款业务的发展。

### 5. 市场风险

电子商务小额贷款是在电子商务平台上发展起来的小额贷款公司，它与电子商务平台的关系是协同发展的,因此,电子商务平台的市场风险就是电子商务小额贷款所面临的风险。而电子商务平台的主要风险就是电子商务平台日趋激烈的竞争。电子商务市场内部竞争加剧,从"双十一""双十二""年中庆",各大电子商务平台的促销活动就可见一斑。电子商务行业竞争形成了电子商务小额贷款的主要市场风险。

### 5.4.2 电子商务贷款的先驱:美国的 Kabbage

美国 Kabbage(Kabbage.com)公司成立于 2009 年,是一家为网店店主提供营运资金贷款服务的创业公司,是大数据电子商务贷款的先驱,总部位于美国亚特兰大。该公司成立的初衷是为填补信贷危机中的借贷空缺。起初它只是一家专为小型网商提供营运资金支持的网络平台,如今它已发展成为面向企业和个人的在线贷款平台,贷款对象"没有任何行业限制",但网络电子商务市场仍然是其主要业务和最大特色。Kabbage 服务的网商企业超过万家,主要目标客户已经覆盖了 eBay、Yahoo、Amazon、Shopify、Etsy、Magento、PayPal 等电子商务平台上的美国网商。

Kabbage 与"蚂蚁小额贷款"的经营模式类似,通过查看网店店主的销售和信用记录、顾客流量、评论以及商品价格和存货等信息,来最终确定是否为他们提供贷款以及贷款额度,贷款金额上限为 4 万美元。店主可以主动在自己的 Kabbage 账户中添加新的信息,以增加获得贷款的概率。Kabbage 与蚂蚁金融的区别在于数据获取方面,前者是从多元化的渠道收集数据,后者则是借助阿里旗下平台的数据积累,其中网上商家可自主提供数据且其数据的多少直接决定着最终的贷款额度与成本,这充分体现出大数据的资产价值,就如同传统的抵押物一样可以换取资金。

Kabbage 通过商业预付款形式实现借款,并且收取费用。商业预付款与贷款有着本质上的区别,预付款将营业收入的某个固定比例作为提供预付款的费用,相当于将企业未来收入提前透支给予借款,当企业的经营状况不佳时,支付给预付款提供方的偿还金额也相应缩减。这给企业提供了更为灵活的空间来管理现金流。

Kabbage 平台一直以"7 分钟放款"的口号闻名。之所以能做到这么快,就在于它独特的大数据信用评级系统。Kabbage 基于电子商务的经营情况、在社交网络上与客户互动情况等信息开发了一套信用评级体系,即 Kabbage Score。Kabbage 是第一家将社交网络分析纳入信用评价的金融服务机构。该系统按照行业制作不同模型,应用超过 300 个参考变量。除了美国最普及的 FICO 信用评分,Kabbage 还分析了一些非信用评分数据,例如,亚马逊和易趣网的用户评级,还有传统银行和支付平台的操作流程等。通过将各项指标汇集在一起,Kabbage 的平台可以立即进行运算,仅在几分钟内,就能够分析出贷款价值,从而告知借款人合理的信贷额度和利率。Kabbage 用于贷款判断的支撑数据的来源除了网上搜索和查看外,还来自网上商家的自主提供,且提供的数据多少直接影响着最终的贷款情况,如获得贷款的概率、贷款条件的利率等。同时,Kabbage 公司也通过与物流公司 UPS、财务管理软件公司 Intuit 合作,扩充数据来源渠道。

Kabbage 公司目前有三块业务:小企业短期贷款(Kabbage)、个人消费贷(Karrot)以及风控技术外包。小企业短期贷款是 Kabbage 公司的主营业务。额度最高为 25 万美元,20 万美元以内的贷款申请已经实现了线上自动化,可在几分钟内完成批核;20 万~25 万美元则需要小微企业主提交更多资料和经营信息，人工处理后才能完成审核。Kabbage 公司放款决策受到了各大网店店主的好评，同时也快速占领了市场。贷款期限为 6~12 个月，等额本息还款，允许提前还款，超过期限需要偿还后重新申请。利率因个体而异，月息从 1.5%~12%不等(合 APR 为 18%~144%)，36%~50%的 APR 最为常见。Kabbage 的还款程序非常简单，还款计划可在 6、12、18 个月等期限中自由选择，每月到约定的还款日偿还等额的贷款本金加上月费。网商可以选择提前还款，并且提前还款不会产生任何额外成本。

Kabbage 公司贷后监控的核心是通过多重数据交叉验证(特别是支付账户的现金流向数据)，了解网商的真实经营情况。Kabbage 公司做到了对网商销售情况和资金流向的实时掌控，能在第一时间对现金流紧张的网商作出预警，提高关注级别。Kabbage 公司如果确认某商户有支付困难，可以从该商户的支付账户中转回部分现金，并采取不再予以授信的惩罚性措施。同时，Kabbage 对拖延还款设立了惩罚机制。在还款日，如果支付账户中没有达到规定的月度还款额，Kabbage 通常会收取 35 美元作为延迟费用，同时保留向其他追贷机构报告的权利。如果商户从第一个还款日就开始拖延还款，Kabbage 会将该商户视作不诚信，并交由公司法务部门处理。

目前，与 Kabbage 合作的银行包括世界最大的直销银行 ING Direct，此外，还有西班牙桑坦德银行(Banco Santander)、加拿大丰业银行(Scotia bank)等金融机构。

Kabbage 公司坏账率大约在 1%，低于美国银行业 5%~8%的平均水平。

## 5.4.3 电子商务贷款的风险控制措施

电子商务平台上活跃着数量庞大的电子商务企业，其中大多数都是中小微企业，为了解决中小微企业的日常资金需求和融资难、融资贵的难题，电子商务贷款应运而生。针对中小微企业的信用缺失问题，电子商务贷款运用互联网收集电子商务企业的网络行为数据，从而作为中小微企业的信用补充进行风险防控。

信用风险是信贷面临的主要风险，是指贷款人不愿履约或者丧失履约能力从而导致贷款损失的风险。电子商务贷款有四种主要模式，在不同模式下信用风险控制手段略有差别，但总的来说，都会有三个环节：贷前环节、贷中环节、贷后环节。

### 1. 贷前环节

贷前环节是风险控制的第一道防线，主要是利用数据挖掘，模型分析，有时会结合远程视频调查以及第三方交叉验证等手段，根据小微企业在电子商务平台上积累的信用和经营数据来评估和判断企业的信用指数、营运能力及还款能力。同时会同步共享其他相关平台的支付信息、物流信息等，将客户积累的信用数据及经营数据通过各种金融计量模型和数据挖掘技术进行二次分析和评估，直接量化信用级别与风险指数，从而作为授信与否以及授信额度多少的决策依据。除此之外，做决策时还会参考海关完税清单、增值税务验证、费用缴费清单、工商部门的信息等第三方数据。

除了运用这些数据外，不同模式下贷前环节还会有其自身的特点。例如，阿里小额贷款还会引入一套心理测试系统对企业经营者进行性格测试，测评其撒谎程度指数。同时结合平台上下游供应商的评价等软信息，完成对小微企业客户的全方位综合贷前调查。电子商务平台和商业银行(包括传统银行和互联网银行)合作及商业银行自营电子商务平台两种模式，还会接入中国人民银行的征信系统，获取个人或企业的征信情况辅助作出决策判断。

### 2. 贷中环节

贷前环节是从源头上把控风险，减少不良用户对贷款的获得性，降低贷款后期的风控成本，而贷中环节是对贷前环节的进一步把控和对贷后环节的初步把握。

贷前环节中有很多资料审核是通过计算机进行的，计算机审核虽然高效但具有机械性，一旦遇到特殊情况或异常情形，就会需要人工进行二次审核。二次审核会结合客户的特殊需求和情况，更加合理地评估客户的信用，从而及时制止不良贷款的发放或避免客户无法申请贷款。虽然二次审核会增加贷款成本，但是这是解决计算机遇到特殊情况时的灵活性的必要方案。

在贷中环节中，也会持续监督企业贷款的使用情况，确定贷款的使用没有偏离最初的设定方向。例如电子商务企业获得了申请的小额贷款后，如果将资金投入日常生产经营中，其交易后台上的相关反映营运能力的核心指标将会有显著的改善，订单数量、交易额和现金流量也将成正比例的增长；相反，如果申请企业的后台经营数据指标没有明显的变化甚至变化方向相反，那么很有可能说明企业将贷款资金挪作他用，小额贷款公司或银行的风险预警系统将提前预警并强制其提前还款。

### 3. 贷后环节

贷后环节的风险控制措施主要是对贷款资金实施动态监督、实施创新的还款方式和加强对违约的惩罚力度。

无论在哪种贷款模式下，在贷款发放以后电子商务平台都会严密监督资金的使用状况，一旦发现资金乱用和电子商务企业经营不善的情况就会立即采取相应措施，从而减少资金损失。例如，阿里小额贷款借助其电子商务平台、支付宝、物流三大平台数据同步共享的优势，通过新型互联网贷款技术动态实时监控资金用途去向等信息，颠覆了传统银行监控模式的滞后性。申请企业在三大平台上的所有数据都是相通的，24 小时动态监控系统会自动记录和监控企业的经营动态和行为，通过贷后风险管理系统，企业任何偏离正常值和同类企业平均值的经营数据都会由系统自动生成各种风险评级，不同级别的风险对应与之相匹配的量化指标，对于可能影响贷款偿还的非正常值系统都会提前预警，最大限度地保障信贷资金的安全。

贷款的按时收回是控制贷款风险的重中之重，创新便捷的还款方式能够便于贷款人还款、避免因客观原因造成还款不及时的状况。无论贷款是来自银行还是小额贷款公司，都设置了多种多样的还款方式，如提前还款和到期还款结合、随借随还和整借零还结合、网银还款和其他银行卡还款等。例如，网商银行的小额贷款到期前，贷款人可以通过支付宝平台自主操作提前还款；或者等到小额贷款到期，在支付宝的余额充足情况下会自动扣除本金和利息；等等。这些创新型还款方式的设置提升了贷款客户的用户体验，并且更加灵活的还款方式也促进了资金的流动。

为了避免贷款到期不能按时收回，各种模式下的电子商务贷款都加大了贷款人的违约成本，包括收取罚息、加入信用黑名单和关闭平台上的商铺等惩罚措施。不过不同的电子商务平台采取的措施不同。例如，阿里巴巴集团的淘宝平台会立即封闭其在阿里巴巴电子商务平台上的所有注册的店铺 ID，停止其一切经营活动和将客户拉入黑名单中，并将其违约情况提交给中国人民银行个人征信中心。而其他的 B2B 平台由于经营模式的限制，对于违约情况的处理力度有所减小，主要是收取滞纳金和将违约记录上报中国人民银行征信中心。在这个信息十分发达、数据可以不断留存的时代中，贷款人的违约成本在无形中也会不断提高。

## 5.4.4　电子商务贷款与传统贷款的风险控制措施比较

为了避免或者减少风险带来的损失，传统金融机构开展信贷业务都需要抵押(质押)资产。抵押(质押)贷款是传统信贷的主要方式，是电子商务贷款中一种放贷形式，并且传统信贷的抵押(质押)资产通常是不动产、价值较高的动产等，一旦发生信用风险时抵押物就会缓释部分损失。需要抵押(质押)资产是传统贷款进行风控的主要措施。此外，在传统贷款模式下，企业的财务指标分析是十分重要的，故金融机构十分重视贷款企业的经营能力、盈利能力、偿债能力、成长能力等。电子商务贷款主要分为信用贷款和抵押(质押)贷款两种模式，对于抵押(质押)贷款，质押财产主要是应收账款、订单交易额、动产等。商务贷款中涉及纯信用贷款的，进行风控的主要依据是电子商务平台积累的商铺经营信息、交易历史记录、消费者的评价等和外部第三方的数据，通过大数据、云计算等先进技术进行分析处理，根据研发的模型量化商铺的信用等级，从而形成判断结果。

传统信贷除了分析财务数据外，也会结合运用中国人民银行的征信信息，这两种信息对作出信贷决策是同等重要的。在电子商务贷款的过程中，有时也会接入人民银行的征信系统，但是对于诸多中小微电子商务企业来说，其信用体系正在建设中，因此网络行为数据和收集的第三方数据就成为信贷决策中的主要因素。

传统信贷主要靠提取贷款准备金抵御预期的贷款损失。一般来说，贷款的减值准备比例通常为贷款金额的 2%左右。随着银行贷款规模的增大，这部分资金的需求也将增大，贷款定价的上浮幅度增高，同时随着利率的增幅提升，中小企业融资成本会增大。而电子商务贷款会通过建立风险池、引入第三方保险公司、动态监督等方式来防范风险。

电子商务贷款贷后会动态监测贷款资金使用情况，电子商务平台会 24 小时监测贷款商户的经营状况、交易记录等，贷后风险控制也主要依靠网络行为数据和风险模型。相比之下，传统信贷的贷后风险控制方面就较为被动，主要是靠线下定期回访、跟踪检查、五级分类等手段，但由于执行力或公司刻意隐瞒等，难以做到实时监督公司信贷资金去向和偿债能力。

电子商务贷款和传统信贷的风险控制措施比较如表 5.3 所示。

表 5.3　电子商务贷款和传统信贷的风险控制措施比较

| 项　目 | 风险控制措施比较 | |
|---|---|---|
| | 相同点 | 不同点 |
| 电子商务贷款 | (1)都涉及抵押(质押)贷款，故需要抵押(质押)财产；<br>(2)都会运用中国人民银行的个人征信信息 | (1)抵押(质押)资产主要为：应收账款、订单交易额、动产；<br>(2)信用评级依据主要为网络行为数据和第三方信息，也会结合中国人民银行的征信信息；<br>(3)建立风险池，引入第三方保险和动态监督；<br>(4)对信贷资金和公司经营实施24小时监督 |
| 传统信贷 | | (1)抵押(质押)资产主要为：不动产、高价值动产；<br>(2)信用评级依据主要为贷款人的财务信息和中国人民银行的征信信息；<br>(3)提取贷款准备金抵御预期贷款损失；<br>(4)对信贷资金进行定期回访、跟踪检查、五级分类等 |

## 本章作业

1. 如何理解电子商务贷款？它有何特点及作用？
2. 试比较不同商业模式下电子商务贷款的贷款流程以及特点。
3. 试比较电子商务贷款与传统贷款的风险控制手段。
4. 试论述电子商务贷款存在的主要风险。应该如何进行风险控制？

# 第 6 章

# 互联网消费金融

**本章目标**

- 掌握互联网消费金融的定义及其与传统消费金融的不同之处。
- 了解互联网消费金融的发展历程与发展现状。
- 掌握互联网消费金融的产业链及其发展的核心能力。
- 掌握不同商业模式下互联网消费金融的基本流程以及各自特点。
- 了解互联网消费金融资产证券化的定义、作用、分类与特征。
- 掌握互联网消费金融资产证券化交易结构、面临的法律问题以及风险控制措施。

**本章简介**

随着互联网经济的快速发展和金融环境的不断完善,互联网企业纷纷布局消费金融。2014 年京东白条、天猫分期的推出,标志着大型电子商务平台正式介入消费金融领域,拉开了互联网消费金融的序幕。通过本章的学习,我们将对我国互联网消费金融产业链以及发展现状有比较清晰的认识和了解,我们还将深入了解传统商业银行消费贷款互联网化模式、互联网银行消费贷款模式、互联网消费金融公司的消费贷款模式、互联网消费金融发展的核心能力以及互联网消费金融的资产证券化问题。

# 6.1 互联网消费金融概述

## 6.1.1 互联网消费金融定义

**1. 消费金融的定义**

消费金融是以消费为目的的信用贷款。根据中国人民银行《中国区域金融运行报告(2018)》，消费金融包括广义与狭义两种定义。广义的消费金融包括传统商业银行向消费者发放的住房按揭贷款、汽车贷款、信用卡和其他贷款，持牌消费金融公司向消费者提供的家装贷、购物分期，以及新兴的基于网上购物等消费场景为消费者提供购物分期服务的互联网消费金融。狭义的消费金融是从广义消费金融范畴中扣除传统商业银行车房贷款的部分。我们通常所说的消费金融是指狭义消费金融范畴，即以消费为目的，贷款周期不超过 24 个月，金额不超过 20 万元的小额、分散的无抵押信用贷款。发展消费金融对于释放消费潜力、改善消费结构、推动消费升级具有不可忽视的重要作用，已逐渐成为我国经济发展转型的"助推器"。

消费金融的主要客群是信用空白用户，一部分人可能申请不到信用卡，或者由于信用卡申请太麻烦或授信比较低。

根据消费金融业务是否依托于场景，放贷资金是否直接划入消费场景中，又可以将消费金融业务分为个人消费贷和个人现金贷。个人消费贷是指消费金融业务依托于具体消费场景，放贷资金直接划入消费场景中，用于个人购买耐用消费品或者支付各种费用的特定消费贷款，比如耐用消费品贷款、旅游贷款、教育贷款等。消费贷具有以下特点：一是无抵押；二是限定具体借款用途；三是资金直接流向消费场景，不进入消费者账户。现金贷是指消费金融业务没有场景依托，对消费者发放的非特定小额贷款。现金贷的特点包括以下三点：一是无抵押；二是不限定具体借款用途；三是放贷资金直接划入申请借款用户账户。

**2. 互联网消费金融的定义**

互联网消费金融是依托互联网技术发展起来的新型消费金融模式。互联网消费金融是指借助互联网进行线上申请、审核、放款及还款等业务流程的消费金融业务。与传统消费金融相比，互联网消费金融业务在降低资金成本、提高业务效率、减少信息不对称等方面具有无可比拟的优势。广义的互联网消费金融泛指一切依靠互联网打造的金融服务平台，包括传统消费金融的互联网化；狭义的互联网消费金融仅指互联网公司创办的消费金融平台。近年来，传统消费金融机构线上化发展比较迅速。本书所说的互联网消费金融是指广义的互联网消费金融。

众所周知，传统商业银行信贷业务主要是面向高净值人群提供的大额信贷服务，对客户的财务及信用状况要求较高，而互联网消费金融因其小额、分散的特点，目标客户有很大一部分是传统征信覆盖不到的人群。通过对客户网络购物、支付、通信账单等数据的分析，互联网消费金融为这部分人群提供小额信贷服务，从而形成对传统信贷服务的补充。

## 6.1.2 互联网消费金融与传统消费金融的比较

互联网消费金融已经成为社会发展的一个重要方向，是网络经济重要的一环，具有"消费+金融"的双重属性。而传统消费金融主要是指向社会各阶层消费者提供消费贷款的现代金融服务方式，其必将不断地向互联网消费金融方向改革和创新，借助于高效、便捷和平等的互联网，实现生产者、消费者和投资者、融资者的共赢生态圈。两者区别主要体现在以下几个方面。

### 1. 服务优势

传统消费服务金融机构具有一定的显著优势，包括雄厚的资本实力和成熟的风险管理体系，布局服务网站满足不同人群的业务需求和生活便捷，不受年龄、网络覆盖和地域条件限制，等等。互联网消费服务金融机构具有边际成本低、用户体验感受好、推广业务渠道快，特别是移动互联网带来的快速便捷和时效性具有传统消费服务金融机构无法比拟的优势。

### 2. 发展定位

传统消费金融的发展定位为向各阶层消费者提供消费贷款的现金贷金融服务方式。互联网消费金融主要定位于实现传统金融服务的差异化，运用互联网发展的信息技术和手段带来规模效应和较低的边际成本，在小额交易、垂直细分市场等领域获得有效的金融服务，在未来一定时间里，互联网消费金融与传统消费金融业务会有更深层次地融合和拓宽。

### 3. 运用模式

传统消费金融服务机构与互联网消费金融服务机构在模式上的差别主要表现在：传统消费金融机构将原来线下的信息基础及客户群体基数运用互联网的技术进行线上拓展、提升和优化服务；而互联网消费金融机构是以线上手段为主，通过技术、平台、系统将线上服务机制向线下进行创新整合拓展，运用成熟的"互联网+"的便捷服务手段进行业务的深度拓展和服务。

## 6.1.3 互联网消费金融发展历程与发展现状

### 1. 我国互联网消费金融发展历程

互联网消费金融的前身是消费金融，国际上的消费金融体制已有 400 多年的发展历史，最早是由于产能过剩，为了扩大产品销售，制造商和经销商就对产品进行了分期付款销售，从而带来了消费信贷的迅速发展。

中国的消费金融公司概念，最早出现在 2009 年。为解决商业银行对个人信贷需求覆盖不足的问题，2009 年中国银监会颁布了《消费金融公司试点管理办法》，在北京、上海、天津、成都 4 个城市开放消费金融试点，随后国内首批 4 家持牌消费金融公司应运而生，分别是北银消费金融、中银消费金融、捷信消费金融和锦程消费金融。这一阶段，持牌消费金融公司在审核方面的要求相对宽松，其产品主要服务特点是小额、快速、无抵押担保，在一定程度上弥补了银行信贷无法覆盖的消费金融需求缺口。但贷款规模仍然不足100亿元，只占一般性消费信贷中非常少的一部分。而且4家消费金融公司有3家是以银行为主导，因此在成立之初，消费金融遭遇了一个尴尬的现实：消费信贷业务基本被银行信用卡覆盖，那些无法申请信用卡的客户也比较难获得消费信贷。

我国互联网消费金融的发展经历了以下三个阶段。

1) 启动期(2013—2014年)

随着互联网经济的快速发展和金融环境的不断完善，大型电子商务、消费分期电子商务、网贷平台、P2P平台、细分领域平台等纷纷布局消费金融。2014年年初京东白条的上线，2014年7月天猫分期的推出，标志着大型电子商务平台正式介入消费金融领域，拉开了互联网消费信贷的序幕，行业进入启动期。启动期的相关政策以鼓励业务发展为主。2013年9月，银监会修订《消费金融公司试点管理办法》，放宽了消费金融公司申请设立条件，取消营业地域的注册地限制，增加吸收股东存款业务范围，以拓宽消费金融公司的资金来源。同时，将消费金融试点公司扩大到16家。2013年11月，党的十八届三中全会审议通过了《中共中央关于全面深化改革若干重大问题的决定》，在阐述完善金融市场体系时，提出"鼓励金融创新，丰富金融市场层次和产品，助推消费升级"。

2) 快速发展期(2015—2016年)

进入2015年，众多互联网金融平台开始大举拓展消费金融业务，逐渐成为消费金融服务的新兴力量，其中包括2015年4月上线的花呗。在政策方面，2015年6月与7月，是互联网消费金融发展史上的一个里程碑。2015年6月10日，国务院做了一个重要的决定，将原本在16个城市开展的消费金融公司试点扩大至全国。审批权下放到省级部门，鼓励符合条件的民间资本、国内外银行业机构和互联网企业发起设立消费金融公司。这也就意味着，之前16个城市的试点已经放开到全国，国务院为"消费金融"开闸。同年7月18日，中国人民银行等十部门发布《关于促进互联网金融健康发展的指导意见》，从而使得互联网金融的发展道路变得更为清晰，也使得与消费金融这两个亿万级行业有了产生交集的可能。随后，在7月、8月这两个月里获准成立的消费金融公司，其数量接近过去五年消费金融公司的总和。2015年12月，《国务院关于印发推进普惠金融发展规划(2016—2020年)的通知》发布，提出要促进消费金融公司的发展，激发消费潜力，促进消费升级。2016年3月24日，中国人民银行和中国银监会联合发布《关于加大对新消费领域金融支持的指导意见》，提出"加快推进消费信贷管理模式和产品创新"，鼓励银行业金融机构开展互联网消费金融，鼓励消费金融公司发行金融债券。此外，已经通过网络购物和社交积累了大量用户数据与丰富风控经验的互联网平台，绕过消费金融公司牌照，通过申请互联网小额贷款牌照，直接在某些特定的消费市场开展消费信贷业务，利用其场景细分、大数据丰富以及成熟的贷款申请系统，直接对借款人授信，并以此与渠道商合作或自行开发渠道。在行业创新、政策鼓励的共同作用下，互联网消费金融业务驶入发展快车道。

3) 规范期(2017年至今)

在2015年到2017年上半年的消费金融迅猛发展阶段，行业内出现了过度授信、暴力催收等不合规经营模式，严重侵犯了消费者的合法权益。2017年开始，监管部门加大整治力度，多部委就消费金融业务颁布一系列政策，整顿行业发展乱象，从P2P专项整治、规范现金贷到商业银行互联网贷款，再到更底层的对于大数据违规行为的清理、非法放贷和民间借贷利率的规范等，我国互联网消费信贷业务逐步进入规范健康发展阶段。2017年6月28日，中国银监会、教育部、人力资源和社会保障部联合发布《关于进一步加强校园贷规范管理工作的通知》；2017年11月21日，互联网金融风险专项整治工作领导小组办公室下发《关于立即暂停批设网络小额贷款公司的通知》；2017年12月1日，互联网金融风险专项整治工作领导小组办公室联合P2P网贷风险专项整治工作领导小组办公室发布《关于规范整顿"现金贷"业务的通知》，分别对校园贷、网络小额贷款、现金贷业务进行了严格的清理整顿。2018年上半年，金融监管进一步趋严。2018年4月27日，经国务院同意，中国人民银行、中国银行保险监督管理委员会、中国证券监督管理委员会、国家外汇管理局印发的《关于规范金融机构资产管理业务的指导意见》正式落地，对资产管理机构的资金杠杆、产品嵌套等方面加强约束，间接约束了消费金融平台的资金来源、资金杠杆等。2018年10月，中国银行业协会消费金融专业委员会成立，旨在促进消费金融行业规范、健康、可持续发展。2019年5月，银保监会发布《关于开展"巩固治乱象成果促进合规建设"工作的通知》，针对消费金融公司，提出要按照相关要点开展整治工作，主要包括公司治理、资产质量和业务经营三大方面。2020年7月，《商业银行互联网贷款管理暂行办法》发布，消费金融公司开展互联网贷款业务参照执行。2020年9月，《中国人民银行金融消费者权益保护实施办法》发布，这是在《中国人民银行金融消费者权益保护实施办法》(银发〔2016〕314号)印发的基础上，结合新需求、新情况、新问题，修订、增补相关条款后发布的。值得注意的是，该办法已经升格为部门规章。2020年10月，中国银保监会消费者权益保护局发布《关于招联消费金融有限公司侵害消费者权益问题的通报》，首次通报消费金融公司普遍面临的四大问题，包括营销宣传存在夸大、误导，未向客户提供实质性服务而收取不当费用，对合作商管控不力，催收管理不到位。2020年11月，《网贷办法》提出，其核心内容是限制互联网金融平台的无限扩张。

**2. 我国互联网消费金融发展现状**

前瞻产业研究报告显示，在中国经济快速增长、中国居民消费能力逐渐提升的发展背景下，我国互联网消费金融交易规模从2013年的60亿元增长到了2019年的22800亿元，年均复合增长率达169.13%。目前，中国互联网消费金融行业正处于高速发展期，消费场景越来越丰富，逐渐渗透到医美、旅游、装修、教育等各个细分领域。图6.1为2011—2019年中国互联网消费金融交易规模及增速情况。

我国互联网消费金融发展呈现以下特点。

1) 互联网消费金融场景日趋丰富，与日常生活联系越发紧密

互联网消费金融是最依赖场景的金融产品。随着消费金融监管的日趋严格和规范，互联网消费金融开始进入"精细"发展阶段。在监管机构"脱虚向实"的新要求下，各大互联网消费金融平台逐渐开始深耕消费场景设计领域，以期通过开拓更丰富、更优质、更持续的互联网消费金融场景来获取更多客户流量，拓展业务范围。目前，互联网消费金融平台开发的消费金融产品已经延伸到日常生活的诸多领域，基本覆盖了家居、装修、家电、

教育、医美、数码、保险、出行、旅游等场景，极大提高了借贷服务的可获得性和便捷程度。

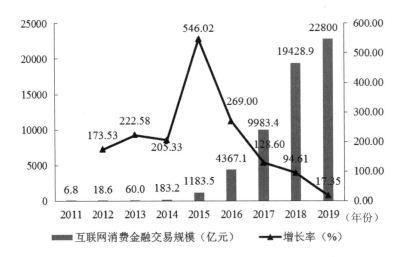

图6.1　2011—2019年我国互联网消费金融交易规模及增速情况

2）互联网消费金融客户群体呈现年轻化、低收入化趋势

随着科技与互联网消费金融业务的深度融合，大数据风控、反欺诈技术得以广泛应用，扩大了互联网消费金融的客户群体，使原先无法享受到正规金融服务的年轻、低收入群体可以分享到金融发展带来的红利。学生群体、蓝领阶层、农村居民可以通过互联网消费金融平台享受小额、短期借贷服务。

3）互联网消费金融的供给主体呈现多元化趋势

2016年以来，随着国家出台一系列刺激消费政策、逐渐放开消费金融牌照管制以及消费者消费能力提升和居民消费理念的转变，越来越多的金融机构、金融科技平台和持牌的科技企业开始提供互联网消费金融产品，消费金融供给主体呈现多元化趋势。从目前发展情况来分析，互联网消费金融平台主要包括互联网银行、网络小额贷款公司、消费金融公司的线上平台以及传统银行的网络金融部等。多元化的互联网消费金融产品供给主体不仅能够为金融消费者提供多样化的选择，也增强了互联网消费金融行业的竞争性，促使各互联网消费金融平台更加关注风险控制、产品创新、消费者体验提升等领域，有利于营造竞争、有序、良性的行业生态。

## @ 6.2　互联网消费金融产业链

互联网消费金融涉及上游的资金需求方、资金供给方、消费金融服务商、消费供给方以及消费金融基础设施。

### 6.2.1　资金需求方

我国有4亿多人群尚未被银行征信系统覆盖。未被计入征信记录的人群包括老人和小孩、广大蓝领、年轻白领、学生和无业居民等。对于这些群体，工资收入无法满足其日常消费需求，银行等金融机构无法为他们提供信贷服务，于是他们成为持牌消费金融公司和互联网消费金融的增量群体。2010年以来，居民改善型消费需求不断增强，消费支出用途不断由生活必需品等实物消费转向教育、文化和娱乐以及交通通信等服务性消费领域，居民消费呈现升级趋势。而部分居民的改善型消费需求较强，但支付能力仍较为有限(以年轻、中低收入群体为主)，二者间的缺口主要通过消费金融进行满足。此外，支付宝、微信等移动支付工具渗透至日常消费场景，可快速实现消费需求与金融需求的转化。便捷的支付方式为消费金融行业带来了较大流量，并激发了部分用户的消费金融需求。

苏宁消费金融数据显示，在苏宁易购分期购物的用户中，"80后""90后"用户合计占比超过70%，其中"80后"占比32.4%，"90后"占比41.2%，"90后"超越"80后"成为分期购物的主力人群。海尔消费金融公司相关数据显示，其"90后"用户占比超过50%。其他相关研究数据显示，月收入1万元以下的人群是互联网消费金融的主要用户，其中月收入3000元以下的群体占比25.3%，月收入3000~5000元的群体占比29.7%，学生群体和低收入群体的消费贷款意愿较为强烈。

目前，消费金融客群主要有低学历、年轻化、无征信记录、中低收入等特征，且客群仍在不断下沉。

## 6.2.2 资金供给方

不同的消费金融服务主体，其资金来源与资金成本也有所不同。

(1) 银行机构。其资金来源丰富且稳定，多依赖于吸收的公众存款或其理财资金，随着息差的日渐收窄，银行也在尝试通过消费信贷ABS等方式丰富资金来源。

(2) 互联网银行。其主要通过同业拆借方式来筹措资金。除此之外，资产证券化、增资扩股、发行理财产品等也是互联网银行筹措资金的方式。

(3) 持牌消费金融机构。其可以通过向金融机构借款、同业拆借、发行金融债券、接受股东境内子公司及境内股东存款和资产证券化五种途径丰富资金来源。此外，消费金融公司也可通过发行资产支持商业票据或理财计划等方式来筹措资金。

(4) 新型互联网消费金融公司。其无法吸收公众储蓄，在资金来源上具有一定局限。其主要通过自有资金进行放贷，当自有资金不足时通过股东与投资方融资、ABS、信托和银行等渠道解决资金来源问题，相对来讲，资金成本较高。

## 6.2.3 消费金融服务商

消费金融服务商采取不同经营策略，主打不同类型消费金融产品。

(1) 银行。商业银行互联网消费金融产品主要是信用卡和个人消费贷款。普通信用卡授信额度从几千元到几万元不等，刷卡消费有20~50天免息还款期，亦提供账单分期和现金分期，分期利率年化平均在9%以上。根据中国人民银行发布的《2020年支付体系运行总体情况》显示，截至2020年年末，信用卡和借贷合一卡在用发卡数量为7.78亿张，同比增长4.26%。信用卡授信总额为18.96万亿元，同比增长9.16%。目前，信用卡业务仍然是传统商业银行互联网消费金融的主打产品。商业银行的个人消费贷款对于个人的信用要求比较高，客户群体是收入较高的白领和拥有稳定工作与住房的公务员和事业单位人群。

(2) 持牌消费金融公司。银行系消费金融公司的审核方式与银行无异，额度最高可达20万元，期限为2年左右，年利率为15%左右；产业系消费金融公司提供消费金融的目的在于增加产品销量，促进产品消费，年化利率与信用卡利率基本持平。

(3) 互联网消费金融公司。授信额度从几千元到几万元不等，依据征信、社交和历史消费等维度综合评估，期限30天至24个月不等，年利率为12%～16%。

## 6.2.4 消费供给方

消费金融借贷资本流入线上与线下两大消费渠道，消费场景多样。客户群体从消费金融服务商获得借贷资本后，消费主要流入线下消费场景和线上消费场景等。

在线下消费场景中，资金多流入美食餐饮、旅游、出行住宿、购物娱乐等消费场景，用户日常消费支出以信用卡刷卡为主。许多消费金融服务商与航空公司、酒店、商场、餐饮机构等合作推出刷卡满减、优惠券赠送、多倍积分和里程兑换等多种优惠活动，增强用户黏性，刺激消费。

在线上消费场景中，电子商务平台是较为集中的一个消费流量入口，数码电子产品是其中重要的消费品类，此外，家电类产品、美妆类产品和奢侈品也是消费者青睐的产品品类。目前，蚂蚁花呗和京东白条类产品，已经基本实现了线上信用卡功能，依托其电子商务平台优势，不定期推出分期免息购物、平台会员卡折扣等优惠策略，进一步刺激消费，逐渐抢占银行在线上信用卡支付的用户和渠道。

消费金融服务商一般同时覆盖线上和线下渠道，一方面对线下渠道进行技术升级，如无纸化办公、应用人脸识别技术以及光学字符识别(OCR)技术等；另一方面拓宽线上合作渠道，通过渠道融合挖掘新市场。此外，多元垂直消费场景也成为一大趋势，除了传统3C产品，家庭装修、家电、医美、旅游、出行、职业教育和健身等垂直领域的消费渗透率也在逐渐提高。

## 6.2.5 消费金融基础设施

在消费金融产业链中，除上游资金需求方和资金供给方，中游消费金融服务商和下游消费供给方外，我们把与消费金融相关且对产业发展起到整体支持及监管作用的主体等统称为消费金融基础设施。其主要进行监管、支付、征信、大数据风控等。

在消费金融产业链中，直接参与监管互联网消费金融业务的监管主体包括中国人民银行和中国银保监会等监管机构。监管机构制定行业政策与相关法规，引导行业发展；支付宝、银联等支付机构，为消费金融的资金运转提供支付保障；中国人民银行征信中心等征信机构，为消费金融提供征信评估和风险防范护城河；大数据与金融风控及金融科技公司，通常提供软件解决方案，优化风控模型及大数据处理等服务；其他包括为消费金融提供云计算服务、深度学习、人脸识别等的公司。

云计算、大数据、人工智能和区块链等新兴技术的发展与应用对消费金融的业务与服务模式产生了极大影响，已逐渐成为驱动行业发展的关键性技术。大多数消费金融公司是以产品为导向的，快速聚集 C 端某一细分客户群体，以现金贷或消费场景切入，经过拓展与沉淀，搭建针对某一细分人群的有效的风控模型。而以数据和人工智能为驱动的金融科技公司，则是以技术为导向，从数据提取与分析切入，做出模块化、高配适的风控模型，根据不同场景平台和消费金融机构的风控准入要求，提供定制化的技术支持。

## 6.3 互联网消费金融商业模式

根据互联网消费金融参与主体的不同，互联网消费金融商业模式主要分为四类：一是传统商业银行消费贷款互联网化模式；二是互联网银行消费贷款模式；三是持牌消费金融公司互联网消费金融模式；四是互联网消费金融公司消费贷款模式。

### 6.3.1 传统商业银行消费贷款互联网化模式

商业银行主要通过信用卡和信用消费贷款两大产品为消费者提供消费金融服务。商业银行在消费金融市场中凭借低资金成本、风险控制能力强和产品覆盖面广等优势而占据市场主导地位。银行系消费金融线下模式占比较高，但近年来加大了线上消费金融的投入。银行互联网消费金融主要模式是：银行通过自己搭建平台(主要是手机银行 App)，自己开发产品，消费者可以直接在手机银行 App 上申请贷款，以中国建设银行的"快 e 贷"、招商银行的"闪电贷"等为代表。商业银行互联网消费贷目标客户基本为原有客户，对客户的信用要求高，难以覆盖无资产或无信用记录的客户群体。另外，商业银行的互联网消费贷以现金贷为主，与具体的消费场景结合度不高，服务精细化程度有待提高。但近年来不少商业银行也在积极加强网上商城等场景生态的布局，以中国工商银行、招商银行等为代表的银行在场景构建上也取得了不错的成效。

### 6.3.2 互联网银行消费贷款模式

互联网银行(Internet bank or E-bank)是指借助现代数字通信、互联网、移动通信及物联网技术开展金融服务的机构。互联网银行可以吸收存款、发放贷款，也可以做结算支付。互联网银行与传统银行的最大区别就在于互联网银行无线下网点，全部运营都在线上进行。

**1. 互联网银行消费贷款目标人群**

从客户画像上看，与传统商业银行相比，互联网银行用户更加下沉。从目标客群来看，互联网银行的目标客群以 B/C 端长尾为主。互联网银行在 C 端的受众画像为年轻的消费群体和小微企业的企业主，互联网银行获客与银行的网上银行等线上入口有重叠。互联网银行 C 端的产品分布范围从 100 万元左右的小微企业贷款到 20 万元左右的消费类贷款。2020 年的户均贷款数据显示，微众银行/苏宁银行的户均贷款分别低于 15 万元和 10 万元。

### 2. 互联网银行用户体验

互联网银行在申请开户、申请贷款的整个流程上有别于传统银行的网上银行。传统银行网上银行申请信用卡在核心环节依然依赖于线下人员面对面核实，无形中增加了成本和时间。然而，互联网银行的开户环节全方位地运用光学字符识别（OCR）、生物识别等技术，保证在远程无人工干预、无步骤中断的环境下可以流畅开户。客户体验上的区别源自互联网基因与传统银行基因的区别，互联网银行具备更加市场化的线上产品设计理念、流程和设计人员组织。同时，流程环节的简单性也凸显了底层架构的可扩展性，比传统银行更加简洁、模块化，可以避免流程逻辑上的突然中断和过于烦琐。

### 3. 互联网银行消费金融产品

(1) 深圳前海微众银行的微粒贷。微粒贷是微众银行推出的首款互联网小额信贷产品，2015年5月在手机QQ平台上线，9月在微信平台上线，是主要针对城市中低收入人群和偏远、欠发达地区的广大民众提供的一种全线上、纯信用、随借随还的小额信贷产品。100元起借，最高额度为20万元。微粒贷规定：所申请款项3分钟到账，授信审批时间仅需2.4秒，第二次借款资金到账时间则只有60秒。微众银行2020年年度报告显示，截至2019年年末，微粒贷已向全国31个省(自治区、直辖市)近600座城市超过2800万客户发放超过4.6亿笔贷款，累计放款额超过3.7万亿元；授信客户中约78%从事非白领服务业或制造业，约80%的客户为大专及以下学历；笔均贷款约8000元，且因按日计息、期限较短，超过70%已结清贷款的利息低于100元。

(2) 新网银行的好人贷。借款人的年龄为21～55周岁，且非在校学生；个人信用良好，在中国人民银行征信当中没有不良记录；贷款额度为20万元，一次授信。

(3) 华通银行的福e花、福e贷。福e花是一款纯信用贷款产品，为22～55周岁的客户提供用于个人或家庭装修、旅游、教育、医疗等消费用途的贷款；福e贷是一款纯线上信用贷款产品，为22～55周岁的客户提供用于个人或家庭消费支出的贷款服务。

(4) 众邦银行的众易贷。循环额度、最高为20万元、最长借款期限为1年。

(5) 中关村银行的惠薪贷。惠薪贷是中关村银行面向受薪人群，开发的个人信用消费贷款产品。循环额度、最高为20万元，最长期限为3年。

(6) 苏宁银行的升级贷。升级贷是面向个人消费者设计开发的个人综合消费贷款产品，为客户提供多场景、全渠道、全方位的融资贷款服务，贷款额度为30万元，助力客户消费升级，年化利率7.18%起(按单利计息)。

(7) 百信银行的好会花。好会花面向年轻个人用户，循环额度、最高为20万元。在微信公众号上申请，最高授信额度为10万元，审批只需完成人脸识别、身份证上传和补充信息三个步骤，全流程线上化；而通过百信银行App申请，最高授信额度可达20万元，申请条件包括20周岁以上、身份证上传与银行卡信息三个条件。

受资本金的限制，互联网银行消费贷款的模式主要是与大中型商业银行、政策性银行、股份制银行、城商行、村镇银行以及其他互联网银行开展联合贷和助贷。其中，联合贷款是双方按照约定的比例共同出资发放贷款的合作方式，而助贷是政策性银行或大中型商业银行作为资金方，借助互联网银行的获客、初筛等必要贷前服务，由资金方完成授信审查、风险控制等核心业务后，发放 100%的放贷资金。近年来，互联网银行与传统商业银行之间积极探索合作模式。比如，与以往联合贷款模式中由互联网银行引流不同，近年来新网银行与中国工商银行的合作，是将中国工商银行客户中未能数据化的客群转推给新网银行，由新网银行和中国工商银行联合风控后，双方再联合出资发放贷款。

## 6.3.3 持牌消费金融公司互联网消费金融模式

根据 2014 年开始施行的《消费金融公司试点管理办法》的有关规定，消费金融公司是指经中国银监会批准设立的，不吸收公众存款，以小额、分散为原则，为个人提供以消费为目的的贷款的非银行金融机构。消费金融公司的主要客户群体为个人客户，定位为中低收入群体，主要满足的是个人消费需求，经营特点是单笔金额小、纯信用、审批快。审核标准一般比银行的更为宽松。消费金融公司作为我国信贷市场新兴起的一股重要力量，有着自己独特且鲜明的特点，包括但不限于以下几个主要方面。

第一，贷款品种单一。随着我国经济社会的不断发展，居民消费能力不断提升，再加上国家经济结构转型，消费作为拉动 GDP 发展的"三驾马车"之一，在经济社会发展中的促进作用越发重要，在这个重要大背景下，消费金融公司应运而生。消费金融公司主要为个人客户发放消费需求贷款，不可以为企业发放贷款，也不能发放个人经营性贷款。

第二，贷款资金来源有限。与银行将吸收的公众存款作为贷款发放的主要资金来源不同，消费金融公司发放的贷款资金首先来自股东的自有资金；其次是向同业金融机构拆借款；最后是在国内债券市场上通过发行金融债进行融资，贷款资金来源渠道相对较少。

第三，小额、分散。根据中国银保监会的相关规定要求，消费金融公司最高贷款额度不超过 20 万元，单笔贷款的额度甚至在几百元。

截至 2020 年年底，我国共有 30 家持牌消费金融公司获批开业，覆盖全国各大区域主要大、中城市。其中，银行系有 27 家，产业系有 3 家(见表 6.1)。

表 6.1 我国 30 家持牌消费金融公司信息一览表

| 序号 | 公司名称 | 获批时间 | 所在地 | 注册资本(亿元) | 股权结构 |
| --- | --- | --- | --- | --- | --- |
| 1 | 锦程消费金融 | 2010 年 2 月 25 日 | 四川 | 4.2 | 成都银行 38.86%<br>周大福 25%<br>凯枫融资租赁 19%<br>丰隆银行 12%<br>浩泽净水 5.14% |
| 2 | 中银消费金融 | 2010 年 6 月 3 日 | 上海 | 15.14 | 中国银行 42.8%<br>百联集团 22.07%<br>陆家嘴金融 13.44%<br>中银信用卡 13.23%<br>博德创新投资 5.81%<br>红杉盛远 2.64% |

续表

| 序号 | 公司名称 | 获批时间 | 所在地 | 注册资本（亿元） | 股权结构 |
| --- | --- | --- | --- | --- | --- |
| 3 | 捷信消费金融 | 2010年10月26日 | 天津 | 70 | 捷信集团100% |
| 4 | 北银消费金融 | 2011年7月5日 | 北京 | 10 | 北京银行37.5%<br>利时集团20.25%<br>桑坦德消费金融17%<br>九元辰光创业投资4.25%<br>联东投资4.25%<br>华夏董氏4.25%<br>大连万达4.25%<br>联想控股4.25%<br>京洲企业3.58%<br>锐赢商务0.43% |
| 5 | 兴业消费金融 | 2014年12月22日 | 福建 | 19 | 兴业银行66%<br>泉州商业24%<br>特步(中国)5%<br>福诚(中国)5% |
| 6 | 海尔消费金融 | 2014年12月23日 | 山东 | 10 | 海尔集团30%<br>红星美凯龙25%<br>海尔财务19%<br>浙江逸荣投资16%<br>北京天同赛伯10% |
| 7 | 招联消费金融 | 2015年3月3日 | 深圳 | 100 | 中国联通50%<br>招商银行50% |
| 8 | 湖北消费金融 | 2015年4月3日 | 湖北 | 9.4 | 湖北银行31.91%<br>特易数科24.47%<br>宇信科技12.77%<br>TCL集团10.64%<br>万得信息10.64%<br>武汉商联4.79%<br>武汉武商4.79% |
| 9 | 苏宁消费金融 | 2015年5月11日 | 江苏 | 6 | 南京银行56%<br>先声再康16%<br>巴黎银行18%<br>苏宁易购10% |

续表

| 序号 | 公司名称 | 获批时间 | 所在地 | 注册资本（亿元） | 股权结构 |
|---|---|---|---|---|---|
| 10 | 马上消费金融 | 2015年6月11日 | 重庆 | 40 | 重庆百货33.09%<br>中关村科金31.43%<br>物美科技17.17%<br>重庆银行16.54%<br>阳光财产保险0.96%<br>浙江中国小商品城0.8% |
| 11 | 中邮消费金融 | 2015年11月17日 | 广东 | 30 | 邮储银行70.5%<br>星展银行15%<br>三正集团4.5%<br>渤海国际信托3.67%<br>广百股份3.5%<br>拉卡拉1.67%<br>广东海印1.17% |
| 12 | 杭银消费金融 | 2015年11月25日 | 浙江 | 25.61 | 杭州银行42.95%<br>迪润科技33.34%<br>中国银泰20%<br>浙江网盛1.95%<br>中辉人造丝0.88%<br>浙江和盟0.88% |
| 13 | 华融消费金融 | 2016年1月18日 | 安徽 | 9 | 华融资管70%<br>合肥百货15.33%<br>深圳华强资管8%<br>安徽新安资管6.67% |
| 14 | 晋商消费金融 | 2016年2月22日 | 山西 | 5 | 晋商银行40%<br>奇飞翔艺25%<br>宇信科技20%<br>山西华宇商业8%<br>美特好7% |
| 15 | 盛银消费金融 | 2016年2月24日 | 辽宁 | 3 | 盛京银行60%<br>大连德旭商贸20%<br>顺峰投资20% |
| 16 | 长银消费金融 | 2016年10月31日 | 陕西 | 10.5 | 长安银行51%<br>汇通信诚25%<br>北京意德辰翔24% |

续表

| 序号 | 公司名称 | 获批时间 | 所在地 | 注册资本（亿元） | 股权结构 |
|---|---|---|---|---|---|
| 17 | 尚诚消费金融 | 2016年11月27日 | 上海 | 10 | 上海银行 38%<br>携程旅游 37.5%<br>德远益信 12.5%<br>长盈科技 12% |
| 18 | 蒙商消费金融 | 2016年12月26日 | 内蒙古 | 5 | 蒙商银行 44.16%<br>微梦创科 40%<br>萨摩耶科技 15.6%<br>百中恒 0.24% |
| 19 | 中原消费金融 | 2016年12月29日 | 河南 | 20 | 中原银行 49.25%<br>华平亚洲金融 42%<br>上海伊千网络 8.75% |
| 20 | 长银五八消费金融 | 2017年1月13日 | 湖南 | 9 | 长沙银行 51%<br>城市网邻 33%<br>通程控股 16% |
| 21 | 哈银消费金融 | 2017年1月22日 | 黑龙江 | 15 | 哈尔滨银行 53%<br>度小满 30%<br>斯特福德 6.33%<br>同程软件 5%<br>博升优势 3.33%<br>赛格国际 1.67%<br>信达拍卖 0.67% |
| 22 | 幸福消费金融 | 2017年6月14日 | 河北 | 6.37 | 张家口银行 47.1%<br>神州优车 39.24%<br>蓝鲸控股 14.66% |
| 23 | 金美信消费金融 | 2018年10月10日 | 厦门 | 5 | 中国信托银行 34%<br>厦门金圆集团 33%<br>国美控股 33% |
| 24 | 中信消费金融 | 2019年6月12日 | 北京 | 7 | 中国中信 35.1%<br>中信信托 34.9%<br>金蝶软件 30% |
| 25 | 小米消费金融 | 2020年1月10日 | 重庆 | 15 | 小米通讯 50%<br>重庆农商行 30%<br>金山控股 10%<br>重庆大顺电器 9.8%<br>重庆金冠捷莱五金 0.2% |

续表

| 序号 | 公司名称 | 获批时间 | 所在地 | 注册资本（亿元） | 股权结构 |
|---|---|---|---|---|---|
| 26 | 阳光消费金融 | 2020年1月10日 | 北京 | 10 | 光大银行60%<br>中青旅20%<br>王道商业银行20% |
| 27 | 平安消费金融 | 2020年4月9日 | 上海 | 50 | 中国平安保险30%<br>融熠28%<br>未鲲科技27%<br>锦炯科技15% |
| 28 | 唯品富邦消费金融 | 2020年9月29日 | 四川 | 5 | 唯品会49.9%<br>特步(中国)25.1%<br>富邦华一银行25% |
| 29 | 苏银凯基消费金融 | 2021年3月2日 | 江苏 | 26 | 江苏银行54.25%<br>台湾凯基银行36.17%<br>海澜之家7.5%<br>五星控股2.08% |
| 30 | 蚂蚁消费金融 | 2021年6月4日 | 重庆 | 80 | 蚂蚁科技集团50%<br>南洋商业银行15.01%<br>国泰世华银行10%<br>宁德时代8%<br>千方科技7.01%<br>华融资管4.99%<br>鱼跃医疗设备4.99% |

### 1. 银行系消费金融公司

银行系消费金融公司是由银行主导设立的，其中中银、北银、锦程、捷信为国内首批取得消费金融牌照后的银行系消费金融公司。其服务模式与银行类似，大多借鉴银行风控体系，部分借助银行的网络资源和存量客户资源来拓展客户，可以说银行系消费金融公司是银行在消费贷款业务上的另一种延伸。

银行系消费金融公司是银行涉足消费金融领域的重要布局，其主要目的在于填补传统消费金融服务的空白，以独立于银行体系之外的消费金融公司为平台覆盖长尾客户，进而扩大市场份额。其具有和银行一样的资金优势和业务优势，主要体现在以下三点。第一，银行系消费金融公司的存量客户多，方便从银行原有客户中导入，具有其他机构无法比拟的先天优势；第二，银行系消费金融公司可以通过同业拆借等方式从控股银行拆借资金，资金来源稳定，资金成本低；第三，银行现有风控体系相对完善，风控手段相对成熟，可以为消费金融公司的风险控制提供借鉴和指导，在一定程度上解决了消费金融公司的风险控制问题。银行系消费金融产品具有免息期更长、费率较低的优势，该优势被列为用户所评价银行优势的第三位、第四位。

虽然银行系消费金融公司背靠银行机构，有独到优势，但也有薄弱之处，如场景构建、客户体验方面的短板。对于消费金融业务，其需要提高其服务效率，优化服务流程，才能适应新用户对其的要求。同时银行系消费金融公司的产品和服务具有同质性，使其难以跳出银行体系提供服务。

### 2. 产业系消费金融公司

产业系消费金融公司是由传统产业企业作为主要出资人之一建立的消费金融公司，在2014年左右陆续兴起，主要集中于第二批消费金融牌照。其以"消费"为出发点，利用商家的天然优势，在原有产业服务的基础上为用户提供消费金融服务。产业系消费金融公司以海尔消费金融公司、苏宁消费金融公司和马上消费金融公司为代表。

产业系消费金融公司可以帮助产业公司打通已有的消费场景，这类企业将消费金融产品嵌入自身消费场景，实现很好的用户流量迁移，对客户消费体验影响小，也可以基于对消费者喜好、行为等数据分析和对消费者需求的理解，提供差异化服务。

以苏宁消费金融为例。苏宁消费金融对接苏宁零售主业，其主要产品为"任性付"。"任性付"通过打通自有线上平台苏宁易购与线下门店苏宁电器的消费场景，为消费者提供免息30天、分期购物等金融服务，逐步培养用户的提前消费习惯。

## 6.3.4 互联网消费金融公司消费贷款模式

互联网消费金融公司是指电子商务平台、分期购物平台为个人消费者提供消费金融服务的公司，其并未获得由中国银保监会批复的消费金融公司牌照，但可能拥有网络小额贷款公司牌照、小额贷款公司等其他牌照甚至无牌照从事互联网消费金融业务。

### 1. 电子商务平台类

电子商务平台类消费金融机构依托自有线上消费场景，面向自营商品及开放电子商务平台商户的商品，提供分期购物及小额消费贷款服务。用户在电子商务平台(比如京东、天猫、淘宝等)基于消费目的提出消费信贷申请后，电子商务平台对用户申请进行审核，待电子商务平台批准通过后，用户就可以直接享受其消费金融产品或服务(见图6.2)。

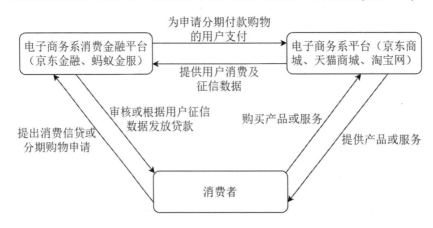

图6.2 电子商务系消费金融模式

电子商务平台类消费金融机构的主要优势有以下三点。首先，电子商务用户数量庞大，这些头部互联网公司的"日活跃用户"普遍在数亿以上，同时能通过大数据手段准确筛选出目标客户，与银行这种传统的金融机构相比，获客成本更低。其次，进入21世纪以来，国内互联网公司发展速度极快，线上消费已经成为人们很重要的一个消费渠道，每天通过互联网平台产生的消费呈海量级，而且消费场景多元化，不仅包括线上购物，还包括旅游、餐饮、出行、医疗等。电子商务平台通过深耕电子商务场景，为其提供消费分期服务，既能够满足消费者的购物欲望，又能够留住消费者，容易形成二次消费。最后，在风险控制上，电子商务数据有利于消费者信用审核。在数据来源上，电子商务数据是最主要的一类信用数据，其能够真实地反映用户的消费水平、消费记录和消费行为，是电子商务系平台衡量消费者偿还能力的一个很好的参考记录。基于电子商务数据的风险控制模型有利于平台对消费者进行信用审核和风险控制。

#### 2. 垂直分期平台类

互联网垂直分期平台是互联网巨头在细分领域布局缺口的垂直深耕，分期平台针对特定的消费场景或消费人群，将注意力放在消费金融产品设计上，市场定位更加精准，提供更加精细化的产品，与综合电子商务平台进行差异化经营。切入垂直细分领域是近年来消费金融的发展趋势，众多垂直分期平台消费金融机构从某细分领域做起，在时空上延展服务场景，不断渗透到房产后市场、汽车后市场、结婚、教育等场景，提供综合消费金融服务。

分期平台依靠细分垂直领域，向特定用户群体推广消费金融产品，将消费金融切入消费者在平台上的产品和服务的消费行为中。基于特定用户端优势，分期平台通过引入更多知名优质商家的入驻，发展产品端优势。分期平台将更多精力放在了产品的提供，更具精细化，也避免了消费场景的过于单一，抢占了消费金融支付端口，未来可能会具有很大的发展潜力。由于针对某一垂直细分市场，又无电子商务大数据优势，平台目标群体缺乏稳定收入，对平台风控要求较高，分期购物平台在坏账率、征信数据获取、客户群体延续性等方面均面临挑战。

分期乐是该类企业的佼佼者，现已发展成为乐信集团，旗下有分期购物平台——分期乐商城，互联网理财品牌——桔子理财，金融资产开放平台——鼎盛资产，个人小额信贷服务平台——提钱乐，构成了稳定的互联网消费金融生态体系。分期乐主要针对大学生或年轻群体。大学生消费分期可以避免与信用卡的竞争。原因有以下三点：①政策限制银行信用卡对学生的发放；②学生无收入及信用数据，银行信用卡模型无法直接应用；③可以争取成为最大的学生电子商务，控制交易场景，同时配套的校园风控、物流、催收等体系也加高了后进者的门槛。

#### 3. 发展趋势

互联网消费金融公司基于股东沉淀的大数据优势，以及良好的用户体验、便捷的贷款审批、纵深的消费场景、深度的金融科技应用等优势，实现了跨越式发展，但行业内也呈现细分的"马太效应"现象。

电子商务平台由于具备消费场景优势，拥有稳定、高消费能力的用户，像京东白条、蚂蚁花呗、蚂蚁借呗等产品都领先市场且实现了快速扩张。非电子商务平台(包括腾讯、美团、滴滴、58 同城、新浪、搜狐、网易、360、今日头条等)由于缺乏消费场景，所以在互联网消费贷市场的发展相对较慢，而且基本上都是现金贷。2017 年 12 月，《关于规范整顿"现金贷"业务的通知》印发，在监管趋严背景下，非电子商务平台未来如何与消费场景融合也成为一个不小的挑战。

垂直分期平台类消费金融公司深耕细分消费场景，比如，以乐信集团、趣店集团为主的校园分期购物平台迅速崛起，并分别于 2017 年在美国上市，但是更多的校园分期平台由于"校园贷"的严格监管，其发展遇到较大的波折。

互联网消费金融主体由于其特点不一，优势各异，所以在发展路径上也不太一致，各自走出了适合自己的发展之路。商业银行和互联网电子商务巨头是行业的整合者和主导者；持牌消费金融公司具有牌照优势，股东背景比较雄厚，充分借力股东资源，后发优势比较明显；垂直分期平台深耕垂直细分领域，深挖特定消费群体需求，走专业化和垂直化道路，但对资源的掌握力较差，行业定价权比较弱；网络借贷平台，在消费金融业务发展模式上，由于经营时间并不久，发展模式也不太成熟，行业定价权更为薄弱。

## 6.4 互联网消费金融发展的核心能力

获客能力、用户体验和风控能力是互联网金融发展的核心能力。

### 6.4.1 获客能力

如何付出少量的成本获取最大的利息、服务收入是提升消费金融获客能力的目标。实现该目标有以下两种主要方式。第一种是有流量的企业搭建互联网消费金融业务，在不用额外付出流量成本的情况下开展消费金融业务。典型企业有二三四五、微博、搜狗、搜狐等。第二种是互联网消费金融机构通过场景布局、广告投放等方式获取客户。其中，场景凭借精准获客、针对性风控、监管利好等优势成为互联网消费金融的必争之地。对于有场景的消费金融机构，其场景的市场容量、布局门槛等因素成为衡量其获客能力的关键因素。

### 6.4.2 用户体验

在获客成本日渐提升的当下，提升用户体验的价值日益凸显。提升用户体验，挖掘用户在同一平台上再次借贷的需求，能帮助互联网消费金融机构省去部分获客环节的成本。提升用户体验的方式包括申请便捷、使用便捷、人性化的督促还款方式以及良好的客服体验。衡量互联网消费金融机构的用户体验水平，用户复借率是个重要指标。

### 6.4.3 风控能力

借贷领域的风险主要分为以下两类。一是欺诈风险。这种风险的防范要靠事前模式识别和事后的信息共享以及执法。二是信用风险。这由人的行为模式左右，模式的改变需要有主观的认识和有意识的纠正。

决定风控的两个核心要素：一是信用体系，主要看数据来源及构成；二是综合评级体系，即风控模型及其体系。

在数据资源获取方面，互联网银行在各个环节的数据来源主要为自身的 App 或者小程序等入口，背后集团旗下 App 进行用户推荐/跳转，以及合作的平台进行用户推荐/跳转。各大互联网/金融/政府机构积累的数据短期内依然不互通，因此互联网银行长远的数据获取仍然依赖于背后集团的数据资源和所能调动的社会上的其他数据源，背后大股东的数据资源禀赋重要性凸显。从数据的量级和丰富度上，腾讯的微信均占据着无法取代的优势。此外，互联网银行与各大流量巨头的深度合作也是获客重要手段。

从竞争优势分析，资金方在获客渠道上同质化明显，资金成本上差异不大，风控能力成为金融机构差异化竞争的重要一环。从商业模式分析，轻资本模式下，资金方承担信用风险，承担信用风险是把双刃剑，具备较强风控能力的金融机构可以赚取超额收益，抢占市场，因此更具优势。在金融机构中，招联消费金融、马上消费金融竞争优势明显，主要体现在以下两方面。第一，公司深耕互联网信贷行业，积累数据，迭代模型；并坚持自主风控，推出自有信贷产品，构建平台，留存客户，形成贷前、贷中、贷后完善的风控体系。第二，公司拥有较强的股东背景，股东中既有银行系又有产业系，可在风控、流量、资金等方面提供协同。

从监管导向分析，监管要求核心风控环节由金融机构承担，在各家金融机构资金成本差异不大的情况下，风控能力成为金融机构差异化竞争的核心能力。《商业银行互联网贷款管理暂行办法》明确要求"互联网信贷业务涉及合作机构的，授信审批、合同签订等核心风控环节应当由商业银行独立有效开展"，监管导向指明了互联网信贷今后的方向，即金融机构独立完成核心风控。

互联网银行消费贷产品的风控措施有如下几个方面。

**1. 微众银行微粒贷风控措施**

微粒贷的整个风控理念，是在传统数据+互联网数据基础上建立的传统金融风控体系+互联网风控体系。微粒贷采用的是"白名单"制度，只有"白名单"允许的客户才能看到在微信入口端有"微粒贷"产品。作为微众银行的首款产品，微众银行首先基于大数据进行分析、筛选，再通过信用评级方法，最后完成"白名单"筛选。微粒贷最初的"白名单"客户，来自腾讯以及已识别优质企业员工的关系链。腾讯最强大的数据源可以清晰地通过关系链定义出用户整个的人生轨迹和社交圈。

微粒贷的风控核心包括：通过大数据与中国人民银行征信等传统银行信用数据综合，再运用社交圈、行为特征、交易网、基本社会特征、中国人民银行征信 5 个维度对客户综合评级，最后运用大量指标构建多重模型，以快捷识别客户的信用风险。微众银行同时还会进行身份识别确认、短信确认、网络环境确认、移动设备确认，这样能避免可能存在的信用欺诈行为。微粒贷风控达到了授信审批时间仅需要 2.4 秒，资金到账时间则最快只需要 40 秒的能力。

### 2. 苏宁银行的风控措施

①苏宁银行研发了实时规则引擎，该系统提供 7×24 小时服务，日均扫描 60 万笔交易，每秒支持 1000 笔交易的风险识别。②自主研发反欺诈系统，2020 年年末已经对接全行 15 个系统，如微信银行、手机银行、卡系统、开放银行、统一支付系统、柜面系统、移动展业系统等，共接入 115 个侦测事件，覆盖全行 200 多个场景，日均侦测笔数达到 60 万笔，单笔平均耗时 50 毫秒。③建立反欺诈风险数据集市和图谱，数据来自三个部分，一是与生态合作伙伴数据互通，以标签形式为苏宁银行提供基础数据服务，如黄牛、疑似中介、交易可疑行为等标签。二是为丰富客户行为数据，集市采集了数据仓库的 ODS 层数据作为补充，如客户中心、统一支付数据、理财系统等。三是反欺诈系统历史数据，反欺诈风控集市建设离线指标库、可信体系、设备库、监控报表等大数据应用。④利用特征工程和无监督的机器学习方法，对风险特征进行自动识别。

## 6.5 互联网消费金融资产证券化

### 6.5.1 资产证券化概述

#### 1. 资产证券化的定义

资产证券化作为一种金融创新，最初起源于美国 20 世纪 60 年代，之后经过了迅猛的发展，到现在 ABS 包括其衍生的抵押贷款支持证券(MBS)等相关品种已占美国债券市场 1/3 以上的份额，成为第一大券种。在日本、韩国、中国香港、新加坡等亚洲地区，资产证券化业务也自 20 世纪 90 年代发端以来经历了快速的发展。

华尔街有句名言，"如果你有一个稳定的现金流，就将它证券化"。资产证券化是指发起人将缺乏流动性，但又可以产生稳定可预见未来现金收入的资产或资产组合(即基础资产)出售给特定的发行人，或者将该基础资产信托给特定的受托人，通过创立一种以该基础资产产生的现金流为支持的金融工具或权利凭证，即资产支持证券，并在金融市场上出售变现该资产支持证券的一种结构性融资手段。

随着消费金融的火热，资金来源成为限制以消费金融为主业平台发展的重要因素。消费金融业务运营主体放贷形成了诸多存量应收账款，而该应收账款如符合资产证券化的"交易基础应当真实，交易对价应当公允，现金流应当持续、稳定"要求，则其天然具有发行资产证券化的动因和条件，消费金融公司将其放贷形成的资产打包发行资产证券化产品，资金回流后再进行新一轮放贷，循环往复，追求杠杆规模和利差空间。

我国对 ABS 较正式的尝试始于 2005 年。随着 2014 年年底中国银监会、中国证监会推出资产证券化的备案制，自 2015 年起，国内资产证券化发行呈现井喷之势。

#### 2. 资产证券化的作用

消费金融资产证券化的原始权益人主要是我国消费金融市场的三大类参与者，商业银行、持牌消费金融公司、小额贷款公司以及互联网消费金融平台。

商业银行开展的消费金融业务主要是信用卡分期付款和个人消费贷款。商业银行发行消费金融 ABS 目的在于加快信贷资产周转率、改变经营模式和减少资本占用量等。由于注册资本规模较大且自身具备吸储功能的资金优势，与后两类主体相比，其业务动因更侧重于业务模式调整以及风险释放。

持牌消费金融公司虽然不能像商业银行一样吸收公众存款，但与非持牌主体相比，消费金融牌照带来的同业拆借渠道，可以降低资金获取成本，同时连接中国人民银行征信系统，有助于增加催收回款和降低信贷风险。但是，融资渠道单一导致难以满足业务持续扩张下的资金需求。对此类主体而言，ABS 是其融资方式的一种补充。消费金融公司的注册资本普遍不高，通过资产证券化可扩充资产规模，释放经营空间，在现金流和债务结构上软化短贷长借的问题。

对小额贷款公司来说，根据《指导意见》规定，小额贷款公司融入资金余额不得超过其资本净额的 50%。通过资产证券化的方式可以实现资产和融资出表，小额贷款公司实现缓减杠杆限制对业务扩张的影响的目标。

对互联网消费金融平台来说，与消费金融公司相比，互联网消费金融公司起步晚、信用比较差，难以从银行取得贷款，运营过程中所需要的资金通常来源于股东入股时投入的资金。伴随着互联网公司在消费金融方面业务量的逐渐扩大，其需要的资金量更多，再加上互联网企业提供给消费者的资金还款有一定的期限，所以企业自己拥有的资金无法支持它的发展速度，而资产证券化能有效解决电子商务企业在运营过程中的资金短缺问题。互联网消费金融公司如果拥有大量缺乏流动性的应收账款，就会导致企业的流动比率、现金比率降低，从而导致资金链断裂，引发企业财务风险，而资产证券化将难以在市场流通的应收账款转变为可以流通的证券，成本较低地补充了资金，提高了资金周转速度。

**3. 互联网消费金融资产证券化的发展历程与发展现状**

1) 互联网消费金融资产证券化的发展历程

中国人民银行与中国银监会于 2005 年正式颁布《信贷资产证券化试点管理办法》，标志着资产证券化的正式开启，相关配套法律制度陆续落地，资产证券化业务臻于规范与完善；2014 年，中国证监会与中国银监会对资产支持证券实施"备案制"管理，不再进行逐笔审批；2015 年，中国银行间交易商协会发布《个人消费贷款资产支持证券信息披露指引(试行)》，对注册、发行与存续期间的证券信息披露予以规范；2016 年 3 月，中国人民银行与中国银监会发布《关于加大对新消费领域金融支持的指导意见》，提出要拓展消费金融机构的融资渠道，鼓励发行金融债券并简化程序；同年 12 月，中国银行间交易商协会颁布《非金融企业资产支持票据指引(修订稿)》，通过规范资产类型、交易结构、信息披露以及风险隔离等，推动非金融企业资产支持票据的合规发展；2019 年，中国银行间交易商协会发布《个人消费类贷款资产支持证券信息披露指引(2019 版)》，规范个人消费类贷款资产证券化，并提升其证券标准化与透明化水平。

随着法律政策的助推，我国互联网消费金融资产证券化产品的发行数量和金额持续增长。首先，传统消费金融机构陆续试水互联网消费金融资产证券化市场。自 2016 年中银消费金融公司在银行间市场正式发行首单消费金融公司的资产证券化产品起，具有信贷资产证券化业务资格的消费金融公司就逐渐增多。其次，互联网消费金融机构为拓展融资渠道、提升融资效率、降低融资成本，陆续也开始发行互联网消费金融资产证券化产品。电子商务平台阿里巴巴与京东商城分别于 2013 年和 2015 年发布基于小额贷款的资产证券化产品(阿里巴巴专项资产管理计划与基于互联网消费金融的资产证券化产品、京东白条应收账款债权资产支持专项计划)。两者的最大区别在于基础资产的不同,阿里巴巴的资产证券化产品包括了企业债权与个人债权,并且以企业债权为主;而京东白条则是完全基于互联网个人消费信贷。因此,京东白条的成功标志着市场对于互联网消费金融的认可。此外,分期购物平台乐信集团也于 2015 年以分期消费债权为基础资产发行互联网消费金融资产支持证券(分期乐 1 号资产支持专项计划资产支持证券)。

2) 我国互联网消费金融资产证券化现状

截至 2019 年,我国共发行 102 单互联网消费金融资产证券化产品,总规模高达 3025.67 亿元,较 2018 年同期发行数量减少 8 单,基本保持平稳。我国互联网消费金融资产证券化产品呈现以下特点。其一,互联网消费金融越来越获得投资者的认可,互联网消费金融资产证券化产品的需求越来越旺盛,无论是产品发行单数还是发行规模,与初步发展阶段(2012—2016 年)相比,都有了重大发展。其二,随着互联网消费金融监管政策的日益强化,尤其是 2017 年颁布实施的《关于规范整顿"现金贷"业务的通知》,对以信贷资产转让、资产证券化等名义融入的资金进行严格规范,互联网消费金融资产证券化产品的发行单数与发行规模逐渐下降。其中,互联网消费金融资产证券化产品发行单数从 2017 年巅峰时期的 164 单下降到 2018 年的 110 单,并进一步下滑到 2019 年的 102 单;其产品发行规模从 2017 年的 4712.99 亿元,下降到 2018 年的 3034.39 亿元与 2019 年的 3025.67 亿元(见表 6.2)。其三,从横向发行主体的微观结构分析,市场主要以消费金融公司、小额贷款公司以及电子商务公司为主,其中非金融机构的互联网消费金融资产证券化产品的发行单数与规模远超过金融机构。

表 6.2 互联网消费金融资产证券化产品发行单数与规模

单位:亿元

| 年份 | 信贷ABS单数 | 信贷ABS规模 | 企业ABS单数 | 企业ABS规模 | 资产支持票据单数 | 资产支持票据规模 | 资产证券化产品单数 | 资产证券化产品规模 |
| --- | --- | --- | --- | --- | --- | --- | --- | --- |
| 2014 | 1 | 26.31 | 0 | 0 | 0 | 0 | 1 | 26.31 |
| 2015 | 4 | 113.24 | 3 | 25.04 | 0 | 0 | 7 | 138.28 |
| 2016 | 8 | 200.32 | 45 | 775.84 | 0 | 0 | 53 | 976.16 |
| 2017 | 23 | 1489.36 | 140 | 3208.63 | 1 | 15 | 164 | 4712.99 |
| 2018 | 18 | 1101.78 | 92 | 1932.61 | 0 | 0 | 110 | 3034.39 |
| 2019 | 21 | 1401.87 | 78 | 1593.8 | 3 | 30 | 102 | 3025.67 |

(资料来源:中国资产证券化分析网)

## 6.5.2 资产证券化分类与特征

### 1. 资产证券化分类

根据监管机构的不同,我国资产证券化分为以下四大类:信贷资产证券化(简称"信贷

ABS")、企业资产支持专项计划(简称"企业 ABS")、资产支持票据(ABN)及保险资产支持计划(简称"保险 ABS")。其中前三类为互联网消费金融资产证券化的主要产品。这四种资产证券化模式的主要区别在于原始权益人、监管机构、投资者、基础资产、特殊目的载体(SPV)、计划管理人、产品流通场所及审核方式有所不同。表 6.3 为我国资产证券化主要类型。

表6.3 我国资产证券化的主要类型

| 项 目 | 信贷 ABS | 企业 ABS | ABN | 保险 ABS |
| --- | --- | --- | --- | --- |
| 原始权益人 | 银行业金融机构 | 未明确规定,实际以非金融企业为主 | 非金融企业 | 未明确规定,但对原始权益人有一些条件要求 |
| 监管机构 | 中国人民银行、中国银保监会 | 中国证监会 | 银行间市场交易商会 | 中国银保监会 |
| 投资者 | 银行间债券市场、机构投资者 | 合格投资人,合计不超过 200 人,单笔认购不少于 100 万元 | 公开发行面向的投资者为银行间市场所有投资者;定向发行面向的投资者为机构投资者 | 保险机构等合格投资者 |
| 基础资产 | 银行信贷资产(包括不良信贷资产) | 负面清单制、各类债权、收益权 | 与企业 ABS 类似 | 与企业 ABS 类似 |
| SPV | 特殊目的信托 | 证券公司、基金子公司资产支持专项计划 | 未明确规定 | 项目资产支持计划 |
| 计划管理人 | 信托公司 | 券商或者基金子公司 | 未明确规定 | 保险资产管理公司 |
| 产品流通场所 | 银行间债券市场 | 交易所、报价系统 | 银行间债券市场 | 保险资产登记交易平台 |
| 审核方式 | 中国人民银行注册+中国银监会备案 | 交易所审核+基金业协会备案 | 注册制 | 初次申报核准、后续产品注册 |

由表 6.4 可知,信贷资产证券化模式主要在银行间债券市场发行,银行业金融机构是主要发起机构,因此这一条件剔除了绝大多数互联网消费金融机构。资产支持票据因为并未要求一定要设立特殊目的载体,无法真实出售,也不能出表,主要依靠主体的自身信用发行债券,更接近于企业以自身资产为质押,资金成本也略高于挂牌交易的产品,因而很少有消费金融服务机构采取这种融资模式。就互联网消费金融服务机构而言,其资产证券化主要采用企业资产证券化模式,因为法律法规对原始权益人未作明确规定,实际上主要是非金融企业,而且基础资产多样化,可以是企业应收款、租赁债权、信贷资产、信托受益权等财产权利,以及基础设施、商业物业等不动产财产或不动产收益权等,非常便于操作。

### 2. 消费金融资产证券化的主要特征

第一,基础资产主要是"小额、分散"的消费信贷资产。消费金融,顾名思义,就是为消费者提供以消费为目的的贷款服务,所以消费金融资产证券化的基础资产也是以"小额、分散"为原则,为居民个人提供以消费为目的的消费信贷资产。消费金融基于普惠金融的特点,主要面向的群体是传统金融服务无法覆盖的"长尾"客户。消费金融得以迅速发展的主要原因是中低收入群体的消费需求正在慢慢释放。中低收入群体包括职场新人、学生、"蓝领"等,他们是消费金融主要覆盖的群体。相对于传统的银行信贷,基础资产一个核心的特点是金额小额、分散,资金很快可以回笼,这种属性天然适合包装为资产证券化产品。但是基础资产数量多而分散,也使基础资产的真实性、合法性问题更需要予以关注。

第二,产品设计大多采用循环结构。消费金融产品期限较短,一般为一个月至一年。例如,《蚂蚁花呗用户服务合同》规定:在不分期服务的情况下,蚂蚁小额贷款当月发放的消费贷款的贷款到期日为下月还款日,还款期间为一个月左右。但是资产证券化的产品存续期间比较长,一般是三年至五年,因此在时间维度上存在期限错配。为解决这一矛盾,就产生了消费金融资产证券化循环结构。循环结构,是指在基础资产到期后,基础资产回收的现金流再次连续购买补充基础资产的交易结构,基础资产池这时就成为一个动态的循环池。在现金流归集时本金暂时不兑付给投资者,而是循环购买类似的基础资产,直到最后一次基础资产到期和投资者所持有的凭证到期,才把本金兑付给投资者。产品设计中采用循环结构主要有两个目的:一是满足融资人利用较短期限的基础资产实现较长期限的融资需求;二是有效提高融资人的资金利用率。循环结构虽然避免了期限错配问题,但是其最大问题在于:在循环结构下,基础资产难以特定化,与原始权益人是否实现了破产隔离难以判断,从而难以判断基础资产是否实现了"真实入池"。

第三,信用增级方式比较多样化。消费金融资产证券化的特殊目的载体在受让发起人资产池后,需将资产池产生的现金流通过内部及外部信用增级方式(外部增信是指寻找第三方的担保,比如保险公司、银行、担保公司等),对整个证券资产进行进一步增信,以此来吸引更多的投资者,从而降低融资利率和融资效率。信用增级方式的选择取决于基础资产的性质及其预期选择的交易结构的特点。阿里小额贷款资产证券化是我国第一个标准意义上的小额信贷资产证券化产品,它在信用增级措施上就采用了内外部同时增信的方式。一方面,通过结构化方式进行内部增信。根据不同风险、收益特征,资产证券化专项计划分为优先级、次优先级、次级资产支持证券,认购份额为 7.5∶1.5∶1;另一方面,通过外部担保及补充支付方式进行外部增信。京东白条资产证券化就只采用了内部增信方式,主要包括证券分层和信用触发机制。

第四,准入门槛降低,金融效率提升。在传统融资业务中,无论是债权方面的银行贷款,还是股权方面的证券发行业务,对发起人的资质要求都比较高,这也是"融资难、融资贵"的主要原因。在资产证券化业务中,破产隔离制度的存在,使发起人只需要拥有优质的基础资产,就能将拥有稳定现金流的基础资产从其整体资产中剥离,即可实现消费金融资产证券化。这种新型融资方式,降低了对发起人的整体要求,有效提高了金融效率。

### 6.5.3 消费金融资产证券化交易结构

消费金融资产证券化是底层资产为消费金融的资产证券化形式,而消费金融领域在技术和模式创新方面的活跃度远远高于其他领域,因此消费金融资产证券化也呈现了不同的模式,归纳起来,主要为以下两种模式。

**1. 场内模式**

场内模式是指在上海证券交易所、深圳证券交易所和全国银行间债权交易市场发行的资产证券化。消费金融场内资产证券化属于传统信贷资产证券化范畴,参与主体包括发起人、特殊目的载体、信用增级和评级机构、承销商、服务商和受托人等。其一般的交易结构为:①选定合格资产,构造资产池;②设立特殊目的载体;③选定合理交易模式,与各主体确定权利义务;④向合格投资者发售资产支持证券。

目前,电子商务平台是我国场内消费金融资产证券化的主力军。从 2013 年阿里小额贷款推出"东证资管—阿里巴巴专项资管计划"以来,众多的电子商务平台包括京东、唯品会、百度、小米、去哪儿网都纷纷推出自己的资产证券化产品。以京东发行的京东白条应收账款债权资产支持专项计划为例,其交易模式如图6.3 所示。

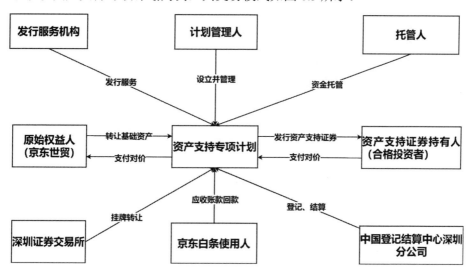

图6.3 场内消费金融资产证券化交易模式

京东白条应收账款债权资产证券化的底层资产是原始权益人持有的由京东白条产生的应收账款债权。京东白条,即是京东给予符合其风控标准的投资者的一个赊销服务,京东根据投资者的信用情况给予投资者一定的白条消费额度,在该额度内,投资者可以享受一定期限内的免息且有最高额限制的分期付款服务。投资者的分期应付款项余额即成为该资产证券化的底层资产。

为对该资产支持专项计划进行增信,该资产支持计划进行了分级处理,发行的证券分为优先1级、优先2级和次级。其中,优先1级和优先2级由投资机构认购,次级由原始权益人认购。同时,该资产支持证券采取循环购买的模式,以解决在证券计划存续期间某些底层资产到期的问题:循环期只能进行利息分配,底层资产产生的现金流持续用来购买资产;分配期则停止购买资产,底层资产产生的现金流用来支付投资者的本息。

### 2. 场外模式

场外模式，即是在上海证券交易所、深圳证券交易所和全国银行间债权交易市场以外的场所发行的资产证券化产品(类资产证券化)。发行平台为金融资产交易所和新出现的 ABS 云平台等。发行主体集中在小额贷款公司、网络小额贷款公司和互联网金融平台，底层资产主要为上述发行主体发放消费金融贷款形成的债权或债权收益权。与场内模式相比，场外模式在交易结构上进行了一定程度的创新，根据实际需要，增添或删除了场内模式中的某些要素。场外消费金融资产证券化交易模式如图 6.4 所示。

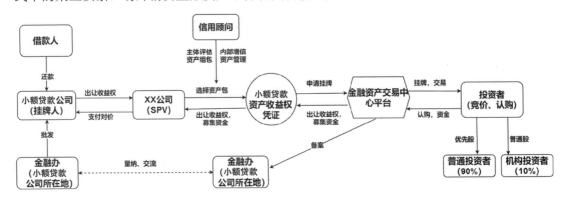

图 6.4　场外消费金融资产证券化交易模式

在该模式中，小额贷款公司将其对借款人的债权收益权打包通过金融资产交易所转让给一个关联公司(SPV)，SPV 选择支持资产包并在另外一个金融资产交易所挂牌转让，承销商为一个互联网理财平台。资产证券化产品由多个不同期限、利率结构的基础资产包组成一个大的支持资产包，以支持资产包的未来现金流为基础，基于出让其收益权的方式形成"小额贷款收益权凭证"，存续期限为 1~2 年。在产品存续期间通过不断置换基础资产包的方式，确保在产品存续期间支持资产包的价值保持不变。该产品的风控措施包括：①资产包原始价值与发行产品价格设定一定折扣(控制在 80%)，实现内部增信；②对底层资产进行严格管理，以控制坏账率；③小额贷款公司的关联公司提供担保措施和承担回购责任等。场外模式的发行标准相对场内模式宽松，且每个金融资产交易所关于收益权凭证的发行主体和底层资产质量的要求不同，导致一部分平台包括 P2P 平台也纷纷和金融资产交易所合作发行资产证券化产品。随着监管政策逐渐收紧，互联网金融平台和金融资产交易所的合作模式受到了越来越多的政策规制，其中，监管要求，P2P 平台不得发行资产证券化产品。由于没有小额贷款和保理公司资质的 P2P 平台只是一个纯信息中介机构，借款人在平台借款形成的债权属于投资者，而非网贷平台，故限制其发行资产证券化产品是政策应有之义。

目前，随着场外消费金融资产证券化产品的需求升温，市场上出现了一些专门为消费金融 ABS 服务的平台，包括京东金融的 ABS 云平台、招银前海 ABS 交易系统以及百度金融 ABS 云平台等。"京东中腾信 ABS"即为在京东金融 ABS 平台上发行的首款产品。在该款产品中，"京东中腾信 ABS"的资产包主要为向工薪阶层借款人发放小额消费金融借款形成的债权，京东金融承担了"京东中腾信 ABS"的结构设计和发行工作。同时，京东金融出资 5 亿元，在交易完成后持有部分夹层级信托受益权，为"京东中腾信 ABS"提供了增信措施。

## 6.5.4 消费金融资产证券化面临的法律问题

关于消费金融资产证券化涉及的法律问题，应该从两个层面考虑：一是资产证券化业务模式所涉法律问题；二是发行资产证券化产品所面临的法律法规和监管政策见 6.5.1 节第 3 小节。

消费金融资产证券化业务模式所涉法律问题，从整体来看，主要集中在如下几个方面。

1) 底层资产合法合规

底层资产合法合规是指原始权益人和原始债务人之间的债权债务关系真实存在，不存在法律方面的瑕疵。该底层资产在转让给 SPV 的过程中不存在障碍，底层资产合同中无限制债权转让方面的条款且该转让行为已按照合理方式通知债务人等。对于消费金融资产证券化来说，其底层资产大多是小额信用贷款，借款人众多，借款金额小，借款周期短，且可能有部分底层资产来源于平台电子化操作，合同和有关资料均为网站平台自动生成，缺少面签等当面核对借款人身份的环节，借款人预留的信息不准确的概率比较大。因此，如果能确保底层资产的合法合规性，就在一定程度上更考验证券发行人的实力和水平。

2) 发行人适格

作为资产证券化的发行人，SPV 需具备如下条件：一是在证券化业务中，财产和职能独立，可以实现破产隔离；二是具备发行资产证券化的条件。我国《公司法》及《证券法》对公司发行债券的条件从净资产额、累计债权总额与公司净资产的比例、可分配利润等方面作了严格的限制。因为 SPV 是为实现预期财务目标而设立的一个法律概念上的实体，它类似一个空壳公司，按照《公司法》中规定条件，资产证券化设立的 SPV 根本无法满足发债的条件。因此，在我国现行的法律框架下，《公司法》意义上的公司不宜成为发行主体(SPV)。根据现行的法律法规，可采用的 SPV 模式主要有信托、有限合伙、基金公司特定客户资产管理计划以及证券公司资产管理计划等。对于目前场外消费金融资产证券化模式而言，其资产证券化的形式不属于上述任何一种，其基本是原始权益人自己或挂牌平台筛选资产，然后在金融资产交易所或其他平台设立资产(理财)计划进行挂牌转让，该资产(理财)计划能否作为资产支持证券适格的发行主体，目前还有待监管政策肯定。

3) 真实出售和破产隔离

在资产证券化中，资产转移只有构成"真实出售"，才能隔离破产风险。从原始权益人的角度而言，SPV 的主要作用即是实现对基础资产的"完全占有"，从而使其和原始权益人脱离关系，帮助原始权益人实现资产的真实出售。目前，我国暂时无文件对"资产真实出售"进行明确规定。某些资产证券化业务要求原始权益人对一部分底层资产进行自持或购买，这样也就削弱了真实出售的效果。同样，当发起人面临破产清算时，目前的 SPV 不具备完全的"破产隔离"条件，根据《信托法》，当委托人作为信托唯一受益人时，如果委托人宣告破产，信托计划终止，信托财产将被列为清算资产，无法实现完全的破产隔离。

## 6.5.5 消费金融资产证券化风险控制

对于消费金融资产证券化而言，其风控核心关注点应该是底层资产的质量和选择、资产池资产在一定期限内的稳定性以及不良底层资产的替换等问题。具体来讲，主要从以下几个方面着手。

### 1. 入池资产选择

由于资产证券化中资产池产生的现金流取决于底层资产的还本付息和信用增级安排，一旦底层资产出现问题，投资者的投资兑付就将出现问题。故选择符合法律法规规定，权属明确，可以产生独立、稳定性的现金流的底层资产至关重要。消费金融贷款普遍具有"无担保、贷款审批速度快"的特点，其资产的好坏与消费金融本身的风控能力尤其是大数据风控密切相关，故在挑选入池资产时，一要考虑原始权益人的大数据风控能力，包括其风控模型的构建、对欺诈风险和信用风险的防范措施、其贷中和贷后管理能力等。二要考虑底层资产的合法合规，包括其底层资产合同中借款利率条款约定是否合规，合同中有无限制债权或收益权转让的条款以及该底层资产转让行为有无通知原始债务人等，若底层资产设定了有关担保，该转让行为有无取得原担保人同意等。

### 2. 资产池规模控制

消费金融贷款具有期限短、金额小的特点，同时每笔入池资产在金额、期限和利息等方面都存在差异。资产证券化产品设定期限客观上无法与底层每笔资产的到期期限保持一致。因此，在挑选底层资产时，应挑选贷款到期日期相近的资产组成资产池，同时合理设计资产证券化的到期日期。在无法消除底层资产到期日期和资产证券化到期日期存在差异性的前期下，设计资产池的循环购买模式比较合理，例如前文提到的京东白条资产证券化中的循环购买模式。

### 3. 不良资产替换

专项计划发行后，随着时间推移，入池资产可能由于各种原因成为不良资产，从而对资产证券化本息偿付产生影响。因此在设计资产证券化方案时，需要考虑不良资产的处置问题。同样以京东白条应收账款债权资产证券化为例，其针对不合格资产设置了赎回条款，对灭失基础资产设置了置换条款。例如，计划管理人或者资产服务机构发现不合格基础资产，计划管理人需按照《资产买卖协议》的规定通知原始权益人对不合格基础资产予以赎回；在专项计划期限内，如计划管理人或者资产服务机构发现灭失基础资产，原始权益人需按照《资产买卖协议》的规定，将其自有的、符合合格标准且应收账款余额不低于灭失基础资产名义应收账款余额的应收账款资产，对灭失基础资产进行置换。故在成立资产证券化计划时，可与原始债权人签订不良资产赎回或置换协议，以保证资产池中的资产质量。

## 6.5.6 互联网消费金融典型企业：Zest Finance——面向弱势群体提供互联网消费金融服务

Zest Finance 原名 Zest Cash，2009 年 9 月成立于洛杉矶，创始人道格拉斯·梅瑞尔(Douglas Merrill)和肖恩·卜德(Shawn Budde)分别曾是谷歌(Google)的副总裁和 Capital One 的信贷部高级主管。

Zest Finance 是一家面向金融弱势群体提供在线消费贷款服务的公司。Zest Finance 的研发团队主要由数学家和计算机科学家组成，Zest Finance 起初是为传统的发薪日贷款(Payday Loans)提供在线替代的产品。发薪日贷款因借款人承诺在发薪日还款而得名。美国传统的信用风险评估体系无法覆盖全部的人群，大约 15%的人因没有信用评分而被银行排斥在外，无法获得基本的信贷需求。Zest Finance 除了解决传统信用评估体系无法解决的无信用评分借贷问题，还主要面向传统信用评估解决不好的领域，将信用分数低而借贷成本高的人群视为服务对象，利用大数据技术降低他们的信贷成本。与传统信贷管理业务相比，Zest Finance 的处理效率提高了将近 90%。在风险控制方面，Zest Finance 的模型比传统信用评估模型性能提高了 40%。Zest Finance 的评分如表 6.4 所示。

表 6.4 Zest Finance 的评分

| 分 数 | 参与评分的金融服务机构 |
|---|---|
| >650 分 | 美国大银行(花旗、大通、富国、美国银行等) |
| 600~720 分 | 互联网 P2P 网贷如 Lending Club、Prosper 等 |
| 500~700 分 | 小额贷款公司 Spring Leaf 等 |
| <500 分 | 新兴的互联网金融公司 Zest Finance、Turbo Finance 等 |

Zest Finance 的核心竞争力在于数据挖掘能力和模型开发能力。其模型往往要用到 3500 个数据项，从中提取 70 000 个变量，利用 10 个预测分析模型，如欺诈模型、身份验证模型、预付能力模型、还款能力模型、还款意愿模型以及稳定性模型等，进行集成学习或者多角度学习，通过信用评估模型加强这些弱相关数据的描述能力，并得到最终的消费者信用评分。消费者信用评分过程，如图 6.5 所示。

Zest Finance 的评分模型更新并细化的速度很快，从 2012 年至今，每一个季度都会推出一个新的信用评估模型。最早，Zest Finance 只有信贷审批评分模型，目前，已经开发出八类信用评估模型，包括市场营销、助学贷款收债、法律收债、次级汽车抵押贷款等，用于不同信用风险评估服务。清晰的用户定位，完善的征信体系支撑，是 Zest Finance 在美国生存的土壤。目前，Zest Finance 为超过 10 万人提供了服务，并在 9 个国家取得了贷款资格。

Zest Finance 已经成功输出风控技术，公开的成果包括 Spotloan、Basix、ZRobot(与京东金融合资建立的金融科技公司)等。

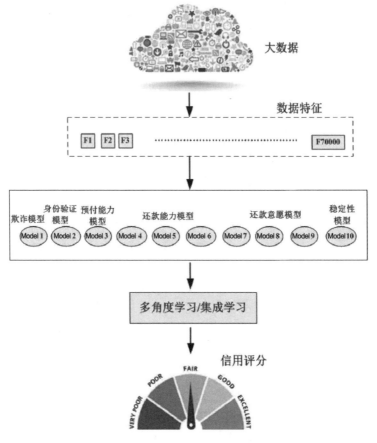

图 6.5 消费者信用评分过程

## 本章作业

1. 请比较一下互联网消费金融的四种模式。
2. 试论述互联网消费金融发展的核心能力包括哪些内容?如何提升其核心能力?
3. 请谈谈互联网消费金融在实施过程中面临的法律问题与风险控制。
4. 如何对资产证券化进行分类?资产证券化有什么特征?

# 第 7 章

# 互联网银行

**本章目标**
- 掌握互联网银行的定义、主要特点。
- 掌握互联网银行、直销银行与电子银行的区别。
- 了解互联网银行发展的原因、互联网银行的影响与作用。
- 熟练掌握互联网银行的经营模式。
- 掌握纯线上放贷的主要技术原理。
- 掌握互联网银行发展的困境以及互联网银行发展面临的主要风险。
- 了解数字银行的定义、特点以及国外数字银行发展情况。

**本章简介**

随着互联网技术的发展以及长尾客户融资需求的增加，互联网银行应运而生。通过本章的学习，我们将了解到什么是互联网银行，互联网银行与传统的电子银行以及直销银行有什么区别，互联网银行的经营模式比较；通过本章的学习，我们还将了解到纯线上放贷的主要技术原理，我国互联网银行发展的困境以及面临的主要风险。

## 7.1 互联网银行概述

### 7.1.1 互联网银行定义

民营银行即由民间资本控股与经营的银行,与国有银行相比,民营银行以非公有制经济成分为主,采用市场化运作的形式。目前,我国获批筹办的 19 家民营银行中,根据运营模式,可划分为互联网银行和传统民营银行两类。

互联网银行是指无物理网点(或虽有个别物理网点,但并不在全行业务中起主要作用,只是起到类似旗舰店的形象功能,比如新网银行、苏宁银行),并且依靠大数据风控,实现纯线上放贷经营的银行。互联网银行与传统银行最大的区别就在于互联网银行无线下网点,全部运营在线上进行。

互联网银行自 2014 年成立至今共有 9 家,分别为微众银行、网商银行、新网银行、华通银行、众邦银行、亿联银行、中关村银行、苏宁银行和百信银行。除百信银行为银行系独立法人的直销银行外,其他均为民营银行属性(见表 7.1)。9 家互联网银行中纯互联网银行的有 4 家,分别是微众银行、网商银行、新网银行和苏宁银行。从股东背景来看,互联网银行的控股股东大多为互联网巨头。微众银行、网商银行分别为腾讯和阿里巴巴的线上银行布局;亿联银行的第二大股东为美团旗下的吉林三快科技;北京中关村银行由协同办公巨头用友网络发起;苏宁银行由零售巨头苏宁旗下的网购平台苏宁易购控股;新网银行的第二大股东为小米。只有众邦银行的第一大股东并非互联网机构而是一家高端制造业企业武汉卓尔,旗下拥有卓尔智联、汉商集团、华中数控、通商集团、兰亭集势等 5 家上市公司。

表 7.1 互联网银行情况一览表(部分)

| 银 行 | 开业时间 | 注册资本(亿元) | 参与的互联网公司 |
| --- | --- | --- | --- |
| 微众银行 | 2014 年 12 月 28 日 | 42 | 腾讯持股 30% |
| 网商银行 | 2015 年 6 月 25 日 | 40 | 蚂蚁金服持股 30% |
| 新网银行 | 2016 年 12 月 28 日 | 30 | 小米持股 29.5%,与新希望、红旗连锁等共同设立 |
| 亿联银行 | 2017 年 5 月 16 日 | 20 | 美团点评关联方为第二大股东,持股 28.5% |
| 苏宁银行 | 2017 年 6 月 16 日 | 40 | 苏宁云商为第一大股东,持股 30% |
| 百信银行 | 2017 年 11 月 18 日 | 20 | 中信银行持股 70%,百度持股 30% |

### 7.1.2 互联网银行没有实体网点的原因

银行账户实名制是一项重要的、基础性的金融制度,是金融账户实名制和经济活动的基础,是建设惩防体系、打击违法犯罪活动、维护经济金融秩序的重要保障。

2015 年 12 月 25 日,中国人民银行发布《关于改进个人银行账户服务加强账户管理的通知》,银行账户管理正式启幕。

2016年9月30日,中国人民银行下发《中国人民银行关于加强支付结算管理防范电信网络新型违法犯罪有关事项的通知》,再次细化银行账户管理。

2016年11月25日,中国人民银行下发《中国人民银行关于落实个人银行账户分类管理制度的通知》,再次重申账户管理形式,并对在账户分类的管理上作出了更详细的解释。

简单来说,Ⅰ类账户是全功能账户,常见的借记卡就属于Ⅰ类账户;Ⅱ、Ⅲ类账户则是虚拟的电子账户,是在已有Ⅰ类账户基础上增设的两类功能逐级递减,资金风险也逐级递减的账户。

Ⅰ类账户——个人"金库"。Ⅰ类账户就是我们现在用的银行卡,可作为工资账户或个人财富主账户。

Ⅱ类账户——投资理财功能齐全,可灵活地由Ⅰ类账户向其转入资金,无累计转入限额。既满足日常使用,又避免大额资金损失。

Ⅲ类账户——"零钱袋"。Ⅲ类账户主要用于小额高频交易,账户余额不得超过1000元人民币,适合用于绑定手机支付账户,以及日常小额高频交易。可以随用随充,便捷安全。表7.2为三类账户比较。

表7.2 三类账户比较

| | Ⅰ类账户 | Ⅱ类账户 | Ⅲ类账户 |
| --- | --- | --- | --- |
| 主要功能 | 全功能 | 储蓄存款及投资理财<br>消费(缴费)支付<br>绑定支付账户 | 消费(缴费)支付<br>绑定支付账户 |
| 账户余额 | 无限制 | 无限制 | 账户余额<1000元 |
| 使用限额 | 无限额 | 储蓄存款及投资理财无限额<br>消费(缴费)支付<br>日累计限额10000元 | 消费(缴费)支付日累计限额5000元 |
| 账户形式 | 借记卡及储蓄存折 | 电子账户 | 电子账户 |

开立三类账户,主要有两种方式:一种是到银行柜台,由工作人员当面审核开立;另一种是通过电子渠道非面对面开立。

Ⅰ类账户开立方式:只能在银行柜台办理,带上身份证,由银行工作人员面核后开立,不可以通过电子渠道非面对面开立。

Ⅱ类账户和Ⅲ类账户开立方式:Ⅱ类账户和Ⅲ类账户的开立既可以在银行柜台办理,也可以通过电子渠道非面对面办理。如果通过银行柜台办理,只需带上身份证,无须绑定Ⅰ类账户或信用卡账户进行身份验证。如果通过电子渠道非面对面办理Ⅱ类账户,则必须绑定Ⅰ类账户或信用卡账户,并需要验证以下信息:开户人姓名、身份证号码、手机号码、绑定账户账号(卡号)、绑定的账户是否为Ⅰ类账户或信用卡账户。如果通过电子渠道非面对面办理Ⅲ类账户,则无须绑定Ⅰ类账户或信用卡账户,但需要验证以下信息:开户人姓名、身份证号码、手机号码、绑定账户账号(卡号)。

需要指出的是,并不是每个人都要开立三类账户。其主要是为用户提供更多选择,通过限定功能和额度来降低风险。

从 2016 年 12 月起，单位和个人可以根据实际需求自行选择资金到账方式，可以选择实时到账、普通到账和次日到账。

### 7.1.3 互联网银行的主要特点

作为传统商业银行的有益补充，互联网银行是银行业与互联网金融深度融合的必然产物，其在扩大金融服务边界，降低金融交易成本，提高金融交易效率，降低金融交易信息不对称性方面发挥着不可忽视的重要作用。互联网银行的主要经营特点包括以下五个方面。

#### 1. 互联网银行运营成本低

与传统商业银行相比，互联网银行没有设立物理网点，依托互联网渠道开展业务，节省了用于银行网点建设、运营和维护的成本；亦没有雇用大量柜员办理业务，节省了大量的人员薪酬、社会保障和培训等支出。互联网银行可以将这笔成本和支出运用在研发新兴金融科技、加强数据分析能力与风控能力、改善内部管理与运营流程等领域，进一步提升客户体验。

#### 2. 互联网银行服务范围广泛

互联网银行打破了地域限制，通过互联网渠道向客户提供金融产品和服务，其优势是在流量入口方面，掌握着大量客户和潜在客户群体。

#### 3. 互联网银行服务效率高

一方面，互联网银行金融业务都是在线办理的，客户通过 PC 或手机 App 就可以快速办理金融业务，节省了去传统商业银行网点排队办理业务的时间；另一方面，互联网银行办理金融业务速度快，如深圳前海微众银行的"微粒贷"业务实现"闪电到账"，客户提出贷款申请后，最快在 5 秒内就能计算出其可贷款额度，借款最快在 1 分钟内就可以到账。

#### 4. 互联网银行具有场景化优势

随着互联网技术的发展，特别是移动 PC 的普及，使消费行为进一步突破了地域和时间的限制，变得越来越分散，更多的消费场景被创造出来，并逐渐由线下转移到线上，从而派生出大量的消费需求。互联网银行的场景化优势就在于将互联网消费行为、社交行为与金融联系起来。例如，浙江网商银行依托淘宝、天猫等电子商务平台，向买家和商家提供金融服务；深圳前海微众银行依托微信、QQ 等社交软件，向客户推介金融产品；等等。

#### 5. 互联网银行业务模式灵活

我国互联网银行提供的贷款业务已经实现了无纸化申请，无抵押、质押，按日来计算贷款利息，随时还款而不用缴纳罚金，给予了客户全新的贷款体验。

### 7.1.4 互联网银行、电子银行与直销银行的比较

直销银行(Direct bank)，又称为直营银行，是互联网时代应运而生的一种新型银行运作

模式。与传统银行相比，直销银行没有营业网点，不发放实体银行卡，用户主要通过电脑、电子邮件、手机等远程渠道获取银行产品和服务。直销银行的典型特征如下：一是定位中端客户群；二是"去实体化"的营销模式；三是"去个性化"的产品与服务；四是优惠的价格；五是简单亲切的交易体验。

电子银行又称为电子银行业务，它是在传统金融服务的基础上，依托先进的信息、电子技术，以网络为媒介，为客户提供完善的自助式金融服务，是一种先进的金融服务手段。

从牌照管理来看，我国互联网银行大多是先取得民营银行牌照，而电子银行是传统银行业务的互联网化，无牌照。我国直销银行除了百信银行采用的是独立法人形式的直销银行外，其他的直销银行大多采用的是银行事业部制，即在银行内部单独设立一个部门。

从账户类别来看，互联网银行采取的是Ⅱ类电子账户；电子银行采取的是Ⅰ类电子账户；直销银行采取的是Ⅱ类电子账户和Ⅲ类电子账户。

从客群来源来看，互联网银行的客群主要通过互联网渠道获取，来源比较广泛。而传统的电子银行的客群全部是银行的存量客源；而直销银行除了母行存量线下网点客户外，也包括异地等非网点客户。

互联网银行、电子银行与直销银行的区别如表7.3所示。

表7.3 互联网银行、电子银行与直销银行的区别

| 项 目 | 互联网银行 | 电子银行 | 直销银行 |
| --- | --- | --- | --- |
| 定义 | 由大型互联网企业参与设立、通过互联网渠道开展业务的民营银行 | 利用面向社会公众开放的通信通道或开放型公众网络以及银行为特定自助服务设施或客户建立的专用网络向客户提供服务的银行 | 一种新型银行运作模式，通过计算机和互联网、手机、电话等渠道提供服务 |
| 牌照 | 民营银行牌照 | 传统银行业务互联网化的呈现，无牌照 | ①母行内部运作，无牌照；②作为独立法人运作，直销银行牌照 |
| 账户类别 | Ⅱ类电子账户 | Ⅰ类电子账户 | Ⅱ类电子账户、Ⅲ类电子账户 |
| 客户来源 | 通过互联网渠道拓展客户 | 本行存量线下网点客户 | ①母行存量线下网点客户；②异地等非网点客户 |
| 范例 | 网商银行、微众银行等，共计9家民营银行定位于纯线上互联网银行 | 网上银行、电话银行、手机银行、自助银行以及其他离柜业务 | 59家城市商业银行、23家农村商业银行、9家股份制商业银行等推出的直销银行 |

(注：根据中国人民银行印发的《关于改进个人银行账户服务加强账户管理的通知》，Ⅰ类电子账户支持存款、购买投资理财产品等金融产品、转账、消费和缴费支付、支取现金等服务；Ⅱ类电子账户与Ⅰ类电子账户相比不支持支取现金业务；Ⅲ类电子账户仅支持限定金额的消费和缴费支付服务，银行不得为Ⅱ类账户和Ⅲ类账户发放实体介质。)

## 7.1.5 互联网银行的存贷款利率

表 7.4 为中国人民银行个人人民币存款基准利率与互联网银行个人人民币存款利率比较。

表 7.4 中国人民银行个人人民币存款基准利率与互联网银行个人人民币存款利率比较

单位：%

| 项　目 | 三个月定期 | 半年定期 | 一年定期 | 二年定期 | 三年定期 |
| --- | --- | --- | --- | --- | --- |
| 中国人民银行<br>个人人民币存款基准利率 | 1.1 | 1.3 | 1.5 | 2.1 | 2.75 |
| 深圳前海微众银行<br>个人人民币存款利率 | 1.32 | 1.56 | 1.8 | 3.12 | 4.1 |
| 浙江网商银行<br>个人人民币存款利率 | 1.54 | 1.82 | 2.1 | 2.94 | 3.85 |

互联网银行继续保持中国人民银行基准利率上浮的挂牌定价策略。从表 7.4 不难看出，深圳前海微众银行、浙江网商银行个人人民币存款利率均高于中国人民银行个人人民币存款基准利率。

## 7.1.6 互联网银行的发展原因

虽然多方面因素驱动着我国互联网银行的发展，但主要体现为以下三个方面。

### 1. "长尾客户"的融资需求促进了互联网银行的产生和发展

一方面，长久以来，我国市场经济由政府主导，金融体制趋于单一化，导致市场中银行等金融机构优先向大型企业提供贷款服务，中小企业融资难、融资贵，不利于中小企业发展。另一方面，目前，企业的融资需求更为复杂多样，传统的金融机构短时间内难以提供多样化的产品与服务，而互联网银行可以通过模式创新与技术运用为这些企业提供金融服务。2016 年，在 G20 峰会上，普惠金融发展成为重要议题之一，而互联网银行以中小企业、农民、城镇低收入人群等作为重点服务对象，为弱势群体提供更好的金融服务。

### 2. 信息通信技术的进步为互联网银行提供了发展基础

首先，互联网银行由于无线下网点，可以明显降低运营成本，同时互联网强大的信息处理能力可以拓宽营销渠道。其次，大数据与云计算的发展，使复杂烦琐的信息得以高效的处理应用。最后，互联网银行通过大数据对每一个客户信息还原，形成用户画像，从而提供特色化的产品或服务，增强客户黏性。

### 3. 监管政策的逐步放宽加速了传统银行业的变更

目前，发达国家逐步加强和完善对互联网银行的监管，而我国监管机构始终鼓励互联网银行的特色化经营与创新，积极引导互联网银行健康发展。

## 7.1.7 互联网银行的影响与作用

**1. 互联网银行的诞生有利于进一步推动我国普惠金融的发展**

互联网银行通过大数据、云计算等金融科技手段,能够更为精准地描绘出用户画像,向单个客户提供定制化的产品与服务,同时对于中小企业等长尾客户所面临的融资难、融资贵的难题,互联网银行更能依靠低运营成本与强风控能力向长尾客户提供低成本、高效率的融资服务。互联网银行将与传统银行互补发展,轻资产的运作模式,使其成本更低,因此可以更加专注高息揽储、提供定制化产品或服务。

**2. 互联网银行发展倒逼传统金融机构的创新与发展**

互联网银行发展进程中逐渐从单一贷款业务拓展至现金管理、供应链金融、多元化金融服务等银行传统的领域,其特色化的经营模式与便利性,将对传统银行的业务构成冲击,进一步倒逼传统金融机构的创新与发展。同时互联网银行与传统银行错位竞争,有利于完善金融体系建设,促进科技进步和实体经济发展。

## 7.1.8 互联网银行客群比较

根据互联网银行主要客户、数据是来源于体系内和体系外,可以将互联网银行区分为专属客群模式和全客群模式。

**1. 专属客群模式**

专属客群模式以微众银行、网商银行为代表,它们的客户主要来源于股东单位的互联网平台、生态圈,一般是互联网平台上的存量客户,本身已积累了较多大数据,同时也会从外部获取一些数据,相互结合,最终完成风险评价,我们将这一模式称为专属客群模式。在这一模式下,机构本身已对客户非常熟悉,因此事先精选了优质客群来定向推介信贷产品,更像是"邀请制"。另外不是任何人都能主动申请贷款,未被选中的客户甚至在App界面上都看不到申请贷款的链接。

**2. 全客群模式**

其他互联网银行的股东或关联方不能提供类似的资源(或仅能少量提供),主要客群、数据均来自体系之外,则属于全客群模式。当然,专属客群模式和全客群模式之间也不是泾渭分明的,专属客群模式的机构也可以在自己体系之外拓展客户。但很显然,全客群模式更具可推广性。

## @ 7.2 互联网银行经营模式

金融科技的兴起从底层革新技术,改变金融生态,流量思维、场景思维、技术赋能、开放平台等关键词正在重塑一个新的金融业态。金融科技对于传统银行来说是促进自我革新的工具,银行与金融科技公司互相渗透又互相补充,共同促进银行的加速转型发展。而互联网银行的技术优势与流量优势，使其在业务创新上更加得心应手，但空间流量场景化、碎片化，对于互联网银行来说，如何把业务嵌入到用户所在的各个场景中成为至关重要的命题。目前常规化的金融服务正逐渐附着在日常化的行为活动之中，流量与场景的比拼依然重要，但是多渠道、多场景的铺设能力变得更为重要。网商银行通过共享阿里系平台淘宝、天猫、支付宝等流量，聚焦小微客户，而微众银行则利用腾讯系微信与 QQ 两大社交流量入口，定位于个人贷款业务，本节将从渠道资源、技术优势、产品策略与风控策略四个角度具体分析网商银行与微众银行的经营模式。

### 7.2.1 网商银行经营模式

网商银行于 2014 年 9 月取得业务资质，注册资本为 40 亿元，大股东系蚂蚁金服，持股比例为 30%，并于 2015 年 6 月开始正式运营。网商银行致力于推行普惠金融在国内的实践，服务对象涵盖小微企业、三农用户以及各类中小金融机构，通过大数据、云计算、人工智能等技术解决长尾用户融资难、融资贵的现实困境，助推实体经济的稳健运行。

**1. 渠道资源**

阿里巴巴自 1999 年创立以来，20 多年来通过淘宝、天猫、1688 等平台累积了海量的商户数据与个人消费者的交易信息，使阿里系在涉足金融领域时具备了得天独厚的优势。在截至 2022 年 6 月 30 日的 12 个月里，阿里巴巴有超过 1.23 亿的年度活跃消费者在淘宝和天猫上人均消费超过 1 万元。2022 年，天猫公布的数据显示，自 6 月 1 日起，至 6 月 18 日 24 时，天猫"6·18"期间累计下单金额为 6982 亿元，创造新记录，证明了天猫淘宝所承载的庞大消费群体。阿里系下的第三方支付平台支付宝全球用户已经超过 10 亿，阿里系的市场流量进一步扩张。通过阿里巴巴旗下的数个流量入口，阿里系旗下任一平台都可以利用自身的数据集成能力，联通无数信息渠道。经过数十年的探索与发展，阿里巴巴已在金融行业全方位布局，并于 2015 年将其所有的金融业务板块转移至关联公司蚂蚁金服名下。目前，蚂蚁金服旗下五大业务板块支付宝、蚂蚁财富、网商银行、芝麻信用与蚂蚁金融云，分别对应了阿里金融战略布局的支付业务、理财业务、信贷业务、征信业务以及大数据服务。

网商银行通过共享阿里系平台淘宝、天猫等丰富的客户资源与交易数据，为阿里电子商务体系中的商户提供低价高效的金融产品或服务。同时通过互通支付宝中的客户资源与信用数据，拓展客户渠道，提升风险控制能力。目前，淘宝、天猫、支付宝等平台已经成为网商银行重要的渠道资源。

**2. 技术优势**

网商银行通过不断地实践探索，利用科技为小微金融打开了想象空间。网商银行创新性地提出了"310"模式，即 7×24 小时金融服务，3 分钟申请贷款，1 秒钟放款，全程 0 人工介入，科技的应用使运营效率得以提升，服务成本大幅降低。而大数据与人工智能的应用，大幅拓展了小微金融的服务范围，在过去的三年，网商银行的服务对象，从阿里系淘宝、天猫等电子商务平台上的商户，逐渐渗透到线下那些从未有过金融机构探索的街边水果店、煎饼摊等，普惠金融的理念得以贯彻落实。2019 年网商银行获得了 ISO27001(信息安全管理体系)与 ISO22301(业务连续性管理体系)两项认证，促进了其构建更为规范的信息管理体系和业务管理体系，为客户提供更为安全、便捷的金融服务。

同时，网商银行是一家建在"云"上的银行。一方面，通过由阿里巴巴、蚂蚁金服自行研发的 OceanBase 数据库构建其核心系统，网商银行得以实现互联网高并发交易行为、庞大数据库等方面流畅的运行结果。2013 年，OceanBase 数据库仅承担"双 11"中 10%的交易量，而到 2017 年已经承载"双 11"期间 25.6 万笔/秒支付峰值和 4200 万笔/秒请求数处理峰值，2018 年进一步成为"双 11"的支付宝核心链路。另一方面，基于金融云的核心架构，网商银行的系统得以实现金融资源的弹性收缩，基于金融云的系统迅速扩充容量的时间以秒计算。对于传统银行，在系统达到流量顶峰时即采用限制流量的方式，客户需求无法满足；而网商银行的 OceanBase 数据库即使在"双 11"交易量暴增的情况下，也能平稳应对。

### 3. 产品策略

网商银行发展至今，基本实现了从纯线上到线上线下相辅相成均衡服务，从以小微贷款为主到信贷、资金管理等综合服务，从自营平台到"自营业务+平台中介"双向轮转，更多与金融机构、外部商业平台优势互补联合服务小微企业。目前，网商银行产品定位主要是服务小微客户、农村市场及各类中小金融机构。

一是服务小微客户。网商银行借助大数据、人工智能、云计算等技术，突破时间与空间的限制，向在传统金融机构面临融资困境的中小微企业发放"金额小、期限短"的纯信用小额贷款。对于电子商务平台中的商户，网商银行推出了淘宝贷款、天猫贷款、阿里贷款等产品，为电子商务平台解决短期融资需求；对于线下商户，从 2017 年起，网商银行为小微商户提供"多收多贷"的信贷服务，即商户线下二维码收款的交易笔数越多，贷款额度越高。

二是服务农村市场。网商银行结合阿里巴巴集团的"千县万村"计划，为三农用户提供农用物资采购、农产品销售等一系列强场景下的信贷服务。网商银行不断创新产品方案，以农村龙头企业为核心围绕其上下游开展农业金融部署，其中，农村龙头企业下游包括农业合作社、家庭农场、大中型农户，上游包括农村食品加工企业、农产品批发零售企业等，形成完整的农业金融服务产业链条。同时围绕农业产业链扩大服务场景，探索适当的业务模式。

三是服务各类中小金融机构。网商银行逐渐实现从以"自营业务"为主，到"自营业务+平台中介"的双向轮转，通过与中小金融机构的合作，逐渐往平台化发展，充分发挥其自身的科技系统能力、风险控制能力与客户资源等优势，向各类中小金融机构输出技术、风控或客户资源，为小微企业提供更好的金融服务。

### 4. 风控策略

截至 2021 年年末，网商银行信用风险状况总体可控，不良贷款率为 1.53%。在风险控制方面，网商银行已经形成一套较为成熟的风险管理体系。一方面，贷前主要基于客户海量的交易数据与信用信息，通过大数据分析量化识别客户的信用风险、经营风险与欺诈风险,并且针对单一客户复原财务状况与评定贷款需要,针对风险等级度量评级后,给予特定的贷款额度。贷后针对贷款回收,建立多维盯控指标,通过风险预警检测动态盯控,识别信用风险,加强贷后控制,支撑信贷业务的有效开展。另一方面,随着业务的积累,客户的信用信息沉淀回流,反过来促进信贷模型的迭代优化,提升风险识别与风险控制能力。

针对小微企业贷款,网商银行风控的主要数据来源为小微企业淘宝店铺的交易数据,或者线下商铺通过二维码收款的交易数据,但这些数据并不能反映企业完整的经营情况,而且存在个别企业通过虚假交易恶意骗贷的风险。2017 年网商银行引入小微企业的历史发票信息,因此在一年内,通过发票数据为小微企业增加贷款额度近 400 亿元,贷款不良率小于 1%。2018 年 11 月,网商银行与各地税务局、微众税银等机构合作,推出"有税贷更多"的金融服务,上线一个月内为近 4000 个小微企业提供授信准入、总额度超过 6 亿元。2021 年 9 月 19 日网商银行面向小微企业推出"发票贷款",小微创业者用支付宝扫发票即可获得贷款。在使用这一新贷款方式后,9 省小微企业的额度平均将大幅上涨 3 倍,其中有优秀税务记录的小微企业,在授权并提供税务信息后,额度上涨会尤其剧烈,平均可上涨 8~10 倍。网商银行通过引入历史发票数据,建立银税互动平台,完善商家线上线下的用户画像,在严控风险的同时促进了实体经济的发展。

## 7.2.2 微众银行经营模式

微众银行是由腾讯公司发起设立,于 2014 年 12 月 12 日正式获准开业,注册资本 42 亿元。微众银行的主要控股公司为腾讯公司、百业源公司和立业公司,各自持股 30%、20% 和 20%。微众银行将"平台中介"作为发展目标,主打个人存贷业务,用"连接者"的模式将海量用户与互联网合作平台、中小金融机构连接起来,输出客户资源与金融科技能力。

微众银行自成立以来,业务规模不断拓展。截至 2019 年,微众银行服务的个人客户超过 2 亿,服务的法人客户突破 90 万。根据表 7.5 分析得出:2015—2019 年,该行营业收入从 2.26 亿元增至 148.70 亿元;总资产规模迅速扩大,从 96.21 亿元增至 2912.35 亿元;尽管在 2015 年营业之初,净利润和资产收益率为负,但 2016 年净利润实现了扭亏为盈,总资产收益率和净资产收益率也变为了正值,这显示出微众银行有很强的盈利能力。

表 7.5 微众银行 2015—2019 年报数据简要分析表

| 年 份 | 营业收入(亿元) | 净利润(亿元) | 总资产(亿元) | 总资产收益率(%) | 净资产收益率(%) |
|---|---|---|---|---|---|
| 2015 | 2.26 | -5.84 | 96.21 | -9.22 | -2.40 |
| 2016 | 24.49 | 4.01 | 519.95 | 1.30 | 5.99 |
| 2017 | 67.48 | 14.48 | B 17.04 | 2.17 | 19.26 |
| 2018 | 100.29 | 24.74 | 2200.37 | 1.64 | 24.41 |
| 2019 | 148.70 | 39.50 | 2912.35 | 1.55 | 28.15 |

### 1. 渠道资源

腾讯成立于1998年11月，至今已经发展成为国内领先的互联网综合服务商。腾讯的多元化服务涵盖社交、娱乐、资讯、工具等各个领域，社交平台主要为微信、QQ等，截至2022年3月31日，QQ移动端月活跃账户数5.638亿，微信及WECHAT的月活跃账户12.9亿。娱乐则涵盖游戏、音乐、视频等各个板块，目前腾讯已成为国内最大的网络游戏社区，腾讯视频付费用户超过6200万；资讯包括腾讯网、腾讯微博等；工具包括QQ浏览器、腾讯管家、地图与邮箱；等等。

通过各个业务板块，腾讯已经将触角延伸至居民生活的各种场景，并衍生出一套庞杂的生态体系。微众银行目前主要基于腾讯社交网络中超过10亿的个人用户与庞大的交易数据，瞄准普惠金融，主打个存小额贷款业务，例如，微众银行面向微信用户和手机QQ用户推出的纯线上小额信用循环消费贷款产品微粒贷，于2015年5月在手机QQ上线，当年9月在微信上线，利用这两大社交软件的巨大流量拓展客户。未来，腾讯旗下每一个平台的流量，都可以成为微众银行的渠道商。

### 2. 技术优势

微众银行通过构建ABCD(人工智能AI、区块链Block Chain、云计算Cloud Computing、大数据Big Data)的金融科技能力，赋能于客户、小微企业、合作互联网平台与其他金融机构。在人工智能技术方面，微众银行引入人脸识别、活体检测、在线视频补充核身等技术手段，在线认证客户身份，做到贷前风险的初步识别控制；同时通过微众银行打造"微金小云"人工智能客服，显著降低了人工服务成本。在区块链技术领域，微众银行牵头成立金融区块链合作联盟(深圳)，促进国内开源区块链生态圈的形成；同时为降低金融机构对账时间与人力成本，微众银行开发创设机构间区块链对账平台；平台设立后零故障运行，一年内交易记录超过1000万笔。在云计算技术方面，微众银行搭建了具备自主知识产权的云管理平台，基于云计算的系统架构，降低技术成本，微众银行单个账户的技术成本仅为小型银行的5%；另外，微众银行得以灵活利用金融资源，保持弹性的扩容策略。微众银行为中小银行创设微动力"SaaS+"平台，帮助中小银行向其客户提供理财产品、移动支付服务和机器人客服等，践行了微众银行"连接者"的使命。在大数据技术方面，微众银行利用大数据精准营销，建立数字化渠道，拓展业务场景；同时建立用户画像，还原客户真实的资产负债情况，贷中基于大数据建立风控平台，智能盯控借款人风险情况。

### 3. 产品策略

微众银行在创立伊始，商业模式就定位于通过腾讯旗下平台积累的客户资源与交易数据，成为个人用户与互联网合作平台、中小金融机构的"连接者"。

第一，微众银行连接了个人用户与金融机构。除了通过自有资金发放贷款外，微众银行与其他金融机构合作，向客户联合发放贷款，其主要作为资产导流方，就底层资产利息分成。

第二，微众银行凭借自身强大的金融科技能力，向国内中小型金融机构输出技术支持，如理财超市、远程身份认证、移动支付、机器人客服等，获取中间服务收入。微众银行"连接"的另一方是互联网平台，其通过腾讯的平台资源不断拓展互联网平台，目前根据业务场景不同，可分为房、车、生活服务三类互联网合作平台。微众银行根据合作互联网平台的消费场景及客户需求定制化设计贷款产品，并嵌入到合作互联网平台的流量入口中，在这个合作模式中，合作互联网平台主要作为资产渠道方，向微众银行输出客户资源，而微众银行主要通过产品设计、风险审核、技术输出，向客户提供贷款服务。

2015 年 5 月，微众银行推出首款互联网小额信贷产品微粒贷，并在手机 QQ 平台上线，同年 9 月在微信平台上线，为超过千万的用户提供便捷、高效的贷款服务。2015 年 8 月，推出手机客户端微众银行 App，通过简易的操作流程、明确的产品介绍以及良好的用户指引服务大众理财，吸引了超过 160 万的个人用户；另外，随着微信小程序上线，微众银行通过小程序把微众银行 App 上的产品嵌入在微信里，通过微信平台引流，进一步增加用户的操作便利性。2015 年 9 月，在微众银行推出"互联网+汽车金融"产品"微车贷"，致力于为广大购车、用车、养车消费者和车商提供方便、快捷、高效的金融解决方案。

### 4. 风控策略

微众银行以大数据为核心，构建风险体系。从数据来源上看，一方面是腾讯系平台下用户互联网行为数据，例如，用户在微信、QQ 等平台上的身份信息与活跃数据，以及在微信支付、QQ 钱包等累计的交易信息等，甚至用户的浏览信息、用户偏好，都可以作为还原用户画像的基础数据；另一方面通过外接数据中心，例如，中国人民银行征信、腾讯征信等平台的数据信息，或政府财税部门、工商部门小企业数据等。微众银行将互联网行为数据与中国人民银行征信等传统数据相结合，通过对这些信息进行系统整理和综合分析，形成报表和模型，全面评估个人信用风险，有效控制信贷风险。

微众银行创新风控模型，引入决策树、随机森林、神经网络等机器学习方法，构造包括征信、社交、反欺诈在内的七大类风险模型，全面识别信用风险、欺诈风险、操作风险、系统风险等各类风险。同时，微众银行引入三方电子存证管理、数据访问安全体系等控制全流程线上操作潜在风险，有效地发挥了风险防控作用。

## 7.2.3　微众银行与网商银行经营模式比较

互联网银行的经营模式可以总结为"流量思维+场景思维+技术赋能"，网商银行与微众银行都是基于自身集团下平台的流量与场景优势，通过金融科技手段选择自身特色化的发展道路。

从运营模式来看，网商银行与微众银行的运营模式一个是"小存小额贷款"，一个是"个存小额贷款"。这二者的对比，体现出了两家民营银行不同的市场定位与业务开展方向。其中，阿里巴巴作为电子商务工作领域的领头军，选择"小存小额贷款"这一模式，指的是对客户的存款上限与贷款上限有所限制。存款上限为 20 万元，贷款上限为 500 万元。它所针对的客户往往是个人消费者、小微企业与农村居民。而微众银行选择的"个存小额贷款"。一般来说，发放数额越小的贷款具有的风险相对越高，因此"小存小额贷款"的定价会相对较高，利差也会较大。

从渠道资源来看，网商银行凭借淘宝、天猫、1688、菜鸟网络、支付宝、花呗、借呗等平台丰富的资源,为小微企业和各类金融机构提供高性价比的服务。网商银行的客户资源大致分为三类,即小微企业、个人消费者以及农村用户。微众银行充分利用 QQ 和微信在社交平台的垄断地位,主打个存小额贷款业务。微众银行的客户资源主要是小微企业以及互联网用户,其中,移动客户端用户是最为主要的。网商银行的客户资源总体上是来自阿里巴巴平台中的消费者,而微众银行的客户资源来自腾讯集团旗下社交平台的使用者。相比之下,网商银行有更多商家客户资源,而微众银行个人客户群体数量众多,在个人客户业务方面会更有优势。

从产品策略来看,网商银行主要的客户群体是小微企业,微众银行主要客户群体是个人消费者。网商银行定位于"自营业务+平台中介",微众银行定位于"平台中介"。网商银行一方面利用阿里巴巴各类平台上积累的信息,向小微企业和三农用户群体发放贷款;另一方面向中小金融机构输出风险管理能力和技术、信息系统、产品开发能力等综合服务,促进平台化发展。而微众银行通过构建金融信息平台连接海量用户、互联网合作平台和金融机构,一方面微众银行向传统金融机构输出其社交平台中的优质客户与金融科技能力,发放联合贷款;另一方面通过与互联网平台合作,由互联网平台向微众银行导流资产。

从技术角度来看,腾讯和阿里均在 A、B、C、D(人工智能 AI、区块链 Blockchain、云计算 Cloud Computing、大数据 BigData)等科技方面大量投入研发、应用,利用科技的力量助推业务高效运行。

从风险管理角度来看,网商银行与微众银行各自形成一套较为成熟的风险模型管理体系,但是都是以大数据为核心,构建风险规则,大量运用数据模型加强风险管理控制,并通过客户的信用信息沉淀回流,反过来促进信贷模型的迭代优化,提升政策制定的科学性和客户风险识别能力。

新兴互联网银行业绩发展如表 7.6 所示。

表 7.6　新兴互联网银行业绩发展

| 项　目 | 新网银行 | | 网商银行 | | 微众银行 |
| --- | --- | --- | --- | --- | --- |
| | 2020 年 | 2021 年上半年年报 | 2020 年 | 2021 年上半年年报 | 2020 年 |
| 资产总额(亿元) | 405.61 | 400.79 | 3 112.56 | 3 280.63 | 3 464 |
| 负债总额(亿元) | 355.50 | | 2 972.67 | 3 113.94 | 3 254 |
| 营业收入(亿元) | 23.57 | | 86.18 | 61.39 | 198.81 |
| 净利润(亿元) | 7.06 | 4.28 | 12.85 | 9.85 | 49.57 |
| 不良贷款率(%) | 1.19 | 1.04 | 1.52 | | 1.2 |
| 资本充足率(%) | 18.26 | | 11.89 | 12.54 | 12.41 |

(资料来源:三家银行网上公布的年报)

## 7.3 纯线上放贷的主要技术原理

纯线上放贷是指不与客户见面，完全依靠所掌握的数据和信息，在线上就实现了客户拓展与营销、完成风险定价(信用评价)，实现放贷。传统银行和无物理网点的互联网银行均可从事这样的业务，但传统银行是将其作为自己传统业务的补充，而互联网银行则将此作为主营业务。

大数据主要用于客户拓展与营销、信用风险评价。任何授信决策必然包括对客户还款能力、还款意愿的分析，同时还要关注完成上述分析所花费的成本，成本合理才能实现商业可持续。因此，核心问题是还款意愿分析、还款能力分析和成本优化控制。

### 7.3.1 还款意愿分析

纯线上放贷的目标客群往往是无法获取常规银行信贷服务的人群，信用水平一般较为下沉，很多人没有纳入中国人民银行征信系统，而征信报告是传统上评判一个人还款意愿的重要依据，因此需要银行借助其他数据来分析这些客户的还款意愿。这类客户所借单笔金额较小，真正还不起钱的可能性较低，分析其还款意愿更为重要，这主要依赖于反欺诈系统，排除恶意申请贷款的人。反欺诈系统不是互联网时代的新生事物，银行传统信用卡业务已经建有这一系统，但新时代的技术大幅提高了反欺诈系统的功能。它本质上是一个通过观察客户的行为来识别"坏人"的系统，主要是观察客户的各种异常行为，来判断客户是不是"坏人"，甚至是不是有"坏人"冒充客户。比如，客户在表格输入信息的指法习惯、上网的时间、设备或地点等行为信息，一旦出现异常，则可能遇上恶意申贷的"坏人"，需要及时拒绝。

### 7.3.2 还款能力分析

利用大数据预判客户的还款能力，即大数据信用风险评价(有时简称大数据风控)，原理上主要是一个回归模型。这一过程大致可划分为前后相连的三个阶段：首先是建模期，先选定一些变量(包括原始变量和组合变量，组合变量就是由其他原始变量相互计算而成的新变量)，以过去的变量的历史数据为基础，与后来的信用结果(还款情况)之间寻找相关性，找到与信用水平最为相关的变量，并以此构建征信模型；其次是验证期，用以测试验证模型，代入不同于建模样本的历史变量数据，得到模型预测的信用结果，再与最终真实的信用结果比对，观察模型预测的信用结果是否有效；最后，在实战中运用该模型，将新客户的这些变量输入，得到对信用的预判，即信用评价。银行利用大数据进行信用风险评价，如表 7.7 所示。

以上为信用风险评价过程中最为关键的三个阶段，此外还包括数据采集和处理、模型的跟踪与优化提高等相关工作。比如，在后来的模型使用过程中，还会持续跟踪实际运用的结果，不断迭代优化这些模型。如果长期不优化模型，不排除某些较为专业的不法分子能逐渐大致猜测出哪几个变量是最为重要的，于是针对性地"刷分"，获取贷款。信用风险评价的基本流程如图 7.1 所示。

表 7.7　银行利用大数据进行信用风险评价

| 阶　　段 | 主要功能 |
|---|---|
| 建模期(过去)、验证期(过去) | 选定变量(a，b，c…)及其历史数据，与信用结果(y)之间构建模型：y=f(a, b, c…)，将其他样本的变量历史数据代入模型，得到预测的信用结果，与真实结果相比对，以验证模型的有效性 |
| 运用期(未来) | 代入变量的现值，预判未来的信用结果 |

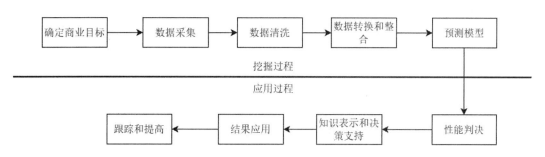

图 7.1　信用风险评价的基本流程

过去，征信专家凭经验寻找变量，收集并处理数据，构建模型，并测试模型的有效性。但现在各类技术发展后，征信专家开始使用机器学习等方式，自动从海量数据中找到相关性显著的变量，有时出来的模型结果不一定具有可解释性(无法解释该变量和信用的相关性)，但却是有效的。而且，即使不考虑不法分子"刷分"的原因，该模型也不是一成不变的，可能随着客户样本、时间的不同，模型需要不断迭代更新。

起初，放贷机构面对的可能是从未获得过贷款的客户群体，那么也就没有代表还款情况的因变量可用来构建模型，此时，一般只能先由征信专家挑选可能与还款相关的变量，尝试性地放款，看到信用结果后，再慢慢积累经验，完善模型。

## 7.3.3　成本优化控制

获取变量的数据是要付出一定成本的，因此，面对新申请贷款的客户，不能一口气把模型中全部可能涉及的变量数据都买来，而是会准备不同的优化模型，只购买少量关键数据，便能排除一大部分客户，然后剩余的客户再购买其他数据，再排除一批，依次进行下去，直至产生最后的征信结果。以此，便尽可能在被拒绝贷款申请的客户身上节省数据费用。

通过上述几项系统，银行或其他放贷机构便可以以客户的大数据为基础，以合理成本，实现对陌生客户的风险评价，完成授信决策。专属客群模式的原理也是一样的，只是其数据来源可能更好一些。上述模式的主要成本包括营销成本、数据获取成本、模型或系统开发成本等，该模式兴起年限还不算长，因此整体成本水平不算低，这也导致了现有的几家互联网银行放贷利率均较高，我们在后续的财务分析中将分析这一点。

## 7.4 互联网银行发展的困境与风险

### 7.4.1 互联网银行发展的困境

#### 1. 互联网银行存款账户功能受限

互联网银行因为是纯线上运营，无实体网点，无法提供Ⅰ类电子账户服务，因此其存款账户均为Ⅱ类电子账户，根据前文所述，Ⅱ类账户与Ⅰ类账户相比，其不能支取现金，导致互联网银行吸收存款的能力进一步降低。目前，互联网银行多采用提高存款利率，通过多样化的产品模式、特色化的金融服务吸收存款，但是与国外的互联网银行相比，我国互联网银行负债端更多依赖同业及其他金融机构存放款，网商银行与微众银行同业及其他金融机构存放款占总负债的比例均超过 50%，吸收存款相对较少，资金渠道较为单一，不利于长期的业务发展。若监管不能放开，功能受限的账户则难以满足客户需求，这将成为互联网银行规模扩张的最大威胁。

#### 2. 传统银行的转型升级的威胁

尽管互联网银行通过特色化的经营模式与强大的技术基础快速占领了市场，但传统银行仍具备极大的优势。首先，传统银行积累了多年的业务经验和人力、渠道资源等储备，存款业务、贷款业务与汇款业务三者合一。其次，传统银行在全国各地布局实体网点，已经累积了足够的客户信任度。在互联网技术的浪潮之下，传统银行积极顺应趋势发起业务改革，积极推进技术创新，拓展线上新渠道包括电子银行、直销银行等，从 2013 年中国第一家直销银行设立以来，目前，我国已有超过 110 家银行设立了直销银行，通过 PC 端与 App 双向拓展客户资源。同时借助大数据、云计算、区块链等金融科技手段，传统银行纷纷升级智能化服务，降低运营成本。目前我国消费者对传统银行的信任度与认可度明显高于互联网银行。未来传统银行的转型升级将持续深化，对互联网银行带来巨大挑战。

### 7.4.2 互联网银行发展面临的主要风险

从经营模式方面分析，互联网银行是一种有益的金融创新，它借助互联网渠道，突破地域和时间限制向客户提供金融产品和服务，能够在一定程度上弥补传统商业银行的业务空白，满足原先无法或很难享受金融发展红利"弱势群体"的金融诉求，对于推动普惠金融发展大有裨益，但其依托互联网提供服务的经营模式也为其带来一系列难以回避的风险问题。

#### 1. 流动性风险

首先，互联网银行完全依托互联网提供金融服务，无法提供现金服务，亦无法提供支票等支付结算工具，导致其吸收存款能力远低于传统商业银行。

其次，从我国互联网银行的主要服务对象来看，主要是面向"年轻、学历低"的个人客户提供消费贷款，向小微企业、电子商务卖家、创业者、农户提供经营性贷款，这部分客户闲置资金较少，应急性资金需求较大，无法向互联网银行提供稳定的存款来源。

再次，从我国目前互联网银行的业务实际开展情况分析，均是依靠上浮存款利率、免除手续费等手段来吸引客户资金，这种经营模式从长期来看不具备可持续性。

最后，我国互联网银行发展起步较晚，社会公众对其认可程度远低于传统商业银行。一旦互联网银行交易系统出现漏洞、网站遭受黑客攻击导致瘫痪、泄露客户信息或出现侵害客户权益等风险案件时，客户挤兑事件将难以避免；同时，互联网银行全天候(7×24 小时)服务的特点将进一步扩大流动性风险影响范围，加快风险传播速度。

### 2. 信用风险

首先，从服务对象构成来看，我国互联网银行的主要服务对象是初创企业经营者、小微企业经营者和个人用户，这部分群体征信记录不完整、抵押物不足、经营风险较大、收入来源不稳定，导致其还款能力不足，很难享受传统商业银行提供的金融产品和服务，成为传统商业银行金融服务的"真空地带"，而互联网银行为这部分"弱势群体"服务则必将承受较大的信用风险。

其次，从产品和服务来看，互联网银行提供的贷款大部分是无抵押、无质押的信用贷款，其面临的信用风险自然大于传统商业银行。如深圳前海微众银行的主打产品微粒贷就是一款个人信用循环贷款产品，具有"仅凭个人信用、无须担保；循环授信、随借随还"的特点。截至 2021 年年末，"微粒贷"已辐射全国 31 个省、自治区、直辖市，逾 44%的客户来自三线及以下城市，逾 80%的客户为大专及以下学历和非白领从业人员，"微粒贷"笔均贷款仅约 8000 元，约 70%的客户单笔借款成本低于 100 元。

最后，互联网银行依托互联网开展业务，虽然在流量入口、服务成本、服务效率、客户体验等方面比传统商业银行更具优势，但也面临着贷后管理手段缺失等问题。尤其在经济增速放缓的背景下，一旦贷款者生产经营出现问题、资金链断裂，互联网银行将面临资金损失。

### 3. 市场风险

市场风险主要包括利率风险、汇率风险、股市风险和商品价格风险等四大类。我国互联网银行发展起步较晚，业务较为单一，主要包括小额贷款、财富管理等，其面临的市场风险主要集中在利率风险领域。

### 4. 数据风险

首先，互联网银行打造大数据能力的关键在于数据，没有大量数据作为支撑，大数据技术就是"无根之木、无源之水"。当客户行为数据、消费数据不全面、不准确时，互联网银行就很难准确界定客户的风险状况和信用等级。特别是随着互联网技术的高速发展和移动终端的快速普及，互联网银行需要具备较强的大数据能力，才能有效处理客户日益增长的碎片化、非结构化数据。同时，互联网银行是通过互联网向客户提供服务的，客户在注册时通过互联网提交材料，材料的真实性很难得到保障。而大数据分析结果的可靠性主要基于数据质量，一旦数据中混杂了虚假、错误信息，就可能导致大数据分析、预测和决策产生偏差，甚至与真实情况截然相反，并由此带来巨大的损失。

其次，即使在数据质量合格的情况下，互联网银行的大数据分析技术也可能落入"虚假关系"的陷阱。不再需要随机样本，使传统方法中对于因果关系的逻辑思辨和推断能力的重要性进一步降低，大数据分析得出的人、事物、事件之间的关系可能并不真实存在或不准确，进而导致互联网银行作出错误的放贷决策，并造成贷款无法收回的风险。

最后，即使数据的真实性、可靠性与全面性得到有效控制，大数据分析结果运用合理，数据安全风险仍然可能无法避免。互联网银行通过互联网渠道采集、传递客户信息，容易出现客户信息泄露、非法篡改等问题，对客户隐私权产生重大威胁；我国互联网银行发展时间较短，内控制度、风险管理制度尚不完善，特别是数据防护能力不足，导致客户个人身份数据、交易数据容易被黑客窃取；此外，互联网技术在加快信息传递速度的同时，也在无形中放大了风险的传染速度，客户个人信息泄露的可能性将呈几何倍数增加。

### 5. 操作风险

1) 面签难题

《人民币银行结算账户管理办法》中提出，存款申请人开设个人银行结算账户，中国居民应向银行出具居民身份证或临时身份证，银行开户必须进行面签。实名登记是开设账户的基本要求，且银行账户姓名必须与开户人身份证姓名保持一致。

在现实操作中，由于互联网银行账户的开设完全是在互联网上完成的，无法做到面签，故而客户身份信息造假、账号盗用、伪造信用记录、恶意骗贷等欺诈行为难以避免。如深圳前海微众银行提供两种开户方式：上网下载"微众银行"App→点击"开户"→选择"微信"或"QQ"两种登录方式→填写身份资料→设置密码→人脸识别→绑定银行卡→开户完成，上述两种开户方式均无法做到面签。

2) 互联网技术风险

互联网银行架构在先进的交易平台基础上，如网商银行就是架构在金融云端的互联网银行，如果互联网银行在平台搭建、技术建设方面选择不当，将给其正常经营带来很大风险。一方面，如果技术滞后，互联网银行在平台搭建、技术建设方面的投入将形成大量浪费；另一方面，如果平台技术与客户软件不兼容，极有可能出现信息传递不畅或传输失败等现象，导致交易效率降低甚至交易失败，进而影响客户在互联网银行平台上的消费体验。

3) 操作安全风险

操作安全风险是互联网银行面临的一大问题，主要体现在以下几方面。首先，互联网银行 IT 架构不牢靠，风险管理、内控管理薄弱可能导致整个交易系统存在较大的安全隐患和风险漏洞，给违法犯罪分子以可乘之机。其次，客户操作风险。我国金融消费者整体金融知识水平偏低且风险防范意识薄弱，未使用杀毒、防毒软件防范信息安全，当通过 PC 终端或手机终端进行操作时，容易发生信息泄露事件。最后，网络传输风险。当客户通过移动终端输入密钥或口令时，其本身缺乏有效的风险防控手段，黑客可能通过移植木马、发送虚假链接等非法手段获取客户信息、密钥或口令，从而可能侵占客户财产，进而影响互联网银行的整体声誉和正常经营。

#### 6. 渠道风险

目前，我国互联网银行推出的都是虚拟卡，如"微众银行"App 没有实体卡，只有在客户绑定其他商业银行实体卡的基础上，才能向客户提供一个 19 位卡号的虚拟微众卡，微众卡支持包括"工农中建交"在内的全国共 1600 余家银行的柜台、网银向微众银行进行转账汇款。我国互联网银行主要同商业银行、投资公司、基金公司联合提供理财产品，互联网银行吸纳的所有存款都必须通过客户注册时绑定的实体银行卡转入虚拟卡。

在无法实现面签的情况下，互联网银行大部分业务的开展都必须依靠传统金融机构，一旦传统金融机构运营出现问题或拒绝合作，互联网银行就无法正常运转，这将对其造成较大的声誉风险。此外，客户很难在短时间内改变固有的购买和支付习惯，且网络欺诈案例频频发生，造成客户对互联网渠道的信任度偏低，其更倾向于通过传统金融机构购买理财产品，线上理财渠道在短期内很难替代传统的线下理财渠道。

## @ 7.5 互联网银行 2.0：数字银行

### 7.5.1 数字银行的内涵和特点

#### 1. 数字银行的内涵

现代金融具有明显的数字化特征，随着信息技术与金融业务的加速融合，货币形式、服务手段、风险管理等金融核心环节逐步经历数字化的创新与变革。特别是近年来大数据、智能终端、移动网络等先进技术在美国、欧盟银行业逐步得到应用，由此引发了数字银行(Digital Bank)发展潮流。互联网银行 2.0 是在 1.0 的基础上，在移动手机端纵深发展而来的一种互联网银行的新模式。互联网银行 2.0 在欧美等发达地区又被称为数字银行或者移动银行(Mobile Bank)，这是一种基于移动手机应用(App)远程实现银行服务、金融与科技(Fintech)结合的一种新型银行。值得注意的是，这类银行普遍没有独立的银行牌照，而是选择与传统银行合作开展业务，客户的存款享受与合作银行相同的存款保险保障。也就是说，一些小型的、主打任务为互联网金融服务的创新公司通过传统银行发展了一种新的途径。互联网银行 2.0 类似于业务完全与银行联通的、附在银行体系之外提供创新技术服务、提高用户体验的外包金融科技公司。美欧数字银行全面强化了"以客户为中心"的信息化发展战略，以先进信息技术为支撑进一步挖掘客户需求、优化客户体验、提升客户黏性，同时从国家层面强化对客户信息安全的保障，这给我国银行业信息化发展提供了很好的借鉴。

数字银行以大数据、移动互联网等先进信息技术为支撑，全面强化了"以客户为中心"的理念，强调通过数字化的宽带网络和移动互联网等各种新兴渠道为客户提供便利化服务以增加客户黏性。通过"端到端"数据处理优化流程，对客户开展差异化经营以提升客户体验，通过客户行为数据捕捉和分析以引导创新，同时注重加强客户数据安全和隐私保护。

数字银行的构成包括四个部分：以客户信息安全为核心，实现多样化服务渠道、客户化服务流程和常态化服务创新,如图 7.2 所示。

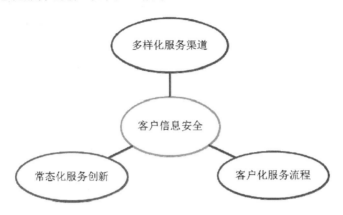

图 7.2　数字银行的构成

**2. 数字银行的特点**

数字银行具有以下两个特点。

1) 无柜台网点,无实体柜台网点,完全基于移动手机端,远程提供所有银行服务

开户、旧卡到期申请新卡、销卡均可通过手机 App 实现。开户时,客户只需在手机 App 里上传身份证件或者驾照照片,并通过 App 填写几项个人基本信息,系统后台审批通过后即完成远程开户;销户时,只需 App 点击销户申请,客户自行剪卡即可。

2) 金融科技企业+合作银行模式

数字银行绝大多数属于金融科技企业,自身没有银行牌照,但通过与传统银行合作,可以借助合作银行的银行牌照身份,2.0 银行的客户同样可以享受存款保险的保障,如图 7.3 所示。采用这样的合作模式,金融科技企业可以借助传统银行长期建立的品牌、客户基础和社会公信力,这对初创型的科技企业获得客户信任有巨大的支持作用。反过来,传统银行由于监管规定,其创新业务的开展并不像金融科技企业那样自由,所以传统银行与金融科技企业合作,也可为传统银行的业务扩展提供很大的空间。更重要的是,申请银行牌照在世界各国都面临严格的监管,对企业的资本金、流动性、风险控制、资本充足率、不良贷款率、拨备覆盖率等指标均有明确的规定。初创型的金融科技企业要想获得银行牌照,需要投入的资金成本太大以及未来面临的监管太严,因而与传统银行合作实现优势互补,成为一种普遍的运营模式。

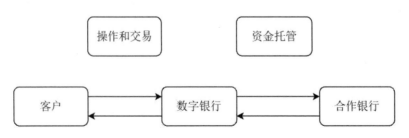

图 7.3　金融科技企业+合作银行模式

## 7.5.2 国外数字银行的典型案例

**1. 美国 MovenBank：移动金融服务提供商**

1) MovenBank 简介

MovenBank 于 2011 年 4 月由布雷特·金(Brett King)在美国纽约创立，是一家专门从事手机移动金融业务的银行服务商。和美国绝大多数数字一样，MovenBank 本身并没有银行牌照，其运营模式采取的是 Moven 作为金融科技企业负责运营，联合美国传统银行 CBW Bank 代为管理存款的合作模式。

2) MovenBank 业务类型

目前，MovenBank 基于手机 App 面向客户提供的服务主要有：智能财务管理功能、测试客户信用分数、财务个性测试、非接触式支付功能、朋友间转账功能、异常消费实时提醒功能、直接存款功能(即工资和雇主发放的各项社会福利收入可关联 MovenBank 账户)、支票存款功能、账单支付功能、CRED 积分奖励功能。

3) MovenBank 业务特点

(1) 自建 CRED 信用评分系统。

MovenBank 对客户信用风险的衡量主要基于三个维度：财务健康程度、社交程度、客户价值。其分别从这三个方面考量，综合得出客户的 CRED 信用分数，并依据这个分数来测算客户的贷款违约概率，设定相应的贷款利率水平。

财务健康程度：基于客户的 MovenBank 账户的各项消费和支出的类别和金额大小。

社交程度：根据客户在 Facebook、Twitter 等社交平台的好友数量，LinkedIn 职场社交平台的人脉分布，Klout、PeerIndex 的影响力，eBay 等电子商务平台的交易评价等多维度数据来衡量客户的社交活跃程度和社会影响力(见图 7.4)，这些数据的获得，都是通过在客户注册 MovenBank 账户时，在个人信息栏填写客户在这些平台的账户而实现账户之间的关联。

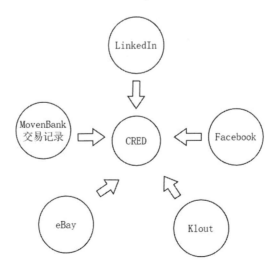

图 7.4　CRED 整合社交、电子商务、影响力平台数据

客户价值：根据客户填写的有关个人年收入、每月储蓄金额、个人储蓄存款额、FICO 评分等信息，度量客户价值。

MovenBank 对于 CRED 的应用价值，并不在于分数本身，而是在于通过 CRED 分数的上升或下降，来引导客户形成良好的消费习惯、建立广泛的社交圈层。具体来说，MovenBank 设置 CRED 分数随着客户消费行为、社交广度变化而实时上升或下降的机制，能够激励客户改变消费和社交行为来提高 CRED 分数的意愿，再加上 CRED 分数与 MovenBank 各类手续费、利率水平关联的奖励机制，更是形成了一种连贯的良性循环。换言之，客户可以根据 CRED 的考量指标，有针对性地改善评级分数，进而获得 MovenBank 手续费的折扣或减免，或者优惠的利率。

举例来说，客户可以通过增加社交广度或提高社交质量，提高 CRED 分数，例如 Facebook 好友数增加，可以显著提高 CRED 分数；再比如在 Facebook 上向好友推荐 MovenBank，若客户的推荐的确使朋友注册了 MovenBank 账号，那么参与推荐的客户 CRED 分数也会相应增加。同样地，客户健康的消费行为也可以提高 CRED 分数，例如客户完成既定的储蓄计划、按时偿还账单、向慈善机构捐款等，这些健康的金融行为都会得到 CRED 积分奖励。因为客户 CRED 分数高低，与 MovenBank 向其每月收取的管理费、存款利率、服务手续费的高低挂钩，分数高者还可以优先体验 MovenBank 最新推出的产品或服务。所以，客户这三个考量角度的改善，都能够拉高 CRED 分数，高的 CRED 分数意味着可以享受 MovenBank 各项手续费用更大的折扣或减免，这一传导机制会引导客户养成健康的消费和资金管理习惯、积极正面的社交态度，从而赢得更高的 CRED 分数，享受更为低廉的服务价格，形成一个正循环，具体如图 7.5 所示。

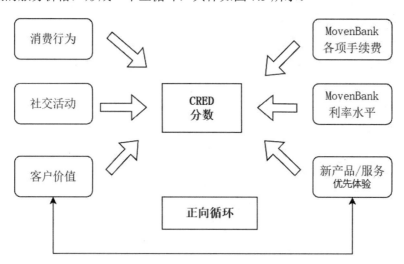

图 7.5　CRED 信用评分引导的正循环模式

(2) 智能理财服务 MoneyPulse 和 MoneyPath。

MoneyPulse 将客户的消费行为分为消费类、民生类和储蓄类三大项，并以图表的形式呈现给客户，方便客户了解自己各项消费明细，也可以让客户看到某个特定时间的消费明细，客户可以清晰地看到每笔消费的金额、时间，并能显示详细的地址和地图位置。

消费类：记录的是客户外出餐饮、购物、娱乐、旅行等提取现金的消费支出。

民生类：记录的是客户购买蔬菜粮食、交通、医疗、水电网等公共事业的支出。

储蓄类：记录的是客户目前储蓄账户的资金储蓄情况。

在消费类中，MoneyPulse 还用绿色、红色来提醒客户其整体消费水平的提高或降低，让客户对自己的消费行为一目了然。如果 MoneyPulse 显示的结果是绿色，说明客户近期的消费，比过去平均水平减少了；如果显示的结果是红色，则表明客户目前的消费比过去平均水平有所增加。例如，客户本月购买了一部新款手机，消费水平比客户过去的平均水平高了 652 美元，MoneyPulse 则会显示红色结果提醒客户，如果客户还制订了储蓄计划，这样的红色提醒对于客户合理控制消费、保障储蓄计划最终实现是有一定约束作用的。所以，相较一般的收据显示的是客户消费的金额，MovenBank 的消费显示是偏向反映客户的剩余财富来提醒客户控制消费行为，帮助其养成良好的消费习惯。

MoneyPath 则是以时间和曲线形式，记录客户每个月消费行为的变化。其创新之处，是关联了 MovenBank 的消费数据与 Facebook 账户的社交行为数据，并用同一时间轴显示两者的相关性，客户可以看到其在 Facebook 上的社交活动对其消费行为产生的影响。

(3) 强调社交功能的服务。

此外，MovenBank 另一个立足于金融服务又强调社交功能的服务项目，是它的财务性格归类功能。客户在回答 MovenBank 一系列问题测试后，MovenBank 会综合其他客户的数据对比分析，最后显示出客户的财务性格测试结果。MovenBank 将客户的财务性格归类为销售人员、学者教授、会计师、摇滚明星、企业家、公务员、艺术家、工薪阶层、交易员这 9 种职业，并附上 MovenBank 这一归类推测客户财务个性的理由。财务性格测试还引入了社交功能，客户可以将测试结果分享到自己的社交平台上，成为朋友之间娱乐、加深了解的一种有趣的交流方式。

(4) NFC 支付。

MovenBank 用户手机背后的 NFC 贴纸具有支付功能，不需要和 POS 机有物理接触，只需要靠近，POS 机便可读取客户账户信息并实现支付。客户的账户是在联邦存款保险公司(Federal Deposit Insurance Corporation，FDIC)安全保护下的，客户可以放心使用。客户可以用电子邮件、手机短信来给朋友转账，无论他们有没有 MovenBank 账户。

2. 美国 Simple Bank：提供个人综合金融服务的银行服务商

1) Simple Bank 简介

作为美国数字银行最成功的代表，Simple Bank 成立于 2009 年，最初叫作 BankSimple，是一家基于手机移动端提供个人理财服务的"虚拟银行"。Simple 本身不是银行，没有任何物理柜台网点，也没有银行牌照，而是与银行(美国合众银行，The Bancorp Bank)建立合作关系，由后者提供存款账户(Simple 通过提供一个在线界面让用户把他们所有的银行卡、储蓄卡、支票等归入一个 Simple 账户)。Simple 在此基础上通过互联网+手机 App+电话等方式提供一系列的银行服务，主要服务功能除了传统的存款、电子支付和转账服务外，还可以提供消费储蓄计划的理财服务。

截至 2013 年，Simple 客户已经超过 10 万人，客户增长 330%，2013 年当年 Simple 处理的资金交易超过 17 亿美元，员工仅为 92 人，是典型的新型"轻资产"互联网银行。Simple 于 2014 年被西班牙第二大银行 BBVA 以 1.17 亿美元现金收购。

2) Simple Bank 运营模式

(1) 业务简约化。

Simple 产品秉持的做事理念是"简单、简洁"。这一理念在 Simple 发放的银行卡上就可见一斑。它的设计非常简洁：白色的卡上，除了 Simple 的 Logo、VISA 标志、卡号、持卡人姓名等必需的东西外，没有多余的元素。Simple 的客户可以使用白色的 Simple 卡作为贷记卡直接储蓄或者转账，同时可以用 App 追踪所有的消费活动，并获得详尽的财务数据分析。当用户使用 Simple 卡完成各项消费后，打开 Simple 的 App，交易记录便立即显示于个人账户信息之中，且在 GPS 功能开启下，Simple 还会自动记录交易发生的时间及地点，并进行群组分类，而当顾客需要查询交易过的历史记录时，可以依不同分类搜寻。配合账户收入的记录，Simple 系统会告知在安全范围内，顾客还可以支出多少，甚至针对未来需要支出的项目或账单，预先规划保留额度。

(2) 非传统盈利模式。

Simple 只做平台，不做资产运用。通过提供有附加值的消费储蓄计划的理财服务吸引客户，它颠覆了传统银行的模式，不从用户收费中获利，国内转账也不收取费用。它目前的盈利方式有以下两种。

一是利差幅度。这是在"手续费游戏"出现之前银行的主要盈利方式。比如，银行付给客户的存款利率为 3%，向客户收的贷款利率为 8%，那么银行就能从中赚 5%的利率差额。利率差额由 Simple 与合作银行分成。

二是当客户刷卡消费时，发卡行会从中收取一定的手续费，这一部分利润 Simple 也可以参与分成。

Simple 盈利主要来自于合作银行进行利息收入分成以及用户刷卡时发卡行的佣金提成，而其客户增长主要依靠口碑营销，省掉了大笔的市场费用。

(3) 重视用户体验。

在 Simple，每次都会有真人应答你的电话，而且很可能是同一个人。Simple 对收取手续费的行为嗤之以鼻，它认为这样的商业模式直接造成了银行与消费者的对立。当然，Simple 没有完全取消手续费的影响力，因此它只能保证将费用降到最低，并且不会暗中收取繁杂的手续费。

3) Simple Bank 的特点

(1) 智能理财。

Simple 最大的亮点，就是其完善的智能理财功能，能够潜移默化地帮助客户建立合理储蓄和消费的意识和科学理财的习惯。而一旦客户喜欢并且习惯 Simple 提倡的这种消费和储蓄理念，就会逐渐对 Simple 产生使用黏性，这也成为 Simple 与合作银行收取息差提成重要的一个议价筹码。

Simple 能够记录客户使用 Simple 借记卡的所有消费支出，扣除客户的账户资金后，会实时更新客户的账户余额，然而这并不是智能理财的全部，Simple 智能理财最大的特色是设置消费计划并智能生成储蓄计划。具体来说，Simple 的智能理财服务能够让客户预先设置未来的消费计划，然后 Simple 会根据这笔消费计划的金额、预期购买时间、目前客户的收入情况，智能生成一个实现这笔消费的储蓄计划，从而客户可以合理支配剩余的可用资金。

(2) 财务优化管理。

在 GPS 功能开启下，Simple 会自动记录交易发生的时间和地点，并进行自动归类、分析。因此，当用户查询交易记录时，将清楚地知道每笔资金的去向。同时，Simple 账户会记录全部的储蓄、预算和花费情况，因此根据消费记录的分析，用户可以安排预算并设定可支配额度的上限，以达到省钱和理财的目的。

3. 英国 Atom Bank：英国首家获得银行牌照的数字银行

1) Atom Bank 简介

与前文介绍的两家数字银行采取的合作模式不同，Atom 是首家明确获得英国中央银行颁发的银行牌照的数字银行。Atom Bank 于 2014 年 3 月在英国达勒姆创立，2015 年 6 月获得英国中国人民银行授予的银行牌照。Atom Bank 坚持的理念是：将客户放在第一位的数字银行才是未来的主流银行。在业务发展定位上，Atom 致力于成为零网点、100%纯粹基于手机 App 提供远程金融服务、英国第一家完全在手机端口实现所有银行服务的指尖银行。

2) Atom Bank 的特点

作为英国第一家数字银行，Atom Bank 将目标客户主要锁定在 18～34 岁并且已经养成熟练使用手机 App 习惯的人群。从客户体验来说，Atom Bank 的 App 制作凸显时尚、动感、流畅的特质，Atom Bank 对客户服务使用的语言，也奉行年轻人之间的对话风格，口语化、接地气，甚至古怪俏皮，这些对年轻人群十分具有吸引力。该行 App 提供的是一种全新的方式：脸部和语音生物识别技术被运用于 App 登录。通过纯电子化的方式，只须点击几下即可完成开户操作。运营总部设有专门的电话服务团队，提供 7×24 小时无间断服务。

Atom Bank 提供的 MSO 抵押贷款融资业务，与英国著名的金融软件企业 Iress 合作，旨在为 Atom 抵押贷款业务构建标准化、风险可控、效率化的软件系统。此外，Atom 一般性业务包括银行账户开户、客户身份识别与信息核实、办理活期账户、办理抵押贷款、贷款后续服务，以及移动支付，这些都将完全基于手机 App 实现。

Atom Bank 的首席执行官(CEO)Mark Mullen 表示："对所有人而言，这是银行业格局发生巨变的开始。Atom 致力于成为那些阴险自利的(原文为 insidious and self-interested)、长期主导英国银行业的银行真正的替代者。我们将每月更新 App，不断优化和拓宽我们的产品和服务，为用户提供更有价值的服务、更大的透明度和更多的金融创新体验。"

## 7.5.3 美国、欧盟数字银行的发展经验

**1. 加快发展新兴信息技术带来的自助服务渠道，增加客户黏性**

从银行网点到宽带网络、移动网络、社交网络，美国消费者选择银行服务的渠道发生了很大变化。自 1995 年美国诞生世界第一家网络直销银行——安全第一网络银行(SFNB)以来，网络渠道凭借其低成本、高效益、方便、快捷、标准化、规范化等诸多优点，已成

为美国商业银行拓宽服务领域、实现业务增长、调整经营战略的重要手段。美国相关咨询机构的研究报告显示，宽带网络渠道已经成为客户日常办理银行业务的首选渠道，银行实体网点呈现持续减少趋势。随着全球移动互联时代的到来，移动网络渠道的发展成为大势所趋，据波士顿咨询《2021年全球数字零售银行报告》披露，客户转向数字渠道的速度比过去更快。网上银行的使用增加了23%，手机银行的使用增加了30%。且移动渠道打破了原来支付和传统的银行业务功能分离的局面，重新构建了银行功能，使客户和资金之间的联系更加密切。此外，许多银行尝试利用社交网络平台向客户提供服务，客户可通过社交网络向银行提出需求或反馈意见，银行专业顾问将在线为客户提供帮助。这些数字化渠道创新不仅给客户带来便利，同时还带来了海量的客户行为数据，有助于进一步识别客户及进行市场细分，研发个性化金融服务产品，显著提高营销效果。

### 2. 持续优化服务流程，实现客户服务的个性化和差异化

数字银行的核心是"以客户为中心"，通过运用信息技术帮助银行从根本上重新思考和设计现有的业务流程。根据客户类别，银行将分散在各业务部门的工作按照最有利于提升客户体验的运营流程进行整合优化，通过服务客户使银行能够更加有效地适应市场要求，在客户体验和业务反应速度等方面有所突破，进而在财务绩效指标与业绩成长方面有优异的表现。银行专注于改善客户的整体体验，把更多的控制权放在客户手中，改变由银行各业务部门决定客户服务如何展现、如何处理以及如何反馈的传统思路。通过使用可定制工具和部件，客户可自行设计交互界面，可以更快、更容易地访问所选择的信息，提升个人体验；银行也可及时获知客户需求以及使用产品的情况，以便提供针对性产品，持续改进客户服务；信息交互方式不再是静态的简单查询操作，银行将提供更多的交互操作工具，进而改善客户体验。

### 3. 注重客户行为数据分析，实现创新常态化

面对网络时代消费者行为模式的转变，银行业变革动力日益增强，数字化银行通过轻资产型的敏捷业务模式，一方面可加强数字化渠道建设，适应客户行为变化；另一方面可加强数据分析，主动捕捉客户需求开展创新，这种方式受到消费者普遍欢迎。欧美银行业加快大数据等新技术体系的应用，不断加强数字化渠道与客户的连接和互动，多方面获取各种客户行为信息，通过大数据分析提升客户价值。美国银行改造网络银行，以获取客户登录网络银行后操作行为的细节数据，并根据数据分析结果及时创新金融产品和营销，在开展交叉销售、防止客户流失、提升营销投资回报率方面表现突出。德国Fidor银行通过社交网络平台与客户互动，据此提出产品创新建议，客户还可以通过社交网络上的链接登录银行账户，通过在产品页面上点"支持"来决定账户利率——"支持"的客户越多，产品利率就越高。

大数据技术应用不仅有助于银行更好地评估风险，开辟新的收入来源，还能推动新服务的问世，如澳新银行通过汇总消费者的交易数据，为中小型企业提供客户行为和销售趋势的相关资讯。

### 4. 加强行政引导和先进技术应用，保障客户交易安全

安全是现代金融服务的核心。随着数字化银行发展，采用信息技术手段开展金融交易

将成为主流，但是，如果交易安全防护措施不足，将造成客户信息泄露和资金损失，影响消费者使用新技术的意愿。据美国白宫网站公开信息，2014年前10个月，超过1亿美国公民支付交易信息遭到泄露，数百万人遭受信用卡欺诈和身份犯罪侵害，在美国经济社会中产生了巨大不良影响。为快速扭转这种不利局面，美国总统奥巴马动用行政权力，于2014年10月签发了行政命令，要求美国各级政府和企业采用更安全的技术来保护好金融交易活动中的敏感数据，并特别指出美国要采用安全程度更高的芯片卡替代磁条卡。为防范互联网金融犯罪，建立和谐互联网支付环境，欧洲中央银行于2011年发起成立欧洲零售支付安全论坛(the European Forum on the Security of Retail Payments)，27个欧盟国家监管当局先后加入。欧洲中央银行于2014年先后发布《互联网支付安全建议》《支付账户访问服务安全最终建议》《移动支付安全建议(草案)》，提出了欧盟金融交易安全要求底线，强调欧盟各成员国监管机构和互联网支付服务提供商应采用更强的技术手段保障金融交易安全。此外，美欧银行业积极探索采用标记化(Tokenization，也称"令牌化")技术消除敏感数据，降低因金融信息泄露带来的风险。

## 本章作业

1. 什么是互联网银行？互联网银行有什么特点？并比较互联网银行、电子银行与直销银行。
2. 试分析网商银行与微众银行的经营模式，并进行比较。
3. 阐述互联网银行发展面临的主要困境。
4. 阐述纯线上放贷的主要技术原理。

# 第 8 章

# 传统商业银行互联网化

**本章目标**
- 掌握互联网金融的发展对传统商业银行的冲击。
- 掌握电子银行的定义及特点。
- 熟练掌握电子银行业务的主要类型。
- 掌握商业银行互联网贷款的产业链。
- 熟练掌握商业银行互联网贷款的模式。
- 掌握商业银行互联网贷款面临的主要风险以及风险控制措施。

**本章简介**

通过本章的学习,我们将了解到互联网金融的发展对传统商业银行带来的冲击有哪些,以及在互联网金融的冲击下,传统商业银行如何加快电子银行的发展;通过本章的学习,我们还将对商业银行互联网贷款的产业链、经营模式等有比较清晰的了解。

# 8.1 互联网金融的发展对传统商业银行的冲击

互联网金融凭借其支付便捷、低交易成本、资源配置高效、高透明度等优势,将对商业银行产生全面性、持续性、系统性的冲击。互联网金融对商业银行的冲击是多方面的,不仅包括负债、资产、支付结算等核心业务,而且包括经营模式的冲击。由图 8.1 可知,互联网金融对商业银行的影响主要有以下几个方面。

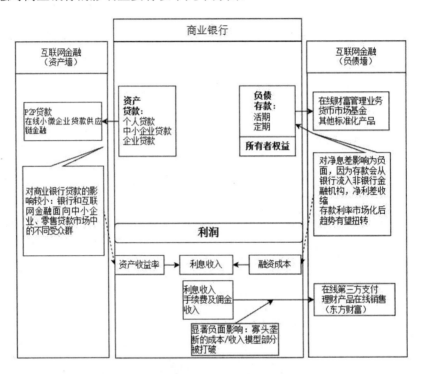

图 8.1 互联网金融对商业银行的影响

## 8.1.1 对商业银行存款理财的冲击

网络理财的兴起正在不断分流银行存款。商业银行开发的各种理财产品虽然也构成其自身收入和利润的重要组成部分,但网络理财凭借其不受时间和地点的限制这一独特优势,且收益较高,大幅度地分流了银行存款。目前,网络理财基本上涵盖了支付、担保、保险、基金等银行的传统领域。例如,宜信的金融布局及其发展速度,基本体现了网络理财强劲的发展势头和侵略性:起步于网络信贷中介,历经第三方理财、财务管理,目前已具备代销保险和基金的资格,服务内容涉及股权投资、保险、基金、信托等领域;阿里依托支付宝的资金沉淀,开发出的余额宝,其收益远高于银行活期存款,严重冲击了银行活期存款业务。在基金销售支付方面,目前已有支付宝、易付宝、汇付天下、财付通、易宝支付、快钱、快付通等 11 家公司获得基金销售支付牌照;宜信、人人贷、余额宝、天天盈等网络理财产品的兴起,不断蚕食着银行存款业务。在网络财产保险方面,2013 年 2 月

28 日,中国保监会正式批复同意阿里巴巴、腾讯、平安保险、加德信、日讯、携程等 9 家公司共同发起筹建的众安在线保险有限公司进行专业网络财产保险公司试点;目前,平安、太保、阳光、人寿等保险公司(集团)悉数开设了保险超市、线上商城等销售平台。

## 8.1.2 对商业银行间接融资功能的冲击

互联网金融对传统信贷业务形成冲击,甚至有可能取而代之。信贷业务作为商业银行最重要的资产业务,也是商业银行最重要的收入和利润来源。在信贷领域,作为出资方的商业银行和作为借款方的客户之间存在信息不对称现象,因此,银行对借款方的审核非常严格,历经审查、评估等多个程序。只有确认借款方资信良好,符合严格贷款制度,且确保能偿还贷款或者有三方担保的,方可进行放贷。一般地,商业银行喜欢的多是资本实力雄厚的优质客户,大量急需融资支持的中小型企业和小微企业由于商业银行严格的审核要求及风险规避,很难获得商业银行的贷款支持。网络技术、信息技术和数据挖掘的发展,将大幅度降低信息不对称带来的市场失灵问题,弱化资金中介的同时,开始凸显资金信息中介的重要性,互联网金融的兴起则为中小企业解困开启了方便之门。

## 8.1.3 弱化了商业银行的支付功能

中间业务作为商业银行除经营资产业务和负债业务外最重要的利润和收入来源,尤其是在利率市场化基本完成和互联网金融兴起的大背景下,银行存贷利差收入逐渐收窄,中间业务对商业银行的生存和发展更是起着至关重要的作用。银行的中间业务主要包括支付结算、交易、担保承诺、咨询顾问、投行业务、基金托管等,其中,支付结算是其最重要的组成部分。一方面,以支付宝、财付通、快捷支付为代表的第三方支付平台通过创新其发展模式,不断延伸其业务领域,大肆渗透、抢占银行的支付结算份额,蚕食商业银行传统领域的中间业务市场。2013 年 6 月 13 日,阿里金融依托支付宝巨大的沉淀资金优势,推出其余额增值服务——余额宝,类似于传统的货币基金,用户可以通过支付宝门户网站进入余额宝,直接购买各类理财产品,获得远高于银行活期存款的收益;据支付宝提供的数据,短短不到 6 天的时间里,余额宝注册用户即突破 100 万户,与余额宝蓬勃的发展势头相比,国内个人有效基金账户发展速度则相形见绌,截至 2021 年年末,中国公募基金服务的有效账户数达 12 亿个,累计为客户创造利润 6 万亿元人民币,累计分红 3.8 万亿元。而另一方面,2021 年我国第三方互联网支付市场交易规模为 29.1 万亿元人民币,同比增长 16.4%,互联网支付金融类交易规模增长态势良好。支付宝、财付通、快捷支付等第三方支付平台提供的服务,跟商业银行提供的服务并无大的差异,但其凭借便利性、低价格,不断挤压商业银行中间业务的生存空间。

互联网金融创新发展模式,借助互联网、电信运营商、广电网络等平台,提供信用卡还款、生活缴费、机票订购等便民服务,极大地便利了民众,无形中对银行传统的中间业务产生了替代效应。借助网络技术、信息技术和电子商务的发展,第三方支付平台发展前景将更为广阔。

## 8.1.4　弱化了商业银行金融中介角色

　　信息技术的飞速发展从根本上改变了信息的传递方式，困扰金融行业的信息不对称和高昂的融资成本问题通过互联网金融能够有效地解决。这在相当程度上弱化了传统商业银行的金融中介功能。在互联网金融模式下，信息流动阻力明显减小，例如，在 P2P 平台中，借贷双方可以通过搜索引擎技术将资金供需按照自身需要的方式进行排列，并且在定价过程中使用了云计算、大数据等技术进行最终贷款价格的确定。P2P 网贷模式不再以传统商业银行为中介进行间接融资，这对于商业银行融资中介服务的需求也起到了一定的分流作用。

　　另外，互联网金融的发展使第三方支付服务的内容不断丰富，传统商业银行的中间业务收入也大受影响。第三方支付平台利用其方便快捷、低成本、体验良好的优势迅速抢占支付业务市场，传统商业银行支付中介的地位遭受挑战，同时很多互联网企业也利用自身优势开展代缴各类费用的中间业务，传统商业银行的利润日渐被互联网企业蚕食。例如水电、煤气等缴费已经可以完全绕开商业银行而进行独立支付。事实上，作为我国移动支付业务重要补充力量的第三方移动支付市场运行平稳，市场交易量稳步增长。2021 年我国第三方移动支付市场交易规模为 310.3 万亿元人民币，同比增长 22.5%。分季度来看，2021 年四季度得益于"双 11"、"双 12"、圣诞新年等营销节点对线上消费的推动作用，第三方移动支付市场交易规模单季度突破 80 万亿关口，增长强劲。

## 8.1.5　冲击商业银行传统盈利模式

　　目前，我国传统商业银行的盈利来源最主要是信贷业务，而信贷业务的收益主要来源于息差收益，而互联网金融的快速发展已经开始威胁到商业银行的息差收入。互联网金融模式在我国得以快速发展的一个重要原因就是我国的金融服务体系不够完善，商业银行等大型金融机构更愿意为大型客户提供金融服务，而往往忽视中小客户的金融需求。在互联网金融环境下，这些中小客户通过互联网金融平台找到了能够满足自身金融需求的机会，而这种低成本的金融模式能够吸引原先沉淀在商业银行的低成本资金，反而给商业银行带来了巨大的压力。以余额宝为例，与普通商业银行活期存款利率相比，余额宝的收益可达其十几倍，并且流动性良好，通过各类终端可以随时随地进行操作，十分方便，没有最低申购限额的要求，自 2013 年 6 月上线以来便引起了社会各界的广泛关注，其规模已超过 5000 亿元人民币，可见其影响之大。

　　相比之下，2014 年年初，中国人民银行公布的数据显示，商业银行等金融机构存款大幅减少达 9400 多亿元人民币，2014 年全年商业银行的吸储能力大幅下降，银行存款增长几乎全线失守，而这些现象与互联网金融的快速发展不无关系。像余额宝这样的互联网理财产品的资金来源基本是中小客户，特别是小微客户的资金，而这些资金原本都可能是商业银行的储蓄资金。

　　此外，互联网借贷的发展壮大也与商业银行在个人或小微企业贷款领域的业务形成了一定的竞争，互联网借贷模式的发展满足了那些被商业银行忽视的小微客户的金融需求。互联网金融平台利用大数据技术能够发现并细分目标客户，大幅降低营销成本，对传统商业银行的营销模式形成冲击。以阿里金融为例，其旗下的阿里小额贷款平台为阿里巴巴的电子商务平台淘宝网、天猫网上的商家提供贷款业务。阿里金融曾创造了在 2 小时内为两万家淘宝商家提供超过 3 亿元人民币的信贷记录，可见其基于互联网技术下的高效金融服务能力不容小觑。P2P 网贷平台的发展也势如破竹，传统商业银行对小微企业贷款的金融需求空缺由于 P2P 网贷的蓬勃发展得以填补，甚至还创下中国非传统金融机构贷款的历史纪录，银行的资产业务与负债业务均受到冲击。如果互联网金融有朝一日能够发展到面向大客户的金融模式，商业银行的利润来源将会受到根本性的冲击。

### 8.1.6 对商业银行经营模式的挑战

互联网金融对传统银行业务的挑战不仅存在于市场份额和业务发展层面，更深层次、更实质性的挑战在于商业模式与思维方式的改变。互联网企业之所以能够介入长期以来银行占绝对垄断地位的支付领域，是市场需求和便捷支付特征综合作用的结果。互联网金融企业和传统银行在服务客户上的经营态度是互联网金融赢得市场的重要原因。两者在经营理念上存在差异，传统银行讲究的是通过规范的制度流程和严密的风险控制，最大化地提高投入产出效率；而互联网金融则通过提升客户体验尽可能地为客户创造价值，是水到渠成的结果。

随着互联网技术的快速发展，金融消费者更多地掌握了金融产品和服务的选择权。与传统金融服务模式相比，互联网金融服务更重视客户的需求和体验，强调服务产品的灵活性和交互式营销，主张交易过程中的信息对称，且在运作模式上更注重互联网技术与金融业务的深度整合，这改变了金融服务消费者的节奏、规模和力度，对商业银行的传统服务模式带来了很大挑战。

## 8.2 电子银行

电子银行(Electronic Banking)是信息技术和金融业务创新有机结合的产物，是进入 21 世纪以来银行业最具影响力的变革。在技术创新推动、用户需求牵引和有效竞争催化下，中国电子银行业务得到了长足发展，从用户体量增长来看已经跨过"引爆点"，进入快速扩散阶段，业务模式也从基本功能开始向深化应用纵深发展。

### 8.2.1 电子银行的定义及特点

**1. 电子银行的定义**

电子银行又称为电子银行业务，它是在传统金融服务的基础上，依托先进的信息、电子技术，以网络为媒介，为客户提供完善的自助式金融服务，是一种先进的金融服务手段。电子银行涵盖的范围比较广泛，各界对电子银行的界定并不统一。1998 年巴塞尔银行监管委员会(BCBS)对电子银行进行了定义，认为"电子银行是通过电子通道，提供零售与小额产品和服务的银行。这些产品和服务包括存贷、账户管理、金融顾问、电子账务支付，以及其他一些诸如电子货币等电子支付的产品和服务"；国际清算银行认为，电子银行业务泛指利用电子化网络通信技术从事与银行业相关的活动，提供产品和服务的方式包括：销售终端(POS)、自动取款机(ATM)、智能卡等设施。中国银监会 2006 年 3 月 1 日施行的《电子银行业务管理办法》对电子银行的业务范围作了界定，指出"电子银行业务是指商业银行等银行业金融机构利用面向社会公众开放的通信通道或开放型公众网络，以及银行为特定自助服务设施或客户建立的专用网络，向客户提供的银行服务"。

2. 电子银行的特点

电子银行业务具有以下特点。

1) 以电子信息技术为依托，计算机网络为媒介

这是电子银行业务与传统银行业务的根本差别。虽然传统意义上的银行也利用计算机和网络技术，但是通常情况下都是封闭的，只是在商业银行内部网络之间传输数据、处理业务。然而电子银行则是一个在相对开放的环境中，通过互联网等一系列通信网络来进行数据互通、完成交易，并开展业务的新型业务模式。例如，网上银行通过互联网，电话银行通过电信的公共电话网络，手机银行通过移动通信网络，银企直连则通过数据专线与银行的网络相连接，因此电子银行是一个相对开放的业务处理系统。

视频通信技术的成熟使数据传输加快，改善了过去因物理空间限制的服务延伸，商业银行不再局限于面对面为客户办理业务手续，也可通过网络实现远程面对面的人工服务。金融服务向互联网推进电子化，物理营业网点的服务将被慢慢弱化，与此同时，借助营业网点的柜台服务，也能推进电子化渠道服务的更好发展。此外，大数据和云计算的数据处理简化了后期数据的整理归类、数据库建立的复杂流程，进一步提升了商业银行业务办理的合理性和效率性。

2) 可以实现客户离柜办理各种业务，实现自助式服务

传统商业银行服务主要是通过账户、密码、凭证、专用设备和实体机构网点等要素，由银行柜员为客户提供面对面服务，并完成各项业务操作；而电子银行业务主要通过账户和密码两个要素，辅以动态口令、手机短信或者数字证书作为第二因素认证，由客户通过通信网络远距离自助办理业务。

3) 扩展了银行服务的空间和时间覆盖范围，可以为客户提供全方位的离柜金融服务

所谓全方位，是指除现金业务以外的所有银行业务，包括资产业务、负债业务和中间业务在内的多种产品和服务，电子银行业务都可以处理；此外，全方位还体现在可以为客户提供无时空、地域限制的"3A"式服务，即在多种安全机制的保护下，电子银行系统可在任何时间(Any time)、任何地点(Any where)、以任何方式(Any how)为客户提供全天候金融服务。

## 8.2.2 电子银行发展历程

20 世纪 50 年代末以来，美国和日本等国家将计算机引入银行业务领域，最初主要应用于分支机构和营业网点的记账、结算等业务。20 世纪 60 年代中期，随着一些银行类应用软件的开发研制成功，计算机进入了实际业务应用阶段，银行之间的存、贷、汇等业务实现了电子化联机管理。到了 20 世纪 70 年代，发达国家实现了跨行的通存通兑业务。

20世纪70年代末,电话银行在北欧国家出现,并于20世纪80年代中后期在西方各国迅速发展。但是,电话银行主要靠语音识别、记录系统提供服务,容易在金融交易时引发差错,这一缺陷影响了电话银行的发展速度。之后,随着计算机网络技术的快速发展,内部网络电子银行兴起,银行的重要客户可以用专线将个人电脑与开户银行的内部网络连接,使用银行提供的专用软件和接口进行数据传输和交换,如在线银行服务(PC)、家庭银行系统(HB)、企业银行系统(FB)等。同时,随着银行将网络延伸到商业公司的财会部门和超级市场,自动柜员机系统、销售终端系统也开始普及使用。

20世纪90年代,互联网技术显示出巨大的发展潜力,国际金融机构纷纷建立自己的网站,把提供网络金融服务品种作为市场研究和投资的重点。最初,由于浏览器和网络传输的安全性问题,银行网站侧重于业务广告宣传,很少涉及实质性的银行业务。1994年马克安德里森设计开发的NAVIGATOR浏览器和RAS加密算法被普遍采用后,银行网站进入了在线业务信息查询阶段,提供金融咨询及用户账务信息查询等服务。随后出现的安全电子交易协议(SET)和安全套接层(SSL)技术则使网络银行最终浮出水面,银行在网上进行企业和个人结算业务,形成了企业网上银行和个人网上银行。全球第一家电子银行即是1995年成立于美国的安全第一网络银行(SFNB)。

与国外相比,我国电子银行起步较晚,但发展较快。在我国电子银行发展历程中,具有探索意义的是中国银行于1996年上线的银行门户网站,该网站并不是完全意义上的电子银行,因其仅提供了基本的查询服务,并不具有其他如转账、投资、信用卡等真正意义上的网银功能,究其原因,除却技术因素外,更多的是当时的市场并没有对网银做好完全的信任。而国内真正意义上开通电子银行的银行是招商银行。1997年招商银行推出了可将存折、银行卡联结起来的"一网通",电子银行业务开始在国内快速地发展壮大。

从电子银行的发展历史来看,1997年至2000年各商业银行陆续建立起自身的门户网站,但其主要目的还是作为信息发布的渠道平台;经过5年时间完善和改革,各商业银行逐渐把一些柜台办理的业务搬到网上办理;从2005年开始通过网银不仅可以办理传统业务,还能够进行缴费、理财服务、网上期货、网上炒汇等金融交易。

近年来,随着移动互联网的发展,手机银行、微信银行也加紧步伐,电子银行业务已成为当前商业银行竞争的新热点。但是,电子银行业务属于新生事物,各家银行在电子银行管理方面尚缺乏必要的经验。近年来,国内电子银行发展的政策法律体系建设卓有成效,《电子签名法》《电子银行业务管理办法》《电子银行安全评估指引》《电子支付指引(第一号)》《网上银行业务管理暂行办法》《银行卡条例》(征求意见稿)等法律法规的颁布实施,全面规范了电子银行业务的市场准入、运行管理和风险控制,为保障电子银行发展的质量和安全奠定了法律基础。

金融科技发展深刻改变着传统金融的创新思维与经营理念。电子银行作为科技含量较高的金融服务业态,是传统银行转型升级的重要体现。根据中国银行业协会发布的《2015年度中国银行业服务改进情况报告》,截至2015年年末,银行业平均离柜业务率为77.76%,同比提高9.88个百分点,部分银行的电子银行业务占全部业务量的比重已经超过90%。电子银行逐步成为我国银行服务的主渠道和未来银行业竞争的主战场,呈现新的发展趋势。

### 8.2.3 电子银行业务的主要类型

电子银行业务包括利用计算机和互联网开展的银行业务(以下简称网上银行业务)，利用电话等声讯设备和电信网络开展的银行业务(以下简称电话银行业务)，利用移动电话和无线网络开展的银行业务(以下简称手机银行业务)，以及其他利用电子服务设备和网络，由客户通过自助服务方式完成金融交易的银行业务。简单来说，电子银行业务的主要类型包括网上银行、电话银行、手机银行和自助终端(见图8.2)。

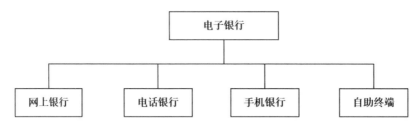

图 8.2 电子银行业务的主要类型

#### 1. 网上银行

1995 年 10 月，世界上第一家网上银行——美国安全第一网络银行在网上开业，拉开了网上银行发展的大幕。用户只需输入网址"http://www.sfnb.com"就可以享受该行提供的网上金融服务。SFNB 在短期内取得了长足发展。1996 年 2 月，中国银行率先在国际互联网上建立主页，成为中国第一家使用互联网发布信息的银行。1998 年 3 月 6 日，中国银行网络银行服务系统成功办理了互联网间的电子交易，拉开了中国内地网络银行业务的序幕。随后，国内各大商业银行纷纷触网，中国建设银行及招商银行相继在 1999 年激活网络银行服务。尤其中国建设银行更在网络上建立了以客户为中心的信贷管理系统。2000 年中国工商银行也推出自己的网上银行业务。

网上银行也称为网络银行，是指银行利用 Internet 技术向客户提供开户、查询、对账、行内转账、跨行转账、信贷、网上证券、投资理财等传统服务项目，使客户可以足不出户就能够安全便捷地管理活期和定期存款、支票、信用卡及个人投资等。网上银行业务是现代信息网络技术在银行业应用的直接结果，它改变了传统银行业以银行柜台为交易前台、纸质票据为交易工具的现场交易方式，发展为以客户个人电脑、通信设备或其他智能设备为交易前台、电子票证为交易工具的非现场交易方式，使银行服务不受时间和空间的限制。

目前，国内网上银行基本技术形式有两种：第一种是由一家银行总行统一提供一个网址，所有交易均由总行的服务器来完成，分支机构只是起到接受现场开户申请及发放有关软硬件工作；第二种是以各分行为单位设有网址，并互相连接，客户交易均由当地服务器完成，数据通过银行内部网络连接到总行，总行再将有关数据传送到其他分支机构服务器，完成交易过程。

第一种模式以工商银行、中国银行和中信银行为代表；第二种模式则被建设银行、招商银行所采用。但是无论采取何种技术模式和连接方式，网上银行仍未能摆脱对营业网点的依赖，尚未达到质的飞跃。正如利用其他不同的工具，如手机银行、自助银行、电话银行的交易原理一样，银行利用互联网技术将营业网点进行了延伸，将客户端口直接铺设到政府、企业、个人手中，实现了交易便利，客户无须再到银行。

网上银行业务主要分为个人网上银行、企业网上银行。个人网上银行是指个人客户通过互联网实现对账务信息的管理，办理转账、汇款、缴费支付、投资理财业务、B2C 在线支付和享受客户服务。企业网上银行的客户对象面向企业，通过互联网、移动终端设备和多媒体终端设备为企业办理包括账户管理、代收业务、付款业务、B2B 在线支付、投资理财、代理行业务、企业年金等业务的电子银行服务功能。

2. 电话银行

众所周知，固定电话的出现要早于手机很多年。因此，通过电话办理银行业务最先进入人们的视野，这种处理方式称为电话银行(Telephone Banking)。在西方国家，电话银行是伴随着"家庭理财"的观念发展起来的。美国在 20 世纪 50 年代就开发了电话银行业务，澳大利亚和欧洲在 20 世纪 60 年代出现了电话银行。

电话银行是指使用计算机电话集成技术，利用电话自助语音和人工服务方式为客户提供账户信息查询、转账汇款、缴费支付、投资理财、业务咨询等金融服务的电子银行业务。

电话银行早在 1992 年就在我国出现，但直到 1999 年国内建立第一批银行客户服务中心，电话银行才开始进入快速发展时期。此后，银行业的客户服务中心又提出了统一号码、统一监控、统一路由、统一分配、集中管理的战略思路，各商业银行陆续进行了数据大集中，把电话银行业务集中到总行统一管理，实现了业务处理模式的标准化和管理的集约化。我国各大银行都有自己的电话银行服务，如中国银行的 95566、中国农业银行的 95599 等。以中国工商银行为例，中国工商银行 95588 电话银行能够为客户提供账户信息查询、转账汇款、投资理财、缴费支付、外汇交易、异地漫游、信用卡服务、人工服务等一揽子金融业务。

电话银行使用简单，操作便利，将自动语音与人工接听服务有机结合在一起。办理电话银行业务手续简单，功能却很强大，成本也很低廉，而且全国号码统一，有利于业务的推广。电话银行的缺点就是安全性一般，而且是客户与自动语音台或服务人员的互动，没有实现完全自助，另外与网上银行相比，其功能还不够全面。

3. 手机银行

1) 手机银行定义

世界上最早实现商业性运作的手机银行(Mobile Banking Service)项目诞生于捷克。1998 年 5 月，该国银行 Expandia Bank 与移动通信运营商 Radio mobile 公司在首都布拉格地区联合推出了一项新的银行业务，就是手机银行业务。手机银行业务一经推出，就以便捷、高效、低运营成本等竞争优势赢得了银行、通信运营商和用户的青睐，首先在银行信息化水平最高的欧美国家推广开来，紧接着是亚洲的日本和韩国，非洲、印度和中国等新兴市场迅速跟进，也取得了不俗的成绩。

手机银行又称移动银行，是利用移动通信网络及终端(一般情况下是指手机)办理相关银行业务的简称。它将货币电子化与移动通信服务结合起来,不仅能使人们在任何时间、任何地点处理多种金融业务,而且能使银行以高效、便利而又较为安全的方式为客户提供传统和创新的业务,极大地丰富了银行服务的内涵,是银行信息化的重要渠道。而移动终端尤其是手机所独具的贴身特性,使手机银行业务被客户亲切地称为"将银行装入口袋",正是这一巨大优势使之成为继实体网点、ATM、网上银行之后银行开展业务的又一强大平台,成为各大银行激烈竞争的新战场。

2) 国际手机银行业务的发展

1998年5月1日,世界上最早实现商业性运作的手机银行项目诞生于捷克,该系统由 ExPandia Bank (2001年更名为 e-banka)与移动通信运营商 Raido moible 公司在布拉格地区联合提供,推出后即吸引了4000多个银行客户。至今该系统已由最初支持一项银行业务发展为可为客户提供包括账户资料和安全支付在内的功能完备的移动金融服务系统。截至2001年9月,该银行92%的客户都开通了手机银行业务,用户数达到179万,3年内增长了45倍。手机银行服务一经推出,就以其便捷、高效、运营成本低等竞争优势赢得了银行、商家和用户的青睐,从而在银行信息电子化水平最高的欧美国家大行其道。美国花旗银行与法国 Gemplus 公司、美国 MI 公司于1999年1月携手推出了手机银行,客户不仅可以用 GSM 手机银行了解账户余额和支付信息,还可以利用短信息服务向银行发送文本信息执行交易,同时客户也可以从花旗银行下载个人化菜单,阅读来自银行的通知和查询金融信息。

在银行、移动设备提供商、移动服务运营商的联合推动下,美国的手机银行服务日渐成熟。凭借移动通信和金融服务产业的领先优势,欧洲国家手机银行业务起步早、增长快。以金融业高度发达的英国为例,英国银行业组织 UK Finance 发布的报告显示,2017年3800万英国成年人使用了在线银行,占成年人总数的71%,而且这一趋势还在不断增长。其中2200万人经常使用手机 APP 获得银行服务,同比上升了12%。一家数据分析机构 CACI 预测,到2023年,英国将有3500万人通过手机 App 获得银行服务。据媒体全球消费者调查最新数据,2021年英国的手机银行使用率为65%。

在亚洲,电子技术水平较高的日本、韩国先后推出了手机银行业务。尤为值得关注的是,韩国的手机银行业务取得了突飞猛进的发展,令人刮目相看。韩国中央银行韩国银行最新发布的数据显示,由于新冠疫情期间民众倾向于使用无接触式银行服务,韩国2021年网络银行使用量同比增长近两成。韩联社28日援引韩国银行数据报道,2021年包括手机银行在内的韩国网络银行单日使用量约为1732万次,比2020年增长约18%;网络银行单日交易额为70.6万亿韩元(约合3700亿元人民币),同比增长19.6%。韩国2021年手机银行单日使用量占同年网银单日使用量的近83%,约为1436万次,较上年增长22.9%;手机银行单日交易额为12.9万亿韩元(670亿元人民币),同比增长36.6%。截至2021年12月底,韩国在18家金融机构注册的网络银行用户数量达到1.986亿,同比增长9.4%;手机银行用户数量同比攀升13.5%至1.534亿。在日常消费中,韩国人也已经大量采用手机银行支付方式完成交易,从而极大地便利了居民生活。

1999年,中国银行首先推出中国最早的手机银行业务,但推广仅局限于重点城市,覆盖范围相对小。随后,WAP 版手机银行成为主流模式,但该模式互动体验较差,用户黏度较低。2010年之后，中国手机银行行业开始进入转型升级期，各家银行纷纷推出手机银行APP。中国各大银行提高手机银行APP更新频率，并推出服务于不同应用场景的APP矩阵，手机银行行业覆盖APP数量由2016年的780个高速增长到2020年的1543个。

手机银行渠道用户比例最大，手机银行成为未来用户与银行发生业务关系的核心。根据中国金融认证中心的数据，2016年中国手机银行用户比例为42%，略低于网上银行用户比例。但在2020年，手机银行成为主流模式，用户比例高达71%，在发展速度上表现出强劲的上升势头。在不断采用新技术的同时，各大银行加快了移动端业务整合的力度使手机银行开始从简单的产品、服务渠道转变为全新的银行形态以及银行网点渠道建设的核心。

3) 手机银行处理模式

目前世界上绝大多数手机银行系统采用的是短信接入方式(Short Message Service，SMS)。这种接入方式是银行通过手机中经过STK(SIM Tool Kit)技术处理的SIM(Subsehbe: Identity Model)卡，利用GSM/GPRS/CDMA移动通信网络短信息平台为客户提供金融服务的一种方式。SIM卡，也称为智能卡、用户身份识别卡。数字移动电话机用户在"入网"时会得到一张SIM卡，移动电话机与SIM卡共同构成移动通信终端设备。SIM卡中有一种微型电路芯片，其存储了移动电话客户信息、加密密钥等内容，可供移动通信网络对客户身份进行鉴别，并对客户通话的语音信息进行加密。SIM卡的使用，完全防止了并机和通话被窃听行为，使客户的正常通信得到了可靠的保障。STK，即SIM卡智能工具包，与普通的SIM卡相比，STK卡首先是具有较大的存储量，这就使它可以存储更多信息；其次STK卡内含一个微型处理器(CPU)，具有一定的数据处理运算能力；最后SIM卡和STK卡在工作方式上不同。SIM卡在手机中只作为用户身份识别，其被动接收手机发出的指令，并向手机返回处理的结果，我们把这种处理方式称为被动模式；而STK卡配备STK软件，客户通过手机操作智能菜单，并依托移动无线网络，以短信息为传输手段，将客户要求办理的转账支付业务或金融信息查询业务等传递给银行，银行再将客户的业务处理结果和金融信息查询结果实时传递给用户，实现手机银行功能，这种处理方式称为主动模式。

手机银行的SMS接入工作模式建立在STK技术之上，手机银行与客户之间通过短信进行信息交流。手机银行的处理模式一般是：商业银行建立一个手机银行交易中心，由该中心接收、审核手机银行客户的交易请求，然后将交易请求转发给银行的业务主机，银行业务主机完成交易处理后，将结果返回给手机银行交易中心，手机银行交易中心对交易结果进行再处理并将相应的信息传递给客户。

手机银行交易中心与客户间的信息交流一般通过与第三方(移动公司)合作来完成，手机与移动公司的短消息中心(Short Message Service Center，SMSC)通过GSM、GPRS和CDMA(2G)网络连接，而移动公司的短消息中心与商业银行的手机银行交易中心之间的通信可以通过短消息网关(Short Message Gateway，SMG)来实现。短消息网关是处于移动公司的短消息中心和手机银行交易中心之间的设备，它为这两个实体的数据交换提供安全、快捷的通道。短消息中心一般使用短消息点对点协议(Short Message Peer to Peer，SMPP)与银行支付系统的短信网关通信，然后由短信网关连接到手机银行交易中心。

### 4. 自助银行

有关自助银行(Self service bank)，国内外有许多称呼：无人银行、电子银行、自助理财中心等。无人银行等并非十分贴切，因此我们认为称作"自助银行"较为合适。简单地讲，自助银行是指：借助科技手段为银行客户提供自助服务的银行机构。

自助银行设备一般包括：自动存取款机、自动存款机、自动取款机、多媒体信息查询系统、全自动保管箱和夜间金库等。此外还有外币自动兑换机、存折自动打印机、IC卡圈存机、电话银行自助理财服务、点钞机、验钞机等。

### 5. 电子银行创新模式——微信银行

微信银行是手机银行的延伸，是通过微信端口接入手机银行模式的一种新兴银行业务，也是继网上银行、电话银行、手机银行之后的新的金融业务服务方式。其具体运作机制是商业银行首先在微信公众平台上注册微信公众账号，用户用手机扫描银行二维码或搜索指定微信公众号添加关注，就可以通过该账号会话界面自定义菜单选择功能和智能客服功能或人工回复信息等方式享受便捷的金融服务。

2013年7月2日，招商银行宣布升级微信平台，推出了全新概念的首家微信银行，其不仅可以实现对借记卡(一卡通)进行账户查询、转账汇款、理财产品、生活缴费等操作，还可以实现信用卡账单查询、快速还款、账单分期、积分查询等业务。用户更可以在微信上享受招商银行网点查询及预约服务、办卡申请、贷款申请、手机充值、手机银行下载等多种便捷服务。近年来，微信银行获得了快速发展。

微信银行具有以下优点。

1) 微信银行可提供多样化的服务

目前，微信银行的服务范围不仅提供查询类的服务，例如，借记卡账户余额、交易明细、开户行查询，信用卡额度、账单、积分、分期查询，理财账户查询等服务，还提供信用卡还款、转账汇款、办卡/贷款申请、理财产品选购、预约办理、网点查询及预约、生活缴费、手机充值等多样化、全方位的优质金融服务和生活服务。如中国民生银行微信银行提供定活互转、零存整取、通知存款等储蓄服务。据银率网发布的《2014年度360°银行评测报告》显示，微信银行用户中 86.7%的用户选择了使用信息查询服务，是使用率最高的服务，甚至有部分银行的微信银行提供了便捷的生活服务，例如，中国建设银行微信银行提供生活缴费、购买影票/机票服务，中信银行微信银行提供赴美签证、签证缴费等服务，用户体验性较好。

2) 服务方式方便、快捷，无须单独安装客户端

一个微信号可以操作多家银行账户，与使用手机银行客户端需要安装多个软件有明显不同。客户不仅可以充分利用碎片化时间自助查询账户余额、交易明细、积分等，随时掌握账户动态；还可查询周边网点，办理预约排号、ATM无卡取款、大额取款预约等诸多金融服务，例如，利用招商银行微信银行购买理财产品时，客户只要拥有中国银行、中国农业银行、中国工商银行、中国建设银行、中国光大银行、平安银行、华夏银行、中国民生银行 8家银行中的任意一家的借记卡即可完成支付。用户在办理业务时如有疑惑可通过智能、人工方式，进行在线咨询，随时随地都能享受金融服务，突破了时间和空间限制，

极大提高了办理效率,与手机银行和网点相比,微信银行既便利又快捷。

3) 服务模式不断创新

微信银行的服务模式趋向个性化,同业间差异渐渐凸显。为了提高竞争力,各商业银行不断加强自主创新能力,逐步创新差异化服务。例如,中国银行微信银行提供签证办理服务,可办理部分国家签证;招商银行微信银行推出无卡取款服务,通过微信预约即可享受 ATM 机无卡取款;中国工商银行微信银行提供 7×24 小时人工咨询服务,客户可实时与银行客服沟通。有些银行的微信银行提供账户变动提醒服务,例如,用户刷卡消费时,微信客服会及时发送免费账户变动提醒通知;而电子银行服务一般通过短信、电子邮件、呼叫中心实现和客户的互动,成本高、实时性差、体验性差。可见,微信银行提升了银行和客户交互的渠道体验空间。另外,微信银行还提供网点导航及各种在线预约服务,实现了线上与线下银行网点的联动;而银行与阿里合作的直销银行模式,则完全撇开了银行的物理网点。

## 8.3 商业银行互联网贷款

### 8.3.1 商业银行互联网贷款概述

**1. 商业银行互联网贷款的定义、性质和对象**

1) 定义

2020 年 7 月 17 日,中国银行保险监督管理委员会颁布实施的《商业银行互联网贷款管理暂行办法》(以下简称《暂行办法》)对商业银行互联网贷款进行了定义。商业银行互联网贷款"是指商业银行运用互联网和移动通信等信息通信技术,基于风险数据和风险模型进行交叉验证和风险管理,线上自动受理贷款申请及开展风险评估,并完成授信审批、合同签订、贷款支付、贷后管理等核心业务环节操作,为符合条件的借款人提供的用于消费、日常生产经营周转等的个人贷款和流动资金贷款"。这里的风险数据是指"商业银行在对借款人进行身份确认,以及贷款风险识别、分析、评价、监测、预警和处置等环节收集、使用的各类内外部数据"。这里的风险模型是指"应用于互联网贷款业务全流程的各类模型,包括但不限于身份认证模型、反欺诈模型、反洗钱模型、合规模型、风险评价模型、风险定价模型、授信审批模型、风险预警模型、贷款清收模型等"。商业银行互联网贷款将是未来网络小额贷款的核心。

2) 性质

商业银行互联网贷款是一种纯信用贷款。信用贷款是指以借款人的信誉发放的贷款,借款人无须提供抵押品或第三方担保,仅凭自己的信誉就能取得贷款,并以借款人信用程度作为还款保证。根据《暂行办法》对互联网贷款的定义,有两类贷款业务不属于商业银行互联网贷款。一是商业银行线下或主要通过线下进行贷前调查、风险评估和授信审批,借款人在线上进行贷款申请及后续操作的贷款;二是银行以借款人持有的金融资产为质押物,全流程线上为借款人发放的贷款。也就是说,在线下开展预审贷工作+借款人在线上申贷,以及抵押贷等贷款类型都不属于互联网贷款。目前,已有相当数量的银行(包括普通商业银行和无网点的互联网银行)为客户提供上述互联网贷款服务，这些机构多依托自身电子银行、直销银行及电子商务平台等入口，着力搭建场景，吸引有借款需求的客户。

3) 对象

商业银行发放的互联网贷款对象主要是个人及小微商户。其贷款用途主要是个人消费以及个人和企业的日常生产经营周转。个人消费贷是商业银行互联网贷款的主流模式；从消费领域来看，消费贷资金用途80%用于购物。随着客群拓展，小微商户越来越受到重视，此类客群经营上需要资金周转，但没有较好的抵押物，过去在传统金融机构较难获得贷款。随着大数据技术等金融科技的发展，小微商户融资可以通过商业银行的线上渠道申请。小微商户融资的主要目的是维持日常现金流流动，扩大经营规模，提高生产效率。

《暂行办法》明确规定，商业银行互联网贷款资金不得用于购房、偿还住房抵押贷款、股票、债券、期货、金融衍生品和资产管理产品投资，不得用于固定资产和股本权益性投资等。

**2. 商业银行网络贷款的特点**

1) 商业银行网络贷款的本质体现的是对数据分析的重视和信用的扩大

银行业是经营风险的行业，而金融创新的本质就是在防范风险的同时创造社会信用。商业银行传统的信贷业务要求借款人提供充足的抵押资产或保证，需要进行详细的线下调查和较为完备的审查审批流程，保障了每一笔信贷业务的严谨和缜密，但现实中信用良好的借款人不一定能提供有效抵押或保证，严格的调查和审批流程又不利于提高效率，难以满足现代社会借款人高效、灵活的融资需求。商业银行发展网络贷款，充分运用互联网技术，加大对数据分析的运用和重视，加大对信用价值的肯定，从本质上来说扩大了社会的信用。

2) 商业银行网络贷款实现了信贷过程的简洁化和虚拟化

商业银行发展网络贷款，加大了互联网技术的运用，加大了线上数据的分析，摆脱了对线下调查和现实抵押资产的依赖，使传统的信贷流程都实现了网络化，并逐步简化，终极目标是实现一键化。信贷流程转移到了线上，信贷申请、审批、合同签订、信贷投放等所有活动都在网络上进行，实现了全过程的虚拟化，这使银行的信贷投放突破了时间和空间的限制，借款人可以在不同的地域、不同的时间申请贷款，银行通过计算机系统对符合授信条件的借款人实行自动审批。

3) 商业银行互联网贷款坚持的是小额、短期的基本原则

小额信贷模式成功的典范是美国的富国银行。该行基于美国发达的征信体系和社会信用记录，设计出适用于小微企业、个人贷款信用评分模型，信贷业务通过网络运作，多数微贷决策由电脑自动做出，少数则由信贷员参照电脑判断后复核做出。

互联网贷款坚持小额、短期的原则的目的是防范居民个人杠杆率快速上升的风险。中国居民部门杠杆率全球适中。从居民部门债务与GDP(国内生产总值)的比值来看，根据BIS(国际清算银行)的统计，截至2021年年末，发达经济体居民部门杠杆率普遍偏高，澳大利亚、韩国和加拿大等国均达到100%以上，美国接近80%，而发展中经济体居民部门杠杆率大多低于50%。中国居民部门负债率为61.6%，在全球处于中等水平，略高于新兴

市场的平均水平，但仍远低于发达国家的平均水平 75%，更显著低于日本、美国在危机时期的峰值。从杠杆率的增量角度来看，近年来中国居民部门的债务扩张速度在全球名列前茅。2011—2021 年间，受住房类贷款快速增长的影响，中国居民部门杠杆率共计上行 33.8 个百分点，增幅在全球居于首位。而同时，欧元区、美国等地区的居民部门处于去杠杆的阶段，杠杆率趋于下行，因此中国与发达经济体居民部门杠杆率的差距近来逐年收窄。

《暂行办法》规定，单户用于消费的个人信用贷款授信额度应当不超过人民币 20 万元，到期一次性还本的，授信期限不超过一年。中国银行保险监督管理委员会可以根据商业银行的经营管理情况、风险水平和互联网贷款业务开展情况等对上述额度进行调整。商业银行应在上述规定额度内，根据本行客群特征、客群消费场景等，制定差异化授信额度。

### 3. 商业银行互联网贷款与传统贷款的比较

互联网贷款契合了部分个人消费贷款和小微企业经营贷款所呈现的"短、小、频、急"的特点，对银行、消费者以及资源的配置效率都有积极意义。

一是流程的自动化和风控的模型化，使互联网贷款的整个过程几乎不再需要人工干预，这不仅释放了大量的人力、物力和基础设施资源，降低了单笔贷款成本，提高了银行利润率，还能为客户提供全天候、无接触、便捷式的金融服务。

二是互联网贷款的信用评价不再局限于金融资产、资金流水等传统维度，而是引入了市场管理、税务、公积金、电子商务、社交等政务、交易和行为数据，为信用评价和风险防范提供了更深入和立体化的洞察，降低了风险成本，促进了金融服务的下沉。

三是贷款流程参与方的多元化，各参与方各自在贷款流程的某个环节上发挥自己的比较优势，解决了传统贷款高度受制于银行最薄弱环节的"木桶问题"，提高了银行的服务能力、风控能力和定价水平。

### 4. 商业银行互联网贷款的发展历程

互联网信贷起始于 P2P，经历野蛮生长和强监管后，进入互联网+金融机构的模式。2007 年第一家 P2P 公司拍拍贷成立，拉开了互联网信贷的序幕，到 2013 年，各类 P2P 公司迅速成立，国内 P2P 平台利用高息率吸引投资者。互联网信贷的第一种模式逐渐形成，即信贷资金和信贷客户均来自 C 端个人，P2P 公司中间撮合。该模式在一段时间成为主流，但随着 P2P 公司爆雷潮的出现，P2P 模式下资金和资产风险偏好不匹配的问题日益凸显，互联网机构开始寻找金融机构合作互联网信贷业务，于是形成了第二种模式，即信贷资金来自金融机构，信贷客户由互联网公司负责获取，2014—2016 年，京东白条、花呗、借呗、微粒贷等产品陆续上线。随着 P2P 公司的清退，第二种模式成为主流，但互联网信贷高利率、高风险的问题开始显现，监管政策开始密集出台，互联网信贷也逐步走向合规发展。

2015 年 7 月，为充分发挥互联网的优势、拓宽金融机构服务覆盖面、创新金融服务方式，国务院发布《国务院关于积极推进"互联网+"行动的指导意见》，鼓励金融机构利用云计算、移动互联网、大数据等技术手段，加快金融产品和服务创新，在更广泛地区提供便利的存贷款、支付结算、信用中介平台等金融服务，从而推动银行业金融机构创新信贷产品与金融服务，加大贷款投放力度。加上"花呗""京东白条"等互联网金融产品的上市的示范效应，各商业银行顺应潮流不断推出互联网贷款产品，例如，中国建设银行推出的"快贷"系列产品；中国工商银行推出的"融 e 借"(线上自助操作的个人纯信用借款)、"小微 e 贷"[线上自助操作的经营贷款，包括企业信用贷款(名称为"经营快贷")]；中国银行推出的"中银 E 贷"(全流程线上申请、线上审批的个人消费贷款)；招商银行的"闪电贷"；光大银行"阳光随心贷"；浦发银行的"点贷"；等等。这种网络贷款产品分为两种模式：一是商业银行与互联网平台合作，利用互联网平台上的交易数据，给予买卖双方以信用额度，方便其在交易时自动提取贷款；二是商业银行利用自身掌握的客户金融资产、银行交易流水等数据进行数据模型分析，给予一定的信用额度，方便客户在需要资金时随时提取。

在利差收窄背景下高收益、低风险的互联网贷款业务为商业银行提供了一个非常可观的发展路径。目前，包括地方性商业银行的各商业银行都推出了自己的互联网贷款产品。用户只要下载商业银行的手机 App，就可以申请相应银行的贷款。虽然说银行的网贷业务会比传统的银行贷款业务流程更加简单，但是基本都需要在该行留有开户、存款、理财等记录才有资格申请，而且里面的每一笔贷款都会上征信系统。可见，选择银行推出的网贷是最安全不过的，而且利息也更低。

商业银行在推进网络贷款创新的进程中体现了两方面的变化趋势：一是互联网技术对信贷流程的改造越来越深入，从信贷申请渠道的上线到信贷全流程的网络化，从传统业务流程的全部复制到逐步简化，在未来或许会实现一键化；二是信用数据使用越来越深入。银行流水、交易结算数据、代发工资、缴税数据等信用数据从作为信贷审批的分析参考数据到逐步成为信贷的主要依据，数据的分析运用越来越深入，信用的价值越来越大，且能够在正规金融系统中获得变现能力。总结起来，银行网络贷款就是传统商业银行加大对互联网技术和信用数据的运用，为借款人提供更加便捷和体现信用价值的信贷业务。

## 8.3.2 商业银行互联网贷款产业链

商业银行在开展互联网贷款业务过程中，需要在营销获客、联合贷款、支付结算、风险分担、信息科技、逾期催收等方面与第三方机构开展合作。这些第三方机构主要包括银行业金融机构、保险公司等金融机构和小额贷款公司、融资担保公司、电子商务公司、大数据公司、信息科技公司、贷款催收公司以及其他相关合作机构等非金融机构，共同构成商业银行互联网贷款产业链(见图 8.3)。目前，商业银行通过多种方式与第三方机构合作，开展互联网贷款业务。

### 1. 助贷机构

助贷就是为放贷机构的贷款业务提供支持和帮助，而提供支持和帮助的机构就叫作助贷机构。助贷机构是拥有流量或风控初筛能力的机构。在业务模式上，助贷机构往往与传统金融机构合作开展放贷业务。其中，助贷机构提供导流、面签、风险审核与消费贷款定价、贷后管理等其中或全部环节。需要注意的是，助贷机构本身并不直接发放贷款。

助贷机构分为持牌金融机构与一般商业机构。前者如小额贷款公司、融资担保公司、保险公司均属于金融或类金融机构，后者一般包括电子商务公司、大数据公司、信息科技公司、贷款催收公司等。商业银行与一般商业机构在合作或服务上以导流服务(即营销获客)、信息科技与逾期催收三项内容为主。

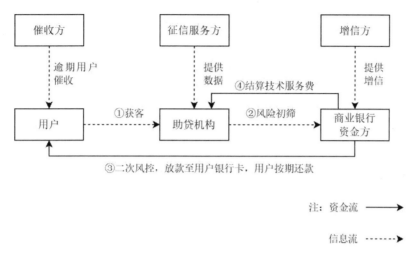

**图 8.3　商业银行互联网贷款产业链**

助贷机构的流量有两种渠道：自有平台流量或通过其他平台外采流量。前者多为大型互联网公司，自身拥有丰富的流量资源，在此基础上开展信贷业务，如蚂蚁集团、腾讯金融、美团金融等；后者多为风控初筛能力较强的金融科技公司，外采流量后通过较强的科技实力对客户做风控筛选，并将筛选后的客户推送至合作方，代表性机构如 360 数科、信也科技、乐信等。

### 2. 商业银行

商业银行即资金方，是为客户实际提供贷款资金的一方。商业银行在金融市场上的最大优势就是低资金成本，同时风险控制能力和产品覆盖面等优势也较为突出。商业银行包括传统的商业银行(工商银行、农业银行、建设银行、中国银行、交通银行、中国邮政储蓄银行等大型商业银行和招商银行、民生银行、浦发银行等股份制银行以及地方城商行、地方农商银行)、互联网银行以及最近几年新成立的民营银行等。

### 3. 征信服务方

征信服务方指为商业银行提供个人征信信息及大数据的各类机构。除中国人民银行征信外，当前获得个人征信牌照的市场化公司仅有百行征信及朴道征信。百行征信是我国第一家获得个人征信业务经营许可的市场化公司，由中国互联网金融协会(36%)与芝麻信用(8%)、腾讯征信(8%)、前海征信(8%)、考拉征信(8%)、鹏元征信(8%)、中诚信征信(8%)、中智诚征信(8%)、华道征信(8%)等 8 家市场机构共同发起组建。公司于 2018 年 3 月 19 日在深圳注册成立并落户福田，注册资本为 10 亿元。百行征信专注于征信、信用评估、信用评级、数据库管理等业务，是一家从事个人征信、企业征信及相关产业链开发的信用信息产品与服务供应商。其个人征信业务基于百行个人征信数据库的基础征信产品，面向加入百行信用信息共享的机构、消费者依法提供个人信用报告查询服务。朴道征信于 2020

年12月28日成立,并于2021年2月2日在北京正式揭牌。这是继百行征信后,目前我国的第二家个人征信机构。朴道征信注册资本为10亿元,北京金控集团持股35%;京东数科持股25%;小米持股17.5%;旷视科技持股17.5%;北京聚信优享企业管理中心(有限合伙)持股5%。朴道征信将坚持市场化运作机制,以"征信+科技"为核心竞争力,在法律的框架内专注于非信贷替代数据的深度挖掘分析,致力于解决传统金融服务难以覆盖的信用白户或准白户的融资支持问题。

其他公司主要是金融科技或大数据公司,为助贷方或商业银行提供评分,如同盾、百融云创等。

### 4. 增信方

增信方指为商业银行提供担保服务的公司。《暂行办法》明确,允许增信方的存在,但要求增信方需要有担保资质,即不接受无资质的主体担保。因此,增信方一般只能是融资担保公司或者保险公司。很多互联网巨头成立了融资担保公司,用以为资金方提供担保服务。近年来,在互联网金融强监管背景下,互联网金融公司纷纷开展业务转型,与银行、信托、消费金融公司等金融机构合作开展助贷业务时,金融机构为了控制风险,一般要求互联网金融公司提供担保。因此,融资担保牌照是互联网金融机构开展助贷业务的一块必备牌照。当前,多家美股上市的互联网金融平台都已拿到融资担保的牌照,如嘉银金科、信也科技、乐信、小赢科技、趣店集团、360金融等。当前实际业务中,保险公司或融资性担保公司增信背后,多数会由助贷方签署反担保协议,实际风险仍由助贷方来承担。实践中不少融资担保公司实际上仅仅是"空壳公司",只是具备提供融资担保服务的资质,而不具备实质承担担保责任的能力。对于这种类型的融资担保公司,需要商业银行在合作时加强对其增信能力的审查。

### 5. 催收机构

催收机构负责逾期业务的催收工作。一般商业银行会有自有的催收团队,逾期产品一般由商业银行先期催收,超过一定期限后转交专业催收公司催收,催收公司按照催回比例分成。当资产超过180天或更长时,资产方可以考虑向资产管理公司低价出售资产,由该类公司负责不良资产的处置。不同的资产对应的折价率也有较大差异,消费金融公司的不良资产约为本金的5%,银行的不良资产为本金的15%~30%。

表8.1对商业银行自行催收、法律诉讼催收和委托专业机构非诉催收这三种催收方式从费用、效率、时间、客户关系、债权保障等角度进行了比较。

表8.1 商业银行自行催收、法律诉讼催收和委托专业机构非诉催收之比较

| 项目 | 商业银行自行催收 | 法律诉讼催收 | 委托专业机构非诉催收 |
| --- | --- | --- | --- |
| 费用 | 最少/最多<br>如果短期收回,费用是最少的,但如果计算机会成本、边际利润、商誉等就价值不菲了 | 最多<br>诉讼费用很高、时间长,而且随着时间增加,没有确定数目 | 中等<br>没有回款不收取任何费用,大大减少前期投入,有回款后按比例支付佣金 |

续表

| 项目 | 商业银行自行催收 | 法律诉讼催收 | 委托专业机构非诉催收 |
|---|---|---|---|
| 效率 | 中等<br>企业人员会因为缺乏法律知识、时间有限、要面子等问题收不回来 | 较低<br>因为所有的工作都要根据法律章程而定，时间比较久，然而债务人变化无常 | 最高<br>(1)利用关系网，并配合有丰富经验的商账顾问将在第一时间内主张客户债权；<br>(2)追账人员的收入与回收金额成正比，催收动机强 |
| 时间 | 最少/最多<br>如能在发生时马上催讨是最少的，但如果担心客户关系，或者因其他工作一拖再拖，就会变为最多 | 最多<br>尤其是异地诉讼，费用、时间都很难把控 | 最少<br>当日委托，次日催收，确保最佳时机主张债权 |
| 客户关系 | 最好<br>债权人了解债务的形成以及债务人的实际情况，可以最大限度维护客户关系 | 最差<br>最具冲突性的方法，事情无法逆转，双方将"老死不相往来" | 中等<br>我们的原则是在双方尽可能合作的前提下找出适合债务人的催收方法 |
| 债权保障 | 最差<br>缺乏法律知识及权威机构威慑力 | 最好<br>对于债权债务的裁决最具权威性 | 较好<br>委托信誉良好的专业催收公司，保障也很大 |
| 其他 | 海外欠款，语言、法律不通，时间、费用无法估量 | 诉讼通常时间长，不一定保证能胜诉，不管结果如何，有昂贵的前期投入；即使胜诉法庭也不确保收回，只是确认了债权 | 商账催收公司对当地的司法、商业环境以及关系网络都比较熟悉，对当地的债务人有一定的恐吓力和影响力 |

## 8.3.3 商业银行互联网贷款模式

互联网贷款聚焦于个人贷款和流动资金贷款，其业务模式与商业银行传统贷款业务模式相似，即商业银行作为贷款人(联合贷款模式下由商业银行及联合贷款方共同作为贷款人)向借款人发放贷款，并回收本金及利息。但与传统贷款业务相比，互联网贷款借助互联网等技术，具有成本低、操作便捷、审批迅速、专注小额贷款、期限较短等优势。根据《暂行办法》，目前在政策上将互联网贷款分为自营贷款、联合贷款与助贷业务三种模式。

### 1. 自营贷款模式

自营贷款模式是指银行利用自身信誉良好、风控能力强、客户流量大、体系完备等优势在拟合多方资源的前提下，完全掌握获客及运营模式并实现完全自主风控的信贷业务模式，即指获客、风控、资金全流程均由商业银行独立完成的信贷业务模式。

该模式是利用银行自主引流，服务于自有客户，在挖掘自身内部数据的基础上导入外部数据，如纳税、公积金、社会保险、电子商务等可信数据，构建风控模型，通过自身的风险防控评级系统对借款人的征信状况、还款来源等基本信息的真实性、合法性开展线上尽职调查，做好风险评估。自营贷款模式对客户的信用要求较高，难以覆盖无资产或无信用记录的客户群体。常见自营贷款模式包括以下两种。

1) 无特定资金使用场景的现金贷

银行自己搭建平台(主要是手机银行 App)，自己开发产品，消费者可以直接在手机银行 App 上申请贷款，以建设银行的"快 e 贷"、招商银行的"闪电贷"等为代表。此类产品需要银行投入较多时间开展营销推广工作，进行白名单管理与定期维护更新。虽然银行间的获客和运营能力差距在逐步缩小，但客群差异在逐步加大，客群定位将更加细化。

2) 有资金使用场景或信息流场景的现金贷

贷款资金流向较为可控，例如公积金、税务、供应链、ETC 账户等，客户流量稳定且客户行为信息较为丰富。由于有特定场景提供数据支撑，银行对此类客户的风险审查将部分依托于场景提供的信息，因此，场景的可持续性和稳定性将起到较为重要的作用。近年来不少商业银行也在积极加强网上商城等场景生态的布局，以工商银行、招商银行等为代表的银行在场景构建上也取得了不错的成效。

自营贷款模式的主要特点是，银行自主品牌经营产品，利用自己线上渠道服务银行自有客户。银行根据自己存量客户信息，选择优质的客户放贷。

商业银行的自营贷款模式以现金贷为主，与具体的消费场景结合度不高，服务精细化程度有待提高。

### 2. 联合贷款模式

联合贷款是指贷款人与具有贷款资质的合作机构基于共同的贷款条件和统一的借款合同，按约定比例出资，联合向符合条件的借款人发放的互联网贷款。事实上，我们既可以简单地将联合贷款看作助贷模式的一种，区别只是它涉及两个持牌机构，并且双方都要出资，共同承担风险，分享收益；也可以把它看作简化版的银团贷款(Syndicated Loan)，银团贷款产品在境外市场上已有百年历史，两者的法律关系并无实质区别。当然，联合贷款的金额一般小于银团贷款，组织形式比银团贷款简单，没有主牵头行和副牵头行之分。

具有放贷资质的机构一般包括商业银行、信用社、信托公司、小额贷款机构等。在该模式下，通常由银行作为资金主要提供方，并主要负责风控、贷后管理的产品体系。联合放贷机构除提供部分资金外，更重要的是利用大数据广泛收集客户信息、拓宽获客渠道的优势作为流量方提供客户流量，同时分散潜在风险。联合放贷机构在获客和风控等核心环节上具备明显优势，因此一般可以分享比其出资比例更高的利润。该模式本质上是风险共担的模式，对联合放贷机构的资本金也有一定的要求。当然，从服务内容上看，联合贷款机构除了提供互联网贷款外，也能提供包括营销获客、信息科技、逾期催收等相关服务。联合放贷机构基本上会参与贷前、贷中、贷后全流程。实践中，该模式容易出现部分联合放贷机构通过少量出资撬动较大的资金规模,存在一定的金融风险,2021年2月中国银保监会发布的《关于进一步规范商业银行互联网贷款业务的通知》中明确提出了"商业银行与合作机构共同出资发放互联网贷款的,单笔贷款中合作方出资比例不得低于30%"。

联合贷款模式的特点包括以下几点。一是独立风控,即核心风控环节不得外包,银行应当独立对所出资的贷款进行风险评估和授信审批。二是遵守跨区经营限制的规定。地方法人银行的互联网贷款不得突破区域经营范围限制。三是有限额管理和比例管理,同时单笔贷款的资金比例应该是定区间管理。

通过联合贷款和助贷,部分商业银行可以改善其授信区域和行业单一的问题,改善其业务规模集中问题,改善其风险集中度和流动性问题。同样通过更多地与互联网公司及金融科技公司的合作,可以重塑金融机构业务流程,再造组织结构体系,进一步实现前台场景化、中台智能化和后台上云化,实现商业银行的转型升级。图8.4为联合贷款模式。

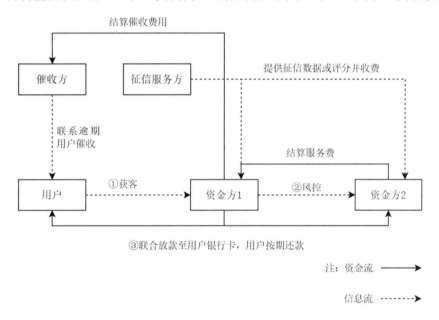

图8.4 联合贷款模式

3. 助贷业务模式

助贷业务模式是指助贷机构通过自有系统或渠道筛选目标客群,在完成自有风控流程后,将较为优质的客户输送给商业银行,经商业银行风控终审后,完成发放贷款的一种业务模式。从助贷业务整体流程来看,主要参与者有助贷机构、商业银行和借款用户三方。助贷机构则可分为持牌机构和非持牌机构。前者又可分为两大类,银行(既可以作为资金方,也可以成为他行的助贷方,例如新网银行、微众银行等)和部分金融科技公司(它们通常通过旗下的小额贷款、网络小额贷款、融资担保等牌照展业)。而非持牌的助贷机构则包括一些无网络小额贷款、融资担保等牌照的金融科技公司、数据公司等。在新的监管要求之下,这部分机构不得直接参与贷款的发放(即联合贷款),其主要为资金方提供获客、风控等服务。

在助贷业务模式下，金融机构一般会通过评估助贷机构的资产质量、股东背景、品牌流量、经营情况等方面来选择合作机构，并通常会根据合作的助贷机构资质情况给予一定的授信额度，助贷机构可以在授信额度内向金融机构推荐合格借款用户，然后金融机构对助贷机构推荐的借款用户再次进行授信审查、放款等，而且在这种模式下，助贷机构给金融机构所推荐的往往是比较优质的借款用户。

从具体业务模式来看，助贷业务主要为第三方机构担保模式。这里的第三方机构主要为融资性担保公司和保险公司。此模式的兴起主要与 2017 年《关于规范整顿"现金贷"业务的通知》(以下简称"141 号文")的出台有关，其中有部分助贷机构为了合规经营在 141 号文出台后成立了融资性担保公司，如趣店、360 金融等。其中融资担保公司担保模式主要流程为借款用户直接向助贷机构申请借款，助贷机构对借款用户进行初步筛选、资质评估，并将合格借款用户推荐给金融机构，金融机构再对借款用户进行风控审核、发放贷款，助贷机构在此过程中会引入关联的融资担保公司或第三方融资担保公司，若发生逾期，由融资担保公司履行担保责任，向金融机构进行代偿。履约险模式与融资担保公司担保模式相似，区别是在此模式下，助贷机构引入的是保险公司，是与保险公司进行履约险的合作对资产进行承保，在此模式下，保险公司为了规避风险通常也会要求助贷机构进行反担保。"助贷+第三方机构担保"模式如图 8.5 所示。

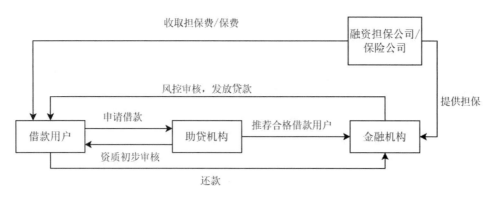

图 8.5  "助贷+第三方机构担保"模式

从广义上来看，助贷业务模式包括纯导流模式和联合放贷。其中纯导流模式是指助贷机构为银行、消费金融公司等资金方推荐借款用户，由资金方自行负责借款用户的筛选、风控、催收等，在此模式下助贷机构通常仅负责营销获客，不承担项目逾期风险，其盈利模式主要为推荐服务费，一般分为按注册用户收费(CPA)和按交易额收费(CPS)两种方式。联合放贷是指借款用户通过助贷机构的入口申请贷款，金融机构和助贷机构联合出资，收入和风险按约定的比例各自获取和承担，在此模式下，助贷机构负责设计贷款产品，提供获客、风险审核、风险定价、贷后管理等服务。另外，此模式下的助贷机构必须为具备发放贷款资质的金融机构或旗下拥有持牌金融机构。纯导流模式和联合放贷在实际操作的案例中，并不是泾渭分明的，往往是在一个场景当中兼而有之。

## 8.3.4 商业银行互联网贷款的风险控制

### 1. 商业银行互联网贷款面临的风险

近年来，商业银行互联网贷款业务快速发展，在提高贷款效率、创新风险评估手段、拓宽金融客户覆盖面等方面发挥了积极作用。但是，互联网贷款并没有改变信贷的本质，依然是货币持有者将约定数额的资金借出并要求借款者在约定期限内按约定条件还本付息的信用活动，其核心仍是持牌金融机构的贷款行为，信用风险仍然是互联网贷款业务面临的主要风险。其只是通过运用互联网等技术，将原来在线下进行的信贷业务迁移到线上，演化出不同于传统借贷的特征。这意味着，商业银行互联网贷款不仅面临与传统信贷业务相同的风险，也有其自身独特的业务风险。互联网贷款业务具有高度依托大数据风险建模、全流程线上自动运作、极速审批放贷等特点，易出现信用风险、欺诈风险、法律风险和网络安全风险。

1) 信用风险

与传统信贷一样，互联网贷款面临的主要问题也是信用风险。在贷款业务中，"信用"作为核心评估要素往往贯穿贷款业务始终。资金的供求双方客观上存在不同程度的信息不对称现象，容易造成逆向选择和道德风险的产生。客户对自己的资信状况有着更准确的评估，只有认为"合适"时，才会选择贷款，这就容易造成最终成交客户的实际风险水平高于评估值。互联网贷款快速便携，在提升贷款效率、增加便捷度的同时，也省略了面签、抵押、人工尽职调查等诸多线下风控环节，取而代之的是通过大数据和风控模型试图解决信息不对称问题，但是多重信息验证并不能保证结果有效。

2) 欺诈风险

一些信用风险较大的个人可能通过伪冒申请、提供虚假资料和虚假联系人、多头借贷等方式获取信贷资源；更有甚者，通过黑灰色产业的代办包装、组团骗贷等方式获取额度和资金，所谓的信贷中介谙熟各家银行的审核规则，他们通过各种手段对申请人进行包装以突破银行风控规则。虽然目前大多数银行宣称使用大数据和创新性模型进行反欺诈及风险评估，但是如果数据本身的维度和真实性存在问题，那么无论使用了多大体量的数据和多么先进的模型，其结果的可靠性都会大打折扣，导致欺诈风险抬升。

3) 法律风险

银行内部保存着大量的客户信息，包括涉及客户身份识别的一些敏感信息，比如身份证号、面部肖像、指纹等，一旦泄露被用作非法用途，法律后果十分严重。除此之外，客户的金融、支付、消费记录等信息均具有商业价值，未经客户授权使用、转让或出售，容易引起投诉或法律纠纷。如果银行内控存在疏漏，不能对信息的流转进行有效监管和控制，留有人为操作的空间，就可能发生内部员工泄露客户信息的事件。另外，互联网贷款业务在贷后催收过程中，也可能面临"暴力催收"的指责和法律纠纷。

4) 网络安全风险

商业银行互联网贷款往往倚重大数据、云计算、人工智能等金融科技，但是新技术是一把双刃剑，可以提高效率、增加利润，同时也会给机构带来技术风险。网络黑客入侵、数据库和服务器漏洞等一直以来都是互联网发展过程中的问题。而银行机构既掌握大量客户金融数据,又储存电子账户资金,因此历来都是网络攻击的重灾区。网络金融犯罪不受时间、地点限制,作案手段隐蔽,犯罪主体呈现年轻化趋势,往往是高智商、高学历人群,更形成了黑色产业,进行集群式犯罪。同时,银行内部也发生过系统操作、管理人员等内部犯罪的案例。因此,银行在自身安全管理、内控合规、网络安全技术等方面都需要进一步加强,以防范风险。

**2. 商业银行互联网贷款风险控制措施**

互联网贷款业务出于扩大客群覆盖范围、提高客户响应率等目的,在客群范围、信息采集等方面具有以下特点。

首先,客群范围较行内存量客户进一步扩大。自营贷款类的客群范围或许与行内存量客群有一定的相似度,但联合贷款、引流类贷款的客群范围通常与行内存量客群差异较大,亦有可能是完全不一样的信贷人群。

其次,直接面向客户采集的信息明显减少。互联网贷款业务通常通过银行官网、手机银行 App、直销营销等渠道接受客户申请。一方面,出于客户体验的考虑,需要客户直接填写的信息非常有限。联合贷款、引流类贷款通常只要求客户提交姓名、手机号、身份证号码等几大要素信息;自营类贷款的信息要求稍多,但银行通常将需要录入的信息项数量控制在一个屏幕范围内。另一方面,对于客户主动填报的信息,银行认为较难把控其信息真实性,因此银行也主动地降低了面向客户采集信息的数量要求。

因此,互联网贷款业务的风控要点与难点包括:反欺诈风险、业务目标客群的框定、合作平台的生态圈画像、客户信息的交叉核验、业务设定场景的风险分析、贷款需求真实性核验和节奏控制策略。对于不同类型的互联网贷款产品,风控的侧重点又有所差异。

1) 自营贷款类产品:场景设计及全流程风控

自营贷款类产品是由银行完全掌握获客及运营的产品类型,银行需自我完成全流程的风险控制。银行常见的自营类互联网贷款产品包括两类:无特定资金使用场景的现金贷和有资金使用场景或信息流场景的现金贷。无特定资金使用场景的现金贷的特点为:不容易上量,需要银行投入较多时间开展营销推广工作;需要开展白名单管理与定期维护更新,避免白名单被攻击;需要营销与风控的制约与权衡。有资金使用场景或信息流场景的现金贷的特点为:贷款资金流向较为可控;客户流量稳定;客户行为信息较为丰富;可持续上量。常见的场景包括:公积金、税务、供应链、交易结算、水电费、境外交易、ETC 账户等。

对于无特定资金使用场景的现金贷,长期来看,各银行的获客和运营能力差距将逐步缩小,但各银行的客群差异将逐步加大,客群定位将切分得更加细化。对于此类产品,银行风控的要点包括:营销定位和业务策略。此类现金贷无特定的资金场景限制,银行较难获得比普通小微业务更多的数据源,因此其在业务设计时需因地制宜采用便于从历史经验中总结的风险规避手段,在营销定位时,偏向于更易掌握风险信息的客群。

对于有资金使用场景或信息流场景的现金贷,银行的风控要点为场景风控。该现金贷有特定场景提供数据,银行对此类客户的风险审查将一部分依托于场景提供的信息,因此该场景的可持续性和稳定性将起到较为重要的作用。银行应基于自身风险偏好和策略对场景有相应的筛选,也需根据场景特点建立相应的风控手段。

总之，对于所有类型的自营贷款类产品，银行都需在单一客户风险评级、单一客户信用额度策略、单一客户统一额度管控机制上实施相应的风控举措，覆盖贷前、贷中和贷后全流程。

2) 联合贷款类产品：合作方优选与产品组合层监控

对于联合贷款，合作方提供客户清单、风险排查、单一债项的额度定价等要素信息，甚至承担贷后管理与催收等环节的信贷管理，银行是信贷资金的联合提供方，一些银行甚至可以不需要自己开展征信查询。银行对贷款客户直接开展风险管控的空间、机会比较受限，因此，很多联合贷款业务的风控，将更加依赖于合作方的风控水平与管理能力，实际是合作方生态圈的可靠性。而在贷后管理方面，尽管银行不直接承担贷后管理或催收的具体流程工作，但仍掌握联合贷款业务的贷后数据，可以对产品组合层面的表现进行风险监控。因此针对联合贷款，银行可把握的风险管控环节包括以下内容。

(1) 合作方优选。对合作方进行生态圈画像，定位合作方实力。建议银行优先选择头部合作方机构，有筛选地审慎选择腰部合作方机构。头部合作方机构一般具备如下特点：客群覆盖范围广，有自成一体的业务生态体系，掌握的客户信息维度较为丰富，具有稳定的数据来源，对交易行为和回款现金流可监控；此外，头部合作方机构还会自建夯实的风险管控团队，通过自行维护的第三方信用评分、客户特征标签等方式对客户进行风险特征捕捉与风险排序。

(2) 优质客群争取。各头部、腰部合作方所掌握的客户人群众多、信息丰富，其为各类联合贷款银行推送的客群资质、风险水平难免存在差异。对于银行来说，如何在合作方的客群中争取到较为优质的客群，是联合贷款业务整体风控的重要环节之一。建议银行以高效的谈判响应、积极的总行层面重视推动、有力的资源整合等，在与合作方的业务洽谈中获得有利地位，为获取合作方所辖较优质客户创造条件。

(3) 场景优选。场景是天然的反欺诈手段，而场景的可持续性和稳定性也起到较为重要的作用，场景本身暗含的条件也在一定程度上决定了客群质量。银行应基于自身风险偏好和策略对场景有相应的筛选。

(4) 产品层面的贷款表现监控、客群资质监控。银行在联合贷款业务中，在贷款发放之前对于客群信息、风险特征等雾里看花，仅有对业务体量、风险水平的群体预估。因此，在贷款发放后，银行在产品层面的客户进件量、资金投放量、业务存续周期、逾期/违约表现、收益水平等方面需要采用较高频率的监控评估。一旦发现某一合作方的联合贷款出现明显高于预定的风险表现，则需及时采取措施，适时选择压缩出资规模或退出相关业务。

3) 引流贷款类产品：大数据联通与半自主风控

对于引流贷款类产品而言，合作方提供客户流量，同时提供平台附带的客户信息数据，银行可单独对申请客户进行贷前审查，并参与划定债项的额度和定价。因此，对引流贷款类产品，银行风控管理的关键是如何有效利用合作方提供的数据，以及如何扩大和联通各个内外部数据源，做到更加丰满的客户画像。银行可把控的风控环节包括以下内容。

(1) 合作方选择。对比联合贷款类产品运营中对合作机构风控能力的依赖，银行在管理引流贷款类产品时具有一定的自主性，但合作方可以提供的数据仍是银行进行风控的关键输入内容。对合作方的选择应关注合作方生态体系中可提供的数据全面性、可靠性。全面性是指其数据可覆盖的信息内容,包括客户基本信息、客户交易行为信息以及客户的资金流动信息;可靠性指其核实的数据比例、数据收集的持续性等。

(2) 大数据接入及数据整合。银行通过整合合作方提供的数据或信贷评估结果、掌握的外部征信数据、其他合作方的数据交集,甚至可匹配的内部数据,以此扩大数据源,构建数据平台,并在一定程度上形成各类数据的交互验证规则。在此基础上设计特征变量,再利用高效算法进行数据分析,建立反欺诈模型和评分模型,对客户进行画像和风险评估。

(3) 根据客户风险调整业务要素。在引流贷款类产品中,银行对客户业务要素设定有一定的自主权,可根据风险程度匹配相应的额度、定价,并在贷后环节中设置相应的监控手段。

## 本章作业

1. 互联网金融的发展对传统商业银行带来了哪些冲击?
2. 什么是电子银行?阐述电子银行的主要业务类型。
3. 阐述商业银行互联网贷款的模式。
4. 阐述商业银行互联网贷款的产业链。
5. 试论述商业银行互联网贷款面临哪些风险?商业银行如何防范互联网贷款的风险。

# 第 9 章

# 互联网保险

**本章目标**

- 掌握互联网保险对传统保险行业的影响。
- 掌握互联网保险的定义、内容、特点及优势。
- 掌握互联网保险产品的分类及特点。
- 掌握互联网保险的形态与定位。
- 掌握互联网保险的产业链及商业模式。
- 掌握互联网保险面临的挑战及发展趋势。

**本章简介**

伴随着信息化革命时代的到来，互联网技术凭借其高效、互动、便捷及多样性等特征得到了迅猛的普及和发展，在此背景下催生出的网络经济在三大产业中迅速发展。在蓬勃发展的网络经济中迅速崛起的是作为金融业一大支柱的保险业，凭借便捷、全面、低成本的网络资源，以提供在线咨询、投保和理赔服务为主要内容的保险营销新兴渠道——互联网保险表现最为突出。

本章将重点讲解互联网保险对传统保险行业的影响、互联网保险概述、互联网保险产业链、互联网保险发展概况、我国互联网保险商业模式以及互联网保险发展面临的挑战和趋势。

## 9.1 互联网保险对传统保险行业的影响

"互联网+"与传统行业的融合,将是未来一个时期产业发展的主旋律。互联网保险近几年势头猛劲,它脱离了传统保险的销售模式,是大数据和网络时代的必然发展趋势。

### 9.1.1 对保险经营观念的颠覆

互联网对保险行业最大的颠覆,是从"客户思维"到"用户思维"的改变。在传统"客户思维"模式下,保险公司运用产品、价格、渠道、促销(4P)营销理论,将公司产品推销给消费者,关键因素是产品包装、价格优势、渠道实力和促销策略等。而在互联网时代,信息量大,信息流动快,能最大限度地消除信息不对称,同时信息不对称被加速打破后,消费者购买决策过程发生巨大变化,消费者拥有了更多的知情权和选择权,买卖双方权利将发生转移,促使行业加速进入用户主权时代。在"用户思维"模式下,个性化的产品、极致的消费体验、简约的形式、跨界的资源整合以及大数据的分析运用等能力,成为竞争的关键。

### 9.1.2 对行业销售入口的冲击

保险销售是对具有同样风险特征的个体聚合的过程。对个体的不同定义方式,派生出营销、直销、代理等不同销售渠道。而互联网天生就是"连接""聚合"的途径,可以很容易克服空间上的限制,将人群风险特征进行无限细分,充分利用小众人群的"长尾效应",组合成个性化的"团单"进行承保。在此背景下,决定业务量的将是互联网平台的流量。而在传统模式下的依靠网点数量和人力规模进行一对一营销的传统优势,由于成本较高,必将受到一定的削弱和冲击。

从长远看,互联网营销方式下,保险代理人营销模式会逐步削弱。对于保险营销团队而言,互联网保险的出现将首先用于标准化、简单型的保险产品销售,从而推动保险营销团队转向非标准化、更需要专业知识的产品营销,保险经纪代理面临转型挑战,这将促使保险公司组织结构的创新。传统保险公司的组织结构通常为总分支结构,而互联网保险突破地域限制,无须设立分支机构,具有明显的成本优势。而且,组织结构更加扁平化,更利于互联网保险公司向"轻资产"模式转化。

### 9.1.3 对保险市场边界的扩展

互联网保险将从三个方面扩展保险的边界:一是互联网带来新的经济、生活方式,其中蕴含的新风险派生的新的保障需求,如网购退货险、盗刷险等;二是大数据技术提升行业风险定价与管理能力,从而将以前难以有效管理的风险纳入承保范围,如高温险、雾霾险、赏月险等;三是借助互联网强大的客户聚集能力,发挥"长尾效应",将保险期间碎片化、保费碎片化,将以往不具有高额投保能力的客户纳入被保人群,如一元"关爱险"等。

传统保险业一度陷于产品单一化等创新缺失状态，一定程度上偏离了以消费者真实需求为中心的要求。在互联网保险的发展过程中，保险公司对创新的需求愈加强烈，互联网时代为保险行业创新提供了机会。要实现保险创新，保险业需要将保险经营的本质与互联网的特性进行深度融合，再借助互联网的工具、平台、大数据、云计算等先进的技术和方法开发保险产品。

## 9.1.4 对行业服务要求的改变

传统保险具有时间和地点限制，投保人在无法获得及时理赔等服务时，便会大大降低其对保险产品的消费满意度。而互联网保险所能够提供的全天候服务使保单交易不再受时间、地点限制，投保人在保险期间的退保、理赔等服务也可以得到及时解决。

随着互联网的发展，互联网保险公司大都已经实现了在线的保全及理赔处理，销售环节的减少，以及直面客户机会的增多，使信息传导失真的缺点得以克服，传统的保险业务重销售、轻服务的运营模式借助互联网实现了彻底的颠覆。保险的销售和服务因为互联网的存在而得以紧密联系，服务可以前置以促成销售。率先用互联网思维改造服务和运营流程、重视服务超过销售的公司未来或将取得更大成功。毕竟，互联网保险所出售的产品均来自客户的自主选择，保险公司理应将更多的精力和经费投入到产品研发、理赔等客户服务领域中。能否开发更加个性化和按需定制的产品和创建超过消费者预期的极致体验，将成为各保险企业的成败根本。

## 9.1.5 对运营流程革新的挑战

随着互联网对保险全产业链的渗透，为保持竞争优势，保险公司将不断加大运营全流程改造力度：一是行业外包将加快发展，保险公司收缩日常活动范畴，集中内部资源聚焦在风险管理、客户服务及资金运用的核心领域；二是核心业务流程网络化自助服务水平不断提高，在提升运营效率的同时迎合客户消费习惯的改变；三是运营成本受到严格管控，节省下来的成本转变为产品费率的下降回馈给客户，导致固定资产成本、人力资源投入等大幅减少，万元标准保费的运营成本高低成为竞争成败的一个重要能力。

## 9.1.6 对风险定价能力的加强

我国自 1999 年开始，便规定传统保单预订利率不得超过年复利的 2.5%。持续数十年不变的定价在很大程度上抑制了保险公司创新产品的积极性，尤其是寿险产品，同质化现象日趋严重，根本无法满足国民多层次的保险需求。基于互联网的大数据技术可以帮助保险行业对风险进行细分，为保险行业提供更精准的保险定价支持。互联网与费率市场化是天然的组合体，在风险可控的前提下，互联网专属产品的研发可以实现产品设计的个性化和定价的差异化，例如，车联网技术的应用，车联网技术很有可能从根本上颠覆传统的车险定价模式，最后达到随人随车定价。

## @ 9.2 互联网保险概述

### 9.2.1 互联网保险的定义与内容

**1. 互联网保险的定义**

要了解互联网保险,首先就要明确保险的含义,保险是指投保人根据合同约定,向保险人支付保险费,保险人对于合同约定的可能发生的事故因其发生所造成的财产损失承担赔偿金责任,或者当被保险人死亡、伤残、疾病或者达到合同约定的年龄、期限时承担给付保险金责任的商业保险行为。

互联网保险业务是指保险机构依托互联网和移动通信等技术,通过自营网络平台、第三方网络平台等订立保险合同、提供保险服务。互联网保险是一种全新的经营理念和商业模式,其定义可以从狭义和广义两个角度来理解。狭义上的互联网保险又称为保险电子商务,指保险企业利用互联网平台及电子商务模式进行保险销售,实现保险信息提供与咨询、保险计划设计、投保、缴费、承保、变更、理赔、给付等保险过程的网络化的经济行为。广义上的互联网保险是指以互联网信息技术为基础,通过网络销售渠道开展的保险经营与管理活动,它不仅包括保险企业通过互联网进行的保险销售行为,还包括保险企业之间、保险企业与其他企业之间、保险企业与保险监管部门及税务部门的互联网信息交流活动。

互联网保险的第一阶段是渠道创新。保险公司利用互联网渠道的低成本对外进行宣传和商品销售活动。目前,已有61%的保险公司既有自建互联网平台,又与第三方平台合作。

互联网保险的第二阶段是保险场景与产品创新。互联网化的生活为保险公司的产品设计提供了新颖的场景和丰富的标的。同时新技术为实现精确定价、动态定价提供了可能。

互联网保险的第三阶段是商业模式创新。保险公司一方面深度挖掘现有客户需求获取更多订单,并通过针对性产品设计,减少中间环节,提高盈利水平;另一方面通过构建生态圈,打造闭环金融流程。

**2. 互联网保险的内容**

互联网保险不仅涵盖很多具体内容,而且各个公司提供的服务内容也不一样,从保险业务流程来看,互联网保险的具体内容主要包括以下六个方面。

1) 数据的收集和分析

数据是互联网保险的起点,通过网络数据的收集和运用保险精算技术,可以设计出更加符合人们需求的保险产品。传统保险也存在数据收集和分析的过程,即所谓的市场调研,但是互联网保险与传统保险的区别在于互联网保险收集和分析的数据是网上存在的大数据,而非简单的社会调查问卷。

2) 保险产品设计和营销

根据数据分析结果设计出保险产品后,保险面临的首要问题是销售,只有达到一定的销量,保险公司才能盈利。在这个环节中,互联网保险的优势是非常明显的,基于互联网技术的精准营销运用已经十分成熟。美国搜索巨头在线广告已经打败传统纸质广告，互联网精准营销能够更准确地进行目标客户识别，这比广撒网式的传统营销手段效率更高。

3) 提供专业的保险需求分析

客户有保险需求却不知道选择何种保险，这就是客户的选择困扰问题。保险公司一般都把保险需求评估工具通过简单易懂的方式提供在相关网页上，投保人只需填写一些简单的信息，就能大致确定适合自己的保险类型。这种减少客户选择困扰的辅助分析工具能够把客户潜在需求变成有效需求，这也是保险产品和目标客户匹配的过程。

4) 提供保险产品购买服务

在客户确定自己需要的保险产品之后，保险公司面临的问题是：如何简单快捷地提供产品购买服务。所以互联网保险的一个重要内容就是提供在线购买服务，当前这方面的技术也很成熟，互联网保险的应用重点已经不是产品购买。因为随着互联网的普及，广大网民都能熟练地运用互联网，只要存在购买意愿，客户一般就能够完成购买流程。

5) 提供在线核保与理赔服务

通过推出在线核保与理赔的作业流程、争议解决办法、理赔所需单证和出险联系电话地址信息等信息的透明化流程，客户可以方便地办理理赔服务。虽然核保环节对投保人来说是一个较短的环节，但是它却是保险公司的一个必不可少的过程，把核保过程线上化有利于提高互联网保险的受理速度。理赔是保险的一个重要环节，当客户发生事故需要理赔时，通常存在一种等待的焦虑。目前，保险行业遭遇投诉的重点也是理赔难，很多保险公司在营销方面做得很好，但是理赔环节的客户体验极差。因此，通过线上的理赔环节的透明化，可以让客户知道当前理赔到了哪个环节、存在什么问题等，减少客户焦虑，提高用户黏性。

6) 提供在线交流服务

有些客户可能对互联网保险有不信任感或者缺乏安全感，如果保险公司能够提供在线的客服交流，则能够打消客户的顾虑，让他们更加放心地使用互联网保险服务。互联网保险的一个问题就是信任问题，由于网络的虚拟性，人们容易对网上交易产生一种不信任感和不安全感。在线客服能减少客户这种不安全感，加强其选择互联网保险的决心。

当然，随着互联网的发展和保险行业的创新，新的互联网保险服务也跟着推出，互联网保险所涵盖的内容也不断丰富。这便于满足人们多样化的需求，促进互联网保险行业的健康发展。

## 9.2.2 互联网保险的特点与优势

### 1. 互联网保险的特点

互联网保险作为互联网与保险的结合体，它既有传统保险的一些共同点，又有互联网的一些特点。正是互联网保险自身的这些特点构成了互联网保险独一无二的优势，促进了互联网保险的爆炸式增长。互联网保险具有以下五个主要特点。

1) 虚拟性

互联网保险中不存在面对面式的柜台交易，而是将交易以电子商务的形式在网上完成，这与传统保险服务的人员销售和理赔完全不同。一方面这种虚拟化的交易使互联网保险具有非常大的成本优势，而另一方面因虚拟化产生的不安全感可能使客户不愿意购买互联网保险。这是互联网保险发展的一个难点，但是随着电子商务的发展，人们开始接受网上投保这个新鲜事物，因此虚拟性是互联网保险区别于传统保险的一个特点。

2) 时效性

保险公司可以通过互联网，实现一周全天候，随时随地的服务。互联网的普及使人们生活和工作效率极大提高，而移动互联网的发展则使人们能够随时随地处理公私事务。这些习惯使人们逐渐不依赖于线下实体店以及正常营业时间。互联网保险同时免去了代理人和经纪人等中介环节，大大缩短了投保、承保、保费支付和保险金支付等进程的时间，提高了销售、管理和理赔的效率，使规模经济更加突出，有利于保持保险企业的经营稳定性。

3) 经济性

互联网将帮助整个保险价值链降低成本，这对于时常处于亏损边缘的国内保险公司而言是一个巨大的诱惑。通过互联网销售保单，保险公司免去机构网点的运营费用和支付代理人或经纪人的佣金，直接大幅节约了公司的经营成本，这是互联网保险相对于传统保险而言最大的优势。成本的降低不仅有利于增强保险公司的盈利能力，而且有利于保险公司降低保险费率，进而使消费者从中获益。

4) 交互化

互联网保险拉近了保险公司与客户之间的距离，增强了双方的交互式信息交流。客户可以方便快捷地从保险服务系统获得公司背景和具体险种的详细情况，还可以自由选择、对比保险公司产品，全程参与到保单服务中来。通过保险公司和客户的这种交互式信息交流，客户随时可以提出自己的意见，甚至间接参与保险产品的设计。而且在投保后客户还可轻松获得在线保单变更、报案、查询理赔状况、保单验真、续保、管理保单的服务，因此互联网保险能够切实体现以客户为中心的服务理念。

5) 灵活性

互联网保险的出现在一定程度上解决了传统保险市场存在的一些问题，有助于实现风险识别控制、产品种类定价和获取客户渠道模式方面的创新，最大限度地激发市场的活力。保险公司能够方便快捷地为客户提供所需要的资料，客户可以将不同保险公司的产品进行横向比较；而保险公司也能够运用大数据对客户情况进行分析，在很短的时间内就确定是否承保。

### 2. 互联网保险的优势

保险经营活动中，虽然也需要现场查勘等线下活动，但从本质上来说，也是资金流和信息流交换的过程。而所谓电子商务其实就是解决资金流、信息流、物流的问题；互联网保险着重于资金流和信息流，因此从某意义上说，互联网保险与电子商务有极大的相似点。故而与传统保险经营模式相比，无论是从保险公司的角度，还是从客户的角度，互联网保险都有自身独特的优势。

对保险公司来说，互联网保险除了具有成本优势外，还具有其他优势，主要包括以下几个方面的内容。

(1) 节约保险经营成本。

互联网保险最大的优势是降低保险经营成本，能够使保险公司保持低成本运营。一方面，互联网保险的特点就是在网上受理业务，通过计算机数据中心进行处理，可以免去大量重复的人工劳动，能够大幅减少劳动力成本。另一方面，随着互联网的应用，互联网保险还可以精简结构，甚至只需要总部一个机构就可以进行全国的业务受理，这可以说是互联网保险的独特优势。此外，互联网保险可以削减保险中介机构，减少中间环节，让产品直接从保险公司到客户的手中，不需要大量保险代理人员，大幅降低运营成本。保险险种、公司评价等方面信息电子化后同样可以节省保管费和印刷费等费用，摩根士丹利的分析师估计，通过互联网分销渠道将能够至少为承保人每年每份保单节省 10%～15%的费用。

(2) 降低保险行业进入门槛。

传统保险产品通过线下市场进行销售，这要求保险公司必须维持庞大的销售队伍，产生了很大的行业进入壁垒。从行业集中度也可以看出，保险行业是一个典型的寡头垄断市场。因为建立一支销售和技术队伍需要很多的资金，更重要的是需要耗时十几年甚至几十年。传统的保险行业存在很大的进入壁垒，妨碍行业竞争，不利于行业发展，对客户也不利。相反，开展互联网保险以后，保险公司可以通过互联网来销售保险产品，只需要很低的成本，同时提供全天候服务，有效减少了保险行业的市场壁垒，使各个保险公司都有平等的机会参与竞争，提供具有自己特色的服务来吸引客户。另外通过创新研发新险种，完善保险服务，提高客户满意度。

(3) 摆脱营业时间和网点分布限制。

互联网保险服务是利用互联网进行，从时间上来说，能够一天 24 小时服务；从空间上来说，可以利用少量的网点提供全国的服务，不像传统业务模式那样受到地理因素的限制。此外，保险公司利用互联网能够与潜在客户进行接触，特别是随着精准广告的运用和发展，保险公司可以有针对性地进行营销。这样可以扩大保险营销覆盖面，提高市场占有率，也更符合"大数法则"这一保险经营的基本原理，有利于控制风险。

(4) 缩短保险产品研发周期。

传统上的保险公司从收集客户需求到产品研发、推出、营销直至停售往往需要花费大量的时间，而市场情况瞬息万变，往往在产品推出后市场已经不需要这样的产品，这导致巨大的研发成本的浪费。传统保险产品要通过传统媒体投放，组织各种线下活动进行营销，这样的营销方式非常低效。而互联网保险则不同，新产品在设计出来以后，可以利用网上数据进行精准营销，有针对性地投放给潜在客户群。同时，保险公司还能根据客户的需求信息和反馈意见，迅速推出产品，对险种和服务作出调整，并开发符合客户当前需求的新型险种。

对客户而言，互联网保险有利于减少购买保险的时间成本，减少信息不对称。互联网的开放性使尚未购买保险产品的客户，可以根据已购买保险产品的客户的信息反馈情况选择适合自己的产品。总之，对客户来说，与传统保险相比，互联网保险具有以下几个方面的优势。

(1) 信息透明化。

互联网不仅可以方便快捷地为客户提供产品和服务的说明，而且还能使更多的客户反馈信息被广大潜在客户看见，减少客户对保险产品方面的信息劣势，减少信息不对称，促进保险行业健康发展。例如，如果某险种的设计不符合客户的需求达不到预期的目的，或者在营销、核保、理赔等环节存在问题，则客户可以很方便地在网上散播这类消息。互联网具有开放性的特征，即便是保险公司这样的大公司也不能对负面消息进行封锁，因此坏消息会传播得很快，而且被大众熟知。相反，如果某种产品确实好，也会被人们口碑式传播，呈现强者更强的马太效应。

(2) 保险产品价格降低。

互联网保险通过计算机技术减少大量的人力劳动，能够有效降低保险公司的运营成本，因此有利于保险产品价格的降低。比如，互联网保险可以使保险公司能够直接对客户提供保险产品，减少中间环节，大量保险代理人员，很大程度上减少了运营成本。如此保险公司就可以通过降低费率吸引客户，使更多的客户符合投保条件，大数定律更有效发挥作用，而客户就能以更低的费率获得同样的保障。因此，保险费率的降低将使更多的人享受到保险产品带来的好处，也就直接刺激了保险的需求。

(3) 服务质量提升。

电子商务的优势是可以 24 小时不间断服务，保险产品和服务的信息更加全面，保险服务不受地理限制。互联网保险也极大提高了对客户的响应速度，客户在线咨询时，就可以通过数据分析，为其提供需要的产品。而在客户有需求的时候，就能够迅速提供产品的购买服务，让潜在客户变成实实在在的客户，刺激客户的有效需求。客户投诉是服务行业面临的最严峻的问题之一，这也说明了当前的客户服务质量有待提高。客户消费了产品，就是希望能够获得相应的效用，互联网保险提供的保险服务更容易做到标准化，让客户获得统一的、优质的服务。

(4) 投保人议价能力提高。

互联网保险的出现使保险公司之间的竞争更加激烈，主要是互联网保险使保险产品的对比更加容易，而且减少客户更换不同保险产品的成本，也不存在很强的用户黏性。客户从公司的某种产品转向另外一种产品仅仅需要移动一下鼠标，这样促进了保险产品更加透明，使消费者方便及时地了解到各公司保险产品和价格方面的信息，有条件地选择适合自己的保险产品，从而更加理性地作出选择。同时由于产品的透明性，投保人可以获得更多的信息，加大险种的对比，间接提高投保人的议价能力，促使保险公司不得不加大创新力度，提供更加符合市场需求的产品。

## 9.2.3 互联网保险产品的分类与特点

目前，互联网保险产品主要包括以下三类。

(1) 财产保险。财产保险主要包括：车险、家庭财产险、退货运费险；针对支付宝、财付通、微博等支付工具开设的个人资金账户安全险；针对网络游戏玩家提供的账号以及虚拟资产被盗险；等等。

这些产品具有保费低、简明易懂、审核简便、保险期限短、保险责任简单、投保易、理赔快等特点，但同样也导致了产品的同质性过强，易于复制，因而此类产品的网上销售容易陷入价格战的红海市场。

(2) 人寿保险。人寿保险主要包括：①意外险，包括综合意外险、交通工具意外险、境内外旅游险；②投资类保险，包括万能险、分红险、投连险；③两全保险，如重大疾病保险、防癌险等；④年金保险，如补充养老计划等。

从网上寿险的销售数量看，投资类险种的销售规模大于保障类险种，很多第三方平台上的主要理财产品就是万能险或者投连险，并且其风险相对较小，预期收益率较高，往往刚上线就被抢购一空。

(3) 信用保证保险。这类保险发展相对较晚，但是随着电子商务规模的扩大和互联网金融的井喷式发展，其创新产品不断涌现。

众安保险在淘宝平台推出的"众乐宝"以及在聚划算平台推出的"参聚险"，都是对淘金卖家收取相对较低的保费替代以往的保证金，以提供信用风险淘宝保障。"众乐宝"是全球首款运用互联网数据作为精算依据的保险产品，为整个互联网交易活动提供了一整套风险管控体系。另外，在P2P"去担保"的背景下，保险企业能够成为作为担保公司的良好替代者。例如，众安保险除了为集团旗下招财宝平台的个人借贷提供担保外，还承保了新浪互联网房地产金融平台房金所的贷款业务；中国人寿财险与民安保险联手与P2P网贷平台财路通开展保险业务；浙商财险与P2P平台黄河金融开展合作；大地财险为满满贷的借款人提供人身意外保险和借款抵押物保险；中国人寿财险对宜信承保"金融机构贷款损失信用保险"。在这些保险业务中，若借款人未按照贷款合同约定的还款日还款时，则由保险公司根据保险合同的约定向投资者赔偿保险金额，保障投资者的利益。

另外，另类创新险种层出不穷。赏月险、摇号险、防小三险、压力山大险等这些创新险种在电子商务平台销售的保险吸引了人们的眼球，也引发了许多争议，争议的焦点在于是否具有可保利益、是否带有博彩性质。此外，在移动互联网设备上出现了许多带有交互性的保险产品。比如泰康人寿的"微互助"、中国太保的"救生圈"、阳光人寿的"摇钱术"等，这类产品以趣味性和娱乐性的方式创造了良好的用户体验，赢得了销量，同时普及了保险知识。赏月险等四类保险产品的共同特点是清晰明白、易于理解。期限大多在一年以内，保费大多数较为低廉，采用趸交方式，保险责任相对简单，以保险细分市场为主。表9.1为互联网保险新险种。

表9.1 互联网保险新险种

| 险　种 | 保险内容 | 保险公司 |
| --- | --- | --- |
| 赏月险 | 在每年的中秋节当日，被保险人因遭受意外伤害事故导致身故、残疾或烧烫伤，保额最高为10万元；附加保险责任为中秋节当日20:00至24:00，被保险人指定的赏月城市的天气情况是阴或雨导致被保险人不便赏月，则保险人向被保险人支付赏月不便津贴 | 安联财险、淘宝保险 |
| 摇号险 | 一个专门针对车辆摇号政策的定制式保险，申请摇号的候选人可购买从10元到2000元不等的四档保险，保期为2个月。如果中签了可获得最高20万元的奖励，如果没中签可得到一份驾驶员意外险 | 壹金融、长安保险 |
| 防小三险 | 如果夫妇在投保后婚姻破裂，妻子一方将至少获得60%的相应权益，最高可达100% | 阳光人寿 |
| 压力山大险 | 专门承保猝死责任的人身险 | 招商信诺 |

续表

| 险　种 | 保险内容 | 保险公司 |
|---|---|---|
| 高温险 | 保险期内一旦被保险人所在城市气温达到 37 摄氏度并累计超过一定的免赔天数后，就可获赔 | 众安保险 |
| 手机碎屏险 | 用户手机发生意外时维修后可以申请理赔 | 华泰保险 |
| 脱光险 | 购买这款产品的客户若是一年后结婚即可获得蜜月礼盒 | 平安保险 |
| 退货运费险 | 如果交易发生退货，会按照保单约定的理赔金额，赔偿退货过程中产生的运费 | 众安保险 |
| P2P 租车险 | 汽车在租车过程中遭受意外可以申请理赔 | 人保财险 |

### 9.2.4　互联网保险形态

互联网保险按照从低阶到高阶的规律演进，可分为五种形态。它们分别是互联网保险渠道、互联网保险产品、互联网保险业态、互联网保险思维、互联网保险基因。

**1. 互联网保险渠道**

互联网保险渠道，即保险产品的在线销售，是互联网保险的第一个层次，也是初级的形态。渠道是保险经营最先引入互联网的领域。随着电销渠道的成熟和移动互联网技术的普及，为了脱媒、掌握客户资源和降低成本，保险企业自然而然地把互联网当作一种新兴、新型的销售渠道。例如，现在有相当一部分车险和理财型保险产品通过网销形式卖给客户。这就是典型的互联网保险渠道形态。

**2. 互联网保险产品**

互联网保险产品是互联网保险的第二个层次，也是较低级的形态。互联网保险产品可以有两种理解。一是当有了互联网保险渠道之后，保险企业主动开发的适用于这种渠道的互联网保险产品，如网销的车险和理财型保险产品等。客户可以通过保险企业的自建门户网站或保险企业在天猫等电子商务网站上开设的旗舰店在线购买。二是专门为互联网经济服务的保险产品，包括为互联网交易潜在损失提供保障的保险、为网上游戏道具等虚拟财产提供保障的保险，以及为互联网企业提供财产和人身保障的保险等。

**3. 互联网保险业态**

互联网保险业态，即保险业务的在线经营，是互联网保险的第三个层次，也是中级的形态。所谓互联网保险业态是指保险企业的营销、承保、客服、理赔等业务经营流程几乎全部在网上完成。电话和纸质服务成为辅助手段甚至完全被替代。例如，现阶段配合电子商务推出的退货运费险就可以认为是以互联网保险业态经营的比较成熟和成功的保险产品。

**4. 互联网保险思维**

互联网保险思维是互联网保险的第四个层次，也是高级形态。互联网保险思维是互联网思维在保险专业领域的实践和应用。现阶段，随着互联网经济的快速发展，逐渐形成的互联网思维主要包括用户思维、服务思维、产品思维、痛点思维、场景思维、体验思维、简约思维、极致思维、粉丝思维、屌丝思维、社交思维、社群思维、迭代思维、大数据思维、云思维、流量思维、平台思维、跨界思维、免费思维、长尾思维等。这些思维是对现有互联网经济的总结和提炼。因此。保险企业必须培养这种新思维，用互联网经济的逻辑来思考、制定、整合和完善包括产品开发、销售、承(核)保、客服、理赔和资金运用等在内的保险经营全流程，实现互联网保险的渠道维护、产品开发和业态构建。

### 5. 互联网保险基因

互联网保险基因是互联网保险的第五个层次，也是顶级形态。互联网保险基因是指保险企业运用互联网保险思维研究制定经营战略，建立健全经营体系，实现运营数据化、服务在线化、管理扁平化、经营集约化，把"平等、开放、协作、分享"的互联网精神内化于保险经营管理全过程，为客户提供速度最快、质量最优、口碑最好、费效比最高和体验度最佳的精致服务。

## 9.2.5 互联网保险的定位

互联网保险虽然是创新，但仍然秉持保险业的基本性质与内涵。因此，应确定自身的三大定位，即服务、数据和平台。

### 1. 服务

保险业属于第三产业，服务是保险的基本内容和天然属性。在互联网保险中，服务更显重要，是互联网思维中用户思维、粉丝思维、服务思维和体验思维的充分体现。在互联网保险中，一切都是以消费者为中心，一切都是为了服务好消费者。互联网经济是需求经济、服务经济、粉丝经济，应严格遵循"需求是金，服务为王"的核心理念。同时，在保险经营过程中，客户对服务特别是专属服务、优质服务的需求较高。如果客户购买的是储蓄型和投资理财型保险产品，就会提出比其他行业储蓄投资理财产品更高的保值增值要求；如果客户购买了车险等保障类产品，就会对落地服务、增值服务提出要求。如果互联网保险不能提供费效比更高的服务，不能提供更具特色的服务，那么最后可能以出局告终。

### 2. 数据

大数法则是保险业的基石。没有数据支撑，保险企业无法准确识别风险进而给风险精确定价，也就难以持续稳健经营。而在互联网保险中，大数据是大数法则的演进和深化，其功能从单一的风险定价延伸扩展到客户识别、风险研究、需求捕捉、信用评价、服务推送、满意度评估、社交广告等各个领域和环节，由此实现对客户需求和服务的全流程精细化管理。

在互联网保险中，大数据将成为核心资产和绝对能力。其中，有两个核心关键点。一是标准化。要充分认识到标准化工作的极端重要性，不断强化标准化建设，制定并规范数据界定、积累、研究、分析的统一标准，尽量提高数据的标准化程度和使用的便利性，努力从源头上降低数据存储、清洗的成本。二是应用。保险企业和整个行业要积极构建数据仓库，用于存储备份支撑保险经营的各类结构化数据和非结构化数据，明确数据应用需求，开展各种云的建设和服务采购，充分运用云计算技术，提高运算分析和逻辑推理的能力与效率，进行数据挖掘，最终形成分析结果，并在保险经营管理各环节加以应用，进而使互联网保险产生良好的经济效益，为客户创造价值。

### 3. 平台

《平台战略》一书提到，平台商业模式是指连接两个或更多特定群体，为它们提供互动机制，满足所有群体需求，并在其中盈利的商业模式。做互联网保险，其实就是做平台。这个平台至少应具备以下三个基本条件：一要有足够合格的人管理运营好平台；二要能持续组织、提供让客户满意的各种服务；三要对可能接收到的海量数据拥有安全可靠的存储能力和精准有效的挖掘能力，可以把平台功能发挥到最大，实现平台效能最大化。具体来讲，互联网保险应着重打造以下三大平台：一是做服务平台，接收并分析客户需求，寻找自身或外部资源提供服务供给，然后组织开展对接工作，把供求精细地管理起来，精准地对接起来；二是做数据平台，把客户的、自身的和外包服务供应商的大数据尽量掌握和整合在一起，形成数据仓库，积极应用，为运营提供支撑；三是做社交平台，通过网络社交构建市场调研、服务提供和客户维系的渠道体系，以尽可能低的成本互动式地精准完成需求发现、产品设计、市场营销、客户服务、评价反馈等经营活动。

### 4. 互联网保险的技术支撑

互联网保险的发展，离不开现代信息技术提供基础性支撑。没有这些支撑，互联网保险就没有数字化生存、信息化发展的土壤和环境，就将成为无源之水、无本之木。在现阶段，支撑互联网保险的主要有以下四大信息技术：大数据、云服务、移动智能和社交网络。打个比方，如果互联网保险是一个人的血液循环系统的话，那么大数据就是血液，在系统中循环流动；云服务就是心肺脏器，通过交换处理把经过清洗、富含养分的血液提供给整个系统；移动智能就是毛细血管末梢，在每个终端不停地交换血液；社交网络就是血管脉络，为血液流动和系统循环提供管网支持。四大信息技术相互依赖，良性互动，四位一体，缺一不可，确保了整个血液循环系统的平稳运行，为互联网保险的健康发展提供了最基本的技术保障。

大数据是指一个大而复杂、难以用现有数据库管理工具处理的数据集，具有数量大、种类多、增长快的特点，其本质就是建立在充分标准化基础之上的全面数字化的过程及其应用。作为今后任何一个组织的核心资产，大数据可以帮助我们分析过去、预测未来，实现由数据到知识的转化、由知识到行动的跨越。大数据构成保险业的数据仓库和数据云，是互联网保险的血液、保险经营的数理基础。互联网技术可以收集海量的结构化和非结构化数据，帮助经营者大大提高数据准确性和信息对称性，为风险管理和客户服务奠定坚实的基础。保险经营的根本条件是最大诚信原则。互联网技术可以收集海量的行为数据，以此来提高经营者研判客户信用情况的准确度，大大提升防范逆选择和控制道德风险的能力。保险经营的基本要求是提供服务。保险企业可以通过服务外包来履行对客户的合同承诺，而把那些服务外包、对现有服务提供商进行评价都需要依靠数据的积累和分析。

"云服务"的提法来源于云计算，是云计算的拓展和延伸。经营互联网保险离不开云服务的支撑，不仅需要云计算，还需要云存储、云备份，更需要云分析、云洞察。以马航MH370航班失联为例，英国罗尔斯·罗伊斯公司通过内置传感器来收集和研判飞机发动机的工作数据，进而提供 MH370 航班"发动机在什么时候停止运转"这一关键信息。而到目前为止，全世界生产、使用的民航运输飞机仍然依靠黑匣子来记录飞机驾驶的信息和数据，如果运用无线云服务，将黑匣子记录的信息和数据实时无线传输到航空公司甚至是民航管理部门的专用数据云中，相关部门在飞机飞行过程中就可以实现实时监控。可以预见，云服务必将在今后互联网经济中扮演越来越重要的角色，发挥基础性的支撑作用。

移动智能可以狭义地理解为每个人使用的智能终端设备，也可以广义地理解为当今社会无处不在的智能传感设施，更可以深入地理解为依赖上述设备、设施所实现的各种信息应用和功能。例如，以前由于缺乏移动智能，很难实现信息数据的大量累积，即使收集了大量信息，也没有能力进行大规模分析应用。但现在，移动智能的出现使海量信息数据全方位、低成本的收集与应用得以完美实现。移动智能解决了三大应用问题。一是全天候在线互联问题。移动智能可以实现 24 小时在线，真正做到全天候的信息数据交互联通。例如，今后的车联网可以实现数据流在车辆之间、车人之间、车与主机厂之间、车与维保企业之间、车与保险企业之间的 24 小时无缝衔接和流动。二是全天候在线交易问题。移动第三方支付和电子商务 App 客户端口嵌入各种商务应用场景之中，把需求方发布的要约和由此产生的流量忠实地传递到供给方，支持各类交易在任何时间和地点达成。三是全天候在线服务问题。交易的完成只是第一步而已，客户需要持续不断地被关注、被关心。例如，在网上购买退货运费险或车险以后，一旦发生保险事故，客户可以运用移动智能随时联系保险企业，发出服务请求，并及时得到理赔服务。这种全天候服务将极大地提高客户的满意度和忠诚度。

**案例1：众安保险联手阿里巴巴推出首款云计算保险**

**1) 以互联网为渠道，以大数据为核心**

2013 年 2 月 18 日，众安在线财产保险公司(以下简称众安保险)的成立是中国平安乃至整个中国保险业在互联网金融的一次创新性突破，或将打破国内现有保险营销模式。它无须分支机构，完全通过互联网进行销售和理赔，产品主要有责任险、保证险两大类险种。

所有互联网金融的参与者都被众安在线纳入目标客户群体。同国外的互联网保险公司一样，众安保险是一家基于数据的创新型互联网保险公司。大数据使过去无法满足的保险需求成为可能。互联网保险不是用互联网渠道挤占线下渠道，而是在大数据时代挖掘新的社会需求，创造新的产品，丰富保险市场，解决多样性保险需求。用数据进行需求挖掘和产品设计，实现自动核保、自动理赔、精准营销和风险管理，这才是互联网金融的精髓。众安保险创立精神的核心正是互联网和大数据。成立不到两年，众安保险估值便高达 500 亿元。2015 年 6 月 30 日，众安保险累计投保单数近 20 亿，客户数超过 2.86 亿。

**2) 融入产业的云计算保险**

近几年来，随着技术进步，云计算市场的技术竞争已经进入白热化阶段，能给云计算服务商带来竞争力的只有提升安全程度。如何做到云计算服务 100%安全，阿里云的选择是联合互联网保险众安保险探索云计算保险。随着云计算发展上升到国家战略性产业层面，云计算的安全保障问题也成为不可或缺的一环。而在国外市场，美国于 2011 年就从国家战略层面提出了《云计算技术发展白皮书》，把云计算纳入国家发展战略。

2015 年 1 月，我国国务院发布《关于促进云计算创新发展培育信息产业新业态的意见》,从政策上支持云计算技术;同时,国家支持把政府上云,把社会基础服务上云,比如将 12306 的铁路票务查询系统接上阿里云、将杭州政府信息系统接上阿里云。

随着云计算的普及,大量政府核心数据、社会公共数据、企业运营数据已经接入云计算。越来越集中的云计算和云存储带来了高度的数据安全风险,风险的集中需要保险的风险转移功能,云计算保险十分必要。阿里云联手众安保险推出的云计算保险,让阿里云的用户有了 100%的保障。阿里云的用户如遇到数据安全、云服务、硬件设备故障等问题,都将由专业的第三方保险公司提供赔付,同时也对数据的 100%私密性、100%可销毁性等提供保障。

云计算保险是互联网保险在云技术领域迈出的第一步。为更多互联网安全问题提供量身定制的保险服务,将互联网保险的保障机制引入到互联网技术领域乃至整个互联网生态中,这是互联网保险公司探索的路径。

## 9.3 互联网保险产业链

互联网保险产业链比传统线下保险产业链更长,参与方也更为广泛,除了原有的保险公司、代理人之外,第三方网络保险销售平台、代理中介网络平台,甚至专业的互联网保险公司都将发挥重要作用。与此同时,互联网保险渠道的数据积累可以正向反馈给保险公司,进而对保险公司的产品设计、商业模式产生重要影响。此外,"互联网+保险"作用于保险产业链各个环节,是一场从门类到产品和渠道的全方位深刻革命。

互联网保险产业链主要包括渠道入口、产品创新、产品定价三大环节连接消费者和保险公司,同时包括交易支付、社交网络、征信、大数据、云计算等基础设施。互联网保险产业链如图 9.1 所示。

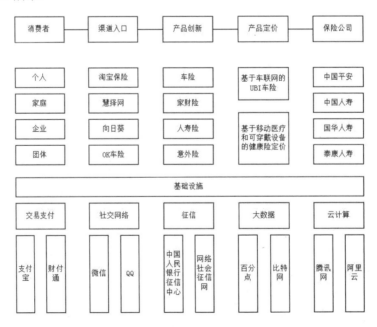

图 9.1 互联网保险产业链

## 9.3.1 消费者

如图 9.2 所示，互联网保险的消费者是网络消费者和保险消费者的交集，其购买力取决于网络消费习惯。根据图 9.3 中的调查数据可知，中国网民年龄结构 20～39 岁的占比高达 55%，呈现年轻化的特征。这部分人群对于车险、意外保障险等保险需求旺盛，崇尚便捷和省时，同样也是保险业的主力消费人群。

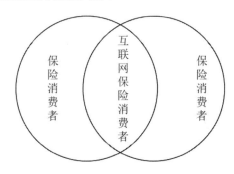

图 9.2　互联网保险消费者

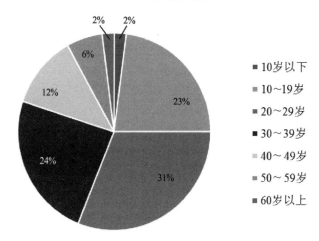

图 9.3　我国网民年龄分布结构图

## 9.3.2 渠道入口

渠道入口是互联网保险最早产生变革的环节，渠道入口逐渐趋于网络化、场景化。目前，互联网保险渠道入口主要包括四大类：官网直销、专业代理平台、兼业销售平台和第三方比价平台，这些平台各有特点，如表 9.2 所示。

在以上渠道入口中，最具有流量优势和场景优势的是兼业销售平台，此类平台将在标准化险种销售中占据主要市场份额；专业性较强的渠道是专业代理平台，此类平台将以更加专业的服务推动复杂险种的互联网化进程；官网直销受限于流量因素，将更多地起到承接第三方平台流量导入的作用；第三方比价平台，受市场竞争格局影响未来不确定性较高。

表9.2 互联网保险渠道入口

| 分类 | | 代表公司 | 特点 |
|---|---|---|---|
| 官网直销 | | 人保财险、中国人寿、平安、泰康、众安保险 | 同时发挥品牌宣传、门户资讯的作用，只销售本公司产品，品牌忠诚度要求高 |
| 专业代理平台 | B2C模式 | 优保、保网、慧择网、新一站保险网、中民保险网 | 车险、意外险等简单产品的销售 |
| | B2C+O2O模式 | 大童 | 针对简单险种线上交易；针对寿险等复杂险种，自建保险经纪人团队线下提供咨询服务 |
| | C2C模式 | 大家保、向日葵 | 营销员和消费者撮合平台，提供保险定制、保险咨询等服务 |
| 兼业销售平台 | 场景优势 | 携程网、春秋航空、平安好车 | 销售与场景相关的险种，在细分险种领域有重要影响力 |
| | 流量优势 | 淘宝保险、京东保险、网易保险 | 具有流量优势，在推动用户习惯培养方面功不可没 |
| 第三方比价平台 | | 最惠保、车险无忧、OK车险 | 主要是车险比价，中小型保险公司参与积极 |

## 9.3.3 产品创新

互联网保险的产品创新具体表现在三个方面，如图9.4所示。

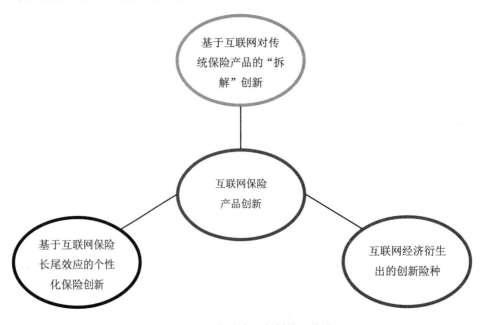

图9.4 互联网保险产品创新的具体体现

(1) 基于互联网对传统保险产品的"拆解"创新。利用互联网的灵活性和个体用户渗透性,将传统保险所承保的各种风险拆解出来,形成触发机制多样、风险多样的单一产品,如根据天气预报、将要从事的活动、将要开展的行程等设立的台风险、暴雨险、雾霾险、航空意外险、汽车意外险、工伤保险等。另外,保险期限也可以拆解成按天,甚至按小时计算。

(2) 基于互联网保险长尾效应的个性化保险创新。对于受限于风险池规模无法承保的个性化保险,可以通过互联网突破地域限制,轻松集中到大量相同需求的投保人。例如,地震风险属于巨灾风险,通常无法集中大量的同质风险来分散保险公司的承保风险,因而国内传统商业保险一般是不承保地震险的,但是互联网销售可有效分散风险,解决风险池的规模问题,从而有效分散保险公司风险。

(3) 互联网经济衍生出的创新险种。互联网上的商业、娱乐活动产生了新的风险保障需求,例如,针对网络购物可能产生的不满意而退货的风险,华泰保险和众安保险在淘宝推出的退货运费险;针对网络游戏等虚拟财产可能被偷窃、账号可能被盗用的风险,中国人保财险推出了网络游戏虚拟财产损失保险。

### 9.3.4 产品定价

保险产品的设计依赖数据积累和精算模型,互联网的大流量和物联网的新型数据收集方式,使高量级、高维度的大数据积累得以实现,这些数据可以更加真实地反映风险,提升保险产品的风险定价精准性,降低保险公司的损失率。如基于车联网的 UBI 车险、基于移动医疗和可穿戴设备的健康险定价。图 9.5 以 UBI 车险为例介绍大数据对互联网保险产品设计的影响。

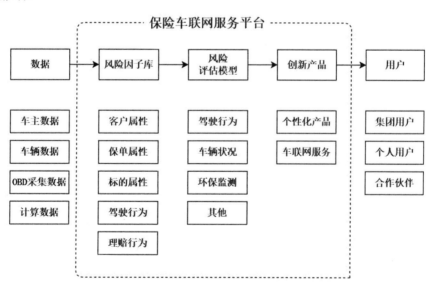

图 9.5 UBI 车险定价模型

UBI 车险是指保险公司基于用户日常开车及用车习惯的汽车数据进行保险费用定价,用户对汽车的驾驶激烈程度及驾驶风格均有所不同,激烈驾驶的用户交通事故概率更高,其可以根据日常实时监测的用户驾驶习惯及风格来推测汽车事故风险，并且还可以监测并记录细小的剐蹭。保险公司据此设计差异化定价的车险产品，并据此提供风险管理等增值服务。

### 9.3.5 保险公司

互联网保险为中小保险公司提供了弯道超车的机会。一方面，云计算和互联网技术等可在减少其初期固定资产成本投入的同时保障运营顺利进行；另一方面，中小保险公司触网意愿强烈，在产品开发上贴近用户需求，积极与互联网公司合作共同开发新产品。此外，互联网企业也将参与到保险业务中，一批深耕细分险种的保险公司可能出现。众安保险是我国首家获得互联网牌照的保险公司，2015 年 7 月，易安保险、安心财险和泰康在线获得第二批互联网保险牌照，未来互联网保险将进一步放开。

### 9.3.6 基础设施

互联网保险产业链的基础设施包括交易支付、社交网络、征信、大数据和云计算等。其中，交易支付是互联网保险实现资金闭环的工具，社交网络是互联网保险进行产品信息营销的平台，征信为保险公司判断投保人的风险水平提供参考，大数据为互联网保险产品设计提供素材，而云计算则帮助降低了"碎片、海量、小额"的互联网保险运行所需的 IT 运营成本。

其中，数据端口成为各大保险公司争相抢夺的基础设施环节。以车险为例，按照车辆安装方式划分，UBI 模式车险可分为前装的 Telematics+UBI 模式和后装的 OBD+UBI 模式，如图 9.6 所示。前者由汽车厂商主导，基于安全性和自身利益的关系，汽车厂商的数据开放度低，与保险公司合作的商业模式不清晰，进展缓慢；后者由保险公司主导，项目推进进展较快。现阶段以后装 OBD+UBI 为主要模式，目前已有部分保险公司与 OBD 厂商开展合作。

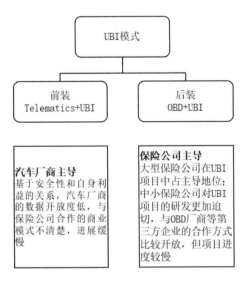

图 9.6　UBI 模式

## 9.4 互联网保险发展概况

### 9.4.1 国外互联网保险发展概况

#### 1. 美国互联网保险概况

美国是发展互联网保险最早的国家,由于在网络技术方面的领先地位和优越的市场经济环境,美国在 20 世纪 90 年代中期就开始出现互联网保险。目前,美国的互联网保险业在全球业务量最大、涉及范围最广、客户数量最多和技术水平最高,几乎所有的保险公司都建立了自己的网站,比较有影响力的主要有 InsWeb、Insure.com、Quicken、QuickQuote、SelectQuote 等网站。在这些网站上为客户提供全面的保险市场和保险产品信息,并可以针对客户独特需要进行保险方案内容设计,运用信息技术提供人性化产品购买流程。在网络服务内容上,涉及信息咨询、询价谈判、交易、解决争议、赔付等;在保险品种上,包括健康、医疗人寿、汽车、财险等。美国互联网保险业务主要包括代理模式和网上直销模式,这两种模式都是独立网络公司通过与保险公司进行一定范围的合作而介入互联网保险市场。二者也有一定的区别,代理模式主要是通过和保险公司形成紧密合作关系,实现网络保险交易并获得规模经济效益,优点在于其庞大的网络辐射能力可以获得大批潜在客户。相比之下,网上直销模式更有助于提升企业形象与企业效益,能够帮助保险公司开拓新的营销渠道和客户服务方式。1995 年 2 月创立的 InsWeb 公司是美国互联网保险代理模式的成功案例。除代理模式和直销模式这两种主流互联网保险运营模式外,美国市场上还出现了纯粹进行网上保险销售的公司,例如,eCoverag 是美国第一家,也是 100%通过互联网向客户提供从报价到赔偿服务的公司。

美国作为互联网和移动互联网的发源地,截至 2022 年 1 月,美国互联网用户总数约为 3.07 亿,占总人口的比重达到 92%,同比增长 840 万人。其中,73%的美国人在选购车险时利用互联网收集信息,除车险之外,美国消费者也在网上研究寿险和年金产品。

美国互联网保险的表现主要体现在以下几点。

(1) 美国经济采取了去工业化、发展高科技和服务产业的发展方向,从而导致了美国的收入水平存在着两极分化的情况,其中高收入人群已经习惯或有固定的代理人服务,而中低收入者由于其收入限制往往无法购买到合适的保险产品。

(2) 美国地域相对辽阔,在很多地方很难形成以点带面、口口相传的销售模式,这也影响了美国互联网保险的进一步发展。

(3) 综观美国互联网保险的销售情况,美国保险市场整体的基数较大,因此其互联网保险销售数额在世界范围内依然排名第一。其中财产险和人身意外伤害险在美国互联网平台销售的成功率较高,而人寿保险则依然采用传统的代理人模式。这也与互联网保险尚处于初期起步阶段和其用户接受程度、宣传覆盖用户消费能力等因素有关。

#### 2. 案例:美国互联网保险中介——Goji

Goji 的前身名为"消费者联合公司",于 2007 年成立于美国波士顿,并在 2014 年更名为"Goji"。作为一家个人保险的互联网分销平台,Goji 采取了线上线下结合的销售方式，依托数据驱动，形成了全方位、高触达的用户服务模型，并基于用户咨询形成的数据，将用户与保险公司进行高效匹配。Goji 已在美国 41 个州获得了经营许可，其主要业务为销售保险公司的优选个人保险产品，包括车险、房屋险、超额责任险等。

通过 Goji 的家庭保险和汽车保险数据平台，Goji 的代理人能够在这个整合了十几家保险公司的综合保险网络为用户提供最优化保险解决方案。此外，Goji 的客户可以使用 Goji 在线保险管家服务，得到个性化的、实时的、较为优惠的保险报价。Goji 将代理人的专业技能和智能技术相结合，以最优惠的价格为客户提供最优化的保险产品。

Goji 的分销平台是业界最为独特的平台之一，其数据和预测分析功能可以准确识别高净值客户，并与众多保险公司建立业务联系。在该平台上，Goji 已经发展出一套较为高效的用户特征识别系统。Goji 的保险解决方案不仅为客户提供保险产品的报价，它还代表长期合作的保险公司直接为优选客户提供保险服务。Goji 利用自有的功能完备的分销平台来加速获客，推动业务的持续增长。

### 3. 欧洲互联网保险概况

在欧洲，互联网保险发展速度非常迅猛。1996 年，全球最大保险集团之一的法国安盛在德国试行网上直销。1997 年，意大利 KAS 保险公司建立了一个网络保险销售服务系统，在网上提供最新报价、信息咨询和网上投保服务。英国保险公司的网络保险产品不再局限于汽车保险，而是包括借助互联网营销的意外伤害、健康、家庭财产等一系列个人保险产品。近十几年，互联网保险在英国发展迅速，个人财产保险总保费中网络营销的比例，从 2000 年的 29%增加到 2008 年的 42%，而传统的保险经纪份额从 42%下降到 29%。与其他尚不成熟的保险市场的互联网保险业务相比，英国保险市场的互联网革新经历了一个极有代表性的发展路径。德国互联网保险因其互联网覆盖率和全民网购习惯的形成而发展迅速，据埃森哲咨询公司发布的相关报告显示，2009 年德国约有 26%的车险业务和 13%的家庭财险业务是在互联网上完成的，而在仅仅一年的时间里，这一份额就分别上涨至 45%和 33%，可见互联网保险在德国发展之迅速。德国重视互联网保险的商业模式创新，率先开发出一种新 P2P 保险模式，具有防止骗赔、节约销售和管理费用，以及方便小额索赔等优势。

Moneysupermarket.com Group PLC 是英国一家专门从事金融业务的金融产品价格信息和比价公司，帮助英国家庭最大化利用他们的钱去合理选择汽车保险、家庭保险、信用卡、贷款等。Money Super Market 为客户提供大量的金融产品信息和比价，促进客户对金融机构金融产品的快速购买，为客户和金融机构提供一个高效的和低成本的买卖金融产品的渠道。Money Super Market 收入的主要来源是客户购买该产品后的金融产品提供商所支付的代理费用。其保险业务 KPI 表现良好，流量转换率和整体业务收入逐年上升。表 9.3 为 2006—2012 年 Money Super Market 保险收益汇总。

### 4. 亚洲互联网保险概况

1999 年 7 月，日本出现名为 Alacdirect.com 的网络保险公司，这是一家完全通过互联网推销保险业务的保险公司，主要服务于 40 岁以下客户。1999 年 9 月，日本索尼损害保险公司开通电话及网络销售汽车保险业务，到 2000 年 6 月 19 日通过因特网签订的合同数累计突破 1 万件。在多种因素的综合作用下，2008 年出现了一些以互联网为主要销售渠道的人寿保险公司。2008 年 5 月，LifeNet 保险同印度国家银行安盛人寿保险(现在的 Nextia 人寿保险)合作，开始销售日本的第一份在线人寿保险产品，开业以来，有效保单的月平均增长率高于 10%。自此，在线人寿保险公司的市场份额在日本人寿保险市场中稳步增长。

表9.3　2006—2012 年 Money Super Market 保险收益汇总

| 项　　目 | 2006 年 | 2007 年 | 2008 年 | 2009 年 | 2010 年 | 2011 年 | 2012 年 |
| --- | --- | --- | --- | --- | --- | --- | --- |
| 访问量 | 13365 | 20677 | 24830 | 24143 | 25492 | 28554 | 32679 |
| 交易量 | 8918 | 13291 | 15385 | 13189 | 14095 | 15687 | 16442 |
| 点击收入 | 27480 | 46674 | 66614 | 68599 | 79040 | 92218 | 105976 |
| 其他收入 | 3664 | 7728 | 11125 | 7070 | 5480 | 10437 | 14392 |
| 总收入 | 31144 | 54402 | 77739 | 75669 | 84520 | 102655 | 120368 |
| 平均每人收入 | 2.33 | 2.63 | 3.13 | 3.13 | 3.32 | 3.60 | 3.68 |
| 平均每笔交易收入 | 3.08 | 3.51 | 4.33 | 5.20 | 5.61 | 5.88 | 6.45 |

(资料来源：Money Super Market 官方网站。)

在韩国，通过互联网销售保险的经营模式仍处于成长初期。各家保险公司对网络营销兴趣正浓：韩华人寿、LINA 人寿(韩国信诺)、KDB 人寿(2012 年 11 月成立)、现代人寿(2012 年 12 月成立)、新韩人寿(2013 年 4 月成立)、教保人寿(2013 年 10 月成立)均开始推广网销业务。在韩国，网络营销的基本流程非常简单，即网站标题或广告引流—在线报价—核保—承保完成。目前，网络在韩国寿险市场上的贡献率约占 10%。据韩国财产险业协会数据显示，2020 年韩国财产险行业直接保费规模为 89.2 万亿韩元，车险保费规模为 19.6 万亿韩元，占比 22%。

**案例 2：日本互联网保险公司——LifeNet**

日本 LifeNet 成立于 2008 年 4 月，公司以诚实、易懂、廉价、方便为经营理念，利用互联网优势，开创全新的保险销售渠道。公司的销售成本仅为传统型公司成本的一半，虽然目前在保险业的市场份额很小，知名度比传统寿险公司还低，但因发展速度较快，已引起业界的关注。LifeNet 的投保客户群主要集中在 20～39 岁年龄人群，他们选择的产品主要为定期寿险、医疗保险和全能保险，三种保险产品的份额占比大致为 6∶3∶1。LifeNet 的保险理赔一般在 5 个工作日内完成，日常的购险出险均通过电邮和呼叫中心完成。LifeNet 以其优质的服务和良好的客户体验，使公司保单件数从 2008 年成立时的不到 1 万件提升到 2014 年的超过 20 万件的水平。

LifeNet 的保险产品主要具有以下特点。

(1) 保险费率水平世界范围内最低。由于采用了互联网渠道，LifeNet 的人工投入大大减少，将产品的附加保费降至其他公司产品的 1/5，实现了向保户提供保费减半的承诺。为了不增加经费开支，公司没有采取电视广告的宣传方式，而是其管理层通过出版专业书籍及在各地演讲来推广公司的理念以达到宣传的效果。

(2) 良好的用户体验，流程简单。只要客户具备相关资质，就可在网上完成从要求估算到申请产品的所有手续，免去与营销员面谈的程序。

(3) 全程信息透明化。在公司网站上公开公司业绩，并将公司相关保单费用等均予以公布。

LifeNet 销售保险产品以较为简单的定期死亡保险和终身医疗保险为主。由于产品价格合理，同时投保与赔付速度较快，LifeNet 自成立以来，其新保单件数增速较快，从 2008 年的 5253 件快速上升到 2012 年 60725 件，年复合增长率为 85%。

**5. 国外互联网保险的一般模式**

国外互联网分为 B2C(Business to Customer)和 B2B(Business to Business)两种模式。

1) B2C 模式

互联网保险 B2C 模式大致可分为保险公司网站、第三方保险超市网站及互联网金融超市三种形式。

保险公司网站是一种典型的 B2C 电子商务模式。保险公司开设的网站旨在宣传公司产品，提供联系方式，拓展公司销售渠道。按照是否从事销售活动，可以进一步将网站细分为两类：宣传公司产品型与网上销售产品型。宣传公司产品型可以宣传公司及产品，方便客户联系，树立公司及产品形象，提高知名度，但只能称为"保险电子化"。网上销售产品型不仅在于选择合适的互联网保险产品，充分利用网络渠道的优势，还在于开发专门适用于互联网的保险产品。比如，美国林肯金融集团建立了一个名为 eAnnuity.com 的网站，提供名为 eAnnuity 的专业互联网年金产品。

第三方保险超市网站为保险人和客户提供了一个交易场所。众多保险人和客户在这个超市中相互接触，使保险人发现合适的客户，使投保人找到自己需要的险种。这种保险超市网站可以细分为三类：连接保险公司型、连接代理人型、第三者管理型。连接保险公司型提供网上比价功能，将客户与保险公司相连接，保险公司每收到一个连接都要向该网站支付一定费用，但不发生真正的网上销售，比如美国的 InsWeb 网站。连接代理人型与连接保险公司型相似，这类网站也不发生真正的网上销售，不同的是其将客户与代理人连接，比如美国的 NetQuote 网站。第三者管理型运用其数据库来确定消费者的最佳交易，他们是注册代理人，而其电话代表并不是代理人，几乎不提供咨询建议，比如美国的 Insure.com。第三方保险超市网站的数量在全球迅速增加，并积极扩张服务范围。但市场容量有限，而且许多产品可比性差、供应商议价能力较强等因素，这类网站面临激烈的市场竞争，生存者必须在市场营销和品牌战略等方面下大力气。

互联网金融超市模式也为客户提供了一个交易场所。互联网金融超市与保险公司网站的关系犹如传统超市与专卖店的关系。

2) B2B 模式

B2B 模式大致可分为互联网风险市场和互联网风险拍卖两种形式。互联网风险市场使不同国家和地区间的商业伙伴能够不受地域、国别限制，共同分担风险，尤其是地震、洪水、泥石流、风暴等巨灾风险。如 Global Risk Mark Place 和提供巨灾风险交易的 CATEX 都是采用这种模式，Global Risk Mark Place 提供全球性的风险交换服务，CATEX 则把巨灾风险的交易搬至虚拟网络。互联网风险拍卖就是大型公司或其他社会机构通过互联网把自身的风险"拍卖"给保险公司。集团式购买比较适合这种方式,比如汽车协会可以为其成员挑选一种最便宜的保障。这种模式虽然刚刚开始,但它关注了投保人的需求,因此具有强大的生命力。

#### 6. 国外发达国家互联网保险业务特点

国外发达国家的信息技术和互联网发展较早,这为互联网保险的产生奠定了基础。总体来看,国外互联网保险已发展了相当长的时间,互联网保险已经普遍被人们所接受。截至 2010 年,美国部分险种网上交易额已占到 30%~50%,英国车险与家财险的网络销售保费分别占到 47%、32%,日本车险业务电子商务渠道占比 41%,韩国网上车险销售额占比 20%以上,互联网保险已成为个人保险快速销售的重要渠道。整体来看,有如下特点。

(1) 国外互联网保险是独立网络公司,通过与保险公司进行合作而介入互联网保险市场,网络公司只提供一个网络平台,而不具体参与实质性的保险运作流程。

(2) 国外互联网保险在网上售卖的险种几乎涵盖所有的线下险种,包括健康、医疗人寿、汽车、财险等各大主流险种。

(3) 国外互联网技术发展较快,互联网保险安全防护技术完善,采用多重防火墙技术,在每个环节都可以很好地保护投资人的信息。

(4) 国外互联网保险充分发挥了互联网的便利性,从投保到理赔均可通过网络完成,业务流程短,方便快捷。

(5) 国外对互联网保险监管措施完备,有严格的准入机制以及保险产品审核制度,可以将互联网保险的风险控制在一定范围内,很好地保护了投资人的利益。

### 9.4.2 我国互联网保险发展概况

#### 1. 我国互联网保险发展历程

最早发展互联网保险的国家是美国,究其原因是美国在经济上和技术上的突出优势,美国国民第一证券银行最先创立了互联网保险,英国、德国等欧洲国家也于 20 世纪 90 年代后期出现了互联网保险。就目前的国际互联网保险发展水平来看,互联网保险在发达国家的发展比较完善,在业务量、业务流程、产品设计、客户人数等方面颇具规模。

互联网保险的发展在我国只有短短二十几年,分为四个阶段:萌芽期、探索期、全面发展期和爆发期,如图 9.7 所示。

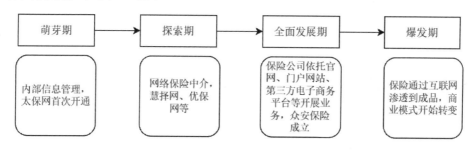

图 9.7 我国互联网保险发展阶段

1) 第一阶段：萌芽期(1997—2001年)

1997年11月28日，中国第一个面向保险市场和保险公司内部信息化管理需求的专业中文网站——中国保险信息网(现中国保险网)诞生，这标志着我国保险也步入了互联网时代，它是由中国保险学会联合北京维信投资股份有限公司一起设立的。2000年8月，国内两家知名保险公司中国太平洋保险和平安几乎同时开通了自己的全国性网站。其中，太保网站成为我国保险业界的第一个贯通全国、连接全球的保险网络系统；平安保险开通的全国性网站PA18因其在网上开展的全方位的保险、证券、银行、个人理财等金融业务而被称为"品种齐全的金融超市"。2000年9月，泰康人寿在北京宣布了泰康在线的开通，实现了从保单设计、投保、核保、交费到后续服务的全过程的网络化。与此同时，保险界等由网络公司、代理人和相关从业人员建立的保险信息网站也不断涌现。

但是鉴于当时互联网和电子商务整体市场环境尚不成熟，加之受到第一次互联网泡沫破裂的影响，受众和市场主体对互联网保险的认识不足，这一阶段网上市场未能实现大规模发展，仅能在有限的范围内起到企业门户的资讯作用。随着2004年《电子签名法》、2005年《电子支付指引(第一号)》、2011年《保险代理、经纪公司互联网保险业务监管办法(试行)》以及2013年《中国保监会关于专业网络保险公司开业验收有关问题的通知》的颁布，我国互联网保险行业迎来新的发展机遇。

2) 第二阶段：探索期(2008—2011年)

阿里巴巴、京东商城等电子商务平台的兴起为中国互联网市场带来了新一轮的发展热潮。伴随着新的市场发展趋势，互联网保险开始发生市场细分。一批以保险中介和保险信息服务定位的保险网站纷纷涌现。一些网站在风险投资的推动下，得到了更大的发展，如慧择网、优保网和向日葵网等。在风险投资的推动下，互联网保险取得了更大更快的发展，同时也使市场竞争更加激烈，一场互联网保险的市场争夺战在全国范围打响。政府对保险行业信息化及保险电子商务的发展给予了高度重视，并加大了政策上的扶持。随着电子商务相关政策法规环境的不断健全，保险行业电子商务发展逐渐步入快速发展轨道。2009年年底，全行业实现网上保费收入合计77.7亿元。2010年年底，中国互联网用户达4.57亿人，其中有35.1%的网民通过网络、电话等方式获取金融、保险业务。电子商务用户逐步显现出年轻化、知识化的特征，且具有一定的消费能力。在我国网络用户稳定增长的基础上，在线购物人群呈几何式增长，保险电子商务营销前景广阔。

在这个阶段，保险公司电子商务保费规模相对较小，电子商务渠道的战略价值还没有完全体现出来，因此在渠道资源配置方面处于被忽视的边缘地带。保险电子商务仍然未能得到各公司决策者的充分重视，缺少切实有力的政策扶持。很多保险公司对互联网保险的价值没有充分地了解。

3) 第三阶段：全面发展期(2012—2013年)

2012年，我国互联网保险保费收入达到百亿元，在销售险种上多以短期综合意外险为主，部分寿险公司也在尝试销售定期寿险、健康险、投连险和万能险。各保险企业通过依托官方网站、保险超市、门户网站、离线商务(O2O)平台、第三方电子商务平台等多种方式，开展互联网业务。逐步探索互联网业务管理模式，包括成立新渠道子公司开展集团内部代理；成立事业部进行单独核算管理；通过优势网络渠道或客户资源，实现线上线下配合，在淘宝、京东等第三方电子商务平台建立保险销售网络门店；成立专业的互联网保险公司；等等。其中，第三方电子商务平台凭借其流量、结算和信用优势，日益成为推动互联网保险快速发展的中流砥柱。

2013年称为我国互联网金融元年，各种互联网金融创新风起云涌。余额宝的出现使银行活期存款在不到半年的时间内被吞噬将近5000亿元。2013年11月11日的"双11"当天，寿险产品的总销售额超过了6亿元，其中国华人寿的一款万能险产品在10分钟内就卖出1亿元。其实，早在2012年，国华人寿就从互联网保险中创下3天销售额过亿元的业绩。正是凭借这些市场表现，互联网金融不再停留在专家学者的研究概念里，而是真真切切地在商业中得到运用，使作为市场监管者的"一行三会"也不得不频繁地对市场进行干预。

互联网保险不仅仅是保险产品的互联网化，更是保险公司对商业模式的全面颠覆和创新。其并不是把保险产品放到互联网上售卖这么简单，而是充分挖掘和满足互联网金融时代应运而生的保险需求，更多地为互联网企业、平台、个人提供专业的保险保障服务。经过一段时间对互联网保险销售、营运、管理、风控、数据积累及分析，保险行业已摸索出一套相对可控、可靠的体系和经验，确立起互联网保险的基本模式。一个又一个的网络营销"神话"和网民数量的不断增多，让各传统保险公司纷纷将未来的发展方向集中在互联网上，保险公司进军电子商务已经成为不可阻挡的发展趋势。

4) 第四阶段：爆发期(2014年以后)

历经20多年的发展，电子商务对传统行业的影响正在不断加深，电子商务、网上支付等相关行业的高速发展为保险行业的电子商务化奠定了产业及用户基础，保险电子商务化时代已经到来。2013年以来，人们见证了互联网保险迅猛发展的关键时期。互联网保险具备一切新事物所拥有的朝气和活力，虽然现在说互联网保险将替代传统保险为时尚早，但是未来互联网保险的发展潜力无比巨大。越来越多的保险公司意识到，互联网保险不仅是销售渠道的变迁，还是依照互联网的规则与习惯，对现有保险产品、运营与服务模式的变革。真正的互联网保险，不仅仅是把传统的保险产品移植到网上，更是重新构建股东、客户、企业、网络平台以及关联各方的价值体系和运作逻辑；不但要搭建O2O、B2C的保险营销架构，更要探索客户需求定制服务，甚至未来可能形成基于互联网的保险互助机制，让互联网保险这一新兴渠道真正形成一种新的业态。

未来，移动互联网产业将掀起互联网保险新一轮发展高潮，它将围绕移动终端开展全方位的保险业务，包括产品销售、保费支付、移动营销及客户维护服务等一系列业务活动。保险业在移动终端的应用可分为四步：第一是无纸化，将纸质保单转换为电子保单；第二是智能化，在无纸化基础上，实现展业、投保等业务简易、规范操作；第三是定制化，为客户提供回归保障本质的高级定制保险产品；第四是打造智能移动保险生态系统，包括高级定制的产品线，也包括打破时间、空间局限的全方位移动服务。

**2. 我国互联网保险政策梳理**

中国互联网保险监管是逐步建立的，并且不断完善，引领、支持、伴随着互联网保险业的发展。2011年4月，中国保监会发布《互联网保险业务监管规定(征求意见稿)》，是正式对互联网保险进行监管的标志。2014年4月，中国保监会发布《关于规范人身保险公司经营互联网保险有关问题的通知(征求意见稿)》,正式就寿险公司经营互联网保险的条件、风险监管等问题向业内征求意见。2014年8月,国务院发布的《国务院关于加快发展现代保险服务业的若干意见》明确指出,支持保险公司运用网络、云计算、大数据、移动互联网等新技术促进保险业销售渠道和服务模式创新。2015年7月,中国保监会发布《互联网保险业务监管暂行办法》,从经营条件、经营区域、信息披露、监督管理等方面明确了互联网保险业务经营的基本经营规则,标志着我国互联网保险业务监管制度正式出台。监管体系为行业发展指导方向、制定制度、提供环境支持和调解行业纠纷,有利于整个行业的蓬勃发展。

互联网保险作为中国保险业发展的新生事物,必须在实践中不断总结经验,不断修正监管措施与民事审判方式,以适应新的发展趋势。表9.4为我国互联网保险的相关法律法规。

表9.4 我国互联网保险的相关法律法规

| 时 间 | 发布部门 | 法规名称 | 意 义 |
| --- | --- | --- | --- |
| 2005.10 | 中国人民银行 | 《电子支付指引(第一号)》 | 电子商务的法律法规建设为互联网保险的保费支出提供了法律依据 |
| 2006.03 | 中国银监会 | 《电子银行安全评估指引》《电子银行业务管理办法》 | |
| 2006.06 | 国务院 | 《国务院关于保险业改革发展的若干意见》 | 政府对互联网保险发展的支持和鼓励 |
| 2006.09 | 中国保监会 | 《中国保险业发展"十一五"规划纲要》 | 对网络保险的发展作了明确的指示 |
| 2006.12 | 中国保监会 | 《中国保险业发展"十一五"规划信息化重点专项规划》 | |
| 2009.12 | 中国保监会 | 《保险公司信息化工作管理指引(试行)》 | 促进保险公司工作管理信息化,提高保险业运营效率和信息化水平 |
| 2011.04 | 中国保监会 | 《互联网保险业务监管规定(征求意见稿)》 | 对保险企业和中介机构开展网络保险作出要求 |
| 2011.08 | 中国保监会 | 《中国保险业发展"十二五"规划纲要》 | 促进保险电子商务发展,推动互联网、云计算及电子保单等技术的应用 |
| 2011.09 | 中国保监会 | 《互联网保险业务监管规定(征求意见稿)》 | 保护保险相关人员的合法权益,促进互联网保险业务有序健康发展 |
| 2012.05 | 中国保监会 | 《关于提示互联网保险业务风险的公告》 | 除保险公司、保险代理公司、保险经纪公司以外,其他单位和个人不得擅自开展互联网保险业务 |
| 2012.10 | 中国保监会 | 《关于坚定不移推进保险营销员管理体制改革的意见》 | 鼓励保险公司积极走多元化的营销路线 |
| 2013.03 | 中国保监会 | 《保险代理、经纪公司互联网保险业务监管办法(试行)》 | 互联网保险是保险业新型渠道 |

续表

| 时间 | 发布部门 | 法规名称 | 意义 |
| --- | --- | --- | --- |
| 2013.08 | 中国保监会 | 《关于专业网络保险公司开业验收有关问题的通知》 | 利于规范网络保险人资格审查 |
| 2014.08 | 中国保监会 | 《国务院关于加快发展现代保险服务业的若干意见》 | 强调现代保险服务业发展的重要意义,促进现代保险服务业规范健康发展 |
| 2015.07 | 中国保监会 | 《互联网保险业务监管暂行办法》 | 大幅度放宽了互联网保险业务经营区域的限制、经营主体的范围等,为互联网保险业务的规范健康发展创造了良好的发展环境和条件 |
| 2016.03 | 中国保监会 | 《关于规范中短存续期人身保险产品有关事项的通知》 | 明确规定了中短存续期产品需要满足的条件和范围 |
| 2016年4月 | 中国保监会 | 《互联网保险风险专项整治工作实施方案》 | 严厉整治高现金价值业务、保险机构跨界合作、非法经营互联网保险业务 |
| 2019年4月 | 中国银保监会 | 《2019年保险中介市场乱象整治工作方案的通知》 | 继续压实中介渠道责任,排查中介机构合规性以及强化整治第三方平台 |
| 2020年10月 | 中国银保监会 | 《关于规范互联网保险销售行为可回溯管理的通知》 | 明确互联网保险销售行为可回溯管理的定义和范围,规范保险机构互联网销售页面管理,销售过程管理、可回溯内控管理等管理要求 |
| 2020年12月 | 中国银保监会 | 《互联网保险业务监管办法》 | (1)明确互联网保险业务的定义,强调线上线下渠道分别管理;(2)强化持牌经营原则,规范互联网企业从事保险代理业务的要求;(3)规范互联网保险营销宣传,售后服务等行为;(4)强调保护消费者;(5)保险经营属地扩大至全国,不再强调险种差异 |
| 2021年10月 | 中国银保监会 | 《关于进一步规范保险机构互联网人身保险业务有关事项的通知》 | 着力规范互联网人身保险领域的风险和乱象,统一创新渠道经营和服务标准,旨在支持有实力、有能力、重合规、重服务的保险公司,应用互联网、大数据等科技手段,为社会公众提供优质便捷的保险服务 |

(资料来源:中国人民银行、国务院和中国保监会网站相关资料。)

**3. 我国互联网保险发展现状**

1997年11月28日,中国保险信息网为新华人寿促成了第一单网络保险业务,成功开启了我国保险的电子商务之旅;1999年8月平安保险、太平洋保险以及泰康人寿分别开通各自的电子商务系统，预示着我国网络保险时代即将到来。此后，国内各家大型保险公司逐步建立了自己的门户网站；直到 2005 年 4 月 1 日，中国人民财险公司正式推出并签售国内第一张电子保单，代表真正意义上的互联网保险已经到来。此后，互联网保险在竞争中逐步细分市场并得到了较大发展。

1) 互联网保险平台数量

根据图 9.8 可知，2012—2020 年，我国经营互联网保险业务的企业数量呈快速增长趋势。2012 年，国内经营互联网保险业务的公司只有 34 家，2020 年增加到了 134 家，是 2011 年的近 4 倍，占保险公司总数量的比重由 2012 的 20.7%升至 2020 年的 57.0%。其中参与互联网人身险公司为 61 家，参与互联网财产险的公司为 73 家。越来越多的传统保险公司开始加速布局互联网保险。

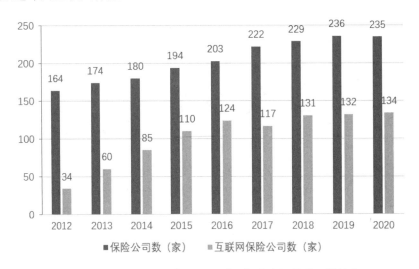

图 9.8　2012—2020 年我国互联网保险公司数量及增长率

2) 互联网保险收入

2012—2015 年，互联网保险的保费收入规模不断扩大，增速均在 160%以上。蓬勃发展的驱动因素之一是部分中小保险公司主要是通过理财型保险的收益率优势抢占保险市场，随着监管引导保险回归保障本源，整体规模出现边际收缩回落。2016 年，我国互联网保险的保费收入规模增速开始下降，2016 年增速为 2.9%，2017 年互联网保险的保费收入规模为 1875.27 亿元，同比下降 18.4%。2018 年互联网保险业务在规范发展下，保费收入开始出现回升。2020 年我国互联网的保费收入规模总共为 2908.8 亿元，同比上升 7.9%。如图 9.9 所示。

3) 互联网保险渗透率

2012—2015 年，中国互联网保险经历了爆发式增长，保费收入增长近 20 倍。但在互联网保险渗透程度方面，最顶峰的时候也仅为 2015 年的 9.2%。从 2016 年开始，互联网保险保费规模增长陷入停滞并开始减少，渗透率连年下滑，到 2018 年，渗透率仅为 5%，其主要原因是受保险业政策影响，给互联网保险行业发展带来了短期阵痛。

从长远发展来看，政策调整后的互联网保险行业能够更加健康的发展，2019—2020

年，互联网保险渗透率有所回升，2020 年为 6.4%。从渗透率可发现我国互联网保险市场渗透率还不足 10%，未来仍然有巨大的发掘空间。如图 9.10 所示。

图 9.9　2012—2020 年中国互联网保险保费收入规模及增速

图 9.10　2012—2020 年中国互联网保险市场渗透率变化情况

4)　互联网保险投保客户

根据中国保险业协会统计显示，2017—2021 年互联网人身保险投保客户数量从 656.8 万人增长到 3041.9 万人，2021 年较 2020 年同比增长 66.8%。此外，在官网流量(PV)方面，2021 年累计达 61.1 亿人次，较去年同比增加 28.6%。排名第一的平安人寿 2021 年官网流量累计达 50.1 亿人次，较 2020 年同比增长 52.4%；排名第二位的太平洋人寿官网流量累计达 6.5 亿人次，较 2020 年同比下降 27.5%。

互联网保险投保客户数量的增长很大程度上得益于网络技术的发展和移动设备的普及，得益于人们消费习惯的日渐改变，网购已成为人们生活中不可或缺的一部分。中国互联网络信息中心(CNNIC)发布的第 49 次《中国互联网络发展状况统计报告》显示，截至 2021 年 12 月，我国网民规模达 10.32 亿，较 2020 年 12 月增长 4296 万，互联网普及率达

73.0%。

5) 互联网渠道优势

互联网保险增速惊人，主要是由于保险业中来自传统渠道的增长日趋乏力，同时互联网浪潮下居民消费习惯的改变。

首先，从保险业渠道来看，传统代理人渠道增长较慢，主要是源于保险主体增加，竞争激烈，各公司增员难度不断增加。另外受《关于进一步规范商业银行代理保险业务销售行为的通知》的影响，商业银行的每个网点在同一会计年度内不得与超过3家保险公司(以单独法人机构为计算单位)开展保险业务合作，导致银保渠道拓展空间受限。以上因素促使保险公司不得不进行渠道的创新，而互联网的低成本运营和广大用户群体正是受保险公司青睐有加的原因。事实证明，互联网保险确实发展惊人，在图9.11中，通过对比2015—2020年互联网保险保费收入增速和保险业保费收入增速就可以证明此趋势。

其次，居民消费习惯发生巨大改变，主要是互联网的普及带动网民数量增长，网购市场日益成熟。数据显示，截至2021年12月，中国网购用户规模达到8.4亿，比2020年12月增长7.67%。我国网络购物市场依然保持快速、稳健增长趋势，互联网市场的高度繁荣，已经扩张到金融领域。近年来，互联网巨头通过创新的金融服务和便捷的用户体验在互联网金融领域不断发力。网民对于金融产品的接受程度不断提高，给网络保险营销提供了广阔的发展空间。

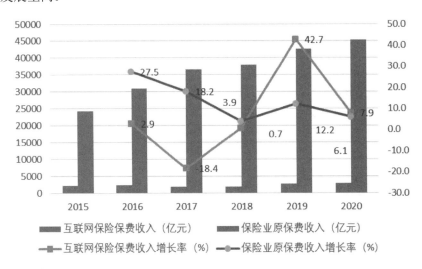

图9.11　2015—2020年互联网保险保费收入增速与保险业保费收入增速对比

互联网保险虽然保持着高速发展，但其在整个保险市场中所占比重还很低，与欧美发达国家相比有着很大差距。美国全国保险委员协会(NAIC)报告称，2020年美国网络保险市场直接承保保费增长到约41亿美元，同比增长29.1%。承保独立网络保险的保险公司直接承保保费约为25.8亿美元，而那些作为一揽子保险的一部分承保网络保险的保险公司直接承保保费约为14.9亿美元。网络保险公司的支出超过了所付保费的70%，网络保险的保费正在上升。

表9.5列举了中国互联网保险发展重要事件。

表 9.5　中国互联网保险发展重要事件

| 时间 | 重要事件 |
| --- | --- |
| 1997 | 第一家保险网站——中国保险信息网建成，它是我国最早的保险行业第三方网站 |
| 2000 年 3 月 | 首次实现网上投保功能的电子商务保险网站"网险网"诞生 |
| 2000 年 8—9 月 | 平安保险的"PA18 新概念"和泰康保险的"泰康在线"电子商务平台分别建立，实现了在线保险销售 |
| 2001 年 3 月 | 中国太平洋保险北京分公司开通了"网神"，推出了 30 多个险种，开始了真正意义上的保险网络营销 |
| 2005 年 4 月 | 《中华人民共和国电子签名法》颁布，使互联网保险真正开始发展 |
| 2011 年 9 月 | 《保险代理、经纪公司互联网保险业务监管办法(试行)》出台，标志着中国互联网保险业务逐渐走向规范化、专业化 |
| 2012 年 8 月 | 平安人寿发布首个应用于寿险保单服务的 App；泰康人寿携手携程网、淘宝网打造互联网保险 |
| 2012 年 12 月 | 泰康人寿登录京东商城开通保险频道；国华人寿通过淘宝聚划算网络营销平台推出 3 款万能险产品 |
| 2013 年 2 月 | 由平安保险董事长，腾讯 CEO 和阿里巴巴集团董事局主席共同出资设立的全国首家网络险企——众安保险成立。随后易安财险、安心财险、泰康在线三家网络险企相继获批成立，截至目前中国专业互联网保险公司共四家 |
| 2014 年 8 月 | 《国务院关于加快发展现代保险服务业的若干意见》出台，明确提出支持保险公司积极运用现代互联网技术和服务模式的创新 |
| 2015 年 6 月 | 众安保险获得来自摩根士丹利、中金、鼎晖投资、赛富基金、凯思博 5 家财务投资机构 57.75 亿元的 A 轮融资，估值达 500 亿元 |
| 2015 年 7 月 | 《互联网保险业务监管暂行办法》出台，在经营原则、区域、信息披露、经营规范、监管管理等方面对互联网保险经营进行了规范 |
| 2015 年 12 月 | 2015 年众安保险保费业务收入为 22.83 亿元，同比增长 187.5%；净利润为 1.68 亿元，同比增长 517.38% |
| 2016 年 | 水滴等保险创业公司开始创立，为"互助+众筹+保险"模式 |
| 2017 年 11 月 | 微保上线，严选保险超市模式，每险种仅挑选 2—3 款高性价比产品上线 |
| 2017 年—2018 年 | 深蓝保、蜗牛保险、多保鱼、相继诞生，以互助、筹资业务激发需求，引流至保险商城 |
| 2020 年 12 月 | 《互联网保险业务监管办法》出台，厘清互联网保险业务定义，强化持牌经营原则，规范保险营销宣传行为的标准和管理要求；基本业务规则与特殊业务规则相结合，针对互联网保险公司、保险公司、保险中介机构、互联网企业代理保险业务按经营主体实施分类监管 |
| 2021 年 10 月 | 中国银保监会发布《关于进一步规范保险机构互联网人身保险业务有关事项的通知》着力规范互联网人身保险领域的风险和乱象，统一创新渠道经营和服务标准，旨在支持有实力、有能力、重合规、重服务的保险公司，应用互联网、大数据等科技手段，为社会公众提供优质便捷的保险服务 |

## 9.5 我国互联网保险商业模式

目前,基本的互联网保险商业模式主要有五种,即官方网站模式、第三方电子商务平台模式、网络兼业代理模式、专业中介代理模式和专业互联网保险公司模式,如表9.6所示。

表9.6 我国互联网保险商业模式一览表

| 模式 | 含义 | 特征 | 典型代表 |
| --- | --- | --- | --- |
| 官方网站模式 | 大、中型险企、保险中介等所建立的自主经营的网站 | 借助网络直接销售保险产品,为网络直接销售 | 中国太平洋保险、平安、阳光等设立官网 |
| 第三方电子商务平台模式 | 独立于商品或服务交易双方,使用互联网服务平台,依照一定的规范,为交易双方提供服务的电子商务企业或网站 | 类似金融超市,提供包括保险产品在内的多种金融产品供用户选择 | 淘宝保险频道、京东商城保险频道、苏宁保险销售有限公司 |
| 网络兼业代理模式 | 在从事自身业务的同时,接受保险公司的委托,在保险公司授权范围内代办保险业务的各类机构 | 门槛低、办理简单、对经营主体规模要求不高。有的与自身业务有一定联系 | 网银代销、携程、中国航空运输协会、移动、铁路系统、航空、车商等 |
| 专业中介代理模式 | 根据保险公司的委托,向保险公司收取保险佣金,在保险公司授权的范围内专门代为办理保险业务的机构 | 由第三方代理销售保险产品、代理收取保险费、代理相关保险业务的损失勘察和理赔等业务 | 慧择保险网、富脑袋保险网、中民保险网、优保网等 |
| 专业互联网保险公司模式 | 全部线上业务,产品针对互联网领域的风险,销售主要依靠互联网的专业保险公司 | 完全通过互联网进行销售和理赔 | 众安保险、泰康在线 |

### 9.5.1 官方网站模式

**1. 模式简介**

传统保险公司的官网模式是这几种模式中出现最早,也是各大保险公司最早所采用的模式。官方网站是指主办者在互联网上所持有的属于自己的网站,它体现着该网站主办者的意志,一般带有权威专用的性质。官方网站模式是指传统保险公司通过自己建立的官网来展现自身品牌、保险产品信息、保险产品销售和提供在线咨询及服务等,如平安、中国太平洋保险、国寿、中国人民保险、泰康人寿等传统保险公司均通过官方网站销售保险产品并提供支付、理赔、保单查询、续保、咨询等一站式服务,如图9.12所示。

公司如果选择通过官方网站模式开展互联网保险业务,需要有足够多的客户并且这些客户能经常关注公司的官网。建立官方网站的公司需要具备三个条件:一是资金充裕,二是拥有丰富的产品体系,三是具有管理和运营能力。这方面,泰康人寿是典型的成功案例。因此对于大多数有实力的保险企业来说会选择此种模式。

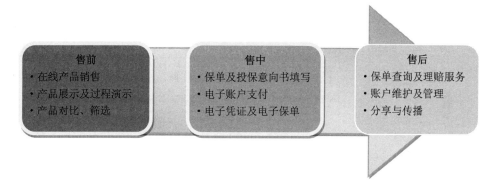

图 9.12　保险公司线上平台一站式服务

在我国互联网保险业的发展进程中，2000 年是具有里程碑意义的一年，平安保险、太平洋保险、泰康人寿相继成立官方网站作为直销平台。建立官方网站模式有利于保险企业自身品牌的建设和推广，有利于在公众面前树立良好的公司形象，有利于降低对第三方网络平台的依赖。但这种模式也有其弊端。首先，要使官网不仅具有展现自身品牌、展示保险产品信息的功能，还具有销售保险产品、提供在线咨询和服务的功能，需要对传统的运营体系和流程进行大刀阔斧、适合互联网特点的改造，建立和使用互联网快速、便捷、安全的线上管理信息系统(MIS)、客户关系管理系统(CRM)、企业资源计划系统(ERP)等。其次，保险是一种"非渴求型"商品，加之受传统文化的影响，我国居民缺少主动购买保险的习惯，主动访问官网的客户较少，而电子商务网站的流量是至关重要的前提条件，为了获得较多的流量，前期需要在线下传统媒体、线上百度、谷歌等搜索引擎或者大的门户网站投入巨资做广告，把客户吸引到官网上来。最后，官网毕竟只是提供本公司的产品供用户选择，不便于其进行横向比较。

表 9.7 为我国主要保险公司自建网络平台情况，图 9.13 为互联网保险官方网站模式运作流程。

表 9.7　我国主要保险公司自建网络平台情况

| 公司 | 网络平台 | 主要险种 | 运营机构 |
| --- | --- | --- | --- |
| 中国人寿 | 国寿 e 家 | 人身保险 | 中国人寿电子商务有限公司 |
| 中国平安 | 网上商城、万里通、一账通 | 人身险、车险、意外险以及小微团险 | 事业部负责 |
| 中国太平洋保险 | 在线商城 | 在线 e 购、车险直通车、人身保险 | 事业部负责、太平洋保险在线服务科技有限公司 |
| 新华保险 | 网上商城 | 人身保险 | 新华电子商务有限公司 |
| 太平人寿 | 网上商城 | 人身保险、车险、意外险 | 太平电子商务有限公司 |

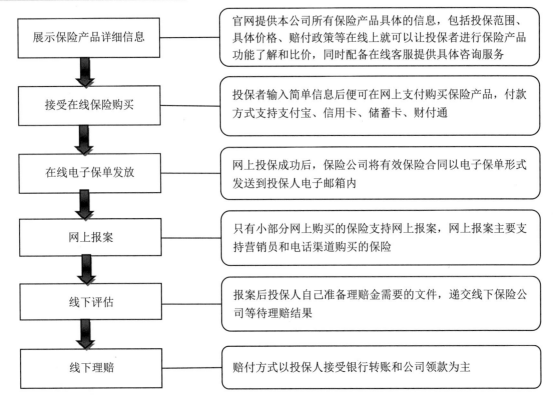

图 9.13 互联网保险官方网站模式运作流程

### 2. 案例

中国平安于 2011 年启动了互联网保险业务发展计划,其发展主要定位于自建平台的 B2C 业务经营模式。通过重组优势资源,平安保险在产品、渠道、平台三个方向发力,通过差异化专属保险产品的设计适应互联网营销模式的产品、流程,逐步构建自营的互联网保险生态。同时,平安保险非常重视线上与线下的融合业务模式,力争稳步合规地逐步实现向互联网保险的业务转型。

1) 互联网保险经营状况

面对互联网保险快速增长,平安人寿、健康险等业务均已在几年前快速布局互联网业务,其中平安健康险针对消费者日益增长的健康保障需求,于 2015 年首创了平安 e 生保百万医疗保险,深受新老客户欢迎。但寿险方面,因寿险产品专业性与复杂性,客户难以仅通过简单产品介绍与条款阅读进行投保判断。因此,平安人寿持续开展"线上+线下"多渠道联动,为客户提供专业的保险服务,满足客户需求,推动产品销售。同时,中国平安在积极致力销售队伍的改革转型,注重队伍素质很能力的提升,进一步提高销售品质,走高质量发展道路,提升客户体验。

2) 平安人寿模式互联网发展的挑战

我国公民的保险意识不强,对保险的理解和认识与发达国家尚有距离,而采用网络购险这种模式,顾客的认可程度不高。

当前我国个人信用体系的建立并不完善,尤其是基于互联网的数字交易,保险公司很难客观准确地评判个人的具体情况,自然加大了逆向选择风险。另外产品研发的相对滞后,导致了传统产品直接搬上网的情况,这也使用户在选择产品时存在困难,同时各家产品趋同,很难树立起自己的品牌效应和市场口碑。因此,适应互联网销售的保险产品的研发迫在眉睫。

3) 平安互联网保险业务发展规划

平安互联网保险的发展计划,主要是将金融业务通过"互联网+"融入人们日常的"医、食、住、行、玩"生活等场景,初步形成"一扇门、两个聚焦、四个市场"的战略体系,从传统的销售主导的代理人保险机制,向长期服务用户、提高用户黏性的方向转变;从传统的人海战术的销售模式,向科技营销知识营销的方向发展;从之前投入大量资源的推动型营销,向精准投放的数据影响转型。把握在互联网时代成长的新投保人群,保障其业务的稳定快速增长。

## 9.5.2 第三方电子商务平台模式

### 1. 模式简介

第三方电子商务平台的模式是指保险公司与第三方电子商务公司合作,在第三方电子商务公司的网站上开展保险业务。第三方电子商务平台包括两类:一类是综合电子商务平台,包括淘宝网、苏宁易购、京东网、腾讯网、新浪网等;另一类是保险中介电子商务平台,主要由保险专业中介机构(包括保险经纪公司、保险代理公司等)建立网络保险平台,目前有优保网、慧择网、中民保险网等。这类平台的网站并不是保险公司的网站,而是保险公司技术服务的提供者,它可以为保险公司及中介等相关机构和个人共用,可以为多数保险公司提供网上交易及清算服务。公司借助第三方平台开展互联网保险业务,大多暂时没有大量的客户关注度,因而只能先通过该平台来展示和销售自己公司的保险产品,等到聚集了一定规模的知名度和人气后,再选择开通自己的官网销售渠道。在这类平台中,比较具有代表性的是天猫。目前已经有许多家企业在天猫上开设了自己的官方旗舰店来集中销售公司的产品。同样京东等大型电子商务网站也已经有公司入驻。除了电子商务网站,搜狐、新浪等综合服务类网站也开始介入互联网金融,在网上直接销售金融产品。表 9.8 为我国主要的电子商务平台保险销售情况。

表9.8 我国电子商务平台保险销售情况

| 电子商务平台 | 合作险企 |
| --- | --- |
| 淘宝 | 目前在淘宝官方旗舰店设立旗舰公司的财险公司和寿险公司分别达到 10 家和 16 家,产品涉及车险、旅行险、少儿险、健康险、财产险、意外险和理财险等多个险种 |
| 苏宁易购 | 合作险企主要包括中国平安、太平洋保险、泰康人寿、阳光保险和华泰保险 5 家 |
| 京东商城 | 与泰康人寿、太平洋保险等 7 家险企开展了合作 |
| 腾讯拍拍网 | 主要合作险企有平安车险、阳光车险、太平洋车险、天平车险 |
| 网易 | 目前以车险产品为主,合作保险公司包括中国平安、中国人民保险、太平洋保险、阳光保险和大地保险等 5 家 |

电子商务模式的特点是流量大、用户多、产品全、信息透明、便于比较，用户可以像购买普通商品那样随时与店家沟通，购买体验较好，与目前互联网行业中多数生活服务领域的业务相似，为大众所普遍接受。但在目前的商业合作模式下，后续及落地服务是电子商务渠道发展的主要瓶颈，电子商务与保险企业在合作过程中，如何进一步优化服务流程，打消消费者购买顾虑，是需要着重考虑的问题。

2. 案例

淘宝保险于 2010 年正式上线，泰康、阳光、华泰 3 家保险公司作为首批合作伙伴，开始通过淘宝网销售旗下保险产品。目前已有多家保险公司进驻天猫平台开设官方旗舰店，集中售卖自己的保险产品。目前天猫汇集了超过 50 家保险公司，近 2000 件保险产品，主要包括医疗健康险、旅行险、意外险、人寿险和财产险和车险。

目前淘宝保险的产品线主要有三条，如表 9.9 所示，第一条是由各险企旗舰店提供的产品，由淘宝保险平台集中展示，伴有销量和评价的呈现。第二条是淘宝专供的保险产品，主要是针对淘宝和天猫等平台的货品售卖定制的配套保险产品。第三条是淘宝和险企一同研发的创新型保险产品，如赏月险、吃货安全保障险等。

表9.9 淘宝三条保险产品线

| 产品板块 | 险种类型 |
| --- | --- |
| 险企产品 | 车险、旅行险、意外险、健康险、理财险、少儿险、财产险 |
| 淘宝专供 | 退货运费险、淘车保、淘保包、货到付款拒签险、家纺产品鉴定险 |
| 创新型产品 | 赏月险、春运回家保障、脱单险、爱你一世怀孕津贴、吃货安全保障险、母婴健康保障险 |

## 9.5.3 网络兼业代理模式

1. 模式简介

网络兼业代理模式是在互联网时代衍生出的保险产品代理模式之一，它的优点在于办理简单、低门槛和对经营主体的规模要求不高等，目前已经成为互联网保险公司中介代理模式中主要的业务模式之一。这种模式是指航空、银行、旅游等非保险企业，通过自己的官方网站代理保险企业销售保险产品和提供相关服务等。网络兼业代理机构一般销售与其主业有一定关联的保险产品种类。例如，人们乘坐飞机时会有飞机失事的风险，航空公司便代理销售航空意外险；银行客户如果有投资理财需求，银行可以针对这些客户代理一些投资联结保险产品。网络兼业代理机构可以提供给客户更好的增值服务，另外自己也能获取利润。但目前许多兼业代理机构都以自己的主业为主，代理的保险产品种类较单一，因而对保险产品的销售也不会投入较大的财力和物力，在客户体验度方面效果不佳。

2011 年 9 月，保监会发布的《保险代理、经纪公司互联网保险业务监管办法(试行)》明确规定：一方面，只有获得经纪牌照或全国性保险代理牌照的中介机构才可以从事互联网保险业务；另一方面，大量垂直类的专业网站在不具备上述监管要求的条件下，可以技术服务形式使用兼业代理的资质与保险公司合作开展业务。我国保险兼业代理机构主要分为银行类代理机构、航空类代理机构、旅游预订类代理机构等,如表 9.10 所示。

表9.10 我国保险兼业代理机构情况

| 兼业代理机构 | 内容介绍 |
| --- | --- |
| 银行类代理机构 | 工商银行、农业银行、招商银行等均在其官方网站上设有购买保险的专栏 |
| 航空类代理机构 | 中国国际航空公司(国航)、南方航空、厦门航空等,会在客户在线订购机票时附加航空意外伤害保险供客户选择 |
| 旅游预订类代理机构 | 去哪儿网、携程网等,客户在预订机票及旅游服务时可以选择购买保险 |
| 其他类代理机构 | 如厦门翼华科技有限公司,通过为其母公司美国在线健康保险代理有限公司提供技术、咨询服务,积累了丰富的网络保险经验,技术实力强,而且其网络平台(优保网)具有较高的点击率,受众面较广 |

### 2. 案例

携程网是中国领先的在线票务服务公司,创立于 1999 年,总部设在上海。携程网除向会员提供包括酒店预订、机票预订、度假预订、商旅管理、高铁代购以及旅游资讯在内的全方位旅行服务外,还与保险公司合作,在线代理销售保险,如交通意外保险、旅游救助保险等。携程一直在积极推进保险代理业务集中化、规范化、电子化的进程,包括投入了大量人力、物力和资源,于 2009 年推出的业内领先的电子化保险销售平台,并首次推出了电子保单;通过电子化保险销售平台,对保单可以进行即时验证。

2011 年经中国保监会批准,注资设立专业保险代理公司——携程保险代理有限公司。携程保险代理有限公司业务范围包括在全国区域内(港、澳、台除外)代理销售保险产品、收取保险费、相关保险业务的损失勘查和理赔以及中国保监会批准的其他业务。目前携程保险代理有限公司已成为携程旅行网集团的重要品牌之一,携程旅行网在售所有保险产品的销售、服务均由携程保险代理有限公司承接,并联合中国人寿、中国平安、中国人保、太平洋保险、泰康保险、新华保险等国内颇具实力的保险公司,为携程旅行网(www.ctrip.com)的 2.5 亿注册会员提供航空意外伤害保险、铁路交通意外伤害保险、旅行医疗救援保险及财产保险等保险代理业务。公司专业化的旅行保险产品可以按照客户需要进行最佳组合,从而使客户获得最大保险保障。

## 9.5.4 专业中介代理模式

### 1. 模式简介

专业中介代理模式是指由保险经纪或代理公司搭建自己的网络销售平台,代理销售多家保险企业的产品并提供相关服务,客户可以通过该平台在线了解、对比、咨询、投保、理赔等,这些公司实际发挥的是中介代理的作用。专业中介代理模式包括两类:一类是聚焦保险产品的垂直搜索平台,利用云计算等技术精准、快速地为客户提供产品信息,从而有效解决保险市场中的信息不对称问题,典型的有富脑袋、大家报等;另一类保险门户定位于在线金融超市，充当网络保险经纪人的角色，为客户提供简易保险产品的在线选购、保费计算以及充当综合性保障安全等专业性服务，代表的有大童网、慧择网等。2006年，慧择网成立，这是第一家集保险预约购买、产品对比和垂直交易功能于一体的第三方网络保险综合平台。随着我国互联网保险的迅猛发展，利用专业中介网站销售保险产品，即第三方网络保险平台销售模式日渐风行。迄今，我国第三方网络保险平台主要有优保网、慧择网、捷保网、e家保险网、车盟、搜保网、中民保险网、开心保网等，如表9.11所示。

表9.11 我国第三方网络保险平台基本介绍

| 第三方网络保险平台 | 基本介绍 |
| --- | --- |
| 优保网 | 2005年设立，是国内第一家外资第三方保险平台，其母公司 eHealth 是美国最大的健康险在线投保平台，纳斯达克上市企业。其主要险种为意外保险、健康保险、人寿保险。产品实现全国销售，实现电子化保单，最快一小时生效，支持网银、银联、支付宝付款，通过中国电子商务诚信认证 |
| 慧择网 | 2006年在深圳成立，产品种类在网络销售的范围内比较齐全。主要实现电子化销售的产品有意外险、旅游险、家财险、货运险等。可实现电子化保单，支持网银、银联、支付宝付款 |
| 捷保网 | 技术支持为深圳市安网科技有限公司，2008年推出，主要产品有意外险、意外医疗险、家财险、部分健康险、保险卡等。支持网上支付，经营范围为全国 |
| e家保险网 | 2006年在上海设立，主要险种有汽车保险、出国保险、意外保险、健康医疗保险、家财保险。实现电子化保单，支持支付宝付款 |
| 车盟 | 总部在上海，成立于2005年。经营车险，主要经营范围为上海市、江浙部分城市。在线对比选择获得报价，填写信息，送单收保费 |
| 搜保网 | 2006年在北京设立。经营车险，主要经营范围：北京、深圳、广州、东莞、天津。模式为网站+呼叫中心。车险投保方式为在线选择、获得报价，信息审核制 |
| 中民保险网 | 2008年成立，是现今唯一覆盖车险、旅游保险、意外保险、家财险、健康保险、人寿保险等险种在内的、产品线最全的第三方网络保险平台 |
| 开心保网 | 2016年成立，提供产品信息、产品在线对比选择、网上代理销售寿险及财险产品 |

专业中介代理模式的优点为：保险类门户网站对各家保险公司的产品信息进行汇总，并为客户和保险公司提供交易平台。同时，为客户提供诸如综合性保障方案评估与设计等专业性服务，以确保在服务营销为主的保险市场中，依靠更好的增值服务争取到更多的客户资源。

专业中介代理模式的缺点包括以下几点。①产品单一。线上保险中介销售的产品同质化严重，各家都均以一年期短期意外险为主。②线上保险中介没有很好地了解市场和客户。③销售规模受到限制，很多公司担心线上销售收入扣除成本后不足以维系公司运转，故对该模式的投入停留在初期阶段。④运营模式有待创新，虽然某些线上保险中介是互联网公司，但在公司内部的组织架构及业务运营基本走的是线下传统模式，运营方式创新有限。

## 2. 案例

慧择网上线于 2006 年，由中国保监会批准成立，是首批获得保险网销资格的网站，也是国内成立时间最早、规模最大的第三方独立保险电子商务平台，致力于为个人和企业用户提供包括保险垂直交易、风险评估、理赔协助等在内的一站式保险综合服务。

目前，慧择拥有网站和移动应用两个入口，慧择保险 2020 年 2 月 12 日在纳斯达克上市，正式成为第一家上市的保险电商企业，慧择保险和 100 多家保险公司都有合作，提供出行、医疗、家庭保障规划等全方位的保障，产品线涵盖了意外险、健康险、人寿险、企业险、车险、家财险等全险种产品，服务用户超过 2000 万，并且慧择保险平台上的很多产品都是慧择依据用户需求，找保险公司专门设计开发的。具体到网站产品分类上，慧择网采用了人群和场景细分，同时采用了精选方案、保险品牌和产品排行等方式供用户选择。慧择网定位为"互联网保险服务平台"，具体到保险服务，慧择网提供了销售端的"顾问式服务"和售后的"理赔O2O平台"。慧择网的创新之处如下几点。

1) 顾问式销售服务

慧择在合肥设立了专门的 7000 平方米的后援服务中心，300 余名专业的保险客服团队，提供 7×24 小时电话/在线服务，客户办理理赔过程中同时提供 1 对 1 专属理赔顾问，随时为用户解答所有的服务疑问。除此之外，慧择极为重视客户质量的提升，建立了诸多规则：如不让用户在咨询时按数字键进行分类，而是人工接通根据客户需求帮其转接；在介绍产品计划时，要求客服必须给用户三个选择。顾问式服务能够与用户深度互动，慧择保险正通过对客户行为习惯的深入分析，从而预测消费者的购买和服务需求；同时，慧择还尝试利用大数据分析洞察消费者需求，建立产品开发能力，整合国际再保险和保险公司，介入产品生产环节，从而获取利润分成。

2) 交叉销售及打包服务

作为保险电子商务平台，慧择充分发挥平台优势，按照不同的保险产品入口进行下一步的购买引导，透过组合型的保险方案，将慧择多项服务打包进行保障升级或交叉销售，增进客户关系，为客户规划全面的家庭保障。一方面，结合寿险、健康险、旅游险、意外险、财产险、车险建立交叉行销模式，在满足用户的基本保险需求外，透过专属客户经理的解说及服务，进一步销售较为复杂的产品，如终身寿险、年金险及储蓄型保险等产品，并提供定制化产品，如少儿险、老人险等家庭组合建议。另一方面，由保险公司提供基本旅行保险产品，在此基础上慧择将打包其他衍生服务，如搭配慧择救援(第一现场救援)与慧择服务(根据产品需要，从慧择服务中挑选出与产品切合度高的服务进行组合)。

3) 黑名单和人机混合双重风控

骗保是网销保险中重要的风控问题，为了提高风控效率，慧择选择了黑名单共享和人机混合的风控模式。一方面，慧择携手合作的保险公司建立首个业内保险黑名单的公共平台；另一方面，在内部建立了"人机混合的风控体系"，通过制定标准的相关规则在系统内自动筛选嫌疑对象，再通过人工线下核实具体情况以判断是否列入黑名单。相关的规则包括投保人的一系列高风险行为，例如，同时投保多家保险公司，投保日期与投保生效日期接近且出险超过 2 次，同一区域或者同一医疗机构多次出险，等等。

4) 理赔 O2O 平台

目前的传统保险公司，其业务涵盖承保、理赔、投资等多个环节。借助慧择平台，用户在住院门诊、航班延误、行李丢失等赔付情况中，只需要通过手机或 PC 端，登录慧择理赔平台，上传资料，就可以收到赔款。这将大大满足用户的保险理赔需求，改变用户对保险业的看法。同时，为了让用户享受最快的极致理赔和服务体验，针对简易赔案，慧择将携手合作的保险公司陆续推出小额快赔服务：2000 元以下，上传资料，一天赔付。

## 9.5.5 专业互联网保险公司模式

### 1. 模式简介

专业互联网保险公司模式是指专门针对互联网保险需求，不设线下分支机构，从销售到理赔全部交易流程都在网上完成的保险经营模式。根据保险公司经营业务主体的不同，专业互联网保险公司大致可分为三种：产寿结合的综合性金融互联网平台、专注财险或寿险的互联网营销平台和纯互联网的"众安"模式。

专业互联网保险公司的运作模式和未来发展方向备受社会关注，但目前因受公司规模、机构落地服务能力等条件的限制，受众面较窄，线上成交的保费规模还比较少，运营模式也在不断探索和尝试之中。随着互联网金融行业发展环境的不断优化和专业互联网保险公司的不断创新，"互联网+保险"专业互联网保险公司模式必将进一步发挥其独特的优势，成为互联网保险快速发展的重要动力。

专业互联网保险公司与传统保险公司具有如下区别。

(1) 从经营地域看，传统保险公司跨省经营必须首先在该区域设立分公司，分支机构不得跨省经营保险业务，新保险公司在两年内只能在省内开展业务。而互联网保险公司对于规定范围内的险种(如家庭财产保险、责任保险、信用保证保险等，而高现金价值寿险、车险则不得跨省经营)，可在全国范围内经营，无须事先设立分支机构。专业互联网保险公司不受时间和空间的限制，有利于快速扩张，与成立时间不久或分支机构铺设不完全的中小保险公司相比，优势更加明显。

(2) 从经营产品看，传统保险公司的产品进入互联网保险领域没有障碍，专业互联网保险公司可以经营的业务，大型传统保险公司都可以经营，险种和地域上都没有限制，因此，专业互联网保险公司并无明显优势。这两类公司也都具备产品开发设计能力。传统保险行业的产品线丰富，但资源集中在传统部门，开发互联网产品可能会影响现有稳定结构，创新动力不足。

目前，专业互联网保险公司仍然处在试点阶段，其经营范围仍然比较有限，诞生于线上的优势也造成了没有线下销售、承保和理赔等全流程服务的缺陷，凡是需要线下理赔与服务的业务均无法独立完成，都需要与传统保险公司合作。例如，众安保险在线拥有经营车险的资格，但其并不具备线下服务能力，保骉车险是众安保险和平安保险联合推出的车险品牌，交强险由平安产险承保，商业车险由众安保险和平安产险共同承保。众安负责线上营销，平安负责线下服务。平安承诺为保骉车险客户提供无差别的理赔及相关服务，确保优质的客户体验。

表9.12列举了我国四家专业互联网保险公司情况。

表9.12 我国四家专业互联网保险公司情况

| 公司 | 开业时间 | 共性业务范围 | 其他业务范围 |
|---|---|---|---|
| 众安保险 | 2013年11月 | 与互联网交易直接相关的企业财产保险、家庭财产保险、货运保险、责任保险、信用保证保险；上述业务的再保险分出业务；国家法律、法规允许的保险资金运用业务；经保监会批准的其他业务 | 短期健康、意外伤害保险；机动车保险，包括机动车交通事故责任强制保险和机动车商业保险；保险信息服务业务 |
| 泰康在线 | 2015年11月 | | 短期健康、意外伤害保险 |
| 易安财险 | 2016年2月 | | |
| 安心财险 | 2016年1月 | | 工程保险(仅限家庭装修保险)，短期健康、意外伤害保险；上述业务的再保险分入业务(仅限临时分保分入) |

## 2. 案例

众安保险是中国首家互联网保险公司，成立于2013年11月，2017在香港联交所主板上市，是由蚂蚁金服、腾讯、中国平安等国内知名企业发起设立的。其经营范围主要是与互联网交易直接相关的家庭财产保险、企业财产保险、意外伤害保险、短期健康保险、货物运输保险、机动车保险(包括机动车交通事故责任强制保险和机动车商业保险)、信用保证保险、责任保险等，以及相关的再保险分出业务和再保险分入业务(仅限临时分保分入)。同时众安保险还有保险资金运用业务、保险信息服务业务等。众安保险业务的特色就在于它作为一家互联网保险公司，业务流程全程都是在线操作，而且在全国范围内都没有设立任何分支机构，完全通过互联网线上来进行承保和理赔。

依据互联网生态的发展理念，众安保险围绕生活消费、消费金融、健康、汽车、航旅五大生态，致力于通过科技服务新生代人群。其商业模式：没有线下门店作为拓客的流量入口，其核心底层能力是自身的互联网财产保险牌照资质，以及其线上的保险产品设计和服务技术能力，依托阿里电商产品体系、腾讯社交产品体系、平安金融产品系统、携程出行酒旅产品体系等生态场景作为业务拓展和需求获取渠道，通过互联网等科技实现更加高效便捷、个性化、定制化、自动化、低成本的保险产品供给。截至2021年年底，众安服务超过5亿用户，累计出具约427亿张保单。

众安保险的业务可以分为三类：互联网生态保险，用户直达保险和空白领域保险。其设计思路是基于碎片化的应用场景，向海量互联网用户，提供高频次小额支付的保险产品。因此在产品营销上，采用嵌入式营销、精准营销和用户社交传播营销等方式，如图9.14所示。

(1) 定位。众安保险的定位是"服务互联网"，而不是传统保险产品的互联网销售。其主旨是围绕互联网对人们日常生活影响的延伸来设计保险产品，从分析电子商务流程、移动支付风险、社交网络营销等典型的互联网应用场景，量身定制保险产品，为互联网企业提供可靠的保险解决方案。其初期主要是为电子商务服务，而在2015年则开展针对互联网创业的风投保险。

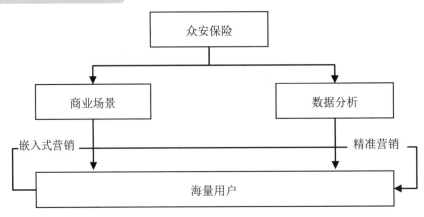

图9.14 众安保险产品营销方式

(2) 产品。众安保险不涉及传统车险、产险、寿险的互联网销售，而是针对互联网对个人生活的改造做文章，其产品开发采用：需求→研究→设计→销售(上线)→优化的模式。每一款产品均简单、明确，一款产品就解决一个互联网生活中的一个问题。

(3) 风控。与传统金融服务领域不同，互联网网商主要是碎片化交易，同时整个保险周期较短，所以产品设计的复杂度更大。因此，一方面要基于大数据模型辅助保险精算方案和产品设计的合理定位，另一方面在保险投资上也要将保持在安全合规的前提下在较短周期内的投资作为投资方向。

(4) 数据。对于互联网企业来说，数据是其核心资产，众安保险就是通过互联网、大数据的手段，进行用户数据的挖掘和分析，从而指导产品设计、定价和风控，这与传统的保险模式大不相同。而根据这些数据分析结果上线的产品，就会与客户产生买卖交易行为，可以通过与客户之间产生的新数据再次加以分析和优化，推出更准确的"优化后"产品。

## 9.6 互联网保险发展面临的挑战和趋势

### 9.6.1 互联网保险发展面临的挑战

任何事物都有两面性，大数据时代的到来为诸如众安保险在内的专业互联网保险公司带来了前所未有的机遇，但同时也为其带来了很多的挑战。

**1. 产品开发问题**

根据消费的特点，消费品可分为便利品、选购品、特殊品和非渴求品四种类型。保险产品属于非渴求品，即消费者不知道或即使知道也不会主动考虑购买的产品，加之传统的如寿险类保险产品较为复杂，往往需要代理人面对面地讲解，而单纯通过互联网难以让客户迅速、全面地了解产品性质，因此，目前互联网上主要销售的还是相对简单的意外险、车险、退货运费险等产品。如何开发适应互联网特点、满足互联网需求的保险产品，这一问题显得日益突出。

## 2. 客户服务问题

在客户服务方面，目前主要的问题是在线核保、核赔技术不成熟。在在线核保方面，针对目前通用的网上保险标准流程，保险公司在实际操作中存在太多冗繁的核保标准和核保要求，在线核保仅仅局限在有限的保险产品上。在理赔方面，保险事故发生后，客户一般都能够及时报案，上传和提交必要的资料凭证或预约实地勘查，进入理赔程序。然而，实际执行的流程时间过长，多数仍然需要联系线下的业务网点进入理赔流程。

## 3. 销售渠道问题

保险公司通过互联网销售保险，一是选择自建官网销售平台，二是选择与第三方电子商务平台合作。无论是自建官网销售平台，还是选择与第三方电子商务平台合作，都有着明显的利弊得失。一方面，通过自建官网销售平台可以掌握保险销售主动权，摆脱中介公司的制约，节省很大一部分手续费及佣金，但存在流量和浏览量过低的问题；另一方面，与第三方电子商务平台合作，虽然可以借助其强大的网络流量和访问人数从而实现业务快速增长，但这种方式不仅会损失一定的销售控制权，还需投入相当高昂的成本。因此需要保险公司慎重权衡利弊，妥善作出抉择。

## 4. 信息安全问题

互联网系统是互联网保险的依托，任何互联网系统的不安全因素都可能造成客户信息资料的丢失，影响互联网的安全运行。互联网保险信息系统与保险公司内外部信息系统存在数据交换，而计算机软硬件的运行不善和信息管理系统的设计维护不周等问题，都可能导致保险公司在销售保险产品以及服务客户的过程中产生风险。譬如，可能存在来自互联网黑客或不法分子对保险电子商务网站进行扰乱或攻击等问题，导致客户的私人信息被窃取、泄露，甚至骗取客户保费和赔款。这些不法行为一旦得逞将给保险公司造成巨大的损失。

## 5. 道德风险问题

保险的最大诚信原则要求保险双方当事人遵守的诚信原则必须超出一般商务程序中的诚信程度，履行如实告知义务。而通过互联网销售保险使保险公司与客户无法面对面交流，无法作出合适的客户调查以及后续的查勘，以至于缺乏详尽的客户资料，对客户的真实购买意愿无法进行有效审核，因此保险公司难以辨别保单销售过程中的道德风险，很容易作出逆向选择从而造成业务及经济上的损失。

## 6. 法律法规问题

目前，互联网保险在国内尚处于起步阶段，相关法律制度尚未完善。一方面，我国《保险法》规定有些单证必须有当事人亲笔签名才具有法律效力。然而，利用网络进行电子交易很难满足这一要求。已有的《电子签名法》无法满足互联网保险迅速发展的需要，电子保单的有效性和法律地位在一定程度上仍存在模糊性。另一方面，虽然保险监管部门已经陆续出台了一些监管规定，但互联网保险发展太过迅猛，在一定程度上还存在着监管不足的问题。

#### 7. 反洗钱问题

与其他金融行业相比，保险业目前遭遇的洗钱冲击相对较小，但保险产品和保险交易的固有特性，如投保自由、退保自愿、缴费方式灵活、可以保单贷款等，为洗钱者提供了可以利用的平台，并且呈现手段多样化、隐蔽性的趋势。常见的洗钱形式有：团险洗钱、地下保单洗钱、犹豫期退保洗钱等，手段分为：长险短做、趸缴即领、提前退保等。一般来说，平均保费金额较高的保险尤其投资类保险产品、理赔或给付条件容易满足或者退保损失小的保险产品、在相同保险期间内保单现金价值比率高的产品、保单质押能力高的产品、在保险期间内可任意超额追加保费以及资金可在风险保障账户和投资账户间自由调配的产品，其洗钱风险度较高。

### 9.6.2 互联网保险发展趋势

#### 1. 移动互联网保险将成为新的业务增长点

当前手机和平板电脑等移动互联设备日益普及，作为个人数据入口的移动互联网代表了互联网发展的核心趋势。根据我国互联网信息技术中心发布的数据，截至 2021 年 12 月，我国网民规模达 10.32 亿，占总人口的 73.3%。其中，手机网民数量达到 10.29 亿人，占总体网民数量的绝大部分。通过手机一键关注建立起日常联系，可以随时随地接收到新的保险信息和产品。"求关爱""救生圈""摇钱树"这些以交互性、趣味性为创新的险种在给予手机端客户良好体验的同时，也为保险公司扩大了影响力。未来，以移动端推送的保险产品必然成为保险销售的新增长点。

#### 2. "按需定制、全产业链"模式将成为主导

互联网保险的发展浪潮，在改变保险领域销售渠道、竞争环境的同时，也逐渐颠覆着传统保险业的商业模式。互联网保险必须依照互联网的规则与习惯，以用户至上的理念，改变保险业现有的产品、运营与服务。大数据的应用使保险产品和服务的个性化及私人定制成为可能，这将有助于解决保险产品和服务的同质化问题。互联网时代讲究与客户的互动，增加客户的黏性，提升客户的体验感，并满足其需求，从而增加后续业务的可持续性。但是就目前而言，保险公司的网络互动还停留在售前阶段，客户只能被动地选择产品。未来保险公司可以通过创新场景应用、设计带有趣味性的问题或小游戏等手段了解客户的需求，从而设计针对细分人群的创新产品。未来，互联网保险将会从"大公司开荒、第三方平台浇水、电子商务助力"这种简单模式向"按需定制、全产业链"的方向进军。

#### 3. "学习型营销""情境式营销"将替代"攻势型营销"

有别于保险从业人员向客户推销产品的"攻势型营销"手段，互联网保险则是帮助客户在充分理解保险的基础上购买符合自身需求的产品。保险网站不仅是一个销售平台，还是一个为"理解保险"而设立的学习平台。客户可以在网站上学习保险知识，也可以享受即时咨询服务，让客户在充分了解和认可之后，主动购买一些相对比较复杂的人身险产品。为了便于客户理解，保险公司可以通过制作视频、辅以动画和声音等手段来生动地展示产品，便于客户理解。同时，通过与电子商务平台的无缝对接，可以以情境模式引导客

户选择与之相关的产品。

**4. 保险门槛降低，保险产品趋于"碎片化"**

余额宝降低了货币基金投资的门槛，同样地，互联网保险领域也出现了很多"1分钱"保险，涉及交通意外险、厨房意外险、旅游险等多个险种，涵盖生命人寿、阳光保险、信泰人寿、中美联合大都会人寿、国华人寿、太平洋人寿等多家保险公司。碎片化已成为互联网保险新品的主旋律，主要体现在：价格低廉、保障时间缩短、保障范围收窄，条款简单、标准化。此类保险是对保险市场的进一步细分，比如，由人身意外险细分出"鞭炮险"，由产品责任险细分出"奶粉召回保险"，由重大疾病险细分出"防癌险"，等等。这些保险产品即使短期不会盈利，但是培育了市场，积累了客户资料，有助于二次营销。

## 本章作业

1. 互联网保险对传统保险行业有哪些影响？
2. 互联网保险的具体内容是什么？
3. 互联网保险的特点和优势有哪些。
4. 互联网保险产品分为哪几类？各自特点是什么？
5. 国内外互联网保险的一般模式有哪些。各自有什么特点？
6. 我国互联网保险发展现状怎样？国家颁布了哪些相关法律法规？
7. 互联网保险产业链是怎样的？分为哪几个部分？
8. 我国互联网保险商业模式有哪些。各自的优缺点有哪些。
9. 互联网保险发展目前面临哪些挑战？
10. 互联网保险发展趋势如何？

# 第 10 章

# 互联网基金与互联网证券

**本章目标**

- 掌握互联网基金与互联网证券的定义、分类以及特点。
- 了解我国互联网基金与互联网证券发展历程,掌握我国互联网基金与互联网证券的发展现状。
- 熟练掌握互联网基金与互联网证券产业链及主要商业模式。
- 掌握互联网基金与互联网证券风险及防范措施。

**本章简介**

本章包括互联网基金与互联网证券两部分内容。在互联网基金部分,本章将重点讲述互联网基金的内涵、我国互联网基金的发展现状及影响、互联网基金产业链及主要销售模式和互联网基金风险防范等。在互联网证券部分,本章将重点讲述互联网金融对传统证券行业的影响、国内外互联网证券的发展、我国互联网证券产业链与运营模式、互联网证券风险管理及发展趋势等。

## @ 10.1 互联网基金

### 10.1.1 互联网基金的内涵

**1. 互联网基金的定义与分类**

1) 互联网基金的定义

互联网基金是互联网金融的一种重要模式。互联网基金目前尚未有统一明确的定义，但可简单视为通过互联网销售的基金产品。它本质上与传统基金产品并无二致，只是有一个明显的特征，就是采用线上销售方式。

互联网基金又称网络基金，或者基于网络销售的基金，是指所有通过互联网在线平台推出的基金产品。

互联网公司与基金管理公司进行合作，将金融理财产品搬至线上，利用互联网技术和平台，实现金融理财互联网化，用户从而能够在网上进行投资理财，并获得比线下繁杂的购买和操作过程更便捷的用户体验。互联网基金融合了互联网"开放""创新"的特质，突破了时间和空间的界限，充分体现了长尾理论的精髓，聚沙成塔、积少成多，特别是为一大批不被商业银行重视的小微客户群体提供了前所未有的客户体验，具有很大的产品优势。

2) 互联网基金的分类

根据互联网基金的销售机构类型不同，可以将互联网基金分为基金公司系、商业银行系、互联网企业系等三类产品。

一是基金公司系的产品，由基金管理公司和基金销售第三方公司推出，利用支付公司的支付牌照进行金融产品的营销，如工银瑞信基金公司的现金快线、华夏基金公司的华夏活期通、南方基金公司的南方现金宝、易方达基金公司的易方达 e 钱包、嘉实基金公司的活期乐等。

二是商业银行系的产品，由商业银行推出，如中国工商银行的工银现金宝、中国民生银行的如意宝、平安银行的平安盈、兴业银行的掌柜钱包、中国银行的中银活期宝等。

三是互联网企业系的产品，由互联网企业推出，主要包括：支付宝的余额宝、百度的百度百赚、苏宁云商的零钱宝、腾讯的微信理财通、网易的汇添富现金宝等。

**2. 互联网基金与传统基金的联系和区别**

1) 互联网基金与传统基金的联系

互联网基金产品是基金与互联网平台相互结合的产物，其本身并没有脱离传统基金产品的本质，互联网基金依然属于基金范畴，具有集理财、专业运作、组合投资于一体等特点。不论是互联网基金还是传统基金都是通过发行基金份额的方式来募集资金，并将资金投向不同的领域以谋取收益，这是基金运作的本质所在。无论任何形式的创新都离不开这一本质要求，因此，互联网基金的运作也是围绕这一目标展开的，这就是互联网基金与传统基金的联系之所在。

2) 互联网基金与传统基金的区别

互联网基金作为一种新事物,它的产生和发展必然伴随着一定的必然性,而也正是这些必然性的存在,互联网基金才能从众多的基金中脱颖而出。互联网基金与传统基金的区别体现在以下几个方面。

首先,与传统基金相比,互联网基金所依托的载体更加多元化。传统基金的营销渠道主要局限于银行网点、证券公司的代销等,营销渠道过于单一;然而互联网基金由于其所依托的互联网平台使其在营销渠道方面十分多元化,无论是基金公司本身还是商业银行,甚至第三方的互联网金融平台都可以成为基金销售的渠道。

其次,互联网基金在产业链条的整合以及经营的理念方面与传统基金不同。传统基金的销售群体大多为有一定基础的客户,对客户的收入水平要求较高并且受区域经济发展水平的限制较大,但是互联网基金却是着眼于中低收入阶层,充分发挥互联网的长尾效应,最大限度地服务众多的有理财需求的草根客户;此外互联网基金还能够突破时空和地域的限制,让每一位投资者享受普遍均等的理财服务。

最后,互联网基金在产业链条的整合以及服务的优化方面与传统基金也有所不同。与传统基金相比,互联网基金更加注重提升客户的投资理财体验,从而提高客户对平台的黏性;另外从基金产业链的角度看,互联网基金更加注重整个产业链条上下游的整合,力图通过与互联网基金相配套的服务将上下游相连接,打造一个属于投资者的多功能理财型账户,最大限度满足客户的理财以及其他方面的需求。

## 10.1.2 互联网基金的特点

互联网基金的本质就是运用互联网平台进行投资理财活动的一种新型金融模式。互联网是指销售渠道,而基金才是真正的产品,因此,互联网基金的本质并未脱离传统基金的内涵。但是与传统的基金产品和银行理财产品相比,互联网基金产品也具有其自身的特点,主要表现为流动性好、风险小、门槛低、收益可观以及产品透明度高。

### 1. 与第三方支付工具对接,具有高度流动性

金融产品的流动性是指其在不承受损失的情况下变现的能力。银行活期存款无疑在三者中流动性最强,而理财产品一般都有约定的投资期限,大多数理财产品投资期限为3~6个月,即使是超短期的理财产品期限也为3~7天,购买后资金不能转出。

互联网货币基金的高流动性是其重要的特点之一。互联网货币基金本质是与开放式货币市场基金对接的金融产品,而开放式货币市场基金能够随时申购和赎回,但赎回操作后一般需要T+1日或T+2日资金才能回到银行账户。互联网货币基金通过第三方平台垫资或基金公司垫资实现客户赎回时资金可以当天到账的T+0功能,在没有利息损失的前提下,实现了客户转出资金即为赎回基金,实时到达支付宝账户,可随时用于网上消费或转出至银行卡,达到流动性接近于银行活期存款,而收益高于绝大多数投资工具。以余额宝为例,该产品就是通过基金公司垫资实现客户赎回时资金可以当天到账的T+0功能。

### 2. 主要投资于银行的协议存款,能有效控制投资风险

银行活期存款属于储蓄,实质上是在保留所有权的条件下把资金或货币使用权暂时转

让给银行或其他金融机构,其风险是最小的;理财产品的投资标的种类繁多,一般可以分为货币市场、外汇市场、资本市场以及实业投资四大类,通常投资于货币市场的理财产品风险较小,而外汇市场、资本市场以及实业投资的风险依次增大,而理财产品大多不只投资于上述的某一领域,而是多领域组合投资,因此其风险大于仅投资于货币市场的基金。

从目前的情况看,我国的互联网货币基金比较集中投资于银行的协议存款,部分产品投资协议存款占资产总额的比重超过 90%,所以总体来说它的风险很小,略大于银行活期存款,而小于银行理财产品。

### 3. 无投资门槛,满足"碎片化"理财需求

金融产品的投资门槛是指投资者在购买产品时必须达到资金、资历等方面的要求。投资门槛最低的是存款,属于完全无门槛,而大多数证券投资基金的认购起点为 1000 元,银行理财产品的认购起点为 5 万元,资金信托产品的认购起点为 100 万元。相比之下,互联网基金理财产品打破了这一限制,大多最低金额仅为 1 元,是所需门槛最低的一只基金。互联网基金使更多寻常百姓能够以"碎片化"的方式获得原来主要面向高端客户的理财服务。2021 年余额宝持有人户数同比增长 6.15%,首次突破 7 亿户,达到 7.33 亿户,相当于每两个中国人就有一个余额宝用户。

### 4. 收益率远高于活期存款,与中长期银行理财产品大体相当

银行活期存款利率为 0.35%,理财产品不同品种之间的差异性很大,尤其是非保本的理财产品,例如,投资于股票市场的产品,还可能出现不同的个体有挣有赔现象,而以收益较为稳定的保本理财产品为例,收益一般为 3%~5%。

互联网基金作为一种新兴理财方式,能够在如此短的时间内吸引投资者的关注并赢得广大投资者的青睐,关键就在于其高收益性。互联网货币基金作为一类高流动的金融产品,其收益率在同期限的金融产品中属于佼佼者,高于短期银行理财产品的收益率,大致与期限在 1 年期以上的保本固定收益理财产品的收益率相当。以余额宝为例,2021 年,其收益率在 2%上下徘徊,高于一年期的银行定期存款年利率。

### 5. 产品透明度高

传统渠道基金的销售往往由于信息的不对称,会存在部分影响有效沟通的情况。例如,银行理财经理并非对自己所拥有的理财产品的特点和客户需求明确掌握,如果把在客户风险承受能力之外的基金推荐给客户,或者客户在并未弄清赎回费率等问题的情况下申购,就会造成投资者损失或基金公司形象恶化。

互联网基金采用互联网技术,进行了许多人性化设计创新,用网络将信息与储户联系在一起,给客户带来的使用体验超过了任何一种传统投资理财产品,这也是互联网金融得天独厚的优势。以余额宝为例,余额宝每天都有收益提示,既增加了透明度,也让投资者得到良好的客户体验。投资者任何时候都可以查询余额宝的资产,这种体验是传统投资模式所不能比拟的。而在互联网的介入下各方都能高效、实时地获取基金产品的信息,基金投资者需要得知的相关信息都可以通过互联网以近乎零成本的方式获取,从而可由投资者负责规划自己的资产组合,这对培育我国成熟的投资市场有着极其重要的意义。

## 10.1.3 互联网基金的创新

**1. 业务的跨界融合**

在我国，传统基金在发展过程中形成了以商业银行和证券公司柜台的代销为主，以基金销售公司的代销和基金管理公司的直销为辅的销售体系。虽然基金管理公司的直销人员有着专业的背景知识、娴熟的销售经验，但销售队伍规模有限，销售方式一般为一对一的会见或电联，因此影响力有限。而代销渠道所占据的市场份额达 95%以上，商业银行、证券公司、基金销售公司三者在代销过程中扮演着中介的角色。中介本是连接买方市场与卖方市场的纽带，若其作用发挥得好，就能够促进交易，从而合理配置资源。但现实情况却不尽如人意，尤其是商业银行不重视服务质量与对销售人员的培训，使买卖双方无法匹配，更无法开发潜在客户。相反，互联网基金却依托互联网平台进行产品直销，销售渠道大大拓宽。互联网基金构造如图 10.1 所示。

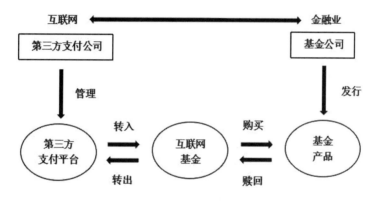

图 10.1 互联网基金构造

基金与第三方支付机构合作开通基金投资账户，涉及基金的开户、交易及查询等业务。以天弘基金公司为例，天弘基金公司 2012 年的排第 50 位，2013 年与支付宝合作推出余额宝后，跃升至 2014 年的第 1 位。更值得瞩目的是，在此过程中，它几乎没有投入推广费用便争取到了支付宝平台上的半数用户，并根据协议享有 6 个月的排他期。在余额宝的引领下，更多的互联网基金产品被创造出来，与此同时投资者也迅速增长。

**2. 用户体验的创新**

互联网基金凭借用户体验颠覆了原本最具壁垒的金融业，掀起了一场平民理财运动。用户体验应当是现代企业管理中最重视的环节之一，尤其是在用户转换率高的行业当中，用户体验更显得尤为重要。例如，在互联网平台，用户只需通过点击鼠标这一简单的动作就可以转到其他网站，那么一个网站要提升客户忠诚度就必须把握住这一点。

企业通过收集用户体验的数据，除了能够解决当前用户在产品体验中所提出的问题外，还可以在此过程中窥探用户心理，通过产品的改进去满足更多潜在用户的需求。但事实上，并不是所有企业都能抓住用户体验的价值。在传统基金销售行业中，商业银行是代销基金的主要渠道，它拥有完善的硬件设施与丰富的客户群，但其在一定程度上仍停留在被动销售的水平，欠缺个性化服务，因此与客户需求尚有一定差距，直接影响了客户的投资热情。

以余额宝为例。在余额宝推出之前，支付宝用户可以享受每月 20 000 元的免费转账额度，因此支付宝公司收取的手续费十分微薄，其主要收入来源于沉淀资金所产生的利息。在支付宝公司仔细斟酌其平台用户的需求后，通过产品创新，主动将余额宝推送至用户面前。支付宝用户被余额宝便捷的操作与透明化收益所吸引，而支付宝公司将基金增值产生的利息即时返还给用户，仅仅收取 0.25% 的基金管理费。虽然支付宝公司现今收取的管理费总额远低于曾经的利息收入总额，但却大大增加了用户的黏性。自 2013 年 12 月 3 日起，支付宝电脑客户端转账每笔收取 0.1%的手续费。令人惊讶的是，支付宝用户却并未因转账业务由免费变为收费而减少，而是更多地选择通过手机客户端来免费转账。由此，用户体验的重要性可见一斑。

### 10.1.4 我国互联网基金的发展

**1. 我国互联网基金的发展历程**

互联网基金最早起源于美国，之后逐步发展到全世界，我国的互联网基金模式主要受美国互联网基金发展的影响。

美国的互联网基金最早萌芽于电子商务与金融业的融合过程中，电子商务平台在聚集了广泛的消费者后，将视线转移到拥有少量资金的投资者身上：一方面电子商务平台在销售渠道和成本上拥有明显优势，另一方面广大的消费者也有着巨大的投资理财需求，这样在互联网技术的发展和金融创新的推动下互联网基金应运而生。1999 年，PayPal 公司实现与基金公司的对接，建立了第一个互联网基金。PayPal 货币基金推出后的收益率一年内达到了 5.56%，远远高于银行存款利率，因而 PayPal 通过旗下货币基金吸收到的资金在之后的几年内得以迅速发展。2008 年全球金融危机期间，由于美国对银行利率的调控，国家政策的干涉使其市场利率不断下降，PayPal 货币市场基金的收益率也随之一蹶不振。PayPal 为了挽救基金规模不断缩小的颓势，进行过补贴收益率、降低投资成本等一系列补救措施，但仍挽回不了货币基金收益的紧缩，最终 PayPal 不得不宣告其货币基金停市。

我国互联网基金的发展受美国的影响较深，主要发展路径也是从电子商务平台开始逐步向互联网基金演化。随着我国的互联网企业发展以及互联网思维的不断完善，互联网企业逐渐发现互联网背后的强大的聚集效应，企业可以以互联网为媒介最大限度地服务于每一位有需求的小额资金持有者。在互联网思维的驱动下，从汇添富基金推出现金宝产品，到之后的阿里巴巴旗下的余额宝以及最后互联网基金市场的井喷式生长，我国的互联网基金产品市场的发展历程大致可分为以下三个主要阶段。

1) 第一阶段：2013 年 6 月之前

2009 年，汇添富基金公司推出了现金宝，建立了余额理财的模式。随后，2012 年 10 月，又使用互联网销售其他的基金产品，并运用即时到账的赎回模式，也就是申请赎回的份额在当天到账。这一时期基金理财产品的销售主要渠道为：基金管理公司的官网，基金销售公司的网站和电子商务网站等。这一时期属于初期温和销售阶段，产品的销售规模很小，客户接受度很低。

2) 第二阶段：2013 年 6 月至 2014 年初期

2013 年 6 月 13 日，余额宝应运而生。它是支付宝平台与天弘基金公司携手打造的中国第一只互联网货币基金，该基金集消费支付与金融理财功能于一身。余额宝的运作模式灵活借鉴了 PayPal 的经验。余额宝因其具有快速赎回、1 元起购、收益高和直接购物等众多优点，引爆了全民互联网理财的热情。紧接着，一大批类似的"宝宝"类互联网基金类理财产品开始上线发行，由此全民进行互联网理财的热情达到最高潮。2013 年，我国互联网基金类理财产品进入了高速发展的时代，基金的销售渠道也从线下转到了线上。因此，2013 年称为我国互联网金融发展的"元年"。

3) 第三阶段：2014 年至今

随着互联网基金类理财产品的快速发展以及利率市场化的推进，货币基金的收益率不断下降。到 2014 年后期，互联网基金类理财产品的收益率开始走下坡路，该类产品的投资者数量和资金规模也达到了相对平稳的发展状态。收益的下降一方面是由于中国人民银行调整货币政策，释放大量货币，货币供给增加；另一个原因是互联网基金催生的互联网金融兴起，一些收益率更高的互联网金融产品随之产生，相比之下，互联网基金失去了吸引力。互联网基金类理财产品市场开始逐渐从狂热阶段回归到理性发展阶段，理财客户也开始从跟风购买转向了慎重选择。

**2. 互联网基金业务政策规范与操作流程**

1) 互联网基金业务政策规范

在互联网基金监管法律法规的制定方面，证监会已先后制定完善了《证券投资基金销售管理办法》(2013 年 3 月)、《证券投资基金销售结算资金管理暂行规定》(2011 年 9 月)等法规体系。就互联网基金销售业务，还有《网上基金销售信息系统技术指引》(2009 年 11 月)、《证券投资基金销售机构通过第三方电子商务平台开展业务管理暂行规定》(2013 年 3 月)等规范。特别是 2015 年 7 月 18 日，中国人民银行等 10 部委联合发布《关于促进互联网金融健康发展的指导意见》，标志着互联网基金业务正式告别无监管时代。

整体上看，基金销售业务监管的相关法律法规和机制已基本建立健全。互联网基金销售属于基金销售业务的一种业态类型，应遵循现有基金销售业务规范。关于基金销售业务，证监会一直有明确的基本监管原则，即一是要确保投资人资金安全，防止投资人资金被挪用或者侵占；二是要防止欺诈、误导投资中国人民银行为的发生；三是要严格落实销售适用性原则，充分关注投资人风险承受能力与基金产品风险收益特征的匹配。

《关于促进互联网金融健康发展的指导意见》明确了互联网基金销售的政策规范，其提出，基金销售机构与其他机构通过互联网合作销售基金等理财产品的，要切实履行风险披露义务，不得通过违规承诺收益方式吸引客户；基金管理人应当采取有效措施防范资产配置中的期限错配和流动性风险；基金销售机构及其合作机构通过其他活动为投资人提供收益的，应当对收益构成、先决条件、适用情形等进行全面、真实、准确表述和列示，不得与基金产品收益混同。第三方支付机构在开展基金互联网销售支付服务过程中，应当遵守人民银行、证监会关于客户备付金及基金销售结算资金的相关监管要求。第三方支付机构的客户备付金只能用于办理客户委托的支付业务，不得用于垫付基金和其他理财产品的资金赎回。互联网基金销售业务由证监会负责监管。

2) 互联网基金的业务流程(以余额宝为例)

互联网基金的业务流程完全通过互联网平台操作实现，主要包括用户注册申请(对于非互联网平台公司的注册客户)、利用银行卡进行实名认证、绑定银行卡、用户申购、申购确定和用户赎回。在余额宝的业务流程中，余额宝为支付宝客户搭建了一条便捷、标准化的互联网理财流水线。其业务的流程包括实名认证、转入、转出三个环节。

(1) 实名认证。

支付宝是一个第三方电子商务销售基金的平台，根据监管规定，第三方电子商务平台经营者应当对基金投资人账户进行实名制管理。因此，未实名认证的支付宝客户必须通过银行卡认证才能使用余额宝。

(2) 转入。

转入是指支付宝客户把支付宝账户内的备付金余额转入余额宝，转入单笔金额最低为1元，最高没有限额，为正整数即可。在工作日(T)15:00之前转入余额宝的资金将在第二个工作日(T+1)由基金公司进行份额确认；在工作日(T)15:00后转入的资金将会顺延1个工作日(T+2)确认。余额宝对已确认的份额开始计算收益，所得收益每日计入客户的余额宝总资金。

(3) 转出。

余额宝总资金可以随时转出或用于淘宝网购支付，转出金额实时到达支付宝账户，单日/单笔/单月最高金额为100万元，对于实时转出金额(包括网购支付)不享受当天的收益。

### 3. 我国互联网基金发展现状

近年来，我国互联网产业发展迅猛，已经成为我国经济增长的重要动力之一。截至2021年12月，我国网民规模达10.32亿，互联网普及率达73.0%。同时，我国信息技术不断创新，产业跨界融合发展，为互联网货币基金提供了必要的生长和发展土壤，包括余额宝在内的"宝宝们"脱颖而出，成为我国互联网金融增长最迅猛的产品、目前，依托阿里、腾讯、百度强大的平台，华夏、天弘等金融投资机构的货币基金产品快速发展。截至2022年6月30日，余额宝的基金规模为7749.11亿元，现金快线基金规模2368.64亿元。借助互联网平台，快速汇聚数量庞大的小微客户资金，"宝宝们"得以迅速发展。

互联网基金销售平台依靠巨大的流量优势、便捷的交易渠道和较低的费率优势，吸引了大量的投资者，尤其是年轻投资者。在图10.2中，截至2022年二季度末，蚂蚁基金、天天基金以快速攀升的规模持续位居公募基金销售保有规模前五，就是互联网基金销售渠道快速崛起的体现。

互联网基金销售规模的增长主要来自几方面的力量。①以余额宝为代表的"宝宝"类货币基金，2014年仍保持较快增长。②代销机构的互联网化水平不断提升，电子银行、独立代销机构网站都是重要的交易额来源。③传统基金公司为了谋求利润，开始自建平台，布局互联网，这也是另外一种重要的互联网化渠道。

从互联网基金的收益变化情况来看，我国互联网基金市场从最初的高收益逐步回归到合理水平。从互联网基金类理财产品的上线到2014年上半年，该产品的收益水平和规模一直在快速提升，在 2014 年的开始月份达到高潮，余额宝在这一时期，7 日年化收益率达到最高值 6.763%。但是此后余额宝的收益率降到 6%以下，规模也相应地降低，从 5741.60 亿美元降至 5349 亿美元，降幅率高达 6.8%。2014 年年底，余额宝收益和规模虽然有所回升，但是整个互联网基金的市场却在大幅缩水——79 只互联网基金产品的规模减少了 557.46 亿元。进入 2015 年，互联网基金产品的收益率开始降至 4%以下，有些产品甚至跌至 3%以下。余额宝在 2015 年 6 月 19 日的 7 日年化收益率跌至 3.98%，收益率首次进入"3 时代"；在 2015 年 11 月 23 日的 7 日年化收益率跌至 2.79%，这是余额宝首次进入"2"时代。之后其收益率有所上升。2017 年 1 月 1 日，余额宝 7 日年化收益率为 3.2890%。互联网基金的高收益率时代一去不复返，互联网基金市场收益水平逐步回归正常水平。

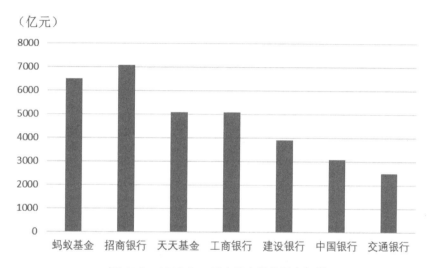

图 10.2　2022 年二季度基金销售保有规模

### 4. 我国互联网基金市场发展的特点

当前我国互联网基金不断发展是因为不断膨胀的互联网用户数量为互联网金融的活跃发展奠定了良好的基础，互联网基金的潜在用户非常可观，让我们看到互联网基金市场广阔的开拓空间。随着社会生活水平的提高，居民的投资理财意识不断增强，这也将成为互联网基金发展中强有力的推动力。同时自证监会颁布了新规，放开了基金以电子商务(亦指第三方支付)为平台进行销售，互联网基金的发展就一直呈现百花齐放的势头，我国互联网基金的市场份额不断增长。当前我国上线互联网基金的发展主要呈现以下特点。

1) 发展速度快

我国互联网基金多起步于 2013 年下半年，截至 2014 年 3 月 4 日的数据显示，我国发展规模排名前 8 的互联网基金产品发展均不到一年，但均已成为炙手可热的基金产品。互联网基金产品从最初的无人问津到现在的家喻户晓可见其发展速度之惊人。

2) 产品种类繁多，市场规模不断扩大

以债券基金为例，债券型的基金平均年收益通常会比同期的银行年收益稍微高点，而混合型的债券基金的平均年收益通常会超过 10%。纯债券的基金平均年收益会稍微好点，比一年期的国债略高。行情好的时候债券基金收益大概在 10%以上,最高不超过 20%。而行情不好的时候债券基金的收益一般为 4%左右,大部分时间收益率在 6%~8%之间。目前我国互联网基金还在不断上升发展过程中。

3) 收益率和资金安全性是用户购买基金产品最看重的因素

根据图 10.3 中艾瑞咨询调研数据显示,2014 年网络投资用户在购买基金产品时看重的因素是收益率、资金安全性和产品风险。其次,基金赎回的便捷程度、品牌知名度和投资期限符合自身需求也是其关注的因素。艾瑞分析认为,互联网投资用户在选择投资产品时,最先关注的是收益率、投资资金、投资周期、投资风险等较为直观的因素。最后,网民更希望产品互联网特性强,比如赎回操作方便、到账时间快等。对于基金的品牌知名度,用户关注相对较低。

4) 基金官网、银行、第三方销售渠道成为主要渠道

在图 10.3 中,《2021 年中国互联网基金投资用户报告》显示,基金用户购买基金渠道多元化。基金官网在基金销售等方面有其独有的专业性,是用户进行基金选择的重要渠道。其次,由于中国用户对银行依赖度较高,银行渠道也不容忽视。第三方销售渠道使用占比第三,其占比在逐年提升。

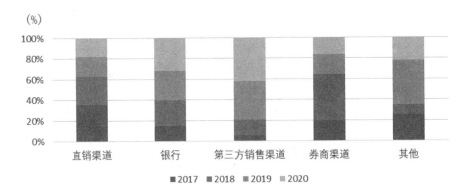

图 10.3　中国基金用户使用的投资渠道

### 5. 我国互联网基金发展的影响

1) 提高了社会闲散资金利用率

与传统的基金销售渠道相比,借助互联网销售基金的自主性更强、覆盖面更广、资金流动效率更高,可以大大提高社会闲散资金的利用率。一方面基金申购门槛低,人人都能参与其中,覆盖面极为广泛,能够实现碎片化理财,能广泛将社会闲散资金利用起来;另一方面,个人通过基金销售平台可以自主决定基金购买数量、购买期限、赎回时间,并能获得远高于银行存款利息的可观收入。这样,不仅大大提高了闲散资金的利用率,同时也为中小投资者提供了一个理想的投资理财渠道。通过互联网基金销售平台,个人基金交易实现了便捷、自由,在一定程度上有助于快速、高效地调节市场资金的供需平衡,合理分配资源,促进社会经济的健康发展。

2) 改变了基金行业的行业形态

互联网基金类理财产品的出现不仅推动着商业银行的改变,而且也给基金行业带来了

机遇和挑战。在互联网化的浪潮下，基金行业将进行新一轮的洗牌。传统销售渠道的优势不复存在，在过去很长一段时间，基金产品的销售主要依靠银行、券商和基金销售公司。传统销售渠道的销售程序、营销方式、利益分配等都已经相当成熟，而现在互联网基金的出现，改变了这一成熟的体系。基金公司如何结合互联网的特点进行差异化营销、如何与互联网公司进行收益的分配等一系列问题摆在整个基金行业的面前。互联网时代，各种信息传送更加高速，信息的不对称降到最低。越来越透明的收益信息使基金公司面临着巨大的经营压力，顾客可以实时知道产品收益波动和突发变故等，这也就导致了基金份额持有人用脚选择的模式。互联网基金类理财产品可以借助于大数据分析，进行风险规避，又是互联网给基金行业带来的机遇。互联网基金可以根据客户的相关信息，进行行为分析，最终形成可预测的数据信息，基金公司通过这些信息能更好地规避流动性风险，这就是其区别于传统销售渠道的优势。

3) 推进了商业银行的变革

互联网基金出现后，给传统银行业造成强大的冲击，带来了深远的影响。这种影响主要体现在存款、理财与支付业务方面。

一是对银行存款业务产生冲击。存款始终是银行赖以生存的根本，也是目前银行经营过程中最重要的负债业务。由于互联网基金的收益率高出银行活期存款的利率，与银行中长期理财产品的收益率相当，在银行利率水平对存款几乎没有吸引力的情况下，如果出现更好的投资渠道，存款流出是必然的，互联网基金产品对银行存款构成了持续分流的压力。商业银行存款增速仍呈现放缓的趋势。2014 年前 7 个月，互联网基金理财产品分流了约 1.6 万亿元存款。2013 年以来，银行业各项存款年复合增长率约为 13%，而总资产年复合增长率却近 17%，二者相差 4 个百分点左右。从美国的经验来看，20 世纪 60 年代美国商业银行活期存款占比约为 60%，但 70 年代初期货币基金的出现，分流了大量活期存款，特别是经历了 20 世纪八九十年代基金的飞跃发展之后，银行活期存款占比已降至 10%，而同期美国货币基金规模年均增长达 33%。在互联网基金的冲击下，我国商业银行的活期存款流动趋势不但会复制美国商业银行活期存款受到货币基金影响的走势，而且在过程和时间上还会明显缩短。

二是对商业银行理财业务的挑战。互联网基金实现实时申购和赎回，收益按天复利结算，属于低收益的理财产品。目前商业银行发布的理财产品在类型上与互联网基金相同，都属于非保本浮动收益型理财产品，但在申购资金要求和申购赎回时间上均比互联网基金苛刻许多，而且不是按天复利。因此，有部分商业银行超短期理财产品的客户会转投互联网基金，对商业银行超短期理财产品造成冲击。

三是对银行支付业务产生冲击。目前，互联网支付和移动支付是互联网基金模式下的两种主要支付方式。第三方支付企业凭借跨行支付平台、良好支付体验和突出创新能力，不断加强移动通信、互联网和金融的结合，移动通信设备的渗透率超过正规金融机构的网点或自助设备，对商业银行支付结算主渠道地位发起有力挑战。特别是随着支付渠道的逐步拓宽、支付方式的不断革新、行业应用的深入挖掘以及跨界创新的不断突破，在巩固小额支付领域的先发优势后，第三方支付的渗透作用将进一步显现，这对商业银行传统支付业务形成挑战。目前，支付宝、财付通、易宝支付和快钱等已经能够较为便捷地为客户提供收付款、转账汇款、代购、代缴等结算和支付服务，并且市场份额明显上升。

面对互联网基金的挑战，商业银行也逐渐开始打破传统的垄断思维，认识到以"提升客户价值"为中心的服务理念的重要性，开始重视互联网"长尾效应"，关注互联网金融蓝海市场的巨大潜力。为了顺应互联网金融的发展趋势，我国商业银行纷纷改革。在活期存款方面，商业银行不断提升客户活期存款价值并针对性地开展个性化服务，例如推出活期余额理财服务。商业银行根据自身系统和业务优势，开发出了第三方机构无法开展的独特业务，例如活期余额自动申购、短信赎回、还款业务自动赎回等。此外，我国各大商业银行也开始积极布局互联网金融，各个银行已经成立了互联网金融部，加强互联网金融业务的管理。同时商业银行也加快产品的创新步伐，纷纷推出自身的互联网货币市场基金。除了开发类似余额宝的产品外，商业银行也在积极开展其他金融创新。大数据、云计算这些互联网巨头开展创新的工具，也在被商业银行慢慢模仿和学习。目前银行业已在个人金融业务和信贷风险管控等领域积极开展数据分析和应用，运用信息技术的超强计算能力以及挖掘数据分析的价值，已成为银行业内的基本共识。

互联网基金作为一条"鲇鱼"，激活了我国的金融市场，促进了我国利率市场化改革，促使处于我国金融统治地位的商业银行转变观念，积极顺应时代潮流，不断开发新的产品，提高我国商业银行的竞争力。

## 10.1.5　互联网基金产业链

互联网基金的本质就是一款 T+0(后面的这个 0 指的是到账的日期)的货币基金产品，其依靠第三方支付强大平台资源，快速归集短期、小额的支付类资金，使用户不但能获得货币基金投资收益，而且资金还能随时用于网上购物、支付宝转账等支付功能。

目前市场上基金公司与互联网的合作主要分为三种模式：第一，基金公司与第三方支付平台合作，利用支付公司的支付牌照进行金融产品的营销，如余额宝，它集货币基金和支付宝的优势于一身，是互联网基金的一个成功范例；第二，基金公司利用自有销售平台以及移动互联网终端进行产品营销，如汇添富基金的现金宝；第三，基金公司与电子商务平台合作，如华夏、易方达等基金淘宝店。

从产业链条的角度来看，互联网基金上游对接的是传统的基金公司，互联网平台通过互联网技术以及第三方支付将汇聚的资金统一委托给基金公司进行投资，在此过程中，互联网基金平台也可以通过配置不同的基金比例从而设立新的基金；而互联网基金的下游则是理财需求的终端以及投资者的其他需求，互联网技术的存在使基金的赎回以及资金的划拨可以及时迅速实现，这也让投资者有了良好的体验；另外，通过介入其他的场景，资金的使用不再局限于传统的赎回，而是在互联网下的自由使用。

从图 10.4 可以看出，互联网基金的整个产业链条中，不仅包括互联网基金的供给方、需求方，还包括互联网基金的服务方和监管方，这几大主体构成了一个完整的互联网基金的基础业态。在互联网基金的产业链中，作为其上游的互联网基金供给方，负责基金产品的设计以及为广大客户提供理财产品。同时，互联网的兴起使互联网基金的服务变得十分便利，互联网基金的服务方也不再局限于传统的商业银行。此外，服务机构的功能也得到了极大的提升，逐步实现了理财、消费以及支付等多功能为一体的综合服务。从互联网基金的需求方来看,互联网基金理财客户的收入水平以及客户的来源都有了极大的提高,区别于传统的理财基金,互联网基金客户定位于广大的中低收入者,发挥了互联网的长尾效应。最后,互联网基金行业的持续健康发展离不开监管当局的有效监管。互联网基金作为一种新生事物,其监管必定有一种从不完善到完善、从不合理到合理的过程。当前我国监管机构对互联网基金行业还是保持鼓励的态度,但是互联网金融行业风险的特殊性,使监管机构对其的发展和监管至关重要,监管当局也处于不断摸索的过程中。

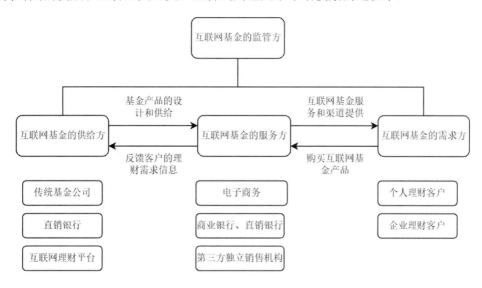

图 10.4　互联网基金产业链

**1. 互联网基金的供给方**

从互联网基金产品供给角度来看,现阶段我国互联网基金产品供给主体主要包括:传统基金公司、商业银行的直销银行以及互联网理财平台。

1) 传统基金公司

传统基金公司作为我国基金行业发展的主要力量,在互联网基金的发展中发挥着至关重要的作用。经过过去几十年基金行业的经验累积,我国基金公司无论是在基金产品的设计还是在基金销售渠道以及营销模式上都取得了巨大的进步。据统计,中基协数据显示,截至 2021 年 12 月底,我国境内共有基金管理公司 137 家,其中,外商投资基金管理公司 45 家,内资基金管理公司 92 家;管理的公募基金资产净值合计 25.56 万亿。截至 2021 年年末,公募基金规模再创新高,由 2020 年年底的 20.26 万亿元提升至 25.72 万亿元;基金数量(按投资组合统计)扩充至 9171 只,较 2020 年年底增长了 23.8%。

从互联网基金整个产业链条的角度来看,传统基金公司位于整个产业链条的最上游,是整个互联网基金产业链条得以运作的基础。目前,在我国互联网基金市场中,传统基金公司主要是扮演互联网基金产品供给方的角色,基金公司根据大数据资料下投资理财客户的偏好和风险特点设计不同的互联网基金产品,同时针对产品中可能出现的问题进行解释和即时的应对。当然,随着互联网金融的发展,传统基金公司也开始在基金官网进行互联网基金的销售,致力于实现由基金公司主导的全产业链的互联网基金。

此外，传统基金公司的发展为互联网基金的产生和发展奠定了良好的基础。随着我国传统基金市场的日益成熟，传统基金运作模式的弊端开始显露，这就使互联网基金的产生成为可能。而且，随着我国公募基金市场的不断完善和发展，基金产品的种类也日益多样化，这就使互联网基金在产品的设计和供给上有了保障。

2) 直销银行

直销银行作为互联网基金直销渠道的重要组成部分，在互联网基金理财产品的价值链中同样具有十分重要的作用。伴随着我国银行理财产品的丰富，传统的商业银行在投资理财市场的规模不容小觑。因此，发展互联网基金自然也是商业银行进一步壮大和发展理财产品市场的重要战略。

根据预测，在未来 10 年内将有大约 10 万亿元的居民储蓄存款投资互联网金融产品，占储蓄存款的比例超过 20%。巨额的存款流失将给传统商业银行的经营带来巨大的挑战。在余额宝推出后，许多商业银行也加快了转型，纷纷推出了在线"T+0"理财产品，例如，民生银行在其直销银行网站在线发售互联网货币基金产品如意宝，兴业银行直销银行推出的在线货币基金产品兴业宝，等等，力求在短时间内将理财产品与互联网相融合。中国基金业协会发布的 2022 年一季度销售机构公募基金销售保有规模百强榜单显示，公募基金代销渠道百强保有规模整体呈现下滑迹象，传统的银行渠道仍占据主流，但是券商渠道逆势走强，行业或重新洗牌。

在互联网基金产业链中，直销银行凭借其高度互联化和商业银行背景的特点，在互联网基金市场中占据重要地位，其通过构建线上互联网基金超市模式为客户提供理财选择。此外，直销银行还通过其依托的银行进行资金渠道的衔接，为客户提供一种集投资、支付、转账等众多功能为一体的综合理财账户。与传统的商业银行相比，直销银行在操作流程上极大地方便了客户：在产品设计上，直销银行精准定位"忙、潮、精"的客户群体，突出简单、实惠的理念；在渠道建设上，直销银行充分尊重互联网用户习惯，提供操作便捷的网站、手机银行和微信银行等多渠道互联网金融服务。

此外，直销银行可提供线上和线下融合、互通的渠道服务。线上渠道由互联网综合营销平台、网上银行、手机银行等多种电子化服务渠道构成；线下渠道采用全新理念，建设便民直销门店，其中布设 VTM、ATM、CRS、自助缴费终端等各种自助设备，以及网上银行、电话银行等多种自助操作渠道，全方位、多层次地为客户提供完美的投资体验。

3) 互联网理财平台

在互联网产业向传统金融行业不断渗透发展的过程中，在我国金融市场逐步实现利率市场化的大背景下，互联网公司纷纷选择与传统的基金管理公司合作，推出在线互联网货币基金理财产品。此类理财产品有两个特点：一是基于互联网科技公司前期开发的成熟应用软件，如基于在线即时通信软件腾讯微信等开发的互联网货币基金产品(理财通)、基于第三方支付应用阿里巴巴支付宝推出的在线理财基金(余额宝)等；二是基于网站信息社交平台或电子商务交易平台开发的互联网货币基金产品，如基于搜索门户网站百度开发的百度百赚、基于电子商务平台京东商城推出的京东小金库等。

**2. 互联网基金的服务方**

互联网基金产业链的服务方，顾名思义是指在互联网基金中处于中间环节的互联网金融服务提供方，主要包括互联网基金的销售渠道以及相应的金融服务的延伸。在整个互联网基金产业链中，中端起着承接互联网基金上下游的重要作用。此外，当前互联网基金的重要发展方向也集中在中端的拓展。在我国互联网基金产业链中，中端角色主要有商业银行、第三方独立销售机构以及电子商务平台等。

1) 商业银行

商业银行作为我国基金销售的重要渠道之一由来已久。从保有量方面来看，2021年银行稳居基金代销渠道的"C位"。数据显示，截至2022年二季度末，各类型基金销售机构的保有规模逐步上涨。其中，银行渠道今年二季度股票+混合公募基金保有规模、非货币市场公募基金保有规模分别为34745亿元、42058亿元，分别环比增长7.01%、9.39%。商业银行作为基金销售渠道最大的优势体现在，其拥有广泛的网点建设、丰富的客户资源以及销售渠道等，而且银行还拥有较高的信誉，对投资者来说可依赖性更强。而银行作为代销点的劣势主要表现在，银行对产品的理解不够，而且容易形成代理危机，如优先推荐银行入股的基金公司产品等。

从互联网基金产业链来看，商业银行作为我国基金销售的重要渠道，在基金销售市场中占据重要地位，但是互联网基金的出现使其面临巨大的挑战。于是，我国商业银行纷纷加大力度，开展网上银行渠道进行互联网基金的销售；商业银行作为我国居民金融服务的主要提供者，能够在最大程度上接触到投资者。当前，我国商业银行在互联网基金的产业链中主要为互联网基金的运作提供完善、畅通的资金渠道；同时出于对互联网基金行业的风险考虑，商业银行还扮演互联网基金资产托管人的角色。但是，随着互联网基金市场的不断壮大，商业银行也开始凭借其具有的海量储户资源和传统基金代销的经验，通过网上银行的形式大力开展互联网基金的销售。

2) 第三方独立销售机构

独立基金销售机构即专业基金销售公司，是指以基金代销为主要业务的独立的金融销售机构。从发达国家的实践来看，独立基金销售机构有两种主要类型：一是从基金管理机构中独立出来，以销售其母公司管理的基金产品为主，同时也可代销其他基金管理公司的基金产品的专业基金销售机构；二是与任何基金管理公司无直接关联，完全独立地销售全部或部分基金管理公司的基金产品的专业基金销售公司。伴随着互联网金融的发展，政府不断加大对互联网金融的支持力度，在此宽松的政策背景之下，众多的第三方机构纷纷开始成为互联网基金销售的重要力量。

在互联网基金的产业链中，第三方独立销售机构注重客户投资体验的提升，为广大投资者提供独立、客观、持续的金融服务。第三方独立销售机构的作用相当于服务中介，一方面，承接上游的基金公司，将下游客户的理财需求反馈给上游的基金公司从而满足客户多样化的投资理财需求；另一方面，第三方销售机构通过互联网平台为下游的客户提供基金理财产品的选择，并且往往通过与众多大型基金公司合作构建大型的网上基金超市供客户选择。此外，通过对接银行以及第三方支付通道、第三方支付机构为客户打造一个集投资理财、支付、消费等多功能为一体的综合型理财账户，全方位地满足客户的理财体验。

由图10.5、图10.6可知，银行是绝对的第一大代销渠道，股票+混合保有规模达到3.7861万亿元，占整体保有量的58.63%，非货币保有规模达到4.3952万亿元，占比达

52.79%；第三方代销机构的股票+混合保有规模约为 1.7032 万亿元，占比 26.88%，非货币保有规模则有 2.9153 万亿，占比 35.01%；而券商在股票+混合/非货的保有量上分别是 9362 亿元和 10157 亿元，分别占比 14.50%和 12.20%。

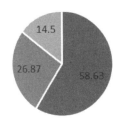

图 10.5　2021 年四季度基金代销机构股票+混合保有规模占比

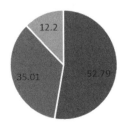

图 10.6　2021 年四季度基金代销非货币保有规模占比

3) 电子商务平台

随着互联网尤其是移动网络的快速发展，用户对移动端的应用使用率大幅提高。在互联网产业向传统金融行业不断渗透发展的大背景下，互联网电子商务平台纷纷选择与传统的基金管理公司合作，通过构建线上基金超市的模式销售互联网基金。据统计，目前直接面向第三方电子商务平台用户销售基金的淘宝网、京东商城、百度以及数字王府井等四家电子商务平台上，已有近 50 家基金销售机构入驻，累计上线超过 1500 只基金产品。

电子商务平台的介入使互联网基金的中端主体更加多元化。从产业链的角度来看，电子商务平台所秉承的是以客户为中心的经营理念，因此在互联网基金的销售中强化了客户的体验。电子商务平台在基金的营销中会通过多种方式实现对客户的引流。以余额宝为例，余额宝通过引入一种新颖的概念，即一种"屌丝理财"的概念，炒红了互联网金融这个曾经一度风生水起、又一度沉沦的概念。这种新颖的概念，更多地需要接地气的营销，只有这种话题的炒作，才能让越来越多的投资者关注产品。此外，电子商务平台通过营销手段的创新以及大数据的强力支撑，在互联网基金销售中的地位呈现不断上升的趋势。

3. 互联网基金的需求方

互联网基金产业链的下游作为互联网基金的最终购买者和相关金融服务的接受者，其成功与否取决于下游客户的投资理财体验。在互联网基金产业链中，投资者可以通过互联网基金产业链中端的多种渠道进行基金的购买以及相关金融服务的获取；另外，上游基金公司也可以通过投资者在平台投资理财习惯所形成的大数据，进行基金产品的设计。按照传统经济学市场需求决定市场供给的观点，互联网基金市场的火爆主要是因为我国居民理财需求不断上升这一事实决定的。从互联网基金的需求方来看，我们大致可以将其分为两种类型：个人理财客户和企业理财客户。

1) 个人理财客户

过去的十几年我国居民财富实现了显著的增长，在居民生活水平不断提高的同时，居民的理财意识也在同步提高。个人理财客户作为互联网基金市场的主要需求者，受限于我国各地区金融服务水平的不均衡，我国广大的中低收入居民的理财需求迟迟得不到满足。但是居民财富却在不断地增长，持续增长的财富和缺位的理财服务是互联网基金的完美切入点，互联网基金凭借其在网络渠道以及成本等诸多方面的优势，解决了传统理财机构的难题，全方位地满足各收入阶层的理财需求，对接上游基金公司为客户设计个性化的理财产品。

改革开放以来，我国城乡居民收入实现加速增长，据 2015 年《政府工作报告》数据显示，2015 年，我国居民人均可支配收入实际增长 7.4%，快于经济增速。国家统计局公布的数据显示，2021 年全年全国居民人均可支配收入 35128 元，比上年名义增长 9.1%，两年平均名义增长 6.9%；扣除价格因素实际增长 8.1%，两年平均增长 5.1%，与经济增长基本同步。图 10.6 数据显示，2021 年城镇居民人均可支配收入达到 47412 元，比 2017 年高 11016 元。如图 10.7 所示。随着我国城乡居民收入的不断增长和居民理财意识的不断提高，我国居民的理财需求也在不断地增长。

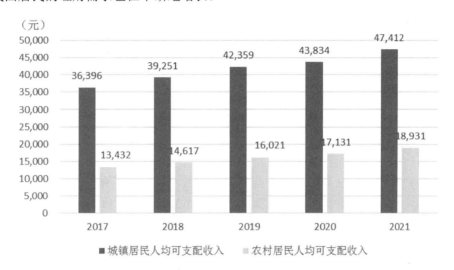

图 10.7　2017—2021 年我国城乡居民人均可支配收入

另外，随着我国居民收入水平的不断提高，我国优质投资者的数量也呈现明显的上升趋势。2014 年，我国优质投资者数量达 1390 万人，这充分表明，随着居民财富的增加，我国居民的理财意识以及理财手段在不断进步。可以预见，这将为互联网基金行业的发展奠定良好的客户基础。

随着经济的不断发展，居民收入也逐步提升，但我国城乡家庭的金融资产持有形式单一，投资渠道狭窄，现金和存款依然是城乡家庭持有资产的主要方式。据经济日报社中国经济趋势研究院编制的《中国家庭财富调查报告》显示：在全国家庭的人均财富中，房产净值的占比为 65.61%；在城镇和农村家庭的人均财富中，房产净值的比重分别为 67.62% 和 57.60%。金融资产在家庭财富中也有着极为重要的地位。金融资产在全国、城镇和农村家庭的人均财富中，分别占到了 16.49%、15.96% 和 18.61%。

此外，从城乡家庭的投资渠道看，在参与各类金融产品投资的家庭中，股票的投资参与度相对最高，占到了全部调查家庭的 7.35%；投资基金的家庭占全部家庭的 4.52%；投资收藏的家庭只占到全部家庭的 3.53%。城镇家庭对各类金融产品投资的参与度都要高于农村家庭，10.56%的城镇家庭进行了股票投资。可见虽然金融资产占居民收入的比重有所上升，但是受传统观念的制约以及金融服务不完善等因素的影响，我国居民进行投资理财的选择较为狭窄，资产持有的方式过于单一。

互联网基金利用互联网所固有的长尾优势，将目标定位于我国海量的个人理财市场。两者的结合使互联网基金在短短数年间有了飞速发展。互联网基金作为一种全新的理财模式，能吸引中小用户、年轻用户的参与。同时互联网的出现恰恰弥补了传统渠道在中小客户金融服务方面的不足，而且互联网基金在成本上也有着天然的优势，可以广泛地汇聚众多的小额散户投资者参与到基金投资中来，中小客户的广泛参与也迅速壮大了互联网基金的规模。此外，互联网基金在收益方面、服务的便利化和个性化方面也能够更好地满足客户多样化理财需求。

2) 企业理财客户

在我国互联网基金理财市场，除了个人理财客户之外，还存在大量的企业理财客户，据统计，2015 年，A 股非金融上市企业收回投资现金为 1.75 万亿元，同比增长 50.58%，近 3 年来年均增速达到 58.22%。假设非金融上市企业平均投资年限为 1 年，则非金融上市企业 2015 年用于金融产品投资的金额为 1.75 万亿元。根据中国社会科学院的测算，国内非金融企业中，上市企业总资产占比约为 10%，假设上市企业金融产品投资占比也为 10%，那么，2015 年国内非金融企业用于金融产品投资的金额为 17.5 万亿元。从中我们不难发现，企业理财市场潜力巨大。

对企业客户而言，虽然互联网理财产品最大的吸引力也是高收益和流动性，但是问题在于，企业客户对于安全性有着极为"苛刻"的要求。与个人不同，企业客户更加理性和专业，既不相信平台"本息保障"的口头承诺，也不会被很多平台宣称的"银行级"风控手段所迷惑，更不会单纯地相信广告背书、名人背书甚至股东背书等，企业客户认可的安全，需要基金的基础资产合规和产品流程合规来支撑；企业经营过程中所作出的各类决策中，短期闲余资金的保值增值并没有那么重要，要赢得客户的信赖还需要从理财之外下功夫，例如，一些互联网金融平台通过为初创企业提供社保服务、员工招聘、高管培训、财税优化、企业报销甚至员工理疗等增值服务来提高企业客户黏性，还有一些平台为进出口企业专门开辟了中短期外币理财业务，等等。可见，无论是从理财市场的量级上，还是从理财产品的需求上，企业理财客户在互联网基金理财中都占据了重要地位。

**4. 互联网基金的监管方**

互联网基金的监管方作为互联网基金产业链条的最顶端，在整个产业链条中的作用不言而喻。互联网基金监管方起着为互联网基金行业提供政策支持、规范互联网基金行业发展和监控金融风险等诸多作用。中国证监会作为目前我国互联网基金的监管机构，确立了对互联网基金监管的三大基本原则：一是要确保投资人资金安全，防止投资人资金被挪用或者侵占；二是要防止欺诈、误导投资中国人民银行为的发生；三是要严格落实销售适用性原则，充分关注投资人风险承受能力与基金产品风险收益特征的匹配。这就要求互联网基金行业必须在证监会监管原则的大框架下合法、规范地进行互联网基金的运作，这也是互联网基金产业链条得以存在的前提。

## 10.1.6 互联网基金的主要销售模式

**1. 金融机构互联网基金销售**

从互联网与基金行业的融合来看,目前我国传统金融机构的基金销售渠道在互联网金融的改造下发生了巨大的变化。商业银行、基金公司以及证券公司等纷纷抓住互联网基金发展的机遇,大力发展网络营销并取得了显著成果。下面分别从商业银行、基金公司和证券公司等渠道对我国互联网基金销售模式进行分析。我国互联网基金主要销售渠道如图 10.8 所示。

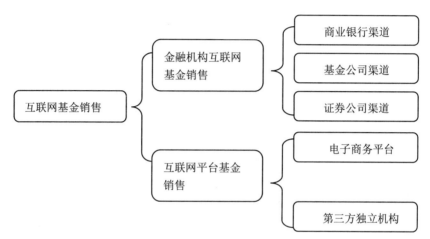

图 10.8 我国互联网基金主要销售渠道

1) 商业银行互联网基金销售模式

目前,我国商业银行主要形成了网上银行基金销售模式和直销银行基金销售模式。

(1) 网上银行基金销售模式。

网上银行基金销售是相对于银行传统的线下销售模式而言的,商业银行通过网上银行的方式完成基金的销售、费用的扣缴以及收益的划拨等功能,这样可以在很大程度上减少客户的理财成本。从功能上看,这类产品更类似于一个网络的虚拟基本账户,比如平安银行的平安盈、广发银行的智能金等。以平安银行的平安盈为例,平安盈分别与南方现金增利基金、平安大华日增利货币基金对接,将投资起点降至了 1 分钱。除可实现 T+0 实时转出等功能外,还可支持购买其他基金、理财产品,以及进行转账或者信用卡还款等操作,该类产品最突出的特点体现在安全性上。有银行作为信用背书,相关产品的风险控制相对来说更加成熟,因而资金的安全性也更有保障。

(2) 直销银行基金销售模式。

直销银行业务模式最早出现在 20 世纪 90 年代末的欧美国家,作为一种新型基金销售模式,主要通过电话、在线客服等远程渠道获取银行产品和服务,客户的开户、转账、理财等业务均可通过网上平台直接办理,经营成本较传统银行更具优势。此外,直销银行业务所提供的金融产品和服务,在价格方面比传统银行业务更有吸引力。直销银行业务不同于手机银行、网上银行,以往的手机银行、网上银行多作为营业网点的补充存在,消费者在物理网点开办储蓄账户或购买投资理财产品成为该银行的客户后，即可在网上银行查询个人的账户详情及投资收益等。与之相对应的是，直销银行业务几乎完全脱离物理网点，纯线上操作，产品简单，客户目标群定位精准。

与网上银行相比，直销银行进行基金销售的互联网化程度更高。对于商业银行而言，直销银行完全可以摆脱物理网点而独立存在，在节约成本方面有其独特的优势，因此成为互联网基金销售的重要渠道之一。目前，国内民生直销银行率先推出的"基金通"产品是当前直销银行互联网基金销售中比较具有代表性的产品。根据预测，在未来 10 年内将有大约 10 万亿元的居民储蓄存款投资互联网金融产品，占储蓄存款的比例超过 20%。图 10.9 为商业银行互联网基金销售模式。

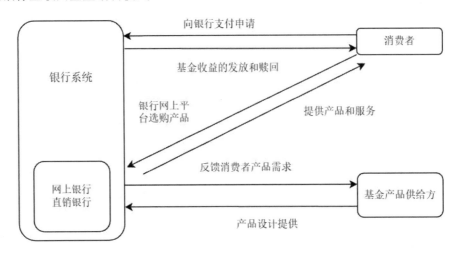

图 10.9　商业银行互联网基金销售模式

**案例 1：民生银行如意宝**

传统基金销售渠道管理费率高、赎回周期长、不同基金公司之间转换不方便，自然推高了投资成本。而民生直销银行"基金通"客户则无须另行开户，可通过直销银行电子账户，使用活期资产和余额理财"如意宝"、存款产品"随心存"进行购买。"如意宝"是民生银行直销银行第一款以货币基金为投资对象的直销银行产品。它是民生银行直销银行与基金公司合作，为客户电子账户活期余额完成自动申购、赎回货币基金的结算服务产品，其突出特点是，一分起购、天天收益、日日复利、随用随取、500 万元实时赎回。截至 2022 年 8 月 31 日，如意宝的资金规模达 644.11 亿元，其运作流程图如图 10.10 所示。

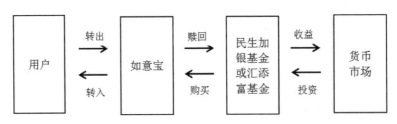

图 10.10　民生银行如意宝运作流程图

2) 基金公司互联网基金销售模式

基金公司互联网基金销售模式是目前大部分互联网货币基金产品选择的平台运营模式，多为基金管理公司在自身官网上推出的在线货币基金产品，或开发移动端应用向客户销售产品。此种运营方式的优点是，基金管理公司掌握了绝对的自主权，节省了与第三方合作的中间费用。缺点是，平台的前期开发以及维护费用昂贵，自身平台的用户普及率有限，比如汇添富的现金宝、华夏的活期通等。现在几乎所有的基金公司都拥有网站等直销平台，每家公司都推出了一款"宝类"产品对接自家旗下的某只货币基金，并提供赎回实时到账、购买旗下其他基金申购费率折扣等优惠。这种基金公司直销的"宝类"产品与前两类互联网公司代销的产品在本质上并无差别，其原始收益率也没有差异。

**案例 2：汇添富现金宝**

现金宝是在汇添富网站开设的基础账户，是一个有收益的资金账户。用现金宝账户，可以对汇添富公司旗下管理的基金进行申购、赎回和定投投资等交易操作。现金宝即为汇添富货币基金，充值即为申购，取现即为赎回。客户将资金充入现金宝后，实质为申购了汇添富货币基金产品，产生的收益与货币基金收益保持一致。现金宝支持单笔充值、自动充值、取现、预约自动取现等功能。

数据显示，截至 2022 年 6 月 30 日，汇添富现金宝平台保有量 608.18 亿元，期间申购 1517.39 亿份，赎回 1537.36 亿份。其中机构持有 26.37 亿份，占总份额的 3.93%，个人投资者持有 644.60 亿份，占总份额的 96.07%。在基金的收益方面，汇添富现金宝七日年化收益率在 2022 年 8 月 31 日为 1.4140%，万份收益 0.3871。此外汇添富现金宝实现了天天计息、日日分红，投资人收益每天利滚利。

在其他功能方面，汇添富现金宝也可谓是应有尽有。在存取方面，汇添富现金宝 0.01 元起投，上限以各银行划款上限为准，充值无须手续费，所有主流银行卡都可以免费充值到现金宝，也可以免费取现至任何一张银行卡；此外，汇添富现金宝支持 T+0 快速取现(包括手机客户端)，单笔取现最高为 500 万元，当日笔数累计上限为 5 笔(含)，节假日均可使用，目前快速取现支持 14 家银行卡。另外汇添富现金宝支持信用卡还款功能，支持 40 家银行信用卡跨行还款，还款限额为 50000 元，实时到账，无须手续费，支持手机移动端操作；值得注意的是，用现金宝还款时，在信用卡免息期也可享受现金宝收益。图 10.11 为"汇添富—现金宝"资金流转示意图。

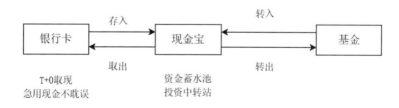

图 10.11 "汇添富—现金宝"资金流转示意图

3) 证券公司互联网基金销售模式

随着我国经济的快速增长，企业和居民的财富不断积累，人们的投资理财意识日益增长，客户对证券公司能够提供多元化的理财产品的需求不断增强。同时，部分证券公司也希望在允许其更灵活地创设金融产品的同时，向客户提供其他主体，特别是银行等金融机构发行的金融产品，以进一步提升服务能力，满足投资者需求。而且在成熟市场，证券公司代销其他机构发行的金融产品是一种通行的做法。经过这些年来的不断实践，证券公司已经积累了一定的管控代销风险的能力，证券公司在销售网点、客户渠道以及基金行业的专业能力也是其成为互联网基金销售的理想渠道之一。

证券公司开展互联网基金业务对其扩大利润来源、增加经纪业务收益、丰富金融服务内容以及调整改善投资者结构也有诸多好处。中国基金业协会披露的 2022 年二季度公募基金保有量规模 100 强榜单数据显示，截至 2022 年二季度末，在"股票+混合公募基金保有规模"中，证券公司保有规模合计为 1.24 万亿元，环比增长 9.01%，占比提升至 19.56%；银行保有规模合计为 3.47 万亿元，环比增长 7.01%，占比降至 54.8%；第三方销售机构保有规模合计为 1.62 万亿元，环比增长 6.4%，占比降至 25%。在"非货币市场公募基金保有规模"中，二季度，证券公司保有规模为 1.42 万亿元，环比增长 13.5%，占比提升至 16.31%。银行保有规模合计为 4.21 万亿元，环比增长 9.39%，占比降至 48.47%。第三方销售机构保有规模突破 3 万亿元，为 3.0058 万亿元，占比降至 34.64%，环比增长 9.39%。如图 10.12 所示，由此可见，证券公司两项保有规模增速领先银行、独立基金销售机构；市占率方面，银行及独立基金销售机构的两项保有规模占比均有所下降，仅有券商的占比在持续提升。证券公司保有规模及市占率稳步提升主要是两大原因：一是证券公司在财富管理业务的持续投入；二是统计口径发生变化，ETF 规模快速增长。

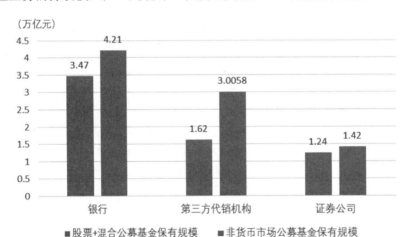

图 10.12　2022 年二季度不同渠道基金保有规模

**2. 互联网平台基金销售**

1) 电子商务平台互联网基金销售模式

电子商务的蓬勃发展为基金销售带来新面貌。自 2013 年 10 月首家基金第三方电子商务平台淘宝网获批以来，天弘基金的经验已成为业界效仿的对象。自上线淘宝后，天弘基金淘宝店目前日累计销量已突破 2 亿元大关，占全行业 30 多家基金淘宝店总销量的一半左右。伴随着我国电子商务化水平的不断提升，基金销售的电子商务化也循序渐进，部分互联网基金理财产品由网络销售平台进行销售，是网络平台众多销售产品的组成部分，而且增加了网络销售产品的种类。另外，互联网基金类理财产品的购买，需要进行互联网支付，从而培养了客户的网络支付习惯，而互联网支付特别是移动支付也是电子商务交易的必要环节。

**案例3：淘宝基金**

淘宝基金在2013年11月正式上线，当时正值互联网金融爆发元年。受益于互联网金融的发展，余额宝大获成功，基金公司受到启发积极试水"互联网+"。淘宝数据显示，2013年11月以来，先后有38家基金公司开设了淘宝基金店，累计交易用户数近180万户。

电子商务平台的互联网基金产品通常集支付、收益、资金周转等多功能于一身，它挂钩的产品都是货币基金，除了通过投资货币基金获得理财收益外，也能随时转出用于消费支付。此外，这类账户还能直接用来购买其他类型的基金。以余额宝为例，如想通过各家基金公司的淘宝网店直接购买基金，在后期支付过程中就可以选择余额宝支付，甚至还可以享受一定的费率优惠。

2013年，余额宝在积极借鉴PayPal运营模式的基础上，由支付宝平台和天弘基金公司联手合作开发，具有消费和金融理财两种功能，它的运作模式如图10.13所示。作为中国第一只互联网基金，余额宝的产生，尤其其独特的业务流程和发展特点，使其一经推出就获得了迅猛的发展，对商业银行产生了一定的冲击。

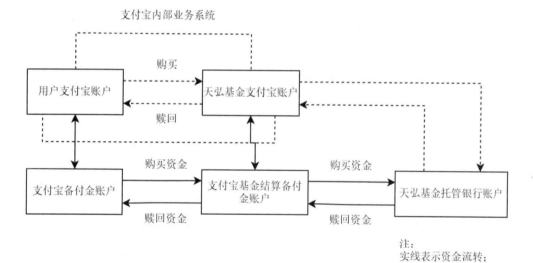

图10.13 余额宝运作模式

2013年，余额宝成功推出，在一定程度上是因为受到平台资源以及长尾效应的影响。天弘基金在此前发展的规模较小，要想实现公司的收益，就应当进行规模上的扩大，需要在一定的渠道上提供支持，但是就目前来说，基金销售的渠道基本上都处于银行的掌握和控制之中，根据行业发展的标准，基金公司需要支付给银行30%左右的基金管理费用。对于天弘基金公司来说，难以承担如此高昂的管理费用。该公司亟须发展直销的销售模式，以节省管理费用的支出。因此，实体网点和电子商务便成为两种基本的选择，根据天弘基金的发展现状，在资金相对有限的前提下，只有发展电子商务来实现营销的目标。而电子商务平台要想进一步发展，天弘基金需要依附于大平台才能实现自身的发展壮大。与此同时，淘宝网正在筹划基金公司事项，极大地满足了天弘基金的发展需求，二者一拍即合，天弘基金成立公司内部的电子商务小组，运营与淘宝合作的业务。相对于其他基金公司的表现和发展现状，大多数基金公司都非常注重建立自己的主打产品，对于淘宝来说，并没有新产品被开发，只能是提供淘宝管理技术方面的技巧。而对于天弘基金来说，为了实现和淘宝的长期合作，天弘基金公司针对支付宝，投入大量的资金和人才将其作为自己的中心产品进行研发，从支付宝的使用以及管理等角度出发，逐渐开发出余额宝这一新兴的发展模式。

在经过大量的准备工作之后，2013年6月，余额宝正式推出。截至2016年年底，余额宝规模已超过8000亿元，客户数量超过3亿户，天弘基金因此也一举成为国内最大的基金管理公司。

从整个余额宝主体架构中可以看出，余额宝并非由支付宝公司代销，而是由天弘基金直销，余额宝公司只是基金销售服务商，为基金销售提供网络通道、电子商务平台和客户资源等服务。通过对资金流向、申赎策略等产品流程方面的巧妙设计，余额宝最终实现支付宝公司、基金公司和支付宝客户的三方共赢。对于基金公司而言，不但可以马上开辟一条新的销售渠道，增加基金销售规模，而且可以充分借助阿里广泛且稳定的客户资源，发展创新型业务，提升可持续发展能力；对于用户而言，在保证消费支付的前提下，可以实现资金的保值增值。对于支付宝公司来说，把支付宝庞大的注册用户群提供给天弘基金开发，可以说是为天弘基金提供了一个投资者"金矿"，淘宝的平台优势也为优化基金的资金流转流程提供了基础；同时支付宝公司也成功规避了监管部门政策上禁止第三方支付公司代销基金产品的监管规定，还可以获得一定的管理费收入。

2) 第三方独立机构互联网基金销售模式

第三方独立机构的产品，如天天基金网的活期宝、同花顺的收益宝等。与前几类产品不同的是，这类产品多为一个资金账户对应多个基金产品，投资者可以根据自己的偏好，选择投资不同的货币基金，相对更为灵活。2015年，活期宝创新推出了活期宝互转功能，方便投资者在活期宝内多只货币基金间进行相互转换，满足用户随时将低收益货币基金转换成高收益货币基金的需要。同时在互转过程中，收益也不会间断。此外，活期宝已实现了7×24小时随时取现，实时到账功能；通过活期宝在线购买基金，则实现了多家基金产品、多种类型基金产品全覆盖，且享受申购费率最低1折起的优惠。

显然，这类产品集前几类产品的诸多优势于一身。活期宝的官网数据显示，2021年12月31日，活期宝累计销售额已超过15000亿元。图10.14为第三方基金销售机构运作模式。

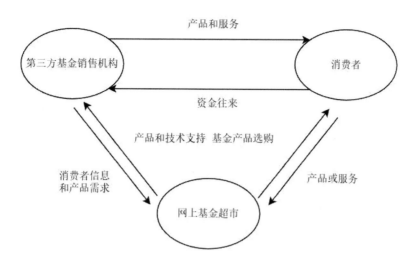

图 10.14　第三方基金销售机构运作模式

**案例 4：天天基金活期宝**

"活期宝"是东方财富旗下专业基金销售平台天天基金网推出的重要理财投资工具。用户借助活期宝不仅能完全实现活期便利，享受超定期收益，还可通过"活期宝"归集工资卡储蓄，随时取现、瞬间到账，手续费低至"零"，是用户管理活期现金、便捷理财的新模式。此外，活期宝已经与全国 67 家基金公司达成合作，上线近 1600 只基金产品。作为天天基金网推出的重要理财投资工具，"活期宝"已与南方、易方达、工银、华安、广发等 8 家基金公司的 14 只货币基金实现对接，这是活期宝相比其他同类产品所独有的优势，图 10.15 为天天基金活期宝运作模式。2014 年，天天基金网共上线 83 家基金公司的 2051 只基金产品，基本做到基金产品全覆盖。

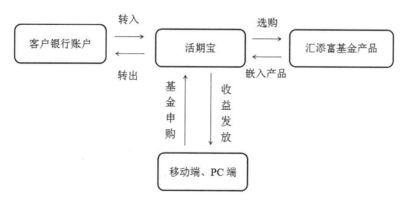

图 10.15　天天基金活期宝运作模式

天天基金网上游凭借天天基金独有的与众多基金公司的联系，以及天天基金网海量的基金数据资源，实时为客户提供基金的选择以及参考，而在其下游对接银行以及第三方支付等机构，为客户提供良好的投资体验。

此外"互联网+基金"模式的发展，主要是从基金公司和互联网公司双向展开。基金公司通过基金官网、手机 App 等自建平台，或者和第三方互联网平台合作，来实现基金互联网化。而互联网公司销售的产品主要来源于金融公司。但双方在发展过程中，受限于流量、产品、销售费用等多方面原因，都无法进行充分发展。互联网基金要发展，"产品+平台"是发展的核心。一方面，金融企业充分发挥金融产品和服务的优势，加大 IT 投入；另一方面，互联网企业发挥流量和用户体验优势，增加金融产品开发投入。但就目前来讲，发展更多的是金融企业和第三方企业的联合。因此，天天基金凭借其广阔的上游渠道以及海量的基金数据资源，作为目前国内排名前列的第三方基金销售平台有着巨大的优势。

### 10.1.7　互联网基金的风险管理

**1. 互联网基金面临的风险**

1) 无法律监管的资金安全陷阱

金融行业作为高风险行业，其任何产品的安全运作一般都应该有两种保障机制，即为道德底线和法律底线的并行护航。然而，目前互联网基金的法律监管明显缺位。

首先，从行业层面来看，互联网基金作为一种新事物，目前仍没有现成的法律加以监管。由此，行业自律成为监管边缘之外互联网基金的唯一约束，而该约束仅是道德的范畴。在缺乏有效监管的情况下，融资产品运作上可能缺少应有的防御，风险会乘虚而入。

其次，从互联网属性来看，互联网基金依靠第三方支付手段，其成为资金安全的借口，使投资者更容易忽视这种风险的存在。互联网金融在我国起步比较晚，单纯的信息安全风险控制机制尚未成熟，大量的信息泄露、病毒木马攻击、钓鱼网站等使其安全面临较大挑战。另外，尤其是手机支付作为最为流行的交易方式，与传统的支付方式相比，其密码更容易泄露出去。

互联网货币基金作为互联网和金融结合的产物，互联网的无边界性、虚拟性、高科技化以及人员庞杂的特征，注定其监管方式和难度都不是传统金融可以渗透得到的，而且其具有的金融属性，使此种风险进一步放大。

2) 流动性风险

流动性风险，也称巨额赎回风险，是基金面临的主要风险之一，是指因市场剧烈波动或其他原因连续出现巨额赎回现象，导致基金公司出现现金支付困难，投资者可能面临暂停赎回、欲出手却不能的局面。

互联网基金一般采取 T+0 的及时赎回方式，使其真正成为和银行活期存款相媲美的现金管理工具。风险和收益匹配，互联网基金投资得到一个活期存款的便捷性，享受着比银行定期还高的利率，这是不可能持续的。客户提前支取的资金都需要基金公司或相关机构垫付。随着基金规模的迅速扩大，如果客户在同一时间内大规模赎回，将会难以控制这种垫资规模，很可能出现流动性风险。

基金公司为了争夺行业垄断地位，可能会出现对基金收益的补贴行为。一旦公司资金出现入不敷出的风险，货币基金投资者也只有接受收益率的下滑，甚至是互联网基金为了缓和此种局面，维持住自身的行业地位和竞争，不得不主导上演一场高收益假象，这最终可能掉入"庞氏骗局"陷阱。

另外,在基金投资上,后期基金投资的资产经过银行同业存款的借出等风险得到放大,如果资金在借出后市场出现较大的流动性紧张,此类基金资产很难及时赎回。或者说,如果市场意识到互联网基金投资的资产有信用风险的苗头,大批的投资者就会集中赎回,而一定的余额准备金不可能抵挡如此大规模的流动性风险。以余额宝为例,虽然投资于流动性较高的货币市场产品,平均期限较短,而且建立了赎回行为预测等应对机制,风险相对较低,但不能完全排除大规模集中赎回的风险,目前余额宝存款与银行业金融机构各项存款之比约为 0.5%,如果爆发大规模集中赎回,对余额宝和银行的流动性影响都较大。

3) 可能为非法洗钱提供新的途径

随着互联网金融的飞速发展,第三方支付平台、互联网基金等服务方式与产品不断涌现。在这样的大环境下,传统洗钱方式开始与网络技术相结合,洗钱的途径日趋多样化、专业化、隐蔽化。因此,利用互联网平台进行洗钱的行为十分频繁。中国证监会 2007 年发布的《证券投资基金销售适用性指导意见》第十九条规定"基金销售机构应当执行基金投资人身份认证程序,核查基金投资人的投资资格,切实履行反洗钱等法律义务"。互联网基金销售过程中开户流程缺乏严肃性,尤其在基金投资人身份认证程序上非常随意。与身份认证唯一相关的程序即实名认证,只要用户提供身份证的图片资料即可通过验证,且并未要求该身份证需与账户所绑定之银行卡上名称一致。那么,洗钱者完全可以利用他人身份证进行实名认证,在不法资金投入互联网基金后将所获收益转入自己的银行账户。并且基于互联网基金操作便捷的特性,倘若洗钱者通过该方法反复操作,那么资金流向更加难以掌握。如此一来,就会给资金活动的监测分析与可疑交易识别等反洗钱工作增添难度。

**2. 互联网基金风险防范措施**

1) 加强监管,控制流动性风险

货币基金规模持续扩大,对金融系统影响加大,因此,监管部门需要强化货币基金流动性风险管理,防止流动性风险发生。

(1) 做好监管前置。

对于互联网基金来说,其有别于传统基金的最大优势在于互联网平台的作用。众所周知,一个支付宝就诞生了中国规模最大的基金产品和基金公司,所以平台在互联网基金中发挥着至关重要的作用。传统的基金监管对于金融企业的监管自始至终存在,但对于这些互联网公司的监管却仍处于探索阶段,这也是造成市场上部分互联网平台打"擦边球"的重要原因。因此,监管部门对互联网基金主体的监管不仅要扩大监管范围,还要做好监管前置。

(2) 调整监管内容,落实监管执行力。

监管部门对互联网基金的监管不仅要在内容上做到详尽,还要做到与之相配合的监管执行力:一是针对互联网信息易改性,强调信息保存,禁止随意修改;二是落实监管执行力,加大惩处力度。

(3) 将投资者的监控纳入监管范畴。

互联网的普惠性大大降低了投资的门槛,使诸多草根投资者也纷纷涌入基金投资队伍。但是这些投资者往往不具备基础的投资经验和风险识别能力，并且自身的风险承受能力也较弱。为确保客户充分了解货币基金产品的潜在风险，监管部门应规范基金产品销售过程中的风险提示要求，对风险提示事项、展示方式等作出明确规定。

2) 健全行业自律、他律规则以及综合预警系统

我国尚未有健全的互联网金融法律体系，因此流动性风险的防范更需要建立健全自律和他律规则，防止流动性风险演变成信用风险甚至影响金融体系的稳定。基金管理公司应当提高自律意识，加强自身流动性风险的评估和压力测试，降低流动性风险；监管部门更应该加强信息披露，建立完善的风险预警指标，做到提前防范，提前预警，及时发现风险，控制风险，对市场行为进行及时有效的引导，防止大规模羊群效应的发生。互联网基金仅仅是互联网金融的一个分支，要将此分支的风险度量理论和框架扩展到互联网金融的体系建设中，通过建立综合预警系统，为互联网金融未来更加快速健康的发展保驾护航。

3) 完善自身风险管理体系，建立完整的风险预警机制

在大数据时代要以量化金融为基础，基金管理公司应大力研究和发展互联网基金的风险理论，学习先进的科学度量方法，建立具有高敏感性的内部风险量化预警体系，保持对互联网基金流动性风险的动态监测。不能将风险仅仅建立在常识的基础之上(例如，认为债券型基金就不会存在过多的流动性风险)，而应该通过预警机制，依据市场状况和自身风险管理能力及时调整互联网基金的变现策略，及时避免市场恐慌情绪对流动性造成的影响，使基金的流动性风险最小化，实现基金收益的最大化。

## @10.2 互联网证券

### 10.2.1 互联网金融对传统证券行业的影响

#### 1. 传统证券公司业务

传统的证券公司业务范围主要由四个板块组成：证券经纪业务、投资银行业务、资产管理业务和证券自营业务。

1) 证券经纪业务

证券经纪业务是指证券公司通过其设立的证券营业部、证券营业部下属的证券服务部、网站等服务渠道接受客户委托，按照客户要求，代理买卖有价证券的业务。按照《证券法》规定，在证券经纪业务中，证券公司不得垫付资金，不得赚取差价，只能收取一定比例的交易佣金作为业务收入。

2) 投资银行业务

投资银行业务是指证券公司在公司的股份制改造、上市、二级市场再筹资以及出售资产等重大交易活动时提供专业性财务意见以及咨询服务，咨询服务一般指为投资者提供的二级市场咨询服务。证券公司根据客户需要，站在客户的角度为客户的证券相关投融资、资本运作、资产及债务重组、财务管理、发展战略等活动提供的咨询、分析、方案设计等服务，主要包括 IPO、企业融资、资产重组、证券发行与承销、财务顾问、资产证券化业务等。

3) 资产管理业务

资产管理业务是指证券公司利用专业及信息优势,接受客户的委托对客户的资产进行管理和运作。此项业务对券商的专业性要求特别高。

4) 证券自营业务

证券自营业务是指经中国证监会批准经营证券自营业务的证券公司用自有资金和依法筹集的资金,通过以自己名义开设的证券账户进行有价证券的交易,以获得收入的行为。因为该业务以赚取证券买卖差价为目的,所以在市场判断失误时,证券公司要承担投资损失的风险。该项业务主要受证券公司规模及投资能力影响,实力强的证券公司发展自营业务具备更大的优势。自营业务与证券市场有很高的相关性。我国证券公司对于自营业务的管控仍存在很大问题,还有很多需要改进的地方。

**2. 互联网金融对传统证券行业的影响**

如表 10.1 所示,在 2022 年上半年证券公司各主营业务收入占比中,经纪类业务收入即代理买卖证券业务净收入(含通道收入、代销金融产品收入等)占据券商全部业务收入的半壁江山,如果加上 2013 年迅猛发展的融资融券业务利息收入,经纪类业务收入的占比更高,是券商大部分的收入来源。由此凸显了国内券商收入结构单一的问题。

表 10.1 2022 年上半年证券公司收入构成

| 主要业务收入明细 | 收入(亿元) | 占比(%) |
| --- | --- | --- |
| 代理买卖证券业务 | 583.07 | 28.18 |
| 证券承销与保荐及财务顾问业务 | 299.08 | 14.46 |
| 证券承销与保荐业务 | 267.71 | 12.94 |
| 财务顾问业务 | 31.37 | 1.52 |
| 投资咨询业务 | 28.18 | 1.36 |
| 受托客户资产管理业务 | 133.19 | 6.44 |
| 证券投资收益(含公允价值变动) | 429.79 | 20.77 |
| 融资融券业务利息 | 296.59 | 14.34 |
| 营业收入合计 | 2 068.98 | 100.00 |

互联网金融对证券行业造成的冲击和挑战,首当其冲的恰恰是占据券商收入半壁江山的经纪类业务板块。从 2013 年开始,互联网就给各个行业带来很大的变化,而互联网金融对于券商行业的影响主要有两点:一是行业佣金率下降;二是长尾客户的互联网化,客户将出现分层。

从佣金率来看,我国券商行业整体佣金率水平从 2007 年放松佣金率管制以来,已经从 0.1%下降至 0.075%的水平。而网上开户又进一步将佣金率水平拉低。目前华泰、国泰君安、海通等大型券商已通过自建平台开启网上开户,佣金率为 0.03%;国金与腾讯合作,启动网上开户,推出"佣金宝"业务,佣金率为 0.02%,基本达到网上开户的成本线。随着网上开户的普及和轻型营业部的推广,券商佣金率或将继续下降,目前我国营业部的成本线约为 150 000 元,以此为最低限,佣金率将有 33%的下滑空间。

大量长尾客户对服务价格比较敏感，乐于接受标准化而佣金较低的产品，互联网更好地满足了这部分客户的需求。而对于高净值的客户和机构客户，则需要更好的服务，包括研究、全价值链的金融服务等。因此，互联网的出现将使客户服务分层化，高效、简便、便宜的互联网业务将更好地满足长尾客户。从行业整体来看，佣金率的下降将给行业收入带来压力。

从长远来看，互联网金融对证券行业的影响和改变将是全方位的、深层次的。当前主要是冲击了经纪类业务板块，未来随着互联网金融的发展，券商资产管理类业务、投资银行类业务等也必将面临挑战。比如资产管理业务，即使是高净值客户也面临第三方理财机构的抢夺。更为关键的是，随着互联网技术的进一步发展，互联网精神和理念的全面普及和深化，国内互联网金融法律和监管环境的不断完善，P2P、众筹等模式将不断发展、演化和成熟，必将深刻影响和改变证券行业的固有业态，颠覆证券行业已有的业务模式，券商将走上差异化发展道路，在互联网和证券业务的不断融合中形成新的业态和产业均衡。

### 10.2.2 互联网证券概述

我国的证券行业起步于 20 世纪 90 年代初，只经历了短短三十几年的发展历程，本身还不是很成熟，尚处在逐步完善的过程中。而互联网作为信息技术发展历程中里程碑式的产物，它强大的信息资源平台优势，以及对社会各层面的快速渗透能力，使很多行业都因此而发生改变，尤其是对于包括证券经纪业在内的金融业而言，其与信息高度关联的行业特性，影响更为深远。

互联网证券是市场参与者借助互联网进行各种经济权益交换、融通资金的行为。从本质上而言，互联网证券是证券公司利用互联网平台，以客户体验和客户需求为中心，延伸和拓展客户消费、理财、交易、投资和融资的账户功能，整合场内和场外两个层级的产品交易能力，为客户提供一站、多元化的金融解决方案。

互联网证券并不简单定义为通过互联网办理证券业务。互联网证券的本质并不在于信息流或资金流渠道或载体的变化，而是在信息流的形成、传播过程及其最终主导资金流流向的"化学变化"过程中，是否融入了足够的互联网基因或者说互联网精神，在这一点上，互联网精神对信息流形成、传播的影响相对更大，而资金流基本仍像之前一样，通过互联网畅通无阻地流动。互联网证券丰富了市场的内涵。比如，余额宝使众多储户实质上进入了证券市场，还有各类创新的金融产品在互联网证券市场上产生，这些产品甚至无法用传统证券产品的定义对其进行分类。同时，互联网拓宽了证券市场的外延，使证券等金融市场与实业更紧密地联系在一起。互联网证券的存在，已经远远超越了传统意义上金融分业和混业经营的范畴。

### 10.2.3 互联网证券的发展

#### 1. 美国互联网证券的发展

1) 美国互联网证券的发展背景

20 世纪 70 年代中期之前，美国的证券经纪业一直奉行提供完全经纪服务的制度。

1975 年，美国取消证券交易固定佣金制度，券商可以自主确定客户交易佣金率。为吸引投资者交易，出现很多证券折扣经纪商。这些券商帮助投资者进行买卖交易，并以低廉的佣金吸引大批的投资者蜂拥而入。

80 年代末期，计算机和信息技术广泛使用，特别是 90 年代中期互联网技术广泛商业化后，电子商务开始形成一股潮流，企业纷纷将其作为一条低成本、高效率的交易渠道推广。同时，美国对互联网企业从事网上证券经纪业务采取开放制度，并无太多门槛限制，一些拥有互联网技术的公司开始在证券经纪业务领域跃跃欲试。1996 年前后，传统折扣经纪券商嘉信理财和新兴网络经纪商亿创理财(E-Trade)正式开启基于互联网的交易模式，拉开了互联网证券全面发展的序幕。

1999 年，美国颁布实施《金融服务现代化法》，废除已执行 60 多年的 Glass-Steagall Act 中关于分业经营的限制，消除银行、证券、保险公司和其他金融服务提供者之间经营业务范围的严格界限，更为网上证券经纪公司提供广泛全面的一揽子金融产品和服务奠定了制度基础，引发网上证券经纪公司一系列金融创新活动。

由此可见，美国网上证券经纪公司和网上证券业务的起源和发展与佣金制度的市场化、计算机及互联网络的发展、分业经营限制的解除紧密相连。

2) 美国互联网证券的发展阶段

以有重大影响的标志性事件为依据，美国互联网证券业务的发展大致可划分为四个阶段。

(1) 第一阶段：1975—1990 年。

1975 年 5 月 1 日美国取消了固定佣金制度，折扣经纪商随后出现，为投资者提供低成本交易选择。随后，折扣经纪商嘉信理财推出了电话交易方式，经纪业务开始向自动化和电子化发展。

(2) 第二阶段：1990—1999 年。

嘉信理财由折扣经纪商转型为网络经纪商，同时出现了纯网络经纪商亿创理财，开创了基于互联网的交易模式，交易量和交易账户迅速增加。

(3) 第三阶段：1999—2012 年。

这一阶段以传统证券公司全面进入网上经纪业务为标志。从这一阶段开始，券商传统业务开始进行全面转型，力争成为金融门户的中枢，以提供全面、个性化的服务。这一阶段的代表性公司(组织)有美林证券(Merrill Lynch)。也是从这一阶段开始，网络经纪业务的竞争日益激烈。

(4) 第四阶段：2012 年至今。

美国的智能投顾业务开始出现，机器人投顾的管理资产规模(AUM)从 2012 年几乎为零增加到了 2015 年年底的 187 亿美元。截至 2015 年，Wealthfront、Betterman 分别拥有 29 亿美元和 30 亿美元的管理资产，并开始真正成为让华尔街感到恐惧的技术挑战者。

3) 美国互联网证券典型企业

(1) 嘉信理财。

嘉信理财(Charles Schwab)(以下简称嘉信)成立于 1971 年，最初是一家典型的传统证券经纪公司。嘉信利用 1975 年实行浮动佣金制及 20 世纪 90 年代互联网证券业务拓展的机会，以低价策略吸引了大量客户资源，之后逐渐转向资产管理业务。进入 21 世纪后，嘉信以资产管理和综合金融服务作为主要发展方向，并将目标客户转向高净值个人客户和机构客户，其资产管理规模和活跃账户数持续增长，现已成为美国乃至全球最大的综合金融服务机构。嘉信之所以能够成长为全球最大的综合金融服务机构与其准确的发展战略是分不开的。

第一，低价揽客，聚集资产。1975 年美国通过《有价证券修正法案》，废除了固定佣金制度，随后很多证券公司降低了对机构投资者的佣金率，而提高了对一般投资者的佣金率。嘉信则反其道而行之，针对中小散户推出了折扣经纪业务，每买卖 1 万美元股票，嘉信收取的佣金费用仅为 65 美元，而当时美林证券的佣金为 257 美元。低廉的交易费用受到了市场上中小投资者的青睐，使嘉信获得了折扣经纪市场 40%的份额。

第二，依托网络，服务创新。20 世纪 90 年代中期，美国互联网技术投入商业化运营，网络证券经纪商随之兴起，1999 年网络证券经纪商达到 160 多家，并纷纷打出"低价牌"抢占市场份额，掀起了佣金自由化后的"第二次佣金战"。在此期间，嘉信推出了在线交易平台 e.Schwab，将在线交易的佣金水平下调到 29.95 美元，而享受理财客户在线佣金为 65 美元，这样的政策出现了价格双轨制问题，精明的客户采取线下享受服务、线上进行交易的方式进行套利，嘉信的经纪人则开始拒绝与 e.Schwab 的客户进行接触。面对挑战，嘉信一方面调整业务发展战略，于 1997—1998 年将佣金较高的线下业务整体并入 e.Schwab，确立了"传统和网络混合商业模式"的发展战略；另一方面积极进行服务创新，密集发布新的交易系统及配套的服务产品，以满足不同客户的个性化需求，其系统性能超越了当时的所有竞争者。通过两年来在战略和技术层面的创新，嘉信的网络经纪业务发展迅猛，网上投资账户由 60 万增加至 200 多万，很快确立了行业龙头的地位。

第三，全面理财，进军高端。嘉信很早就发现其市场份额的增长不断被下滑的佣金率所侵蚀，于是采取一系列措施提升服务的附加值，向财富管理服务转型。嘉信早在 1992 年就推出了基金超市 One source，将多家基金管理公司的基金产品聚集在一起并呈现在这个平台上，投资者可以在多个基金产品之间自由转化而不需要支付手续费，嘉信只向基金公司收取年化 0.25%～0.35%的费用。1995 年嘉信实施"顾问资源"项目，聘请独立于公司的第三方投资顾问为嘉信的客户提供理财服务，既有利于提升服务的附加值，增加客户黏性，又避免直接提供咨询导致的利益冲突。2001 年，投资顾问共为嘉信带来了 2350 亿美元的资产，其创造的投顾业务收入也快速增长。

嘉信除了传统主业折扣经纪业务，持续创新其他金融服务，包括针对独立投顾的金融服务、免佣金的基金超市 Mutual Fund OneSource 等。公司的持续创新使公司具备了显著的先发优势，能够快速抢占市场份额。2021 年，嘉信理财自有投顾解决方案的平均客户资产规模为 5424.1 亿美元，占全部顾问服务资产规模的比重为 14.7%，自有投顾服务的平均客户规模在 2015—2021 年期间的 CAGR 为 18.0%。变现效率方面，自有投顾服务的变现能力明显高于基于规模收费的其他资产管理类业务，使该业务兼具引流和变现功能。2021 年，嘉信理财的顾问解决方案业务实现收入 19.9 亿美元，占比为 0.8%，该收入在 2019—2021 年期间的复合年均增长率为 29.0%。截至 2022 年一季度末，嘉信理财的客户资产规模达 7.86 万亿美元，活跃经纪账户数高达 3357.7 万个。

(2) 亿创理财。

亿创理财(E-Trade)于 1982 年在纽约成立，起初是一家为券商提供安全网络服务的互联网技术公司。亿创理财创立后不久，在 1992 年就赶上了美国第二波佣金降价潮，并成为美国佣金价格战的先驱。亿创理财开始通过美国在线和康伯服务等互联网公司的平台提供股票交易服务。基于娴熟的互联网技术和长期服务证券公司积累的经验，亿创理财给客户提供了良好的操作体验，并采取低价策略吸引了大量对佣金费率较为敏感的投资者。目前其佣金费率属于同服务水平中佣金费率最低的券商之一。1994 年，亿创理财将佣金降至 14.95 美元/笔，仅为嘉信理财在线交易佣金率的一半，吸引了大量客户从嘉信转户，日均交易量增长远超市场平均水平。1996 年，亿创理财设立了自己的网站，直接向投资者提供在线证券交易服务，此时证券账户规模已达到 9.1 万户。在客户黏性上，亿创理财一直是美国点击率最高的券商之一，领先其竞争对手嘉信两倍以上。亿创理财是纯网络经纪商，几乎没有其他线下业务。其成功的原因主要有以下几点。

第一，以网站为中心的营销体系。亿创理财点击率较高的原因主要包括以下几点。①注重网站宣传，亿创理财网站的行销费用很高。1999 年其网站行销费用约占全年总收入的 49%，2000 年这一比例更高。②亿创理财网站使用界面清楚、易操作，深得客户喜爱。③亿创理财采取金融证券业垂直门户网站的定位，为客户提供了丰富的网络信息，内容涵盖银行、证券、保险及税务等。

第二，全方位的业务拓展。1997 年起亿创理财开始大举进行国际化扩张，在澳洲、加拿大、德国、日本、英国、韩国等国家和我国香港地区开设了分支机构，进军海外市场使亿创理财的业务不再局限于国内，扩大了收入来源，并降低了依赖单一市场的风险。与此同时，亿创理财大举拓展其零售网点，在美国建立了五个"财务中心"，分布于纽约、波士顿、丹佛、比利时山庄和旧金山；并通过全国各地的"社区"延伸其触角，此外，亿创理财还有 1.1 万个以上的自动柜台机网络供客户使用。2005 年亿创理财合并了 Harrisdirect、BroenCo、Kobren 和 Howard Captial 4 家公司，获得了大量活跃的交易客户，并购带来的交易量占其总交易量的一半以上。亿创理财对纯网互联网公司的并购，促进了其市场规模的进一步扩张。

第三，丰富的信息咨询内容。亿创理财为客户提供丰富的信息内容和研究报告，并与著名的 Ernst&Young 合作提供财经资讯服务。亿创理财通过买下 Telebankt，强化了其金融垂直网络服务策略。除证券信息外，亿创理财还提供房屋贷款服务、保险产品、退休规划、税务及网上金融顾问服务等。

从收入结构上来看，亿创理财主要的收入来源并不是来自佣金收入，而是来自利息收入，这部分利息收入主要是将客户资产进行投资所产生的息差(2012 年为 2.4%，各年基本保持稳定)。其主要投资于 sweep deposit，是指让投资者可以在现金、股票、基金等金融工具之间自由选择的银行账户，类似于国内刚开始开展的保证金资产管理产品。除此之外，还投资于存款、待回购证券等。

(3) 美林证券。

美林证券(Merrill Lynch)成立于 1914 年，是世界著名的财富管理和金融顾问公司之一。美林证券业务结构多元，包括证券经纪、投资银行、衍生品和金融经济研究等，但是金融危机让其遭受了巨额亏损，2008年被美国银行收购。美林证券的经纪业务可分为两个部分。

一是基于财务顾问(FC)经纪人制度的高端业务。采取双高策略(高价格和高品质服务)。美林证券的客户定位较嘉信和亿创理财更加高端，主要为高净值个人投资者、机构投资者和政府等。公司创立了财务顾问制度，拥有庞大的财务顾问团队，目前，美林证券是全球最大的经纪商，财务顾问数量超过1.5万人，客户资产约2.2万亿元。对高端客户的服务较多采用了个性化和面对面的服务形式，因此，其多数业务不容易被简单的在线证券服务所替代。另外，高端客户对于佣金率不太敏感。美林证券收入结构多元，对于经纪业务并不严重依赖。

二是基于ML Direct的网上交易。这是美林证券于1999年12月推出的新业务，使其正式进入网上经纪业务领域，仍以高端业务为主。然而，当在线证券交易的低佣金对美林的经纪业务产生的冲击越来越大时，公司对佣金收费方法主动进行了变革：只要客户拥有10万美元以上的证券资产，就可以只交一次年费而不限制交易次数，这项举措有效地巩固了美林证券在经纪业务市场的地位。在激烈竞争的互联网金融背景下，技术是可以赶超的，但核心竞争力却是难以复制的。美林证券在产品设计、风险控制、金融研究、人才管理方面拥有强大的优势，这使它在客户服务时尤其是对高净值客户的服务中始终保持较高的黏性和公司竞争力。

### 2. 日本互联网证券的发展

1) 日本互联网证券发展现状

20世纪90年代末以来，日本政府出台了多项金融体制和证券行业的相关政策，促进了金融业市场化和行业创新，证券行业进入佣金自由化阶段。在佣金自由化和互联网浪潮的共同推动下，互联网证券应运而生。

互联网证券佣金低、交易便捷的优势使其在发展初期就受到年轻人的青睐，接受互联网证券业务的个人投资者的年龄比接受传统证券业务的个人投资者的年龄小13~14岁。随着互联网券商间的竞争不断加剧，互联网证券业务的范围不断扩大，互联网证券的优势又表现为：能为个人投资者提供金融计划服务及获取高收益的金融产品。日本经济新闻的一项调查显示：2005年日本20多岁的个人投资者开设互联网账户数量大幅增加，占所有互联网账户数量的12.5%；30多岁的个人投资者开设互联网账户数量增加33%；50多岁的个人投资者开设互联网账户数量增加26%；另外，每4个新开设互联网账户的个人投资者中有1名为女性。

随着以低费率服务为卖点的互联网券商的崛起，投资股票等的人群扩大。据日本证券业协会统计，截至2022年3月底，互联网交易的账户数为3822万，同比增长14.2%。日本网络券商龙头SBI证券2020年3月末的账户数达到了542.8万，反超了日本证券界一直以来的霸主野村证券的532.8万，成为日本账户数最多的人气证券公司。在账户数这一关键指标上SBI证券反超野村证券具有象征意义，标志着是网络券商全面超越传统券商的开始。如图10.16所示。

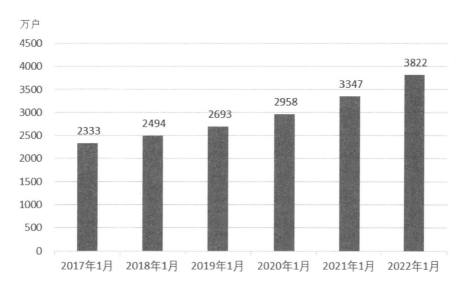

图 10.16　日本证券网络交易账户数

2) 日本互联网证券发展的特点

随着互联网证券业的快速发展，互联网券商间的竞争日益加剧，日本互联网证券业发展呈现如下特点。

(1) 21 世纪初互联网券商数量激增。

1996 年 4 月大和(Daiwa)证券开设互联网证券业务，1997 年 4 月日兴(Nikko)证券和野村(Nomura)证券及几家传统券商大力开展互联网证券业务，1997 年 7 月日本个股期权交易以及以证券公司为中介的非上市股票交易合法化。1997 年 12 月证券行业的准入由审批制变为注册制，这一举措使包括外国公司及日本国内非金融企业在内的很多公司相继建立证券公司，这些新建证券公司的定位几乎都是利用互联网，以开办网上股票交易作为核心业务，旨在加强证券公司相互竞争，强化证券公司服务于客户的理念，至年底日本互联网券商达到 19 家。1999 年 6 月 DLJ Direct SFG 证券(大和证券是股东之一)成立，10 月 ETrade 证券、Monex 证券、Nikko Beans 证券、嘉信理财公司(Charles Schwab Corporation)纷纷成立，此后随着证券行业监管的进一步放开，互联网证券迅速发展，到 2001 年互联网券商数量一度达到 67 家，之后互联网券商数量有所减少。

(2) 佣金战不断。

在日本互联网证券发展过程中有两次比较激烈的佣金战：第一次是在互联网证券发展的早期(1999—2001 年)。随着互联网券商数量激增，多家互联网证券公司并存，造成彼此之间竞争异常激烈。为争夺客户、提升行业地位，多数互联网券商展开佣金大战。当时业界公认佣金费以每单 3000 日元为盈亏分界点，但多家券商为争取更多新客户不惜亏本，在成本线下运营。以 50 万日元以上的交易为例，不同互联网券商每单佣金费分别如下：E-Trade 证券为 800 日元；DLJ 证券为 1900 日元；Monex 证券为 1000 日元；Nikko Beans 证券为 2400 日元；Kabu.com 证券为 1000 日元；只有松井证券佣金费为固定费率，在 3000 日元的固定费用下，客户可以进行多次交易，只要总交易额不超过 300 万日元。

第二次佣金战出现在 2008 年全球金融危机之后。2008 年 4—9 月随着个人投资者减少股票交易，五大主要互联网券商收益大幅下降。2009 年 6 月日本股指收复万点大关，在看好全球经济复苏的乐观情绪带动下投资者风险偏好提升，开始关注资本市场。为了在股市行情回暖前吸引更多个人投资者，乐天证券、SBI 证券两大互联网券商展开佣金战。2009 年 7 月乐天证券宣布，从 8 月 3 日起，首次交易金额达到 10 万日元，则佣金费由原来的 472 日元降至 198 日元，与 SBI 证券相比便宜 2 日元。对此，SBI 证券当天宣布将交易佣金费由原来的 200 日元降至 180 日元。随后乐天证券决定再次下调佣金费，之后两公司相继宣布 6 次降价，最终以乐天证券、SBI 证券将佣金费均下调至 147 日元收官。经历过第一次佣金大战的其他佣金费较高的 3 家主要互联网券商没有加入其中：Monex 证券表示会在投资教育、产品服务上加大力度；松井证券则表示要用完善的服务满足投资者的深层次需求。

(3) 互联网券商侧重差异化发展。

松井证券的定位是始终坚持服务于交易活跃客户，坚定认为信用交易可以提高资金利用率，并为客户带来较高回报。2002 年松井证券提高信用交易的便利性；2003 年推出没有还款期限的无限制信用交易，同时将信用交易的最低存款率降为 25%，而同期其他公司信用交易的最低存款率为 30%。2013 年监管部门放松对信用交易的监管，允许每天用同一保证金执行多次信用交易。

松井证券推出日信用交易服务(Margin Trading Service for Day-Trades)，对同一天的买入并卖出信用交易免佣金(当日没有进行相反买卖时，第二天营业日强制收取规定的佣金费)；现金、股票借贷费用率在 0~2%，对每次交易量低于 300 万日元的客户收取 2%的费用，超过 300 万日元不收取利息和股票借贷费用；引入额外的卖空服务，使投资者可以交易在正常情况下很难借入的股票(首次上市股票)，该服务针对每日交易用户设计，旨在吸引交易活跃用户，此项业务使松井证券市场份额明显增加。

Monex 的定位是为客户提供国内外股票、外汇、债券、基金、信托等全面的金融产品，侧重技术开发、产品创新、客户体验和投资者教育。2002 年 Monex 提供信用交易服务，并引入信用交易止损功能；10 月开设夜间股票交易服务"Monex Nighter"。2003 年推出针对外汇保证金交易的交易平台 Monex Joo，向客户提供富有竞争力的外汇定价，同时不对网上交易收取佣金；2004 年为增强客户体验功能向投资新手开设低门槛(1000 日元起)外汇交易品种。2005 年通过产品设计，使个人投资者有机会进入以往只有高净值客户、机构投资者才能参与的投资领域，即把世界各地的优秀私募股权基金和对冲基金以专门投资于其他证券投资基金的基金(FOF)形式提供给个人投资者。此外，Monex 不断加强对投资者的应用指导，因为如果投资者不具备相应知识，不断推出的金融产品就不具备推广的可能性。

Kabu.com 高度重视系统安全及客户的资金安全。在应对大型系统故障或灾难方面，建立了"发生灾难时专用网站(BCP 网站)"的福冈系统中心；对客户的资产依据法律法规进行"分别保管"，万一出现客户保证金短缺的问题，则由"日本投资者保护基金"向每一位客户赔偿高达 1000 万日元的补偿金。2009 年 Kabu.com 与汤森路透(商务和专业智能信息提供商)合作，开发高度自定义和可视化格式的交易系统，为客户提供程序化交易服务和全面的国际金融资讯和数据。

(4) 为细分市场提供精细化服务。

2006 年在 Monex 证券推动下,日本著名游戏制作商科乐美(KONAMI)开发了一款"股票交易中心·炒股"游戏,Monex 证券在游戏软件的包装盒中装入了公司的开户资料,结果有 1200 多名年轻人在游戏中体验到炒股乐趣后到 Monex 证券公司开户进行实践操作。

Monex 证券建立了客户分析数据库,并对客户交易行为进行分析,为客户提供风险控制保障,如给客户提供多种投资产品,使客户投资组合多元化。Monex 于 2009 年 7 月推出创新型金融产品,即利用电脑对大数据进行分析、独立判断进行股票交易的"机器人炒股基金"。该基金由机器人按照事先设好的规则,以东证主板中市值总额排名前 500 名的企业为选股标的,再根据企业业绩和股价动向进行操作,是一个追求绝对收益的主动型基金。其中,由"主机器人"统管投资组合、买卖委托、风险管理等,而其下的"频繁交易型""市场追随型""逆向投资型""图表分析型"这 4 个各具特长的应用机器人则根据具体行情发挥作用。机器人根据庞大的数据进行机械操作,避免交易者因心理因素而判断失误。

2010 年 8 月 Kabu.com 证券公司推出一项名为"1 秒保证"的新服务项目,承诺客户在进行股票交易时,如果每次下单处理时间超过 1 秒钟,将免收手续费。

2013 年 SBI 证券启用 MarketPrizm 超低延迟反馈处理技术,客户端不需安装硬件即可获取高速标准化市场数据传送服务。同年 SBI 集团创建金融服务业务平台(SBI MONEY PLAZA),拓展了集团内外产品交叉销售。SBI MONEY PLAZA 接手 SBI 证券的柜台业务,为线上证券、保险、银行、地产在内的业务提供线下交流窗口。2014 年 SBI 证券与 LINE 合作,SBI 证券为 LINE 日本用户提供股票资讯以及下单功能。

(5) 国际化趋势明显。

日本互联网券商巨头在经历多年的同业竞争后意识到本国的发展空间是有限的:日本人口总量有限而且人口在不断减少,有必要到发达国家及新兴市场开拓更大的市场空间。2008 年全球金融危机后,日本互联网券商开始通过集团跨国并购、合资及金融机构合作等方式,谋求在东道国金融服务业发展的过程中抢占市场份额。

Monex 集团(Monex 证券为其主要子公司)于 2008 年在北京设立代表处,2010 年 Monex 集团收购中国香港宝盛(BOOM)证券,使 Monex 证券的港股交易服务得到强化。2011 年 Monex 集团收购美国在线代理公司 Trade Station Group,使 Monex 证券的美股交易服务和交易系统得到强化。2012 年 Monex 集团收购索尼银行旗下的索尼银行证券,深化了其与索尼银行的合作,增强了其在国际上的影响力。

2010 年 SBI 证券收购越南 FPT 证券 20%股权。SBI 控股(SBI 证券为其主要子公司)于 2011 年出资 1140 亿印尼盾(1670 万美元) 收购印尼国家银行全资子公司 PTBNI 证券 25%的股份,同年和新华社旗下的中国证券报合资组建上海新证财经信息咨询有限公司。2012 年 SBI 控股投资 3000 万美元成为海通证券的基石投资者。2013 年 SBI 与中国陆家嘴集团、新希望集团签署合作备忘录,拟共同打造互联网金融服务平台。2015 年 SBI 控股与泰国券商 Finansia Syrus 联合出资成立互联网证券公司 SBI Online。

3) 日本互联网证券典型企业

(1) 乐天证券。

乐天证券是乐天集团旗下的网络券商,被电子商务收购后导入股东客户资源成为网络经纪商,日本乐天集团成立于 1997 年,起初是一家网络零售商,通过与亚马逊、易贝(EBay)相区别的"B2B2C"模式迅速发展壮大。在 2000 年上市后乐天集团开始进行多元化的扩张战略。2000 年收购 infoseek 步入新闻门户领域;2001 年上线旅游业务;2003 年 11 月,乐天集团收购 DLJ direct SFG 证券,这也是乐天集团向金融领域迈出的第一步。2004 年 7 月 4 日变更公司名称为"乐天证券",当年 9 月开户数跃居日本第三,开户数为 14.7 万左右。2013 年,乐天证券开户数接近 150 万户,托管资产接近 2.3 万亿日元。2004 年开展银行卡业务,2007 年进入通信领域,2009 年开始电子银行和电子钱包业务,2012 年收购某寿险公司进入保险业务,完成了"电子商务+金融"的生态系统建设。

如图 10.17 所示,乐天生态圈囊括商业、旅游、金融等板块。乐天的成功关键在于电子商务平台客户向网络证券流量的导入,自 2005 年开始在乐天证券新增开户客户群中,乐天集团会员占比达到 50%以上。发展至今,乐天证券已经成为日本第二大网络证券公司。但从盈利能力的角度来看,乐天集团包括乐天证券在内的整个金融板块的利润贡献仅有 7%~8%,没有成为乐天集团重点拓展的领域。目前包括 SBI、乐天证券等在内日本网络券商又展开了新一轮的佣金战,预计乐天证券的盈利水平将再次下降。乐天证券的不足在于其虽然比前文介绍的亿创理财在技术上或者是获客能力上有一定的优势,但弱点是其对于金融领域的理解并不深刻,对于客户体验的提升,更多的在于操作层面,而盈利能力与行业平均水平相比则较低。

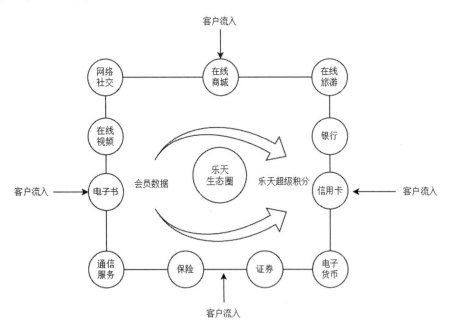

图 10.17 乐天生态圈

(2) SBI 集团。

SBI 控股公司作为日本网上金融服务的先驱企业,于 1999 年成立,在网络不断发展、金融自由化进一步加剧的过程中稳步成长,目前,已经建设成为独具特色的网络金融企业集团,其前身是以风险投资业务为主的软银投资。SBI 集团目前有金融服务、基于创投的资产管理和生物科技相关业务,其中金融服务是公司最主要的收入来源,提供全方位的金融服务。SBI 集团对于"网络革命"和"金融自由化"的把握相当精准,公司在互联网证券服务中坚持"三个一"的模式。

"一张清单":将客户需要的不同金融服务的比较在一张清单中呈现。

"一站式服务":一家金融机构提供广泛的金融服务。

"一对一服务":客户经理服务对个人客户提供咨询。

SBI 公司在日本进行互联网证券服务,通过网络证券成功进军互联网银行和保险业务,并广泛开展其他金融相关业务。目前公司的金融服务业务有两大特色:第一是全能金融服务,即以证券、银行和保险为三大支柱,同时开展信托租赁等业务,形成了由一站式提供证券、银行、保险、房贷等各种金融服务组成的独特"金融生态体系"。第二是广泛的客户基础和国际化战略,截至 2013 年 3 月底,SBI 证券、住信 SBI 证券、住信 SBI 网络银行、SBI 财产保险等集团的客户达到 1500 万人左右。

(3) Monex 证券。

Monex 证券成立于 1999 年,创始人松本大就职于高盛期间,敏锐地预见了日本佣金自由化将使互联网证券公司在散户市场获得巨大的机会,而高盛无意扩展零售业务,因此松本大辞职并和索尼公司共同创立了 Monex 在线证券公司。

最初在技术层面,公司将技术力量大量投入到系统开发以及解决网络环境的稳定与安全的性能上,奠定了 Monex 一直以来在互联网证券领域技术上的优势。Monex 最大的特点在于不断强化自己的交易功能,不断增加自己的交易品种,以达到不断改善投资者交易体验的目的。同时,在不断进取和成熟后,注重进行一系列并购,进而向海外延伸,以扩大自身的客户基础。该公司是日本程序化交易的先锋,其交易系统具备完善的程序化交易功能,可以进行便利的下单,可以自由设定界面进行趋势检索,还有丰富的下单委托功能,使投资者可以精确设定买卖时间、确保收益并进行风险管理,并且还引入了信用交易止损功能。为了提高网站使用的便捷性,获得客户的高度评价,Monex 不断追加网页的功能,还开发能够为个别需求提供投资建议的智能基础结构,能够根据每位客户的风险承受能力、投资目的、保有资产等情况,提供个性化的投资顾问服务。

### 3. 我国互联网证券的发展

1) 我国互联网证券的发展历程

随着中国资本市场发展,证券业也保持稳定增长。在中国互联网网民规模持续扩大、普及率快速提升,居民投资理财需求继续增长,以及相关政策制度进一步完善的大背景下,中国互联网证券企业应运而生,并不断发展成熟。回顾我国证券市场的互联网化历程,我们大致可将其划分为起步(1997—2000 年左右)、全面网络化(2000—2012 年左右)和提供全方位服务(2012 年开始)三个主要阶段。

(1) 起步阶段(1997—2000 年左右)。

20 世纪 90 年代中期以后,网上证券交易从美国向各大证券市场蔓延发展,我国网上证券交易也开始起步。1997 年 3 月,中国华融信托投资公司湛江证券营业部最先推出名为"视聆通公众多媒体信息网"的互联网网上证券交易系统,成为中国第一家开展网上交易的券商。该系统在最初的连续三年增长速度超过 126%。1999 年,闽发证券的互联网交易额达到 8 亿元，分别占其深、沪营业部的 20%。国泰君安证券、广发证券等公司也随后开通了互联网证券交易服务。这一阶段，中国的互联网证券交易发展相对缓慢，一方面是因为互联网尚处于起步阶段，网民过少，1999 年年初，中国上网总人数大约有 200 万，同期美国拥有网民约 6000 万；另一方面，当时的互联网证券交易业务在全球都还算新兴事物，很多证券公司对互联网证券交易业务还不了解，仍处在观望阶段。

(2) 全面网络化阶段(2000—2012 年左右)。

2000 年 3 月，证监会颁布实施了《网上证券委托暂行管理办法》(以下简称《管理办法》)；2000 年 4 月，中国证监会又制定并印发了《证券公司网上委托业务核准程序》，标志着我国网上证券交易进入规范化轨道。证券公司开展互联网证券交易的积极性被充分调动起来。截至 2000 年年末，有 45 家证券公司的 245 家营业部开通了互联网证券交易业务。2000 年全国互联网证券交易占比达到了 2.97%。

2001 年以后，互联网证券交易业务发展速度加快，交易量成倍增长。2012 年，我国互联网证券交易用户数超过 1350 万户，比 2001 年增长了 1000 多万户，年复合增长率达 13.64%。

2000 年年底至 2001 年年初，基于短信平台的手机炒股开始流行。2004 年，中国移动推出面向全球通用户的"移动证券"，随后中国联通推出"掌上股市"，手机炒股进入无线应用通信协议(WAP)方式炒股和客户端炒股时代，随着 2006 年、2007 年大牛市的到来，手机炒股得到快速发展。

从 2002 年开始，证券公司开始了证券交易系统的集中建设。2004 年 8 月，华林证券在深圳证券通信中心设立的主用集中交易系统正式启用，这是我国证券公司首次对主要核心交易系统进行托管，降低了技术系统建设成本和系统风险，体现了证券市场专业化分工的经营原则。

(3) 提供全方位服务阶段(2012 年开始)。

自 2012 年 5 月券商创新大会以来，中国证监会先后出台多个关于互联网经纪业务政策指引的文件，从信息技术指引到非现场开户步步推进。银行与券商以互联网为依托，重组改造业务模式，加速建设网上创新平台。2014 年 4 月 4 日至今，中国证监会批准了 5 批共 55 家证券公司开展互联网证券业务试点，约占券商总数的一半。表 10.2 为获证监会批准的网络券商试点名单。

表 10.2 获证监会批准的网络券商试点名单

| 批 次 | 时 间 | 数量 | 名 单 |
| --- | --- | --- | --- |
| 第一批 | 2014 年 4 月 4 日 | 6 家 | 中信证券、国泰君安证券、银河证券、长城证券、平安证券、华创证券 |
| 第二批 | 2014 年 9 月 19 日 | 8 家 | 广发证券、海通证券、申银万国、中信建投、国信证券、兴业证券、华泰证券、万联证券 |
| 第三批 | 2014 年 11 月 24 日 | 10 家 | 财富证券、财通证券、德邦证券、东海证券、方正证券、国金证券、国元证券、长江证券、招商证券、浙商证券 |

续表

| 批 次 | 时 间 | 数 量 | 名 单 |
|---|---|---|---|
| 第四批 | 2014年12月26日 | 11家 | 华宝证券、东方证券、南京证券、西南证券、中原证券、齐鲁证券、安信证券、华林证券、东兴证券、第一创业证券、太平洋证券 |
| 第五批 | 2015年3月2日 | 20家 | 财达证券、东莞证券、东吴证券、国海证券、国联证券、恒泰证券、华安证券、华龙证券、华融证券、民生证券、山西证券、世纪证券、天风证券、西藏同信证券、湘财证券、银泰证券、中金公司、中国中投证券、中山证券、中邮证券 |

2) 我国互联网证券发展环境

(1) 政策环境。

近年来,我国对互联网和证券行业的支持力度不断加大。2012年9月,中国证监会颁布了《关于证券公司开展网上开户业务的建议》;2014年5月,国务院印发《国务院关于进一步促进资本市场健康发展的若干意见》(国发〔2014〕17号);2015年取消证券账户"一人一户"制,都给网络券商发展提供了便利。国家大力倡导"促进互联网金融健康发展"这一重要方针及加快实施"互联网+"发展战略,给我国新型网络券商的创新发展带来了难得的历史机遇和前所未有的推动力。

此外,国家对证券行业的监管方式也发生了深刻的变化:一方面放松事前审批管制,另一方面加强事中和事后的监管。这些变化为网络券商行业的创新性、服务的人性化和灵活化提供了便利,又为其健康快速发展提供了风险规避的制度保障。

(2) 经济环境。

目前我国国内经济发展势头良好,互联网及电子商务也快速发展,为券商网络化的发展奠定了很好的基础。近年来,我国的互联网经济规模不断增长,并保持较高增速。根据艾瑞咨询公司的数据统计分析,2016年我国互联网经济规模高达4.2万亿元。

我国券商的不断发展,经济规模不断扩大,在世界上占有举足轻重的地位。据中国证券业协会发布的数据,140家证券公司2022年上半年总资产突破11万亿元,总资产为11.20万亿元,净资产为2.68万亿元,客户交易结算资金余额(含信用交易资金)2.13万亿元,受托资产总净值10.99万亿元。

(3) 社会环境。

我国互联网行业正经历着快速的发展,网络用户和网络渗透率不断增加,网络经济规模突飞猛进,网络化已经深入到国民经济的各个领域,当然也包括证券行业。未来随着传统行业不断进入互联网发展阶段,网购潜力将进一步扩大,特别是西部及中东部三、四线城市。再加上移动互联网的发展,这一经济环境对券商网络化发展产生了推动作用。

(4) 技术环境。

对于金融行业来说,IT系统是金融机构业务开展的重要支撑,金融行业对IT技术越来越重视,不断加大在技术方面的投资。2021年证券行业323亿元,同比增长22.8%。IDC预计,2026年中国IT投资资金规模预计为359.5亿美元(约2484.14亿元人民币),

市场规模位列单体国家第二。

## 10.2.4 我国互联网证券模式

### 1. 互联网证券产业链

证券公司自身资源的调整、发展方向的转变以及作为金融产品输出渠道的天然优势，使证券行业对互联网的应用和理解逐渐加深，并在实践过程中，从单纯的功能输出、产品输出向综合金融服务的全方位嵌入发展。图10.18为互联网证券产业链图谱。

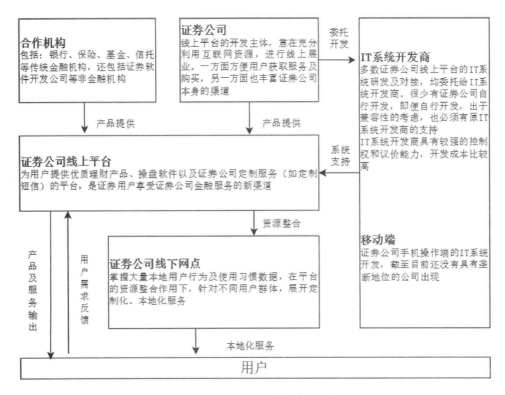

图 10.18　互联网证券产业链图谱

### 2. 互联网证券模式

互联网证券模式主要包括：非现场开户+佣金模式、券商网上商城模式、互联网券商O2O模式。

1) 非现场开户+佣金模式

证券公司一般遵循的运营模式都是通过客户开户进行投资以获得佣金的运营模式，因此中小型券商参与互联网的首选模式就是利用网上开户，降低佣金，吸引客户。这种模式与美国的线上线下的折扣型模式类似。目前券商网上开户，主要有两种方式：一种是网上直接开户；另一种是通过互联网平台导入证券公司，再进行网上开户，如图10.19所示。

这种业务模式主要是将传统证券机构中的部分服务项目转移到互联网平台上，例如在相关证券机构的网上营业厅就可办理开户业务、产品推送宣传业务、产品管理业务等。非现场开户模式的优势主要体现在以下两个方面。

首先,见效快。原来的证券公司能够提供给用户的金融服务大多停留在股票交易层面,因此以低廉的佣金作为吸引,对现有用户的诱惑比较大,能够在短时间内,积累起用户规模。

其次,手续便捷。网上营业厅可以方便客户进行业务办理,而且不受地域限制,客户可以随时随地通过互联网平台办理相关业务,便于提高客户体验。同时,网上营业厅也可以拓展证券机构的市场渠道,改变传统渠道中的客户来源结构,不受地域限制。

在网上营业厅这种产品时,更加注重的是服务流程的扁平化以及安全性。因而证券公司在开展网上营业厅业务时,需要对其信息管理系统进行完善的优化,减少不必要的环节流程,提高业务办理的便捷性和效率。并且做好完善的技术保障工作,充分保护客户的个人信息安全。从目前一些券商的网上营业厅经营情况来看,基本上达到了提高客户使用体验和拓展客户渠道的目的,这一产品创新途径得到了较好的实践验证。当前众多券商也纷纷开展了此模式的尝试。

图 10.19 非现场开户介绍

案例 5:国金证券"佣金宝"

2013 年 11 月 23 日,国金证券正式发布了与腾讯合作的公告。具体合作内容包括以下 3 个方面:①腾讯为国金证券的投资者提供在线开户、在线交易与在线客服等功能。②腾讯协助国金证券进行理财产品的宣传与在线销售,并向国金证券提供网络支付接口,为其理财产品的在线销售提供技术保障与支持。③双方共同策划系列品牌活动,共同举办投资咨询会等线下活动,吸引高端客户人群并为其提供相应的金融理财服务。

2014 年 2 月 20 日,国金证券联合腾讯推出"佣金宝";2014 年 3 月 7 日,佣金宝手机版也正式上线,名为"全能行"。佣金宝是国内首个互联网证券服务产品,不仅能通过 PC 端或手机端为投资者提供包括网上开户、网上交易证券等一系列功能,还可交易国金旗下的金腾通货币市场证券投资基金(以下简称"金腾通基金")。

佣金宝最大的创新点在于业内新低的"万二佣金",即用户成功开户后,交易沪深 A 股或基金的佣金率仅为万分之二,客户体验能力强,开户三大步即可完成,一是"身份验证";二是"签署协议";三是"三方存管"。此外,佣金宝网上开户后,客户可以选择同时开通国金通用开放式基金账户,保证金可以对接国金证券的货币型基金产品——金腾通,还可以享受高价值的软件咨询服务。目前国金的线上业务获得成功,通过与具有巨大流量的腾讯合作,为国金导入大量流量,并以佣金率吸引中低端客户。

佣金宝第二个创新之处在于闲置投资资金理财功能:对于账户中闲置的投资资金,国金证券将为其提供理财服务。若投资者参加该服务，则其闲置资金会自动申购金腾通基金，实现闲置资金的增值，实现炒股与理财的无缝对接。当投资者需要买卖股票时，可即时赎回投资于金腾通基金的资金，不影响正常股票投资。

此外，佣金宝还为投资者免费提供咨询服务，此举打破了行业内券商不为散户提供增值咨询服务的"惯例"：无论投资者资金规模的多寡，只要在国金证券成功开户，就能通过全能行证券交易终端，享用国金证券为佣金宝客户所制定的高价值咨询产品。

自2014年2月20日推出佣金宝后，国金证券迅速累积了大量客户。在佣金宝面世的近三周内，平均每周开户数量为16.8万户，而在过去的三个月，这一指标仅为8.6万户。此外，根据图10.20所示，佣金宝推出后，其股票交易量市场份额从0.7%左右快速提升至1%以上，并保持在1%左右。其2014年股基交易市场份额增长率在所有券商中名列前茅。

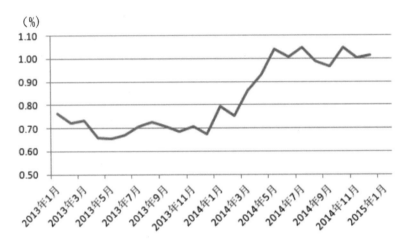

图10.20　国金证券股票交易量市场占比

佣金宝在推出后的短期内获得了巨大成功，但国金证券没有满足于现状，而是与时俱进，不断地对佣金宝的功能进行优化，增强其产品竞争力：2014年3月24日，佣金宝提供了创业板投资权限的网络在线转签；2014年11月17日，佣金宝推出沪港通业务；2015年2月27日，国金证券发布佣金宝2.0版本；2015年4月13日，佣金宝正式上线一人多户功能。2016年4月19日佣金宝"理财商城"正式上线；2017年2月15日佣金宝APP上线"投资咨询"栏目，线上咨询服务正式登录APP；2018年4月11日佣金宝APP 3.0版本上线；2019年2月23日，佣金宝APP 5.0版本正式上线；2019年3月10日佣金宝APP在线"开通科创板"功能上线；2020年3月20日，佣金宝APP上线新三板权限开通与注销功能；2020年8月28日佣金宝APP6.0版本正式上线；2021年10月15日，佣金宝APP7.0版本正式发布，增加"专项融资融券交易""积分商城""中签喜报""大盘择时"等功能。

预计未来国金有望发展成中国的"嘉信理财模式"，通过后续理财产品的销售和管理，获得更大规模的利润。

2) 券商网上商城模式

证券公司开展零售业务，除了线下网点渠道以外，在线上最简单也最普通的方式就是开通网上商城。在原有官网的基础上,开辟"金融超市""金融商城""产品超市"等子栏目,还可以独立域名与官网形成联动,如图10.21所示。

图 10.21 券商网上商城模式

比如,国泰君安证券开设的"君弘金融商城"、华泰证券的"涨乐网"、华创证券的网上商城以及广发证券的"易淘金"电子商务平台等,这些券商电子商务平台基本定位于"金融超市",主要销售资讯及金融产品,旨在实现和优化普通客户在证券公司体系内一站式的消费与投资体验,并完善其支付功能,完善整个产业链的完整。在国泰君安的网上商城"君弘金融商城"内,浏览和购买金融产品与平常逛淘宝购物一样,动动鼠标就能了解产品的具体情况,也可以直接下单购买,产品包括特色理财产品、代销基金、投资软件等。在一些自行开发的投资理财类的软件的销售上,国泰君安甚至还创新地引入了团购模式。

券商网上商城模式的作用在于以下两个方面。

一是解决信息不对称问题。对于金融机构而言,推出网上商城平台,旨在用平台留住客户,变被动为主动,解决信息不对称的问题,加快金融脱媒的现状。开设网上商城,券商主要是看中互联网平台数以亿计遍布全国各地的客户群,而且这些客户群不受券商营业部位置的限制,加上现在网上开户政策的开放,更是不受营业时间的限制,用户可以直接在网上开户。

二是提升用户体验,增强用户黏性。券商电子商务平台的建立,在一定程度上可以提升用户体验,增强用户黏性,积累大量真实可靠的数据,后期可以依靠这些数据挖掘客户需求,进而能够精准地提供产品或服务。

网上商城模式的优势在于:推广费用低。用户已熟悉证券公司官网,在网站上推出金融商城,客户很容易浏览到,并且只需要在首页推广,即可在最短时间内让用户及合作伙伴了解证券公司的动态以及所售产品,增加了客户体验。同时基于互联网超高的传播效率,也扩大了影响力。在网上售卖的产品透明度高,不仅有利于提高券商的金融服务水平,也便于其后期实现对渠道、营销、客户服务等全面管理,深度挖掘客户数据,实现精准营销。

网上商城模式不足之处在于:开发成本高。国内大部分金融机构的 IT 软硬件,都由几家具有垄断地位的技术公司开发,这大大限制了网上商城建设背后的接口兼容性、技术合规性等,且证券公司依靠外力开发,所需研发时间更长,资金成本比较高;产品种类不够丰富。所有券商面临的问题都是除自营产品外,如何丰富产品的品类,同时券商的网上商城上线时间较短,产品还不够丰富,用户覆盖能力还很有限。

3) 互联网券商 O2O 模式

O2O 模式是证券行业基于行业本身特点,结合互联网金融环境,通过深刻思考金融的本质，进而总结出的证券互联网模式。O2O 模式是一种线上线下一体化思维，利用互联网使线下商品或服务与线上相结合，线下生产订单，线下完成商品或服务的支付，运作方式如图 10.22 所示。这种模式既能够发挥证券公司的优势，又能够融合互联网的优势，是互联网与证券相互结合所带来的飞跃。

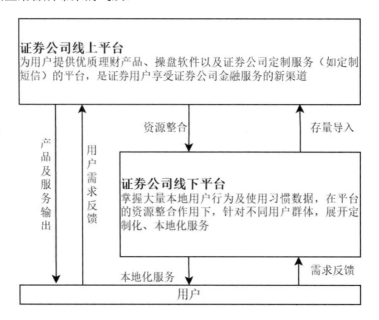

图 10.22 互联网证券 O2O 模式

在现阶段 O2O 模式只有资本实力雄厚的证券公司才能实现，原因在于以下几个方面。

一是客户资源优质。在所有传统金融行业中，证券公司所掌握的用户质量是比较优秀的，而且这些优质用户在金融市场上的活跃度也要高于其他行业。而在所有证券公司中，资本实力雄厚的大公司拥有的这类客户更多，他们大多具备较高的财商，比较容易理解金融产品，因此，这类用户在投资领域的潜在价值较大，利于公司业务开展。

二是客户习惯认可。证券行业作为传统金融行业中最早互联网化的一员，对于用户网络使用习惯的培养已经非常成熟。这些用户接受并且习惯通过网络渠道享受证券公司的金融服务，对于证券公司来说，节约了市场教育的成本，也缩短了先期投入的周期，一旦模式成型，能够很快产生效益。

三是专业能力较强。证券行业本身处于资本市场的最前沿，因此与其他金融机构相比，其专业能力较强，而这一点对于资本实力雄厚的大型证券公司来说更是如此。不同于普通用户，线下非标准化金融服务需求方更加看重提供金融服务机构的专业能力，在这一点上，大型证券公司更具优势。

四是品牌增值能力。资本实力雄厚的大型券商，本身也具备很强的品牌优势。在为客户提供金融服务的过程中，其不但能够满足客户现有的需求，还可以为客户提供更多后续的衍生服务。并且客户金融活动的实现(如增发、融资或某项金融产品的上线等)，也会因具备品牌优势的证券公司的参与，而在市场上得到更多的关注和认可，附加价值较大。

证券公司对于 O2O 模式的打造并不能完全按照互联网的思路进行，虽然 O2O 模式是因互联网才出现的,在这一领域互联网公司也更具优势。但正是互联网公司的优势,才导致证券公司的 O2O 布局无法完全复制互联网公司的路径。对于证券公司来说,其优势在于雄厚的资本实力、丰富的线下网点以及客户经理与客户之间良好的信任关系。因此,证券公司的 O2O 模式要最大限度地发挥这三个优势。

**案例 6:海通证券**

目前券商中,O2O 模式比较有成绩的当属海通证券。海通证券于 1988 年成立,2007 年和 2012 年先后在 A 股和 H 股上市,成为两地上市的大型证券公司,其业务和产品不断丰富,并积累了大量个人及企业用户。在零售业务领域,海通积极利用互联网手段,通过多层次、多平台、多渠道等方式,为用户提供咨询、简报、投资组合建议等全方位金融服务。

海通证券线上布局方式:2014 年 6 月,海通证券网上平台"e 海通财"上线,推出了五大账户功能,包括交易、理财、投资、融资和支付;互联网五大在线平台,包括开户、网上商城、网上营业厅、App、微信;五大优势产品,包括现金管理、资管理财、OTC 理财、小额融资和消费支付,针对不同群体的特征主推相应的账户功能和产品,围绕客户需求全面实现产品、服务的匹配,以"e 海通财"账户为中心升级证券保证金账户。

海通证券 O2O 模式线上布局如图 10.23 所示。

图 10.23 海通证券 O2O 模式线上布局

海通证券线下布局方式:海通针对 O2O 模式的需求,对线下进行了积极的改造,主要通过以下手段:营业部的转型、业务线上化改造以及线下的综合布局。海通证券根据不同类型的营业部,按照该营业部所覆盖的地域及覆盖的客户信息,按客户需求设置营业部的功能,营业部可分为:旗舰型营业部、普通营业部、轻型营业部和新型网点模式。其中新型网点模式最值得借鉴,按公司发展计划,未来将与东方网合作打造新型网点,新型网点的类型可能是社区化、网络化,整体趋势是小型化、智能化、标准化。

图 10.24 为海通证券 O2O 模式线下布局。

海通证券积极布局和实践 O2O 的同时,不断地丰富并落实产品和业务,在更深的层面构建核心竞争力。因为模式的改变,最终目的都是帮助证券公司构建互联网的基础环境,而使 O2O 模式效用真正发挥最大化的是证券公司的金融产品和业务,产品和业务的丰富才能使投资者妥善安全地投资,使融资方高效低成本地获得资金支持,最终帮助系统内所有客户实现多产品的财富管理。

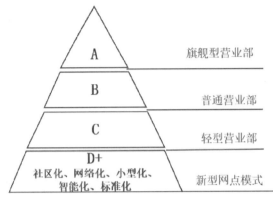

图 10.24 海通证券 O2O 模式线下布局

## 10.2.5 互联网证券风险管理

### 1. 互联网证券交易的风险类型

互联网证券交易所涉及的环节远多于营业部交易,而且许多环节并不在证券公司控制之内,所以进行网上证券交易的风险性也较传统交易方式大得多。从实践情况看,互联网证券交易的风险性问题主要表现为以下几种情况。

首先,网上证券交易的防火墙、操作系统、应用系统等还存在一些漏洞:网上证券交易宽带不够或服务器处理能力不足,当发生大量投资者同时进行网上委托时,可能会不能及时看到行情和发生堵单现象。另外网上证券交易系统连接了证券公司、网络服务公司、资讯公司、软件系统开发商或虽然是自行配置网络服务器与因特网连接,但是仍然有多个中间环节,这就难免会出现纰漏。一旦出现差错,由于目前许多问题尚无法律可循,投资者权益就难以得到保障。

其次,网上证券交易的数据都是通过互联网或国内公共网来实现营业部与投资者之间的相互传输,在输送过程中,有可能安全保障程序不当或设备发生故障,致使数据被重发、错发、更改、恶意跟踪、窃取或者资料遗失,使交易无法进行,导致投资者经济损失。

最后,网络证券欺诈是指通过网络在证券发行、交易及相关活动中,当事人违反法定义务,或者违反公平合理、诚实信用的原则,侵犯他人的合法权益的行为。互联网欺诈不仅包括一般意义上的对信息内容的恶意否认、发布虚假信息、误导投资者或操纵市场等行为,还包括利用网络进行银行存取款、电子划账、电子票据、电子签名时所进行的诈骗行为。网络证券欺诈具有高蒙蔽性、强隐蔽性、有效证据搜集的困难性等特点。互联网证券交易与传统的柜台交易和电话委托不同,投资者进行网上委托时营业部不可能进行"三证"查验,也没有委托单或电话录音作为委托凭证,所以交易过程中的欺诈行为和操纵市场行为也远比传统交易方式更为复杂和难以查证。

### 2. 互联网证券的风险防范

2000年3月30日,中国证监会发布了《网上证券委托暂行管理办法》(以下简称《管理办法》),为互联网证券交易提供了法律法规的支持。2014 年 5 月中国证监会出台了《关于进一步推进证券经营机构创新发展的意见》,鼓励券商通过互联网创新产品、业务和交易方式,实现差异化、专业化、特色化发展。2015 年 3 月中国证监会出台《证券公司网上证券信息系统技术指引》规定证券公司应当将在网上开展证券业务的风险管理纳入证券公司风险控制工作范围,建立健全网上证券风险控制管理体系。证券公司应按照现有的法律制度,采取严格的措施,防范可能出现的风险。

1) 建立对等实体认证服务制度和可靠的网上证券交易体系

为了保证网上证券交易的真实性、准确性、保密性、安全性和不可否认性,防范证券交易和清算与交割过程中的欺诈行为,证券公司营业部在加强加密措施保护信息传输的同时,必须在网上建立一种信任验证机制,使其能对投资者身份的合法性、真实性进行认证,以防假冒。这就要求网上证券交易者有一个可以被验证的身份标识,即数字签证。《管理办法》第十八条规定:"证券公司应采用可靠的技术或管理措施,正确识别网上投资者的身份,防止仿冒客户身份或证券公司身份;必须有防止事后否认的技术或措施。"

采用数字签名和身份认证能确保系统所有数据在传输时都有电子签名,那些由于传输错误或被恶意伪造的数据都不能通过检验。投资者的每个网上交易指令都应附有有效的交易密码,任何虚假的交易指令都会由于密码错误而无效,而密码正确的指令均视为投资者的正式指令,同时电脑系统对每笔交易委托或银行存取款委托均有记载,如果投资者自己不慎致使密码泄露,则应承担由此产生的不利后果。交易密码是防止交易纠纷或纠纷发生后承担法律责任的基本依据。数字签名是对网上证券交易身份确认缺陷的弥补,以防止交易各方的相互猜疑、冒名顶替及恶意攻击者的造假行为。除此之外,还可以通过用户的数字证书,为该用户在应用系统中赋予相应的权限,以进行用户的资格认证。

2) 投资者必要的风险揭示

《管理办法》第二十二条规定:"证券公司应在入口网站和客户终端软件上进行风险揭示。"第二十八条第八款规定,证券公司的《风险揭示书》范本应上报证监会,作为证券公司在申报网上证券交易时的必备文件。《管理办法》第六条规定:"证券公司在为投资者办理网上委托相关手续时,应要求投资者提供身份证明原件,并向投资者提供证实证券公司身份、资格的证明材料。禁止代理办理网上委托相关手续。"这一条所规定的禁止代理办理网上委托相关手续的根本目的,就是证券公司必须向投资者本人进行风险揭示,在投资者了解网上证券交易的各种潜在风险后,再决定是否进行证券网上委托业务。

投资者在对网上证券交易的优缺点进行了充分的了解后,如果投资者自愿采用网上委托方式,证券公司应与投资者本人签订专门的书面协议。协议应明确双方的权利和义务,具体内容包括证券的委托买卖、清算与交割、信息查询、客户资料保密、替代交易方式、资金存取、资金转账和转托管、风险防范、交易密码设置和法律责任的承担等。协议的详细约定能弥补法律规定欠缺的缺陷,以协议条款作为双方的行为准则,能避免纠纷的产生。

3) 加强风险控制,严格业务管理制度

《管理办法》的第七条规定:"证券公司应制定专门的业务工作程序,规范网上委托。"第十一条规定:"证券公司必须自主决策网上委托系统的建设、管理和维护。有关投资者资金账户、股票账户、身份识别等数据的程序或系统不得托管在证券公司的合法营业场所之外。"

证券公司应制定严格的业务流程并定期向投资者提供书面对账单,限制单笔委托最大金额以及每日成交最大金额;严禁透支和信用交易,加强资金在账户之间划转与存取、指定交易的控制等;在现有的网络技术条件下,禁止开展网上证券转托管和计算机及电话形式的资金转账服务。做到在开户、指定交易时的事前控制,交易委托的实时控制,对交易后的清算与交割的事后控制。

证券公司在加强交易程序性制度建设的同时,应建立一系列必要的网络管理制度,如网络系统入网制度、系统数据共享制度、修改程序检查制度、用户信息存取制度、敏感数据安全制度和系统文件备份制度、安全稽核监察制度等。加强自律性管理,防止和减少网络交易各参与方可能出现的纠纷。

4) 加强投资者自我保护意识,提高其风险防范能力

投资者在作出网上证券交易决策前,首先应综合比较各证券公司和网上交易网站的安全防范措施、信息质量、传输建设和技术服务等情况,选择一个技术力量雄厚,风险控制健全的证券公司和网站作为委托对象。其次必须对网上获取的各类信息进行客观的评价并辨明真伪,选择适当的安全防范措施,注意密码的设置和资料的存放等。应严格地依照法律规定和约定及时检查委托成交情况,并按时进行清算交割。如果发现问题要在第一时间与证券公司进行协商处理。

## 10.2.6　我国互联网证券发展趋势

**1. 证券行业佣金率不断下降,经纪业务收入比不断降低**

随着网络券商的不断发展,证券交易便捷化程度越来越高,券商不再注重佣金收入,转向更加注重客户的交互化服务以及信息资讯服务。在网络券商的推动下,证券行业佣金率逐年降低,随之而来的则是券商收入结构的改变,经纪业务收入比逐步降低。网络证券不只是客户的网络化,更是服务的网络化,券商将摆脱对通道业务的依赖。

**2. 互联网证券业务模式不断创新**

未来,网络证券发展将以客户为中心,清楚识别客户需求,根据不同的需求转变运营模式,服务内容将呈现多元化发展,构建多功能账户体系和完整的金融生态圈。中国券商在向互联网金融方向的拓展方面呈现百花齐放的特点。对各个券商来说,在互联网证券业务方面其在一定程度上尚缺乏或未来需要比较明确的长远目标。或者说,目前大家还都在摸着石头过河。但是,在中国大市场和互联网经济推动下,前途光明且广阔。

**3. 移动端将大行其道**

随着移动互联网技术的发展,各个行业均开始布局自身的移动客户端,网络券商的移动端尤其突出,各种证券类 App 多不胜数。证券类 App 黏性较高:人均单日有效使用时间高达 6.2 分钟,人均单日使用次数达 3.6 次,这与传统券商长期技术外包,金融 IT 系统的开发商掌握 PC 端的绝对垄断优势是分不开的。因此,移动端相对更好切入。

### 4. 行业加速整合

从美国、日本等国家的互联网经纪公司的发展历程中可以看出，并购是一个快速有效的发展手段。未来，可能会有券商通过并购、控股一家支付公司，绕开第三方存管限制，实现一些理财产品买卖，从而实现多层次的账户体系。近期，披露的相关并购案例就有东方财富并购同信证券、大智慧收购湘财证券、腾讯收购富途证券等。

在过去的几年中，互联网以"迅雷不及掩耳之势"颠覆了诸多传统行业，而其下一个目标将是证券业。随着互联网技术的飞速发展，金融脱媒迅速加快，传统券商面临业务结构调整、模式转变等重要挑战。可以预见，未来，谁能顺应潮流，在网络券商方面取得重大突破，率先抢占市场，谁就将成为证券业的翘楚。

## 本章作业

1. 什么是互联网基金？互联网基金与传统基金有哪些区别与联系？
2. 阐述我国互联网基金现状及特点。
3. 阐述互联网基金的产业链。
4. 我国互联网基金有哪些主要销售模式？它们都有哪些特点？
5. 论述互联网基金风险及其主要防范措施。

# 第 11 章

# 互联网金融监管

## 本章目标

- 理解互联网金融监管的必要性。
- 理解互联网金融面临的主要风险及其成因。
- 了解互联网金融有关的刑法规制。
- 掌握互联网金融监管的四种主要模式。
- 了解我国和欧美国家互联网金融监管体制。
- 明确我国互联网金融监管体系构建方向。

## 本章简介

我国互联网金融行业已处于全面快速发展阶段，如何提升互联网金融的安全性和规范性，确保整个互联网金融行业稳定有序发展已经成为摆在监管当局面前的迫切任务。

2015 年以来，我国的互联网金融行业呈现出爆炸式发展情况，互联网金融产品种类、形式多样化。一方面，互联网金融的规模不断扩大，涌现出许多互联网金融平台；另一方面，互联网金融行业的交易数额不断增长。与此同时，监管制度的落后不能有效地规制违法互联网金融产品，随着互联网金融领域问题的日益突出，政府部门也更加重视互联网金融的监管，《互联网金融专项整治工作实施方案》等文件的出台，在一定程度上缓解了互联网金融领域内存在的问题，但仍有许多不规范问题亟待解决。由于互联网金融的发展已经成为一种不可逆转的趋势，许多发达国家已经对互联网金融监管做出了尝试，我们可以在借鉴外国先进经验的基础上，立足于我国发展的实际情况，研究出具有中国特色的互联网金融监管法律制度。

本章将从互联网金融监管的必要性出发，由浅入深地介绍互联网金融监管，从整体对我国互联金融监管进行把握，最终得出今后的监管体系构建方向。

## 11.1 互联网金融监管的必要性

### 11.1.1 金融市场的有效性与金融监管准则

自 2008 年全球金融危机后，金融界和学术界普遍认为，自由放任的监管理念只适用于金融市场有效的理想情景。

市场有效是指市场参与者是理性的，个体自利行为使"看不见的手"自动实现市场均衡，均衡的市场价格全面和正确地反映了所有信息。此时，金融监管应采取自由放任理念，关键目标是排除造成市场非有效的因素，让市场机制发挥作用，少监管或不监管，具体有以下三个方面。

第一，市场纪律可以有效控制有害的风险承担行为。

第二，市场竞争能实现优胜劣汰。

第三，市场竞争和市场纪律会自动淘汰不创造价值的金融创新。

### 11.1.2 互联网金融市场的非有效性表现

目前，互联网金融市场尚未达到该理想情景，仍存在信息不对称和交易成本等大量非有效因素。

**1. 个体行为可能非理性**

在 P2P 网络贷款中，投资者购买的实际是针对借款者个人的信用贷款。即使 P2P 平台能准确揭示借款者信用风险，并且投资足够分散，个人信用贷款仍属于高风险投资，投资者不一定能充分认识到投资失败对个人的影响。

**2. 个体理性，不意味着集体理性**

在以余额宝为代表的"第三方支付+货币市场基金"合作产品中，投资者购买的是货币市场基金份额。投资者可以随时赎回自己的资金，但货币市场基金的头寸一般有较长期限，或者需要付出一定折扣才能在二级市场上卖掉。这里就存在期限错配和流动性转换问题。如果货币市场出现大幅波动，投资者为控制风险而赎回资金，从个体行为看，是完全理性的；但如果是大规模赎回，货币市场基金就会遭遇挤兑，从集体行为看，则是非理性的。

**3. 市场纪律不一定能控制有害的风险承担行为**

在我国，针对投资风险的各种隐性或显性担保大量存在(如隐性的存款保险、银行对柜台销售的理财产品的隐性承诺)，老百姓也习惯了"刚性兑付"，风险定价机制在一定的程度上是失效的。

**4. 互联网金融问题很难通过市场出清方式解决**

互联网金融机构若涉及大量用户，或者达到一定的资金规模，出问题时很难通过市场出清方式解决。如果该机构还涉及支付清算等基础业务，破产还可能损害金融系统的基础设施，构成系统性风险，如支付宝和余额宝涉及人数多，业务规模大，已经具有一定的系统重要性。

### 5. 互联网金融创新可能存在重大缺陷

我国 P2P 网络贷款已经出现良莠不齐局面。部分 P2P 平台中，客户资金与平台资金没有有效隔离，出现了若干平台负责人卷款"跑路"事件；部分 P2P 平台营销激进，将高风险产品销售给不具有风险识别和承担能力的人群(如退休老人)。

### 6. 互联网金融消费中可能存在欺诈和非理性行为

互联网金融消费中可能存在欺诈和非理性行为，金融机构可能开发和推销风险过高的产品，消费者可能购买自己根本不了解的产品。比如，在金融产品的网络销售中，部分产品除了笼统披露预期收益率外，很少向投资者说明该收益率通过何种策略取得、有什么风险等。而部分消费者因为金融知识有限和习惯了"刚性兑付"，不一定清楚 P2P 网络贷款与存款、银行理财产品有什么不同。

因此，对互联网金融的监管，现阶段应该以监管促发展，在一定的负面清单、底线思维和监管红线下，鼓励互联网金融创新。

## @11.2 互联网金融面临的主要风险

互联网金融本质仍属于金融，没有改变金融风险隐蔽性、传染性、广泛性和突发性的特点。互联网金融的风险主要体现在系统性风险、流动性风险以及网络技术和网络安全风险等方面。

### 11.2.1 互联网金融系统性风险

#### 1. 系统性风险内涵

一般认为，"系统性"一方面是指一个事件影响了整个体系的功能，另一方面是指一个事件让不相干的第三方也承担了一定的成本。"系统性风险"则是指一个事件在一连串的机构和市场构成的系统中引起一系列连续损失的可能性。

因此，系统性风险是一种"外部性"，是单个公司(机构)强加于全社会的高于其实际价值的成本，风险的溢出和传染是系统性风险发生时最为典型的特征，另一个重要特征就是风险和收益的不对称性。

#### 2. 互联网金融系统性风险成因

传统金融系统认为，一方面，系统性风险来源于规模占比较大、具有系统重要性的业务门类、板块和机构，即系统性风险发生的概率往往与业务规模相关；另一方面，从不可分散的角度来讲，传统的系统性风险对应的是和规模紧密关联的业务。但是，这些都是在传统的、静态的、信息割裂程度较高、交换成本较高的情况下的观念。

而互联网金融中的系统性风险，基于互联网具有高度互联、规模互联、高效传递、零边际成本的特点，即使公司规模较小，业务分散，也可能因为无限加杠杆的放大作用，带来系统性风险。

互联网技术广泛用于金融行业的今天，节点与节点的关联度增强，交互日益频繁，信息传递效率大大提升，信息交换的成本接近于零，信息获取的成本也接近于零，所以信息传递效率更多取决于节点的处理能力和传递意愿。对于单一节点而言，信息量超过节点的处理能力成为常态。

正是由于这个原因，信息作为调用所有资源的核心要素和杠杆支点，可以无限地加杠杆，放大要素资源的效率。其对于生产要素资源如此，对于资本市场核心要素资源也是如此。互联网技术之下，通过信息增加杠杆使要素资源效率的波动急剧放大，在时间轴上反映出来就是冲击。

## 11.2.2 互联网金融流动性风险

### 1. 流动性风险的内涵

流动性风险是指市场成交量不足或缺乏愿意交易的对手，导致未能在理想的时点完成买卖的风险。

互联网金融的流动性风险主要体现在以下三个方面。

第一，流动资产不足。流动性风险具有综合性，因此信用、市场和操作等领域管理的缺陷最终都可能影响到金融的流动性，甚至引发金融系统的流动性困难。例如，当互联网金融企业没有完全获取贷款人的信息，就容易发生贷款人不能及时还款的情况，从而形成违约风险，进而影响互联网金融企业的现金流，产生流动性风险。同样，市场主体不正当竞争引发的市场风险，容易引发市场的混乱，导致市场主体违背市场规律作出高收益率的虚假承诺或者窃取客户信息等行为，从而导致市场乱象，违约事件频发，进而产生流动性风险。

第二，短期资产折现率不能够应对短期金融负债的资金需求，或没有考虑到资金外流。如果互联网金融企业风险管控设计不合理，储备流动资金价值较小，而贷款又集中到期，就会出现贷款人要求兑付，但企业资金不足的情况，从而产生流动性风险。

第三，筹资困难。从筹资角度来看，一旦互联网企业出现道德风险、利益驱使、高管串通，风险控制机制就会出现漏洞，容易造成资金安全出现问题。这将使企业名誉受损，无法筹集到资金维持业务正常的运转，这时也会出现流动性风险。

### 2. 互联网金融流动性风险成因

与传统金融相比，互联网金融存在更大的流动性风险危机。其原因主要在于以下几个方面。

第一，互联网金融企业资金流向缺乏管控。目前，进入互联网金融市场的资金体量有限，但增幅迅猛，且向若干平台或产品集中，形成资金池。主要表现是第三方支付平台快速扩张，吸纳海量资金。这些沉淀了巨额资金、且与投资相通的资金池，本质就是流动性风险的始发地。从目前看，相关企业对资金池的管理比较严格规范，但其客户多以闲散游资注入，还随时用于消费支付，资金随时可能被赎回，导致期限错配的合理度失控。遇大型促销活动时，资金池极有可能面临巨额赎回，若不妥善应对，将导致基金折价兑现，收益下降，投资者信心受损引发"挤兑"。

第二，互联网金融企业的低现金流，使其流动性风险更难管控。从盈利模式来说，互联网金融企业与传统金融机构有着很大的不同。传统银行通过分设账户，将存款业务和贷款业务进行分离，然后通过存贷款的利率差来实现传统金融机构的盈利。而互联网金融企业则是贷方和借方可以通过完善的金融征信体系，使用包括搜索引擎、实时报价、云计算、智能终端等先进技术完成交易过程，不仅信息对称，费用也更清楚。但这也导致了其与传统金融机构相比，资金交易更加分散化、碎片化，其流动性风险就更难进行综合评估，进而实施管控，一旦资金供求链断裂，就容易陷入流动性风险。

第三，互联网金融更容易发生由于道德危机引发的流动性风险。任何涉及资金的业务都可能发生道德危机，进而卷走钱款，出现使企业无法支付客户资金的现象。然而这种现状，在互联网金融企业中更为显著。互联网金融企业仍处于发展的初期，资金供给者的数量呈递增状态，因此这些企业可以通过较多的资金供给和较少的资金需求完成前期资金盈利，前期的风险是比较有限的。然而随着时间的推移，后来的资金供求者的数量达到临界点，但是前期投资者投资期限届满，资金的需求量将不断增加，而供给则减少，流动性风险将逐步增大，一旦风险达到了临界值，就可能产生跑路或者集资诈骗等经济犯罪行为。

## 11.2.3 互联网金融网络技术和网络安全风险

### 1. 网络技术和网络安全风险的内涵

从狭义上讲，网络安全即网络信息安全，指互联网系统硬件良好、软件正常运行及其数据安全，不会因为意外遭受破坏、更改或者信息泄露，而造成计算机不能正常地运行。

从广义上讲，凡是涉及互联网信息的可靠、可用、完整、保密、不可抵赖和可控的有关的技术和理论都是互联网安全需要引起重视的领域。

网络安全风险的来源可以概括为两种：一种是网络中信息遭到篡改、盗取、泄露等；另一种是网络中设备遭到破坏。

网络安全风险有三种表现形式。

第一，无意性失误。例如，操作员由于疏忽造成的安全漏洞；用户缺乏安全意识，将账号随意转借他人或与别人共享；等等。

第二，蓄意的人为攻击。这是当前互联网安全受到威胁的重大表现，黑客和内部技术人员等攻击行为，篡改数据行为等都能够对互联网安全造成极大的影响。

第三，互联网软件自身的漏洞。互联网软件很难杜绝技术的漏洞，确保绝对的安全，因此这些缺陷和漏洞是黑客对互联网进行攻击的突破口。

### 2. 互联网金融网络技术和网络安全风险成因

互联网金融之所以存在网络技术和网络安全风险，其根源还是在于"互联网"一词上，互联网技术不同于传统的人工操作，有着很强的包容性和开放性，人们可以便捷快速地获取想要的信息，然而这种技术恰恰也是互联网金融网络技术与网络安全风险产生的主要原因。

第一，互联网金融企业的开放性。互联网金融企业处在一个开放的互联网通信系统中，TCP/IP 协议是否安全一直争论不休，而当前运用较为广泛的密钥管理技术和加密技术也并不成熟，这就使互联网金融体系非常容易受到计算机病毒侵害和黑客的攻击。

第二，互联网金融主体的特殊性。许多互联网金融主体并非金融行业出身，其本身并不具有风控的经验，它们追求交易的便捷，省略了很多程序，使很多资金交易脱离了当面审核和合同签订等环节，这也给犯罪者进行金融诈骗、黑客进行网络攻击带来了可乘之机。互联网行业是个技术快速推陈出新的行业，原有的技术也有可能出现不能顺应时代或者随时被攻破的风险，这样也为互联网企业风险管理带来了难度，所以，互联网企业必须经常进行技术上的高投入以确保互联网的安全，但这会增加互联网金融企业的运行费用。此外，为了节约成本，互联网金融企业没有及时更新数据，也会导致技术风险的产生。

## @11.3 互联网金融的刑法规制

基于我国经济体制的限制，以及互联网金融本身尚缺乏完备的征信体系和规范的融资模式，电子信息系统的技术性和管理性均存在较大缺陷等原因，互联网金融领域存在较大的刑事风险。

从法律规制的角度看，互联网金融的刑事法律风险可以分为两个方面。

第一，经营互联网金融业务可能涉嫌的犯罪，主要是指互联网金融机构在设立和经营过程中可能触犯刑法规定。具体包括擅自设立金融机构罪，擅自发行股票、公司、企业债券罪，非法吸收公众存款罪、集资诈骗罪，非法经营罪等。

第二，利用互联网金融实施违法、犯罪行为，主要是指把互联网金融当作犯罪工具或手段实施违法犯罪的行为。具体包括洗钱罪、职务侵占罪、挪用资金罪、盗窃罪、诈骗罪、集资诈骗罪、赌博罪、开设赌场罪等。

但是，经营与利用的划分并非是绝对的，它们在一定程度上存在交叉和重合现象。总体而言，刑法可以满足打击互联网金融刑事犯罪的需要，但也有完善的空间。以非法吸收公众存款罪为例，在法律适用过程中，"非法吸收"容易确定，而"变相吸收"则容易模糊不清。

### 11.3.1 经营互联网金融业务可能涉嫌的犯罪

#### 1. 擅自设立金融机构罪

擅自设立金融机构罪，是指未经国家有关主管部门批准，擅自设立商业银行、证券交易所、期货交易所、证券公司、期货经纪公司、保险公司或者其他金融机构的行为。该罪名的责任形式为故意，构成要件不以开展相应的金融业务活动为前提，因此，对于"金融机构"的判断既可以遵循形式要件也可以遵循实质要件，即"形式设立"和"实质经营"都可能构成擅自设立金融机构罪。

在当前的互联网金融活动中，互联网金融产品层出不穷，互联网金融机构目不暇接，如 P2P 网络贷款平台、招财宝公司、黄金投资理财产品等十分盛行。从现有的金融管理制度以及业务分类来看，有些互联网金融机构所涉及的信贷平台、融资中介、理财产品等业务属于银行、基金、证券、期货等金融机构的主营业务，而这些经营互联网金融业务的非金融机构的设立大多数都没有经过国家有关主管部门批准。擅自设立公司从事上述金融活动的，相关单位或责任人员可能涉嫌构成擅自设立金融机构罪。

擅自设立金融机构后又实施相关犯罪的，属于数个行为触犯数个罪名，是实质的数罪，应当数罪并罚。但是，擅自设立金融机构犯罪的行为与一些破坏社会主义市场经济秩序犯罪的行为存在较大的牵连性，可能构成牵连罪，因而在司法实践中，对于牵连罪的认定，应当根据案件的事实具体分析。在互联网金融活动中，如果相关责任人员是以实施非法经营罪、非法吸收公众存款罪、集资诈骗罪等犯罪为目的，而其手段行为又同时触犯了擅自设立金融机构罪，在这种情形下，构成牵连罪的基本特征。按照刑法理论，除我国刑法已有规定的外，对于牵连罪应当以重罪论处，即对于相关责任人员应当以涉嫌非法经营罪、非法吸收公众存款罪、集资诈骗罪追究刑事责任。如果相关责任人员擅自设立金融机构，在后期开展相关金融业务的过程中又触犯了非法经营罪、非法吸收公众存款罪、集资诈骗罪等罪名，在这种情形下数罪均已成立，应当数罪并罚。

### 2. 擅自发行股票、公司、企业债券罪

擅自发行股票、公司、企业债券罪是指未经国家有关主管部门批准，擅自发行股票或者公司、企业债券，有严重情节的行为。设立股份有限公司公开发行股票，应当符合《中华人民共和国公司法》规定的条件和经国务院批准的国务院证券监督管理机构规定的其他条件，向国务院证券监督管理机构报送募股申请。

根据《最高人民检察院、公安部关于公安机关管辖的刑事案件立案追诉标准的规定(二)》第三十四条规定，擅自发行股票或者公司、企业债券的四种行为应予立案追诉，包括"(一)发行数额在五十万元以上的；(二)虽未达到上述数额标准，但擅自发行致使三十人以上的投资者购买了股票或者公司、企业债券；(三)不能及时清偿或者清退的；(四)其他后果严重或者有其他严重情节的情形"。根据《最高人民法院关于审理非法集资刑事案件具体应用法律若干问题的解释》第六条规定，向特定对象发行、变相发行股票或者公司、企业债券累计超过 200 人的，以擅自发行股票、公司、企业债券罪定罪处罚。

众筹融资是一种基于互联网平台向个人投资者筹集资金的募资方式，较低的准入门槛和广泛的融资渠道的特点，使其在我国深受青睐。目前，我国众筹融资处于初级发展阶段，模式大致可以分为三种，即综合类、主题类、股权类。其中，股权类众筹融资是以投资项目的股权作为回报的融资方式。在股权类众筹融资中，如果项目发起人通过众筹融资平台向三十人以上社会不特定对象、二百人以上特定对象或者吸收资金数额达五十万元以上的，就可能涉嫌构成擅自发行股票、公司、企业债券罪。

### 3. 非法吸收公众存款罪、集资诈骗罪

非法吸收公众存款罪，是指非法吸收公众存款或者变相吸收公众存款，扰乱金融秩序的行为。根据《最高人民法院关于审理非法集资刑事案件具体应用法律若干问题的解释》第一条规定，非法吸收公众存款罪的成立应当具备以下四个属性：非法性、公开性、利益

性、广延性。

集资诈骗罪，是指以非法占有为目的，使用诈骗方法非法集资且数额较大的行为。对于集资诈骗罪的"诈骗行为"应当进行实质认定。根据《最高人民法院关于审理非法集资刑事案件具体应用法律若干问题的解释》第四条规定，以非法占有为目的，使用诈骗方法实施的客观行为属于非法吸收或者变相吸收公众存款的，以集资诈骗罪定罪处罚。

目前，在司法实践中，《最高人民法院关于审理非法集资刑事案件具体应用法律若干问题的解释》是判定非法吸收公众存款罪、集资诈骗罪的主要标准，同时，也为经营互联网金融可能存在涉嫌构成非法吸收公众存款罪、集资诈骗罪的刑事风险提供了参考价值和法律依据。

当前，由于监管制度存在缺陷，法律规制并不健全，在业务开展过程中，某些 P2P 网络贷款、众筹融资机构存在虚构借款项目、融资项目吸收资金，未经批准开展自融业务以及归集资金形成资金池等情形。对此，相关责任人员可能涉嫌构成非法吸收公众存款罪或者集资诈骗罪，在司法实践中，应当根据案件的实际情形具体分析。

**4. 非法经营罪**

非法经营罪，是指自然人或单位，违反国家规定，故意从事非法经营活动，扰乱市场秩序，情节严重的行为。根据《刑法》第二百二十五条规定，非法经营罪主要有四类行为模式，其中第三类为"未经国家有关主管部门批准非法经营证券、期货、保险业务的，或者非法从事资金支付结算业务的行为"。此外，根据《最高人民法院关于审理非法集资刑事案件具体应用法律若干问题的解释》第七条规定，违反国家规定，未经依法核准擅自发行基金份额募集基金，情节严重的，以非法经营罪定罪处罚。

当前，互联网金融行业依旧具有强烈的金融色彩，很多业务均涉及证券、基金、期货、保险以及资金支付结算等传统业务。因此，如果互联网金融机构是在未经国家有关主管部门批准的情形下经营这些金融业务，则很可能会涉嫌构成非法经营罪。此外，非法经营罪中"其他严重扰乱市场秩序的非法经营行为"的规定，在一定程度上可以囊括实质要件符合非法经营罪但不符合前三类形式要件的行为，扩大刑法的适用范围，对随着时代发展出现的创新模式可能会具有阻滞性。

传统的 P2P 网络贷款起源于民间借贷，起初只是利用互联网搭建平台提供中介服务，公司本身并不实质参与借贷活动。随着时间推移，一些 P2P 网络贷款公司超越了原有的发展界限，已经严重偏离了金融中介的定位，由最初的独立平台逐渐演变为融资担保平台甚至是经营证券、存贷等业务的"金融机构"。在设计交易模式的过程中，有两种行为可能存在刑事风险，一是引入放贷人风险保障机制，即抽取放贷人的部分收益并向借款人收取担保费共同组成"风险储备金"，当借款人逾期未还款时垫付全部或者部分本金和利息；二是通过将借款需求设计成理财产品、公司债券的方式出售给放贷人从而获取资金。针对第一种行为，抽取放贷人的部分收益用于风险赔偿在事实上已构成一种金融活动，如果没有获得相关金融牌照，则可能会被认定为属于"其他严重扰乱市场秩序的非法经营行为"，从而涉嫌构成非法经营罪；针对第二种行为，根据《证券法》第二条规定，在我国境内发行股票、公司债券的行为都属于证券业务，如此，则可能会被认定为属于"非法经营证券行业"，从而涉嫌构成非法经营罪。

## 11.3.2 利用互联网金融实施违法行为可能涉嫌的犯罪

### 1. 洗钱罪

从狭义上说，洗钱是指将非法得来的资金通过各种手段掩饰、隐瞒其来源和性质，使其在形式上合法化的行为。洗钱是犯罪过程中的重要环节，它可使犯罪者实现经济目的，并通过洗钱实现犯罪的恶性膨胀和恶性循环。洗钱罪犯是国家的"蛀虫"，会严重危害经济、金融乃至政治秩序和社会稳定。

金融系统是现代社会资金融通的主渠道，由此也成为洗钱的易发、高危领域。目前，我国法律赋予相关机构特定的反洗钱义务，如客户身份识别、大额可疑交易报告等。根据《反洗钱法》第三条规定，金融机构和按照规定应当履行反洗钱义务的特定非金融机构，应当建立健全客户身份识别制度、客户身份资料和交易记录保存制度、大额交易和可疑交易报告制度。根据《金融机构大额交易和可疑交易报告管理办法》规定，对于"短期内资金分散转入、集中转出或者集中转入、分散转出，与客户身份、财务状况、经营业务明显不符"的，应当将其作为"可疑交易"向反洗钱监测分析中心报告。

目前，互联网金融成为洗钱犯罪中转站和便利渠道的风险也在逐渐加大。首先，互联网金融庞大的资金规模为洗钱犯罪提供了掩护和隐匿的便利；其次，交易双方信息的不透明以及缺乏对称机制给予洗钱犯罪更多的机会和可能性；最后，网络交易破除了地域限制和时间限制，在一定程度上使传统的反洗钱规定形同虚设，同时也给洗钱犯罪的认定和追踪增添了难度。由此可见，互联网金融领域实施洗钱犯罪比传统渠道更容易、更便捷。在互联网金融中，互联网支付、P2P 网络贷款、众筹融资由于其本身的模式特征已经成为洗钱犯罪的高发领域，洗钱犯罪理应是互联网金融刑法规制的重点内容。

### 2. 职务侵占罪、挪用资金罪

职务侵占罪，是指公司、企业或其他单位的人员，利用职务上的便利，将本单位财物非法据为己有且数额较大的行为。

挪用资金罪，是指公司、企业或其他单位的工作人员，利用职务上的便利，挪用本单位资金归个人使用或者借贷给他人使用的行为。根据《刑法》第二百七十二条规定，挪用资金罪主要有三类行为模式，包括"数额较大，超过三个月未还的，或者虽未超过三个月，但数额较大、进行营利活动的，或者进行非法活动的"。除此之外，根据《刑法》第一百八十五条规定，金融机构的工作人员利用职务上的便利，挪用本单位或者客户资金的，按照挪用资金罪定罪处罚。

在互联网金融领域，侵占财物、挪用资金的情形主要存在于互联网支付、P2P 网络贷款、众筹融资等容易沉淀大规模资金形成资金池的行业。沉淀资金可以分为两种，在途沉淀资金和自由沉淀资金。在途沉淀资金在较短的固定时间内需要结算转出，是资金流转存在时间差的产物；自由沉淀资金则是大批量不同规模资金汇聚形成的资金池，其结算转出的时间并不固定。在途沉淀资金广泛存在于互联网支付、P2P 网络贷款、众筹融资等领域；自由沉淀资金主要是指诸如个人支付宝账户、微信零钱等不同规模资金累积形成的资金池。

在互联网金融领域，侵占财物、挪用资金的情形时常可能发生，往往被侵占的财物或者被挪用的资金并非互联网金融机构所有。国家部门规章已经确定了部分互联网金融机构应当遵守的规则，下面将以第三方支付平台为例进行说明。根据中国人民银行颁布的《非金融机构支付服务管理办法》《支付机构客户备付金存管办法》可知，第三方支付平台对客户转入的备付金只能根据客户发出的支付指令转移，不得擅自挪用、占用、借用、为他人提供担保。由此可以看出，第三方支付平台并非刑法意义上的金融机构，属于非金融机构，对其不能适用《刑法》第一百八十五条的规定；第三方支付平台也不同于传统的商业银行，接受的客户备付金既不属于自有财产，也没有使用收益权。

互联网金融存在特殊性，对于《刑法》第二百七十一条、第二百七十二条规定中所提及的"本单位财物""本单位资金"应当如何理解，关涉到职务侵占罪、挪用资金罪的认定。《刑法》第一百八十五条规定，金融机构的工作人员利用职务上的便利，挪用本单位或者客户资金的，按照挪用资金罪定罪处罚，该规定中明确区分了"本单位资金"和"客户资金"，如果《刑法》第二百七十二条"本单位资金"可以包括单位因为保管而处于实际占有的"客户资金"情形，那么《刑法》第一百八十五条的规定实属多余。对此，笔者建议，针对职务侵占罪、挪用资金罪，应当出台司法解释将其中"本单位财物""本单位资金"的适用范围扩大到单位因为保管而处于实际占有状态的财物、资金，以此应对工作人员侵占、挪用互联网金融机构客户财物、资金的情形。

另外，挪用资金罪和职务侵占罪的犯罪主体均为自然人，单位并不能构成。由此，便引申出互联网金融机构挪用、侵占客户备付金的法律问题。对此，单位犯罪需有刑法明文规定方可构成。以第三方支付平台为例，如果挪用、侵占、借用客户备付金，该行为虽然违反国家行政监管法律法规的相关规定，但是并没有违反刑法的相关规定。根据"法无明文规定不为罪"的传统刑法理论，第三方支付平台并不构成单位犯罪。这是刑法滞后性在互联网金融领域的体现。因此，在以后的刑法修订中，可以参照《刑法》第一百八十五条之一规定的背信运用受托财产罪、违法运用资金罪，将互联网金融机构擅自运用客户资金或者其他委托、信托的财产、违反国家规定运用资金的行为确定具体适用条文。

### 3. 盗窃罪、诈骗罪、集资诈骗罪

盗窃罪，是指以非法占有为目的，窃取他人占有的数额较大的财物，或者多次盗窃、入户盗窃、携带凶器盗窃、扒窃的行为。

诈骗罪，是指以非法占有为目的，使用欺骗的方法，骗取数额较大的公私财物的行为。

集资诈骗罪与诈骗罪是特别罪名与普通罪名的关系，因而，其犯罪构造基本相同。使用诈骗方法非法集资的，构成集资诈骗罪。

盗窃、诈骗是传统犯罪，任何领域都无法避免，互联网金融也概莫能外，在日常生活中，假借互联网金融产品实施盗窃犯罪、诈骗犯罪的情形时有出现。

在司法实践中，利用互联网金融单纯实施集资诈骗活动的情形普遍存在，尤其是P2P网络贷款平台不断传出跑路或是诈骗的丑闻。例如，行为人以非法占有为目的，通过P2P网络贷款平台进行虚假宣传，承诺的高额预期年收益远远超出了货币基金可能达到的平均年收益，而根本不准备兑现或者根本无法兑现，从而可能涉嫌构成集资诈骗罪。

#### 4. 赌博罪、开设赌场罪

赌博罪，是指以盈利为目的的聚众赌博或者以赌博为业的行为。根据《最高人民法院、最高人民检察院关于办理赌博刑事案件具体应用法律若干问题的解释》第一条规定，以营利为目的，组织 3 人以上赌博，"抽头渔利数额累计达到 5000 元以上的""赌资数额累计达到 5 万元以上的"或"参赌人数累计达到 20 人以上的"，符合其中任何一种情形的，都属于"聚众赌博"，涉嫌构成赌博罪。

同时，该解释第二条规定，以营利为目的，在计算机网络上建立赌博网站，或者为赌博网站担任代理，接受投注的，属于"开设赌场"，涉嫌构成开设赌场罪。

根据《最高人民法院、最高人民检察院、公安部关于办理网络赌博犯罪案件适用法律若干问题的意见》第一条规定，"建立赌博网站并接受投注的""建立赌博网站并提供给他人组织赌博的""为赌博网站担任代理并接受投注的"或"参与赌博网站利润分成的"，符合其中任何一种情形，均被认定为属于"开设赌场"行为。

网站是指在因特网上根据一定的规则，使用 HTML 等工具制作的用于展示特定内容相关网页的集合。随着互联网技术的日新月异，当前，移动互联网在更大程度和规模上覆盖了人们的日常生活。对此，开设赌场罪中的"赌博网站"不应该单单局限于计算机互联网的网站，移动互联网的应用程序可以达到同样的效果。针对开设赌场罪，应当出台司法解释将其中"赌博网站"的适用范围扩大到移动互联网的应用程序，以此应对不法分子利用或建立移动终端应用程序接受投注、提供给他人组织赌博等的情形。

此外，根据该意见第二条规定，明知是赌博网站，而为其提供互联网接入、服务器托管、资金支付结算等服务或者帮助的，属于开设赌场罪的共犯。

综上所述，经营互联网金融业务、利用互联网金融实施违法行为均可能涉嫌构成犯罪。互联网金融领域存在较大的刑事风险是刑法规制的根本原因。目前，我国的刑法罪名可以部分满足制裁互联网金融刑事犯罪的需求，还有待于进一步发展和完善。需要指出的是，刑法作为社会法律救济的最后一道防线，应当有所为有所不为。互联网金融的刑法规制面临限度适用和完善立法的双重问题。

## 11.4 互联网金融监管的主要模式

互联网金融在我国因受到众多消费者的青睐，所以得到迅猛的发展，但在其发展的过程中，各界人士也对该行业的监管开始重视起来，希望寻找一种有效的监管模式能更好地为互联网金融行业服务，以促进其健康发展。

### 11.4.1 审慎监管

审慎监管是以控制互联网金融机构破产或遭受到流动性危机所产生的负外部性为目标，防止危及金融活动参与者甚至实体经济从而保护公众利益的一种监管模式。

审慎监管的运作机制是在风险识别的基础上，从资本充足率、风险管理等方面全面对金融体系进行分析，出于对整体行业发展过程安全性考虑，其目标是维护整个系统的稳定发展。

一般可以将审慎监管分为两个层面,首先是在宏观的层面,其次是站在微观层面将审慎监管进行划分。微观审慎监管主要是针对单个金融机构安全进行稳健的监管;宏观审慎监管则是针对整个金融系统的安全和稳健的运行,以及金融系统和实体经济相互作用而进行的。目前,审慎监管主要是针对资金风险管理体制、保险公司偿付能力监管等。

### 11.4.2　行为监管

互联网金融产品的创新性以及高速发展,使现有的监管体系并不能满足互联网金融产品的监管需要。因此,在监管缺失的情况下,建立行为监管更为重要。

行为监管是通过确保互联网金融交易的安全、公平和有效而达到保护消费者的各项合法权益的目的,其主要内容包括对金融产品、市场机制以及相关参与者行为的监管等,并且定期组织现场检查、评估、披露和处置。行为监管是在一定程度上对互联网金融运营的优化。

第一,对互联网金融机构的股东、管理者的监管。一方面,在准入审查时,排除不审慎、能力不足、不诚实或有不良记录的股东和管理者;另一方面,在持续经营阶段,严格控制股东、管理者与互联网金融机构之间的关联交易,防止他们通过资产占用等方式损害互联网金融机构或者客户的合法权益。

第二,对互联网金融有关资金及证券的托管、交易和清算系统的监管。一方面,提高互联网金融交易效率,控制操作风险;另一方面,平台型互联网金融机构的资金与客户资金之间要有效隔离,防范挪用客户资金、卷款"跑路"等风险。

第三,要求互联网金融机构有健全的组织结构、内控制度和风险管理措施,并有符合要求的营业场所、IT 基础设施和安全保障措施。

### 11.4.3　消费者权益保护

互联网金融的发展是建立在各参与主体的积极参与基础上的,而消费者与投资者是互联网金融的重要主体,如果对主体没有进行一定的保护就会影响参与主体的积极性,进而影响互联网金融的发展。

金融消费者保护主要是在进行金融交易的过程中保护金融消费者的合法权益以及利益不受到侵害。

实际上,互联网金融机构健康发展并不以完全保障金融消费者权益为前提。消费者,特别是"长尾"人群即不包括在传统金融机构所服务对象之列的那部分人群,与互联网金融机构相比,其对于金融产品的性质、风险、收益的了解较少,通常处于知识劣势,以至于互联网金融机构经常利用这种信息不对称来开展业务并从中获利,因此提出金融消费者保护的监管模式有利于保护金融消费者的利益。

针对金融消费者保护,可以进行自律监管。但如果金融消费者没有很好的低成本维权渠道,或者互联网金融机构过于强势,而自律监管机构又缺乏有效措施,欺诈行为一般很难得到制止和处罚,甚至无法被披露出来。在这种情况下,自律监管面临失效,政府监管机构就可作为金融消费者的代理人实施强制监管，主要措施有三类：第一，要求互联网金融机构加强信息披露，产品条款要简单明了、信息透明，使金融消费者明白其中风险和收益的关系；第二，要开通金融消费者维权渠道，包括赔偿机制和诉讼机制；第三，利用金融消费者的投诉及时发现监管漏洞。

### 11.4.4 机构监管和功能监管

按监管机构的设置所依据的内容不同，可以将其分为功能监管和机构监管两种。

#### 1. 功能监管

功能监管模式是指根据各种业务性质的不同并以不同性质的金融业务为监管对象而确立监管机构进行监管的模式，同类金融业务由同一个监管机构监管。

使用功能监管有利于对类似于互联网金融这样有混业经营特点的行业的监管。互联网金融的许多金融模式都具有跨界性，采取功能监管能够很好地区分互联网金融模式的类型从而确定其监管主体，使监管部门能够明确自己的监管目标与任务，很好地适应互联网金融的混业经营的发展。同时对于同类金融业务实施同样的监管标准，也有利于稳定市场秩序，但是功能监管由于更加重视业务类型往往忽视经营主体的内部结构，很可能忽略内部问题可能带来的个体风险。

#### 2. 机构监管

机构监管是指按照金融机构的性质不同而确立并且把经营相同业务的金融机构作为监管对象进行监管的模式。

在机构监管模式下可以对单个金融单位进行全面、有效的监管，更加了解企业的内部结构与运作方式，可以及时发现金融机构的违规行为或个体风险，可有效保障金融机构的正常运行，但是在这种监管模式下对于像互联网金融这类具有混业经营背景的金融模式，会出现监管主体不明、监管权限冲突或者重叠等现象。

## @11.5 我国互联网金融监管体制

### 11.5.1 我国互联网金融的混业经营模式

所谓"混业经营"是指银行及其他金融企业以科学的组织方式在货币和资本市场进行多业务、多品种、多方式的交叉经营和服务的总称。其最核心的本质是：在风险控制的原则下实现资源共享。

互联网金融的混业经营模式，在一定程度上不仅仅可以分散风险，更主要的是在帮助用户疏导应用模式的一种积累，甚至是分散各种可控的风险，尽可能地让最终端的用户能够借助不同的模式参与到普惠金融的范畴里，这也从另一个侧面刺激着传统金融业的转型发展。如果说以前是"穷则思变"，那么进入移动互联网金融时代，更多地已经转换成"应用思变"。

从当初余额宝的出现，再到后来万达和快钱的商业地产众筹、百度的百发有戏、京东众筹、京东白条等模式的出现，都是在顺应着用户需求的转换，提前引导和布局，最终给用户带来一种全新的金融思维模式转换。

### 11.5.2　我国现行的金融分业监管模式

分业监管体制是根据金融业内不同的机构主体及其业务范围的划分而分别进行监管的体制。各国的分业监管体制通常由多个金融监管机构共同承担监管责任，一般银行业由中央银行负责监管；证券业由证券监督管理委员会负责监管；保险业由保险监督管理委员会负责监管，各监管机构既分工负责，又协调配合，共同组成一个国家的金融监管组织体制。

1993年12月，国务院颁布《关于金融体制改革的决定》，强制金融机构分业经营，保险业、证券业和银行业等金融子行业实行分业经营。随后，1998—2003年，中国证监会、中国保监会和中国银监会陆续设立，中国陆续建立起了分业监管的金融监管体制。

从某种意义上说，互联网不需要监管，但是金融无论如何都需要监管。互联网金融是一个全新的监管领域。对于监管者来说，现有的金融监管框架应该如何进化以支持互联网金融的安全成长，是一个全新的课题。但正如互联网没有改变金融的本质一样，对互联网金融的监管也不应该背离监管的本质。

### 11.5.3　我国互联网金融风险防范和监管体系的构成

互联网金融风险防范和监管体系由政府监管、行业自律和互联网金融机构内部控制组成。其中，政府监管是外部全方位监管，行业自律是行业内部的自律和互律监管，内部控制是互联网金融机构对风险的主动防范和规避。

#### 1. 政府监管

政府监管是互联网金融风险防范和监管体系的核心构成要素。一般来说，政府监管的范围主要包括市场准入监管、过程监管和退出监管。其中，市场准入监管以资质审批为主，过程监管以日常运营为主，退出监管以处理严重违规或破产机构为主。

目前，互联网金融还没有明确的监管主体，政府监管处于缺位状态，互联网金融违法犯罪以及恶意破坏金融秩序等行为得不到及时惩治。

对互联网金融加强监管，当务之急就是要根据业务类型尽快纳入现行"一行三会"政府金融监管体制。具体来说，类似银行、信托等业务纳入银监会和人民银行监管，类似保险业务纳入保监会监管，类似证券类、基金类业务纳入证监会监管。

#### 2. 行业自律

行业自律在整个互联网金融行业未来发展起着至关重要的规范性作用。行业自律主要目的是让市场在行业发展中起重要作用。加强互联网金融行业自律的关键是要建立相关的行业自律组织，然后主要通过制定统一的行业服务标准和规则引导成员单位规范发展。

根据行业服务标准和规则，互联网金融行业自律组织能够比较有效地维护行业竞争秩序，协调处理成员单位之间的利益冲突，对导致行业恶性竞争的市场主体形成行业惩罚机制，维护互联网金融行业的整体利益和社会形象。此外，互联网金融行业自律组织还可以执行一些行政监管部门不宜执行或者执行效果不佳的管理职能。

### 3. 互联网金融机构内部控制

互联网金融机构的内控机制建设在互联网金融风险防范和监管体系中具有基础性地位。无论是政府行政监管还是行业自律监管，其目标的实现都必须通过互联网金融机构加强内控机制建设才能得以实现。

互联网金融机构的内控机制建设要充分借鉴传统金融业成熟的风险控制模型与标准业务管理程序，并结合互联网金融的业务特点和风险特征，建立完整的工作流程体系，设计标准的内部控制操作方案。

目前，在互联网金融领域已经暴露出的许多问题，基本上都是因为企业内控机制不健全引发的。对于互联网金融领域已经曝出来的卷款跑路、客户信息泄露等问题，健全、有效的内部控制可起到"防止""发现"和"纠错"等作用。

## 11.5.4 我国互联网金融平台的监管机制

### 1. 第三方支付监管

目前，对第三方支付机构的风险监管已有比较成熟的法律法规体系作为监管依据，也明确了中国人民银行作为监管主体。中国人民银行制定了若干针对第三方支付风险监管的规范性文件。其中，《非金融机构支付服务管理办法》以及《非金融机构支付服务管理办法实施细则》明确中国人民银行为第三方支付的监管部门，对第三方支付机构的市场准入和退出机制、业务开展、制度建设以及风险管理等方面进行监督管理，认可了第三方支付的合法性；《支付机构客户备付金存管办法》对第三方支付机构客户备付金的存放、归集、使用和划转等行为的监督管理要求进行了明确规定；《支付机构反洗钱和反恐怖融资管理办法》对第三方支付机构反洗钱与反恐怖融资职责和要求进行了明确规定。根据这些规定，中国人民银行在第三方支付风险监管中发挥了比较积极的管理作用，比如，全面叫停了支付宝、腾讯的虚拟信用卡产品，以及条形码、二维码支付等面对面支付服务。

此外，国家外汇管理局出台的《支付机构跨境电子商务外汇支付业务试点指导意见》对跨境电子商务支付问题进行了明确规范；中国银监会、中国人民银行联合下发的《关于加强商业银行与第三方支付机构合作业务管理的通知》对商业银行和第三方支付机构的合作业务进行了明确规范。

### 2. 股权众筹平台

众筹不仅是拓展中小微企业最新融资渠道的新举措，而且还能为市场上的闲置资金创造新的投资回报渠道。我国众筹还处于起步阶段，除了众筹的社会认知度不高、平台内部管理不规范外，众筹还存在多方面的风险。其中，股权众筹是风险最突出的众筹类型，非法集资、金融欺诈、洗钱等风险问题以及知识产权保护问题比较突出。目前，政府已经开始重视众筹风险监管，现阶段工作重点主要集中在股权众筹的风险监管上。

目前，股权众筹已经得到了国家层面的认可。2014 年 11 月 9 日召开的国务院常务会议要求"建立资本市场小额再融资快速机制，开展股权众筹融资试点"，2015 年全国两会将"开展股权众筹试点"写入了《政府工作报告》。同时，明确了中国证监会为众筹监管部门，围绕如何监管众筹，中国证监会积极进行了调研。

在中国证监会创新业务监管部支持下，中国证券业协会基于保护投资者合法权益、促进股权众筹行业健康发展的目的，根据《证券法》《公司法》《关于进一步促进资本市场健康发展的若干意见》等法律法规和部门规章，起草了《私募股权众筹融资管理办法(试行)(征求意见稿)》。该办法对众筹平台的备案登记、准入资质、职责义务、融资者和投资者的条件、信息报送、备案注销等方面作出了明确的规定，目前处在向社会公开征求意见的阶段。

### 11.5.5 我国互联网金融监管中的问题

#### 1. 互联网金融机构主体资格制度不完善

1) 互联网金融机构的法律地位和经营范围尚不明确

要对互联网金融实施监管，就应当明确互联网金融机构的法律地位。

当前，我国法律缺乏对各类互联网金融机构的法律地位和经营范围的明确规定，各类互联网金融企业业务边界模糊，在此情况下，监管制度的不完善甚至会引发企业钻法律空子、打法律擦边球的现象。同时缺乏完善的市场准入制度，使消费者难以确认互联网金融机构身份的合法性，更无法掌握和了解企业的资质、信用度等信息的真实性。

此外，在互联网金融的发展过程中，很多互联网金融机构的业务范围混乱。以 P2P 网贷业务为例，P2P 主要是通过互联网平台为借贷双方提供信息服务的，但在实际操作中其与提供投资服务的众筹以及传统银行等存在业务重合。

2) 互联网金融市场准入制度不完善

市场准入制度是国家对市场主体资格的确立、审核和确认的法律制度。市场准入制度既作为政府管理市场的起点，同时在市场经济条件下也是其他一系列经济法律制度构建的基础。

然而，通过对互联网金融市场的考察，我们不难发现，市场准入制度还需完善，如在准入资质方面，互联网金融机构应根据其业务性质获得特殊市场准入制度的审批许可后方可营业，而目前除了获得中国人民银行发放"非金融机构支付业务许可证"的机构和证监会发放的"互联网券商牌照"的机构外，其他大多数机构注册的是"咨询类公司"或"网络信息服务公司"，企业进入互联网金融市场只需要进行工商登记并在工信部备案后即可实现，其便可以从事互联网金融活动。此种准入方式对互联网金融企业从事的业务范围、类型没有任何规范和限制性的要求，导致整个互联网金融行业良莠不齐，而投资者或消费者也常常因行业内部鱼目混珠遭受利益损失，对互联网金融市场秩序的正常建立造成了严重阻碍。

3) 互联网金融市场退出制度缺失

在我国的现行法律法规中，对传统金融行业金融机构市场退出规定了接管、托管等方法，也针对停业整顿、重组、并购作出了相关规定，甚至包括撤销、清算、破产等强制措施。

而目前对互联网金融企业退出市场没有任何条件限制，无论企业运营情况如何，消费者评价情况如何，都没有影响，企业想关则关，想停就停。在发生金融风险或企业运营情况不佳时，企业本身可能没有任何保护措施，消费者权益保护更无从谈起。

**2. 交易安全保障制度不完善**

1) 互联网金融信息安全标准规范缺失

信息安全标准是一国政府进行宏观管理的重要手段，也是一个国家信息安全保障体系的重要组成部分。

我国于 2002 年成立了全国信息安全标准化技术委员会，并逐渐形成了包括基础标准、技术与机制标准、管理标准、测评标准、密码标准、保密标准、通信安全标准七大类信息安全标准。

但涉及我国互联网金融交易中，信息安全标准缺失，诸多互联网金融企业都按照自己的需求进行信息技术管理，导致行业内部信息技术水平参差不齐，交易面临高风险，主要表现在：目前不少互联网金融企业在发展业务的同时，并未提供完善的技术支撑，使其业务平台容易遭到病毒及黑客的攻击，出现投资者信息泄露及平台运营失常的现象。例如，2013 年 7 月 6 日，P2P 网贷平台中财在线自行开发的系统遭遇黑客攻击，而该攻击导致大量用户数据泄露，投资人恐慌，出现挤兑现象。

另外，用户在注册某些互联网金融支付机构时，只需在支付机构的页面输入手机号码、银行账号及注册使用的账户密码，但是这种简单的注册往往导致客户的真实身份难以核实，与银行等金融机构的安全性相比低了几个层级。有的第三方支付平台在进行大额资金汇划时，也不需要使用如 U 盾、K 宝类数字证书或验证码等工具进行安全校验。近年来就曾多次发生未经客户授权就能从客户账户上汇划出巨额资金的案例。

2) 电子合同的效力认定制度存在缺陷

我国于 2004 年制定了《电子签名法》，用于规范电子签名的法律效力，这是关于我国电子合同的一项重大立法。2011 年修订的《计算机信息系统安全保护条例》以及 2021 年实施的《民法典》等法律法规也有涉及电子合同法律地位和效力的内容，但是，电子合同无论在合同主体、签名方式、系统错误导致电子合同纠纷等各个方面，都与传统的合同有很大的区别，在履行电子合同确立的权利义务时，常常因电子合同上述不同于书面合同的特点而发生纠纷，电子合同的有效性认定，成为促进或制约互联网金融发展的重要原因之一。

3) 互联网金融机构信息披露制度不完善

金融市场中的一项不可或缺的重要业务即是信息披露，而目前互联网金融市场的信息披露缺乏行业标准，导致信息要么披露不全要么披露过度。

数据信息是互联网金融的运营基础，在云计算的基础上对海量非结构化数据进行实时分析，挖掘客户的交易消费信息，准确预测客户行为，不仅可以帮助互联网金融企业为不同消费者提供个性化服务，还能完善互联网金融的风险控制体系，因此信息披露对互联金融的重要性不言而喻。

当前，互联网金融行业所暴露的最突出问题就是信息不对称，有的互联网金融企业故意隐瞒其真实信息，有的债务人恶意提供虚假信息，而监管部门也未及时披露违规信息等。这些人为因素造成的信息"黑洞"，致使广大互联网金融交易主体的投资中充斥着风险，严重制约着互联网金融的发展。

4) 互联网金融消费者个人信息保护制度不完善

近年来，在对个人信息安全的保护方面我国陆续出台了数部法律法规，包括《刑法修正案(七)》(2009 年)明确了侵犯个人信息罪、《侵权责任法》加强了关于网络侵权的特殊规定、全国人大常委会《关于加强网络信息保护的决定》和工信部颁布的《电信和互联网用户个人信息保护规定》。2009 年通过的《刑法修正案七》增加出售、非法提供公民个人信息罪和非法获取公民个人信息罪的规定；2013 年修正的《消费者权益保护法》首次明确规定了经营者侵害消费者个人信息所应当承担的民事责任，强化了对消费者个人信息的保护措施。2016 年通过的《中华人民共和国网络安全法》之"网络信息安全"明确规定了"网络运营者对个人信息维护的职责"条款，从要求建立用户信息保护制度到违反法律规定所需承担的法律责任，构成个人信息保护闭环保护流程；2021 年通过的《中华人民共和国个人信息保护法》增加对侵犯个人信息行为的惩处。

上述法律法规对于保护个人信息安全意义重大，但这些法律法规在实际操作方面仍存在不足之处。例如，在侵犯个人信息罪中，对犯罪主体的范围仅限于单位或相关单位工作人员；在网络侵权的规定中，也存在侵权赔偿数额较低等问题。而对个人信息被搜集后的处理，例如，消费者对其个人信息是否有权查询、修改或删除均没有规定，对经营者及其工作人员搜集消费者的个人信息只规定不得泄露、出售和非法向他人提供，而对个人信息的保留时间和消费者个人信息的使用权限等都没有作出相应规定。

**3. 监管法律制度不健全**

金融监管的目的是维持金融业的运行秩序，最大限度地减少金融机构风险，保障投资者的利益，促进金融业和经济的健康发展。

在对互联网金融进行监管时，传统的金融监管方式因互联网的虚拟性、开放性、高科技化、无边界性等因素显得力不能及。如目前我国 P2P 网贷、众筹融资等互联网金融业务模式仍没有相应的监管办法和制度，部分自我要求较高的 P2P 网贷平台和众筹融资平台只能以行业自律规范进行自我约束，因此在同类行业中，平台素质参差不齐，消费者的权益保护存在较大风险。

我国互联网金融监管存在的问题主要表现在以下几方面。

1) 监管主体散乱

就传统金融体系而言，其银行、信托等金融机构都能找到对口的监管部门，而目前互联网金融的监管主体却仍处于缺位状态。

目前，属于涉及互联网金融的监管机构，主要有以下部门。

一是属于中国人民银行监管：2010 年中国人民银行出台了《非金融机构支付服务管理办法》，该办法主要就第三方支付进行了规范，具体包括申请许可、监督管理和处罚措施，主要用于防范支付风险。

二是属于中国银监会监管：涉及互联网金融业务的内容，中国银监会于 2011 年 8 月发布了《关于人人贷有关风险提示的通知》，对包括贷款可能进入房地产和"两高一剩"限制性行业、中介服务平台易演变为非法融资机构、业务风险难以控制、不实宣传影响银行体系整体声誉、监管职责不清、模式信用风险偏高、房地产二次抵押存在风险隐患七项风险进行提示，意在提醒银行业金融机构做好对人人贷潜在的风险防范。

三是属于政府部门监管：小额贷款公司按属地划分原则应归当地金融办监管，民间借贷服务中心也是由地方金融办进行监管。

综上所述，互联网金融监管主体散乱，中国人民银行和中国银监会等都无法确定权限实施监管，导致监管出现真空。监管主体散乱是互联网金融安全风险不可预测、经营不规范和监管不统一等乱象的主要原因。

2) 分业监管已不适应互联网金融的发展

在看到互联网金融监管缺陷的同时，我们也应当看到，互联网金融并不都是"无准入门槛、无行业标准、无主管机构"的"三无"行业。以余额宝为例，它有无缝连接的三段，每一段都有法律规范：第一段是支付宝，受中国人民银行规范；第二段、第三段是到货币基金、与商业银行签署存款协议，分别由中国证监会、中国银监会监管。

但互联网金融是在大数据、云计算等技术基础上开发出的金融创新产品，如果金融监管仍然采用"分业监管"的方式，一是容易出现监管真空，二是难以适应互联网金融的发展趋势。

3) 中央金融监管已不适应互联网金融见缝插针式的投融资方式

金融监管权是一种特殊的公共权力，金融监管权具体表现为"一行三会"采用实体性垂直管理的模式，即金融监管部门自上而下组成独立的垂直管理体系，依法独立实施金融监管，不受地方政府的干涉。

然而，互联网金融的参与主体包含各地的民间金融小微企业，按现行法律，监管机构没有监管民间金融的权力，但地方政府又无金融监管权，也不设金融监管部门，势必出现监管的真空地带。

4) 互联网金融市场运营监管制度缺失

金融市场的运营过程是金融风险生成的主要环节，加强金融市场运营监管，对防控金融风险极为重要。

一般来说，金融市场运营监管主要有两个方面，一是合规性监管，二是风险性监管，然而在互联网金融市场运营过程中，上述两个方面的监管却出现缺失现象，主要体现在以下两个方面。

一方面，互联网金融监管方面的法律法规缺失，导致监管机构在对互联网金融企业实施监管无法可依。

另一方面，对互联网金融企业目前没有如传统金融机构那样有诸如财务指标中的资产负债率、流动比率、应收账款周转率等具体要求，互联网金融监管机构则无法采取鉴别、衡量、监测及控制风险的监管方法。监管机构无法对互联网金融企业进行风险评估，造成企业一旦面临运营风险，企业与投资人都难以得到资金安全保障。

5) 互联网金融行业自律有待加强

自 2013 年下半年以来，国内已经陆续成立了若干个全国性或区域性的互联网金融行业协会，包括由中国人民银行牵头组建的中国互联网金融协会、由中国支付清算协会发起组建的互联网金融专业委员会、由中关村管委会和北京市民政局负责业务指导和监督管理的中关村互联网金融行业协会等，民间也自发形成了互联网金融千人会俱乐部等自律组织。各协会与各组织也纷纷发布各自的章程、自律公约。

按照我国《社会团体登记管理条例》的规定，互联网金融各协会的成立，也应当经业务主管单位审查同意，而就目前情况来看，各协会的成立缺乏统一的业务主管单位，各协会在会员的入会资格、权利义务等方面都没有进行明确规范，容易使企业以为加入了行业协会就等于进入了"保险箱"，就可以依靠会员身份胡作非为，从而不利于互联网金融行业的健康发展。

6) 缺乏信息共享与沟通协调机制

我国金融行业由中国人民银行和中国银监会、中国证监会与中国保监会进行监管，公安部负责公共信息网络安全的监管，工信部主要承担电信和互联网行业网络安全监管职责。

基于互联网环境下的金融业务不仅跨行业、跨部门，而且业务相互交叉且渗入较深。各种互联网金融业务的发展，不仅需要金融监管体系的约束，而且需要互联网安全防护网络与信息网络安全体系的配合，但目前我国相关部门在互联网金融信息安全方面缺乏有效沟通，信息共享难以实现，协调机制有待强化。

### 4. 安全应急响应制度缺失

1) 安全应急响应组织机构缺失

虽然我国已经建立了分行业管理、由网络与信息安全协调小组领导的网络信息安全应急管理体系，但是就互联网金融应急响应而言目前还没有一个统一协调的指挥组织机构。

目前，我国的网络信息安全应急体系主要针对互联网技术层面，不能应对复杂的互联网与金融相互渗透融入的局面。倘若出现较重大的互联网金融安全事件，组织协调和指挥则无法落实到某个机构完成。

2) 应急的预警检测及响应机制缺失

应急响应机制的核心体现在准确而又快速的预警机制。我们只有及时并且准确地收集和掌握各种互联网金融数据信息，通过分析研究，才能够及时把握各类事件发生的规律和动态，才能对事件的性质、范围、严重程度作出准确的判断，而这些，没有常设的预警机构通常很难做到或完成。遗憾的是，我国对互联网金融安全的预警检测、通报及响应机制尚未建立，亟待立法明确。

而面对互联网技术应用漏洞或金融系统性风险已经造成的危害，企业自身的技术团队力量和资源已经不足以提供所需的安全响应支撑，这时，只有应急响应机制和全面系统性的外援保障，才能确保在出现突发安全事故的情况下，互联网金融企业和网站运营商都能及时作出安全应急响应，迅速进行运营恢复，深入解决安全问题，最大限度地降低整体安全风险及提高信息系统的安全等级。

## @11.6 欧美国家互联网金融监管体制

我国互联网金融由于正处在发展的过程当中，互联网金融的监管尚处于起步阶段，符合我国互联网金融发展得较为系统、全面的监管制度还没有建立起来。然而美国等主要发达国家，其经济发展程度较为成熟，其互联网金融监管也比我国要早，同时这些国家中的互联网金融模式虽然在名称上与我国的互联网金融模式相差较远，但是深入分析各种模式的运作方式、功能等，则会发现其实它们的本质是相同的。

着眼于互联网金融快速发展并伴随着监管缺失的紧急事态，短时间内最好的解决办法是借鉴他国的经验，从而逐渐形成符合中国互联网金融监管的模式。

### 11.6.1 美国互联网金融监管经验

#### 1. 监管体系构建

1) 监管模式

目前，美国互联网金融监管模式主要是以多个监管主体对不同的模式进行分类监管，同时在众多监管主体的基础上建立一个统一的监管机构负责协调以下各种监管主体，从而实现有效的监管目的。

在这种监管模式下，美国规定对于互联网金融的监管要接受联邦一级以及州一级机构的监管。这样的监管模式可以做到监管机构之间的协调，有助于对像互联网金融这种具有混业经营性质的金融行业进行监管。

2) 监管机构

美国的监管主要是将其纳入现有的金融监管体系中，同样也由原有的监管主体进行监管。通过原有的监管主体以及新建立互联网金融的行业性自律组织对相关业务进行监管。各个监管部门都有明确的监管范围，并且在各监管部门之间强调相互之间的协调，以最大限度地对互联网金融进行监管，有效地避免由于分业监管模式下形成的监管重叠或者监管空白等现象。

3) 监管方式

根据处理的地点将监管方式分为两类，包括在场的检查方式和不在场的检查方式，两种监管方式相辅相成。互联网金融的互联网因素使得交易都是在网络平台上进行的，这就要求在场检查要具体情况具体分析，包括实施检查的监管主体机器级别等。不在场检查主要是在后台对收集来的各种信息、数据等进行分析总结，从而辅助在场检查。两种监管方式在整个过程中起到重要的作用，确保监管在理论上与逻辑上都有一定的保障。

4) 消费者权益保护

美国对金融消费者的权益十分重视，加大了在这方面监管力度。从美国参议院于2010年7月通过的《美国金融监管改革法案》中就可以看出，美国对于金融消费者权益保护和监管的力度。在法案中提出由新成立的消费者金融保护机构(CFPA)作为执行单位，负责金融消费者的合法权益以及利益不受到侵犯。

### 2. 监管法律规范

美国在互联网金融监管的法律法规方面，主要不是在互联网金融模式上建立新型的法律体系，而是先依据互联网金融各种模式各自的特点，将它们划分为原有的金融模式从而进行监管，并且在此过程中依据互联网金融的发展特点以及趋势对现有的法律体系进行补充完善。

美国在法律法规方面的做法主要分为以下两个方面。

首先，构建互联网金融监管法律框架。在掌握互联网金融各种模式的经营范围的基础上建立监管的法律框架，从而为整个互联网金融的发展提供保障。构建法律框架一定要注意互联网金融行业的特殊性，它作为一种新型的金融模式需要充分的空间继续发展，所以在制定法律框架的过程中要注意在监管力度上留有空间。

其次，建立征信体系。拥有最大的征信体系的美国主要是借助于政府的大力支持以及互联网技术在美国的迅速发展而建立起信息架构，并在此基础上不断完善征信体系。

### 3. 主要互联网金融模式的监管

1) P2P 监管

目前，美国对于 P2P 借贷的监管体系较为复杂，包括州和联邦两个层面的监管，涉及大量的监管机构，如证券交易委员会(SEC)、消费者金融保护局(CFPB)以及美国联邦贸易委员会(FTC)。总体而言，营利性 P2P 借贷平台在美国被纳入证券业监管的范围，由 SEC 以及州的证券监管部门作为监管主体对其在市场准入与信息披露等方面予以监管，以保护投资人利益。

美国的 P2P 借贷公司被要求在 SEC 注册成为证券经纪商，同时 SEC 认定 P2P 借贷平台出售的收益权凭证属于"证券"，P2P 借贷平台应以证券形式发行收益权凭证。除了在 SEC 登记之外，P2P 借贷平台还需要在各州证券监管部门登记，获得各州就 P2P 借贷平台向该州居民推出和发售收益权凭证的许可。

根据美国《1933 年证券法》的规定，"证券"一词是指任何票据、股票、库存股票、债券、公司信用债券、债务凭证、盈利分享协议下的权益证书或参与证书、以证券作抵押的信用证书、组建前证书或认购书、可转让股票、投资契约、股权信托证、证券存款单、石油、煤气或其他矿产小额利息滚存权。一般来说，被普遍认为是"证券"的任何权益和票据，或上述任一种证券的权益或参与证书、暂时或临时证书、收据、担保证书或认股证书或订购权或购买权。通过该法对于"证券"的定义可以发现，"证券"包含了几十种金融工具，在定义上十分宽泛，能够将各种创新金融产品无障碍地纳入监管范围内。

SEC 认定 P2P 的具体理由包括：首先，在网站注册的投资者是以他们的资金能得到预期回报为动机的；其次，网站是向不特定公众出售贷款；再次，有一部分投资者会认为网站上出售的贷款是投资形式的一种；最后，网站没有设置其他可降低投资者风险的管理制度(即投资者风险自担)。

从具体监管要求上看，SEC 侧重于 P2P 借贷平台的市场准入和信息披露。《1993 年证券法》规定在未获得登记下从事证券销售活动属于违法行为，从事证券销售活动必须向 SEC 提交持续更新的注册证明与发行说明书以保证其持续满足法定要求。由于在 SEC 注册的成本较高，在一定程度上限制了资金规模不够庞大、运营不规范的平台进入 P2P 借贷行业。P2P 借贷平台需要持续动态地在注册证明与发行说明书中全面披露包括收益权凭证的基本条款、投资人风险、平台运作模式的具体细节、平台财务状况以及具体收益权凭证对应的贷款信息等 SEC 认为对投资人作出投资决定具有重大影响的信息。如果 P2P 借贷平台在注册证明与发行说明书中的关键信息有遗漏或错误，则其将承担相应的法律责任，任何投资者可以通过法律手段向其追偿损失。

综上所述，SEC 利用现有的监管架构逐渐将 P2P 借贷平台纳入证券范围之内，通过强调市场准入和信息披露对 P2P 借贷平台这一普遍被认为潜在风险较高的新生事物实现了有效监管。

2) 众筹监管

美国对众筹融资的监管经历了一个循序渐进的过程。美国《1993 年证券法》规定，公司或企业在没有豁免权的情况下只有获得美国证券交易委员会的券商牌照才能发行或者销售证券，否则就属违法行为。受金融危机的影响，美国中小企业出现融资困难的问题，因此，放宽了对众筹融资的监管条件。美国国会于 2012 年 4 月通过了《促进创业企业融资法》(JOBS 法案)，其中规定符合融资条件的众筹平台可以在未取得证券交易委员会颁发牌照的情况下发行或者销售证券，这为中小企业和创业型企业在众筹平台融资的监管提供了基本的监管框架。2013 年 10 月，美国证券交易委员会发布了《关于落实 JOBS 法案的具体监管草案》，并向社会公开征求意见。美国证券交易委员会在征求各方意见后对草案进行修改和完善，最终公布正式规定。JOBS 法案中对融资者、投资者以及众筹平台都作了相关规定。

在融资者的规定方面，法案采用禁止进入的方式对融资者的准入条件进行了规定，美国境外公司、已向 SEC 申报的公司、特定范围的投资公司以及其他不符合条件的公司均不得通过众筹方式发行证券。关于筹资额度的规定是，单个公司在 12 个月内可发行不超过 100 万美元的证券。进行众筹融资的公司只可通过众筹公司或者注册券商管理的网络进行交易。此外，融资者还须提交发行文件给 SEC，并严格按规定披露信息。融资者还须将发行文件提供给投资者和相关中介机构，与此同时，其发行文件须随时可供潜在投资者查阅。当融资者发生重大变化时应对发行文件进行修改。发行者须按期向 SEC 提交年度报告。

在投资者的规定方面。SEC 对投资者的投资额度进行了规定。若投资者的年收入低于 10 万美元，其年投资额不得超过 2000 美元或者其年收入的 5%，通常取这两个金额的较大者；若投资者的年收入超过(包含)10 万美元，其年投资额不得超过年收入或者净资产的 10%，通常取这两者的较大者，但是，每年投资额不得超过 10 万美元。此外，SEC 还对投资者的持股期限作了规定，要求投资者所持有的通过众筹平台获得的股票须持满一年方可转让。

在众筹平台的规定方面。SEC 规定众筹平台须接受其监管，任何从事众筹交易的中介平台须在 SEC 进行注册。众筹平台的主要职责有以下方面：①为投资者提供众筹知识普及材料；②制定防范欺诈风险的相关措施；③披露融资者和证券发行的有关信息；④提供信息交流渠道供众筹融资使用；⑤协助证券的发行和交易工作等。众筹平台仅作为中介平台，SEC 明确禁止其以下行为：①接受投资者的咨询，给投资者提供投资建议；②代为保管投资者的资金或者股票；③在其网站开展证券促销和推介活动等。

3) 第三方支付监管

总的来说，美国对第三方支付监管采取的是"观望政策"，避免对非银行机构参与零售支付服务进行过早管制，这与美国信奉自由市场经济、金融市场高度发达等特点有关。到目前为止，美国尚未对第三方支付进行专门立法监管，但第三方支付服务在美国被视为货币服务业务(Money Service Businesses，MSB)，属于金融服务范畴，适用金融领域实行的"功能性监管"，因此第三方支付在联邦和州层面均受到了不同程度的监管。

在联邦层面，对第三方支付服务的监管主要针对两个方面：一方面是反洗钱、反欺诈；另一方面则是对消费者的利益进行保护。在州层面，关于第三方支付服务的市场准入、审慎经营等方面的监管由美国各州法律决定。目前美国大多数州都要求经营货币服务业务须取得州政府颁发的专项许可，但各州对货币服务业务的监管不尽相同。

概括起来，美国第三方支付服务所受到的监管主要体现在以下三个方面。

第一，关于市场准入。在联邦层面，美国财政部下属金融犯罪执法网络(Financial Crimes Enforcement Network )要求所有从事货币服务业务的机构须向其登记。在州层面，《统一货币服务法》要求拟进行货币转移业务的机构应向州监管当局申请经营许可。申请条件对注册资本金并无要求，仅要求申请人提交说明自身情况(包括基本信息、财务情况、信用情况、拟开展的业务说明等)的申请书，同时提供 5 万美元(每增加一个经营场所需再增加 1 万美元，上限为 25 万美元)的履约保函或类似担保即可。

美国银行业监管机构要求各银行在判断是否为货币服务机构提供账户开立和使用等服务时，应考察该机构是否取得州的经营许可及是否履行了向其登记的义务。

第二，关于客户沉淀资金的安全。《统一货币服务法》规定了两种途径以保障货币服务机构客户沉淀资金的安全：一是要求这些机构提供适当金额的履约保证金；二是规定这些机构在任何时候都必须将不少于全部沉淀资金的金额用于监管机构所允许的投资，这些投资包括现金、银行存款、联邦或市政债券、最高等级证券等低风险、高流动性的资产。如果货币服务机构破产或者重整，那么该部分投资将被视为为客户利益所持有的信托。

第三，关于动态监管与持续监管。在联邦层面，货币服务机构须就交易金额在 2000 美元以上的可疑交易向其提交可疑交易报告，否则将面临民事或刑事上的惩罚。联邦各银行业监管机构要求银行在向非银行支付机构提供账户服务时，应根据其风险大小对其进行不同程度的尽职调查，并对非银行支付机构的相关交易和业务实行动态监测，将大额交易、可疑交易情况向相关监管机构报告。

在州层面，《统一货币服务法》要求所有货币转移服务机构每年更新一次经营许可，监管机构有权在决定是否颁发或准予更新经营许可时，对相关货币转移服务机构进行现场检查。在有理由认为机构涉嫌违规时，监管机构有权随时对该机构进行现场检查。

4) 互联网基金的监管

美国无论在互联网的发展上还是在基金的发展上都位居世界前列。其成熟的行业特性，在美国"互联网+"的模式下才不会显现突兀。美国对互联网基金监管的重视程度仍处于世界领先水平。其有关互联网基金的监管可以分为以下三部分。

(1) 对互联网基金主体的监管。

美国对互联网基金的主体进行层层监管，从监管体系来看，能对其行使监管权限的机构不仅众多且分工明确、责任清晰。行使监管责任的主要机构主要分为两大部分。

一是对非基金等金融公司，主要指未取得金融牌照的互联网公司，将由美国联邦贸易委员会及联邦通信委员会联合监管。

二是对基金公司等金融机构，则由金融监管体系下相关机构进行监管，如美联储、证券交易所、证券业协会等部门。美国金融监管同法律体系一样存在州和联邦双层体系共存的情形，因此属于联邦政府监管范畴的部分则美联储、美国证监会、消费者金融保护局都可以多方面进行责任监管；而属于州监管范畴的区域，互联网基金的运作在绝大多数州都需要事先取得经营牌照并合规经营，也就是"监管前置"。即使在政策宽松的前提下，在现有传统模式法律并未涉及的情况下，也要规范市场准入原则。如此前置举措即可预防不良企业市场违规，造成不良竞争环境和盲目跟风，在做到稳定市场发展的同时也有利于尽快修订完善已有法律填补漏洞，从而对市场参与主体利用监管漏洞打擦边球的套利行为在源头上进行遏制。

(2) 对互联网基金交易过程的监管。

美国对互联网基金交易过程的监管集中体现在信息披露和处罚力度上。

一是对信息披露的监管。美国在互联网基金产品的监管方面明确提出了有关基金资金的定位问题。即通过互联网基金募集到的资金属于负债部分，而并非等于存款。美国的信息披露制度十分严格。早在1933年，传统证券领域便确立了信息披露原则，要求披露招募说明书等金融理财产品之类的内容。以招募说明书为例，美国监管部门要求招募说明书能提供真实完整并准确的信息至每一位潜在客户，以便投资者作为投资参考，除此之外还特别强调了有关基金经理的以往纠纷和行政法律处罚记录以及当前交易的利益关系等内容也需公开，这一原则同样适用于美国互联网基金。

美国要求对互联网基金的信息披露不应仅仅体现在产品内容上，即在交易过程中不仅要宣传产品优势等有利于收益的部分，还要明示基金投资交易的风险，做到风险透明化及提示防范，从而有效维护投资者利益。除此之外美国监管部门还特别重视采取内部风险控制以及定期的压力测试等监管手段来确保风险的可控。

二是在处罚力度上的控制。美国基金监管部门对违规者的惩罚非常严厉，尤其是针对互联网基金的主体——第三方支付企业的犯罪行为。2013年美国消费者金融保护局对Kemper(一家全美大型基金公司)处以1.9亿美元的巨额罚款。原因是该公司在互联网宣称了自家公司某款产品的历史收益而没有提示风险，因而误导了一些投资者。这样严厉的处罚力度也让许多基金公司不敢越雷池半步。

(3) 对互联网基金投资者的监控。

美国监管部门对投资者的监控主要体现在对投资者的教育引导上。基金交易需要专业的知识背景，这与拥有社会闲散资金投资者的专业参差不齐是有冲突的，因而在交易过程中会存在一系列信息不对称、沟通非有效的情形，甚至会出现投资者非收益性损失。美国监管部门除了在互联网基金交易各阶段中知会引导外，还建立了金融消费者保护法律，增设了投资者投诉专门渠道，做到对互联网基金投资者的有效监控。

## 11.6.2　英国互联网金融监管经验

### 1. 监管体系构建

1) 监管模式

英国监管模式的核心是：行业先行，监管后行，主要实施宽松的非审慎型监管。

在英国对互联网金融的监管持相对宽松的态度，不规定具体的监管部门对相应的业务进行监管，而是由政府作为政策支撑，鼓励行业中的一些企业建立的自律组织，起到带头作用。所以在这样的监管形式下，相关部门的支持与鼓励使英国的行业自律组织不断发展壮大。

英国是全球第一个成立 P2P 行业协会的国家，在 P2P 发展壮大后，由三个规模较大的互联网金融行业联合组建了 P2P 金融协会，随后又有多家互联网金融的龙头企业组建了相应的行业协会，在这些协会的作用下，互联网金融行业得到了很好的指引，并在行业内部制定了符合自身发展的若干规定，因此英国互联网金融行业取得巨大的成功。

在行业自律组织对具体模式进行了详细的行业规范的同时，英国还实行了统一的监管模式，对监管的整体框架进行设定，使包括互联网金融在内的金融行业被作为一个整体统一进行监管。

2) 监管机构

为鼓励金融创新，监管的主要模式是以行业自律为主。英国也没有设立专门的互联网金融监管机构或出台专门的法律，而是将重点放到了金融消费者权益以及利益的保护，并且将这一点作为监管不可触碰的底线。

英国在之前对于金融行业的监管一直实行的是统一的监管模式，出现互联网金融后将互联网金融行业监管也暂时纳入统一监管机构即金融服务管理局(FSA)的监管职责中，没有设立专门的监管机构对互联网金融进行监管。在这种简单的统一监管架构下，各部门之间的协调性有所加强，可以避免各监管机构之间职责不明、监管主体模糊的情况。

经过了金融体系的动荡后，英国改变了原有的监管模式。由于在之前的监管模式中对风险的抵抗能力较弱，所以设立了两个新的监管机构，将金融监管局的职责分配给这两个监管机构，从而更好地对风险进行规避。

3) 金融消费者权益保护

互联网金融产品具有惠普性，使一部分传统金融难以覆盖的人群获得更多的投融资机会，这部分传统金融难以覆盖的人群常常被定义为"长尾"人群。但是，这部分"长尾"人群风险承受能力较差并且受专业知识限制，往往会选择风险较高的项目，因此一旦风险爆发对于消费者的权益以及利益将会是一个重大的打击。

在英国对互联网金融监管的整体态度都是相对宽松的，但是对于金融消费者的保护是其监管的重点，它要求相关的互联网金融企业进行信息披露，并对各企业的行业风险进行分析，评出风险等级，使金融消费者明确产品的风险和收益，以确保整个行业的健康运行。

### 2. 监管法律规范

英国互联网金融的发展和监管更加注重行业自律，除了在保护投资者方面加大监管力度外,几乎没有设定什么法律法规,主要是组建互联网金融机构的行业自律性协会,制定行业标准发挥监管职责。

英国第一个行业自律组织主要是由三个规模较大的互联网金融企业牵头组建的,主要针对网络信贷模式的各个方面进行了仔细规范。在这种行业自律的监管模式下,英国的互联网金融行业也得到了巨大的发展。

### 3. 主要互联网金融模式的监管

1) P2P 监管

P2P 网络借贷早在 2005 年就在英国开始出现,但在很长一段时间内,英国政府却一直未授权相关机构对其进行监管。在此期间,P2P 的参与者几乎不受法律法规保障。

为了获得公众信任,英国的 P2P 行业主动成立了自律组织,即 P2P 金融协会(Peer-to-Peer Finance Association,P2PFA)。行业自律监管成为推动英国 P2P 借贷行业发展的重要力量。该协会成立于 2011 年 8 月 15 日,对会员平台的运营出台了 10 项法则,包括最低运营资本、客户资金隔离、信用风险管理等方面。这些法则在一定程度上弥补了 P2P 行业的法律空白,也成为监管部门制定 P2P 行业法律的基础。

在英国,具有审慎重要性的金融机构如银行、保险和某些投资公司,由审慎监管局(Prudential Regulation Authority,PRA)和金融行为监管局(Financial Conduct Authority,FCA)进行双重监管,而其他所有金融机构则由 FCA 单独监管。虽然 P2P 早在 2005 年就开始出现,但也是在最近几年才有了较大发展,目前的整体市场规模也还未达到具有"审慎重要性"的地步。所以在金融监管体制改革之后,FCA 成为 P2P 行业的主要监管者。

金融行为监管局考虑到很多 P2P 平台都有兼营个人对企业(P2C)的贷款业务,所以将 P2P 网络借贷称为借贷类众筹(Loan-based crowdfunding)。2013 年 10 月,金融行为监管局发布《关于众筹平台及类似行为监管方法》的监管征求意见报告。2014 年 3 月,金融行为监管局正式对外发布《关于网络众筹和通过其他方式发行不易变现证券的监管规则》,并于 2014 年 4 月 1 日起实施。此项监管规则也成为世界第一部 P2P 行业法案。其在借贷类众筹方面建立了以下七项规则。

第一,最低审慎资本标准。首先,最低审慎资本规则设立了 5 万英镑的固定最低资本标准,并设立了过渡期,在 2017 年 3 月 31 日前的固定最低资本要求降为 2 万英镑。除此之外,最低审慎资本规则还建立了浮动最低资本标准:平台贷款总金额在 0~5000 万英镑的,资本金比例为 0.2%;在 5000 万~2.5 亿英镑的,资本金比例为 0.15%;在 2.5 亿~5 亿英镑的,资本金比例为 0.5%;大于 5 亿英镑的,资本金比例为 0.05%。最低审慎资本标准取固定最低资本标准与浮动最低资本标准两者中的最高值。

第二,客户资金规则。平台持有与投资业务有关的客户资金,应符合金融行为监管局的《客户资产管理手册》的监管要求。另外,金融行为监管局也指出《客户资产管理手册》目前仍在征求意见中,因此所有的 P2P 平台都应当实时关注政策变化和未来规则的发展。

第三,平台倒闭后的借贷管理安排。监管规则要求平台对现存借贷合同作出适当的计划安排,以便在其倒闭时未到期贷款仍能继续得到管理。为应对平台倒闭的发生,平台作出的计划安排应包括：客户资金应按照客户资金规则分配给客户；为客户设立一个新的银行账户用于接收未到期贷款的本息偿还；不允许发生新的借贷，已有的借贷按照借贷合同的规定仍然有效；未到期贷款可交由其他借贷类众筹平台或债务管理人来管理，管理费用由未到期贷款收益来支付，但平台应与其签订合同，以确保向对应的出借人分配偿还的本金、跟踪延期支付或违约贷款的管理事项能顺利交接。

第四，撤销权。欧盟《远程销售指令》（Distance Marketing Directive，DMD)要求大多数的远程金融服务合同应当赋予消费者在合同签订后的七天内拥有解除合同的权利，并且无须说明理由及缴纳罚金。金融行为监管局考虑到在每笔贷款中都赋予出借人同意投资后又撤销投资的权利是不可行的，因此该权利仅适用于出借人与众筹平台签订的服务协议，而不适用于在设有二级市场的平台上借贷双方签订的借贷合同。如果平台没有二级市场，则平台应当通过以下方式之一依法维护出借人的撤销权：①平台允许出借人即时投资于借贷协议，但在签署服务协议后 14 天内消费者一旦请求返还，则必须偿还；②消费者与平台签署服务协议后的 14 天内不得向借贷协议进行投资。

第五，信息披露制度。信息披露是保护消费者的重要监管手段。金融行为监管局要求平台考虑投资的性质与风险，以及出借人作出投资决策时所需要的信息，向出借人披露公平、准确、清晰、无误导的信息，并且提出所披露的相关信息应是适当且有用的，而不是事无巨细地披露所有信息徒增投资者的负担。

第六，争端解决机制。为解决平台借贷纠纷，平台应当自行建立正式的投诉程序，并将投诉程序的有关细节公布在平台网站上。监管规则对争端解决程序没有特定要求，只要平台接到投诉后认真调查、公平处理、及时决定是否支持投诉诉求以及采取何种补救措施即可。如果有必要，投资者可以投诉到金融监督服务机构。

第七，信息报告制度。为便于监管机构了解平台的风险情况，更好地监管市场，金融行为监管局要求从 2014 年 10 月 1 日起，平台须通过在线报告系统定期向其提交如下报告。①财务报告。平台应按季度报送平台的资产负债表、损益表和资金状况。②客户资金报告。中型和大型平台应每月报送客户资金与资产收益率表，小型平台应每年报送上一年度的最高客户资金余额。③定期投资报告。平台应按季度向监管机构报送上一季度所有借贷的投资情况、按照风险水平或借贷期限分类后的借贷信息，如出借人数量、投资金额、投资于无担保借贷的比重、新增贷款的平均利率、上一季度的平均违约率、平台偿付坏账应急基金的总额及其占借贷余额的比重。④投诉情况报告，包括已经处理的、尚未处理的和已经赔付的投诉情况。

2) 众筹监管

英国对众筹融资的监管依照 2000 年颁布的《金融服务与市场法》中的规定实施。监管部门按照目前投资公司的审批要求以特例的形式批准设立投资类众筹融资平台。从第一家由监管机构批准成立的投资类众筹融资平台——Seedrs 来看，它不能从事常规的投资业务，只能从事类似中介业务，如提供咨询服务、接受和传递投资者指令等。

为了保护消费者的权益，投资类众筹平台在监管机构批准后可以加入英国金融服务补偿计划(FSCS)。《金融服务与市场法》中规定，任何经英国金融服务管理局批准在英国设立和运行的公司即为金融服务补偿计划的成员。当众筹融资平台出现问题时，其投资者和融资者可以申请从补偿计划中获得相应的补偿。

此外，监管机构对参与投资类众筹平台投资项目的个人投资者准入条件进行了限制，如 Seedrs 众筹平台的零售投资者是被认定为高净值投资者和自我认定为成熟投资者的投资人。FCA 还对众筹融资平台可向客户推荐的投资项目作了严格限制，以防止客户因这类金融产品较低的流动性而遭受损失，如规定平台不得为了推销其投资项目而向客户提供投资建议。

## 11.7 我国互联网金融监管体制的构建

### 11.7.1 国外互联网金融监管经验对我国的启示

金融行业的发展对于一个国家的经济发展具有举足轻重的作用，当今世界各国皆对金融行业进行严格监管。互联网金融具有金融的属性，归根结底也是金融，对其严格监管也不例外。美国、英国等发达国家已开始不断加强和完善对互联网金融的监管，监管体系已初具规模。而我国互联网金融的监管正处于起步阶段，存在很多问题。在互联网金融监管方面，以上各国的做法对我们不乏借鉴意义。

第一，以上各国对于互联网金融监管的做法都有一个共性，即各国普遍将互联网金融纳入现有的法律框架，同时为了适应互联网金融的快速发展，在进一步完善原有金融监管规则的基础上，不断补充新的监管法律法规。但是在法律法规的制定方面仍采取相对宽松的监管态度。

第二，各国都针对本国互联网金融发展的情况以及本国经济发展的情况，制定符合本国国情的外部监管措施。英国主要是采取了相对宽松的监管方式，鼓励互联网金融的发展与创新，鼓励行业自律组织的建立，较少制定针对性的监管政策，同时在人力以及物力方面都可以得到缩减，从而减少成本。美国则与之相反，根据自身的发展情况美国选择制定具体的监管规则，以在一定程度上加强监管的力度。值得注意的是法国的互联网金融监管模式。法国互联网金融的发展较为成熟并且采取了分业监管的原则，而我国也坚持分业监管的模式。在分业监管的大框架下，法国的监管模式给我们提供了良好的示范，值得我国借鉴。

第三，注重行业监管，充分发挥行业协会组织的自律职能。在不断加强和完善法律法规的同时，发挥行业自律协会强大而且广泛的自律职能。美英两国在关于互联网金融监管的强度上虽说有一些不同，但是对于行业协会都持鼓励的态度。美英两国的行业协会与中国的行业协会职能不同，不仅提供同业交流和沟通的平台，而且在协会成员的监督管理、行业业务规范的制定、促进公平竞争等方面也发挥着积极的作用。

第四，强化法律监督管理，减弱机构监管。互联网金融的经营方式更趋向于混业经营，在外部性上迫使监管模式向统一监管以及行为监管模式上趋近。这对各监管机构之间的相互协调提出了很大的挑战。由以上分析可知，美英两国都在逐渐淡化机构监管，在对互联网金融的监管方面采取宽松审慎的政策，即利用现有的监管框架、职责范围进行监管，没有建立专门的互联网金融监管机构。但是在宽松审慎的监管模式下，美英都十分重视消费者保护，要求信息披露的同时还制定了相关法律法规。

## 11.7.2 我国互联网金融监管体系构建

从美国互联网金融监管经验看，其主要思路是将互联网金融作为新兴金融业态补充到传统监管框架中，并实行分头监管与行业自律相结合的监管模式。我国的互联网金融行业起步较晚，虽然在近几年显示出较为强劲的发展势头，但在监管方面，与国际相比还存在缺陷。因此构建和完善我国互联网监管体系和实施有效的监管政策很有必要。为规范互联网金融的健康发展，有必要在借鉴美国互联网金融法律监管经验的同时，结合现实构建适合我国的互联网金融监管框架。接下来从五个层面设计我国互联网金融法律监管体系，具体结构如图 11.1 所示。

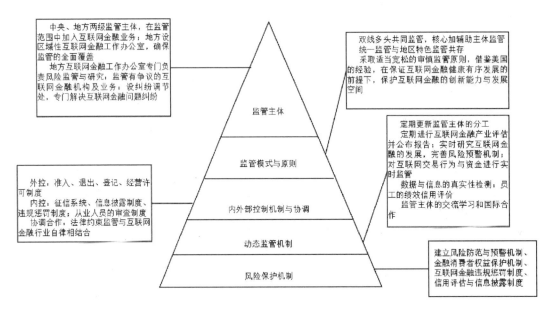

图 11.1　我国互联网金融法律监管体系

**1. 明确互联网金融的监管主体及监管立场**

2015 年 7 月颁布的《关于促进互联网金融健康发展的指导意见》已经从具体的业务上对监管责任进行了划分，但具体的监管实施细则尚未出台。在此背景下，各监管主体必须积极研究互联网金融产品的发展动向，对潜在的风险问题建立预警和防范机制，做到事前防范和事后监管的完美结合。

进一步看，互联网金融产业具有分散化、小规模的特点，单纯的统一监管思路不一定适用于所有的互联网金融发展模式。

因此，在监管主体的责任分配上可以借鉴美国的做法，采用双线多头监管：中央层面以中国人民银行、中国银监会、中国证监会、中国保监会为主；地方层面以地方政府部门、财政、司法等机构和中央监管部门在地方的分支为主；同时，在中央和地方层面分别设立互联网金融工作办公室，确保互联网金融监管拥有明确的监管主体，消除监管缺失的问题。另外，必须在现有监管分工的基础上梳理清晰互联网金融的业务模式，对于有争议的互联网金融业务和机构，分配给专门的核心监管机构，避免问题爆发时的责任推卸。

我国互联网金融监管主体框架设计如图 11.2 所示。

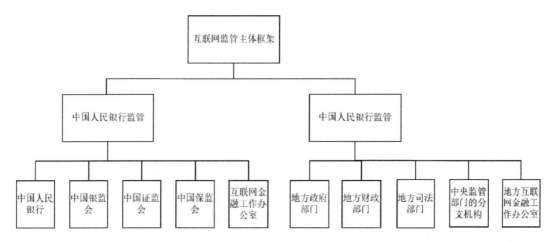

图 11.2 我国互联网金融监管主体框架设计

### 2. 确立我国互联网金融的监管模式和原则

在互联网金融监管的模式上可以借鉴美国做法，即双线多头的监管模式。

我国经济发展不平衡，地区差异较大，集中统一的监管模式可能致使监管缺失。互联网金融的复杂性和交叉性决定了不可能由单一部门来监管，应采取"中央+地方"的共同监管模式。

在统一的监管框架下，制定地区特色的监管方法，监管的目标是保证互联网金融发展有一个公正、合法、透明、安全的环境；同时，互联网金融是极具创新性的产业，监管是为了规范其发展，而不是消除其创新能力。

因此，英国采取适当宽松的审慎监管原则，借鉴美国的经验"先规范后开放"，在保证互联网金融健康有序发展的前提下，保护互联网金融的创新能力和发展空间。考虑到我国的经济发展存在明显的地域差异，在全国性统一的制度框架下，也应该允许根据区域经济的发展特点，制定适当的互联网金融准入、退出、登记和经营许可制度。

### 3. 建立健全互联网金融内外部控制制度和监管主体的协调机制

我国现有金融监管中对传统金融机构的准入、退出、业务范围、内控机制等都有相关的规定，但互联网金融与传统金融之间的差别很大，监管机构应根据互联网金融不同的经营模式与特点，制定相应的准入和退出制度。对于互联网金融机构的业务范围，可以学习美国对众筹融资的法律监管即 JOBS 法案的做法，以互联网金融禁止业务条例的形式将各类机构和平台不能进行、禁止涉猎的业务作出明确的法律规定。

内控主要是对互联网金融的交易行为、过程以及从业人员进行的监管。借鉴美国对第三方支付和 P2P 的监管思路经验，可从现有监管法律出发，制定互联网金融交易法、公平交易法，对违反法律规定的不公平、欺诈等非法互联网金融行为的处罚加入《刑法》中；

按照我国《保密法》和《网络安全法》等的相关规定对互联网金融从业人员行为进行监督，以保证互联网金融的信息安全。

同时，互联网金融跨区域、跨行业和跨市场的特点决定了各监管机构要协调合作，加强信息的交流和分享，对于其他监管机构的指导性监管建议不可忽视，以弥补监管的不足并进行完善和修改，提高监管的效率。中央、地方的监管机构要协调一致，形成全面、无缝隙的互联网金融监管网，将风险和潜在问题置于可解决的框架内。

### 4. 建立全面的动态监管机制

互联网金融是不断创新发展的新兴行业，固定的监管框架并不能保证互联网金融的可持续发展，动态监管是保证其稳健发展的必要条件。

动态监管首先应从监管的责任分配出发，以补充规定的形式定期更新各监管主体的责任分工，将新产生的互联网金融业务置于监管框架之下，保证监管的完整性。监管机构要实时研究互联网金融的动态和发展现状，发现和识别其中的问题和风险，建立风险防范和预警机制，比如，定期对互联网金融平台和机构进行信用评估并公布；为保证信息和数据的真实可靠，还应利用互联网技术对互联网金融机构的交易过程及交易资金的流向、用途进行监控，保证其安全合法；还要加强监管机构的国际合作，汲取国外在互联网金融监管上的宝贵经验，对未预见的互联网金融问题提前防范。

### 5. 完善互联网金融信息披露、征信与风险提示制度，加强金融消费者权益保护，建立风险保护机制

监管机构有义务对互联网金融机构和平台进行实时监督，不定期审查，包括业务开展和交易过程，对互联网金融机构和平台作出强制的信息披露和风险提示要求。

在风险提示方面可以借鉴美国的做法，对互联网金融机构平台的风险提示划分等级，监督核实其风险提示的真实性和程度，对未按规定作出提示的则给予警示、惩罚并公告。同时，可以借助于权威信用评估机构，定期公布信用评级报告，实时监督互联网金融机构的信用状况。

对互联网金融从业人员，需要进行工作绩效、行为和信用评价，这方面可以借鉴美国的《诚实借贷法》，要求信贷业务提供者公开信息，使消费者能够比较不同平台和机构发放的相似信贷条款，从中找出适合消费者需要的信贷，防止出现"不合理信用交易"。

消费者权益保护是互联网金融当中的重要部分，投资者往往缺乏互联网金融知识，辨别风险能力和风险承担能力都较低。在通过各种渠道普及互联网金融知识的同时，应该设立专门的互联网金融纠纷调解部门，维护消费者的合法权益；在《消费者权益保护法》中增加互联网金融方面的规定，对损害消费者权益的行为制定处罚措施，为消费者制定补偿办法；制定互联网金融中消费者个人信息保护的相关法律法规，对泄露、窃取信息的行为给予惩罚；利用保险机构，对互联网金融中投资者的资金进行托管和保护，保证投资者的资金安全，不受非法挪用等违规行为的损害。

## 本章作业

1. 为什么要加强互联网金融监管?
2. 互联网面临哪些风险?简述风险内涵并阐述其风险成因。
3. 互联网金融监管的主要模式有哪些。
4. 我国现行的金融分业监管模式和互联网金融的混业经营模式冲突吗?
5. 说出你认为我国现行的互联网金融监管中亟须改善的几点。
6. 简述欧美国家互联网金融监管经验中值得我国借鉴的地方。
7. 如何构建我国互联网金融监管体系。

# 主要参考文献

[1] 何平平，黎勇登，彭世文. 普惠金融背景下传统金融与金融科技融合研究[M]. 北京：中国社会科学出版社，2019.

[2] 陈勇. 支付方式与支付技术——从实物货币到比特币[M]. 长沙：湖南大学出版社，2018.

[3] 何平平，车云月. 大数据金融与征信[M]. 北京：清华大学出版社，2017.

[4] 何平平，车云月，陈晓艳. 消费金融与供应链金融[M]. 北京：清华大学出版社，2017.

[5] 何平平，胡荣才，车云月. 互联网金融运营与实务[M]. 北京：清华大学出版社，2017.

[6] 何平平，邓旭霞，车云月等. 互联网金融法规[M]. 北京：清华大学出版社，2017.

[7] 吴晓求. 互联网金融：成长的逻辑[J]. 财贸经济，2015(2).

[8] 赵春燕. 信贷紧缩背景下民营中小企业电子商务贷款模式创新及发展对策——基于美国、韩国发展模式对比. 特区经济，2011(10).

[9] 谢平，邹传伟. 互联网金融模式研究[J]. 金融研究，2012(12).

[10] 张健华. 长尾分布、长尾理论与互联网金融[J]. 新金融评论，2014(6).

[11] 王哲，周均旭. 我国第三方支付的发展现状与对策研究[J]. 改革与战略，2011(8).

[12] 魏先华，李雪松. 支付和清算系统的风险分析[J]. 金融研究，2001(12).

[13] 吴晓光，陈捷. 第三方支付机构的市场细分浅析[J]. 武汉金融，2011(2).

[14] 李林，陈吉慧. 我国移动支付商业模式发展趋势研究[J]. 商业时代，2010(30).

[15] 王欣. 中国移动支付的发展探析[J]. 东南大学学报：哲学社会科学版，2008(S2).

[16] 李育林. 第三方支付作用机理的经济学分析[J]. 商业经济与管理，2009(4).

[17] 杨彪，李冀申. 第三方支付的宏观经济风险及宏观审慎监管[J]. 财经科学，2012(4).

[18] 杨洋，张宇. 互联网金融在金融改革中的机遇与挑战——以阿里金融为例[J]. 时代金融，2014(2).

[19] 赵好婧. 第三方互联网支付业务发展与监管研究[J]. 南方金融，2014(4).

[20] 王光岐，汪莹. 众筹融资与我国小微企业融资难问题研究[J]. 新金融，2014(6).

[21] 郑若瀚. 中国股权众筹法律制度问题研究[J]. 南方金融. 2015(1).

[22] 蓝俊杰. 我国股权众筹融资模式的问题及政策建议[J]. 金融与经济，2015(2).

[23] 朱玲，股权众筹在中国的合法化研究[J]. 吉林金融研究，2014(6).

[24] 孙永祥，何梦薇，孔子君，徐廷玮. 我国股权众筹发展的思考与建议——从中美比较的角度[J]. 浙江社会科学，2014(8).

[25] 张爱军. 互联网银行发展模式与借鉴——基于美国的经验[J]. 互联网金融，2015(6).

[26] 廖理，钱婧. 互联网银行2.0：典型案例与思考[J]. 清华金融评论，2016(4).

[27] 陈文，昌先宇，荣耀华. 我国互联网银行发展思路及其启迪[J]. 新金融，2016(4).

[28] 张凯，李天一，刘杨. 前互联网银行发展的思路及建议——以前海微众银行与浙江网商银行为例[J]. 三峡大学学报(人文社会科学版)，2016(2).

[29] 龚映清. 互联网金融对证券行业的影响与对策[J]. 证券市场导报，2013(11).

[30] 陈莉. 日本互联网证券发展特点及路径研究[J]. 现代日本经济，2016(3).

[31] 张富强，刘桉呐．互联网基金创新的监管与规制研究——以余额宝为视角[J]．重庆理工大学学报：社会科学版，2015(1).

[32] 张景智，吕斌，杨晓萍．互联网货币基金对商业银行经营的影响研究[J]．区域金融研究，2015(3).

[33] 邱勋．互联网基金对商业银行的挑战及其应对策略——以余额宝为例[J]．上海金融学院学报，2013(4).

[34] 韩质栩．互联网基金的兴起及其对传统商业银行的挑战——以余额宝为例[J]．东岳论丛，2015(2).

[35] 沈伟雄．国内外P2P小额信贷利率定价模式比较研究[J]．南方金融，2015(4).

[36] 王念，王海军，赵立昌．互联网金融的概念、基础与模式之辨——基于中国的实践[J]．南方金融，2014(4).

[37] 王燕，杨晓明，徐兴泰．互联网保险发展现状与前景研究[J]．河北金融，2015(2).

[38] 魏倩雨．美英日互联网保险发展及对我国的启示[J]．商业经济研究，2016(5).

[39] 李红坤，刘富强，翟大恒．国内外互联网保险发展比较及其对我国的启示[J]．金融发展研究，2014(10).

[40] 唐金成，韦红鲜．中国互联网保险发展研究[J]．南方金融，2014(5).

[41] 何德旭，董捷．中国的互联网保险：模式、影响、风险与监管[J]．上海金融，2015(11).

[42] 曹云波，姜家祥．大数据时代专业互联网保险公司的机遇及挑战——以"众安在线"为例[J]．财会月刊，2015(32).

[43] 李皖青，万鹏．互联网保险的发展模式[J]．中国金融，2014(23).

[44] 罗艳君．互联网保险的发展与监管[J]．中国金融，2013(24).

[45] 韩胜男．互联网时代保险模式与产品创新研究[J]．长春金融高等专科学校学报，2016(2).

[46] 张则鸣．论互联网保险的形态、定位与技术支撑[J]．上海保险，2014(8).

[47] 李琼，吴兴刚．我国互联网保险发展与监管研究[J]．武汉金融，2015(4).

[48] 张芬，吴江．国外互联网金融的监管经验及对我国的启示[J]．金融与经济，2013(11).

[49] 尹海员，王盼盼．我国互联网金融监管现状及体系构建[J]．财经科学，2015(9).

[50] 胡剑波，丁子格．互联网金融监管的国际经验及启示[J]．经济纵横，2014(8).

[51] 卢馨，李慧敏．P2P网络借贷的运行模式与风险管控[J]．改革，2015(2).

[52] 谢平，邹传伟，刘海二．互联网金融监管的必要性与核心原则[J]．国际金融研究，2014(8).

[53] 张芬，吴江．国外互联网金融的监管经验及对我国的启示[J]．金融与经济，2013(11).

[54] 莫易娴，钟秋萍．电子商务小额贷款、银行系电子商务平台小额贷款业务与线下小额贷款业务比较[J]．农村金融研究，2015(11).

[55] 田姞妮．互联网金融风险监管的法律制度研究[D]．南京：南京财经大学，2014.

[56] 李胜建．我国互联网金融风险及监管架构研究[D]．北京：对外经济贸易大学，2014.

[57] 杜洽娟．我国互联网金融监管问题研究[D]．保定：河北大学，2015.

[58] 李有星，陈飞，金幼芳．互联网金融监管的探析[J]．浙江大学学报，2014(4).

[59] 孙楠．中国互联网金融监管研究[D]．沈阳：辽宁大学，2015.

[60] 董峰．我国P2P网络借贷平台模式及其风险研究[D]．昆明：云南财经大学，2015.

[61] 刘旭辉．互联网金融风险防范和监管问题研究[D]．北京：中共中央党校，2015.

[62] 季坤，钟建新．论传统商业银行网络贷款的法律问题及对策[J]．甘肃金融，2018(6).

[63] 程雪军，吴敏，马楠．互联网消费金融资产证券化的发展反思与监管建议[J]．消费经济，2020(2).

[64] 程雪军，厉克奥博．消费金融资产证券化的风险管理[J]．改革，2018(5).

[65] 赵大伟. 我国互联网消费金融相关问题研究——基于金融消费者权益保护视角[J]. 金融理论与实践，2021(8).

[66] 刘海二. 移动支付：原理、模式、典型案例与金融监管[J]. 西南金融，2014(5).

[67] 徐小平. 基于第三方的安全电子支付模型的研究[J]. 计算机工程与设计，2006(12).

[68] 张奎. 电子支付的一般业务模型与创新监管分析[J]. 上海金融，2014(7).

[69] 赵小娟，朱建明. 第三方跨境电子支付发展战略研究[J]. 当代经济管理，2015 年第 12 期.

[70] 盖静. 支付机构跨境支付业务模式、问题及建议[J]. 征信，2019(1).

[71] Mahadevan，B. Business Models for internet-based e-commerce:An anatomy[J]. California Management Review，2000，42(4):55-56.

[72] Paul Belleflamme，Thomas Lambert，Armin Schwienbacher. Crowdfunding: Tapping the right crowd[J]. Journal of Business Venturing，2013.

[73] Eleanor Kirby，Shane Worner. Crowd-funding:AnInfantIndustry Growing Fast[R]. Staff Working Paper of the IOSCO Research Department，2014.

[74] Charles M Kahn，William Robert. Why Pay? An introduction to payments economies[J]. Journal of Financial Intermediation，2009(1).